組織学の
生成と展開

岸田民樹

有斐閣

は じ め に

組織（Organization）は Organizing（組織化，組織生成）と Organized（構造化，構造統制）からなる，というのが，本書の主張である。

「序章」では，システム論の視点から，人間（下位システム）―組織（システム）―環境（上位システム）の相互関係を捉えることが必要であると考え，Closed & 合理的モデル，Closed & 自然体系モデル，Open & 合理的モデル，Open & 自然体系モデルの4つに，経営学説を分類した。

第Ⅰ部は，Organizing の理論を，そこでの組織の特徴を Loosely Coupled System と捉え（第1章），組織化のプロセスを示す「組織化の進化モデル」を説明し（第2章），自己組織化を，複雑系の視点から論じた（第3章）。

第Ⅱ部は，Organized の理論を，状況適合理論（環境―組織―業績：EOP パラダイム）の立場から論じ（第4章），さらに経営戦略―組織構造―業績（SSP）パラダイムを紹介した。Organized の理論は，この両者を統合する 環境―戦略―組織―業績（ESOP）パラダイムであると結論した（第5章）。

第Ⅲ部は，Organizing と Organized の統合の試みであり，そこから，革新のプロセスを記述した。学生時代に学んだ「弁証法（的統合）」を私なりに解釈した。弁証法は，対立する立場を統合するものであるが，因果関係を循環的に考えて，原因―結果の双方向を視野に入れる「経時的統合」と，正反対の立場を両方とも含むより広い（1階層あるいは1次元上の）概念を考える「共時的統合」があると考えた（第6章）。これに基づいて，いくつかの革新のプロセスの事例を解釈した（第7章）。

終章は，要約と課題である。

私にとっては，一応これまでの研究の集約である。拙い成果ではあるが，ここに至るまで，多くの方々のご指導やお世話をいただいた。

3人の先生に，特に感謝したい。降旗武彦先生には，京都大学での学部の

ゼミおよび大学院博士後期課程で，お世話になった。研究の心構え，研究の方法について，大いに示唆を受けた。研究者として，教育者として，多くの面で，影響を受けた。

今井賢一先生の下で，一橋大学大学院の修士課程を過ごした。専門が違うにもかかわらず，温かく見守っていただいた。この時に洋書を購入することを覚え，修士論文を書いた。

33年勤務した名古屋大学では，小川英次先生にお世話になった。自由な研究と教育の機会を与えていただき，ここで，状況適合理論を勉強し，さらにOrganizingの理論であるK. E. Weickを読み，講義でそれらを講じ，ゼミで学生と論じ合った。

本書の執筆には10年余の長きを要した。私の怠惰の故である。有斐閣には，幸いにも辛抱していただいた。特に伊東晋さんと得地道代さんにお世話になった。最初伊東さんに担当していただいたが，あまりにも執筆に時間がかかったため，得地さんに引きついでもらった。本書の編集と校正には，伊東さん，得地さんに参加していただいた。

この間，私は名古屋大学を定年退職し，齢70歳になって，中部大学をも定年退職した。かつての教え子たちに励まされて，ようやく執筆を終えることができた。寺澤朝子教授（中部大学），趙偉教授（中部大学），藤川なつこ准教授（神戸大学），高木孝紀准教授（豊橋創造大学）には，今でも研究を続けるよう励ましてもらっている。

最後に私事であるが，妻と二人の娘に感謝したい。やさしい夫でも良き父親でもない私の日常を支えてくれた。

本書は，一応私のLife Workであるが，残されたものはあまりにも多い。可能であれば，少しでもそれらに対処すべく，もう少し研究を続けていきたい。

2019年9月

千種袖濡亭にて

岸 田 民 樹

目　次

序　章　組織と組織学——————————————————————i

  1　分析レベルとアプローチ …………………………………………i

    1-1　合理的モデルと自然体系モデル　3

    1-2　Closed System Approach と

            Open Systems Approach　4

    1-3　分析の枠組み　5

  2　組織学説の分類と変遷 …………………………………………7

    2-1　Closed & 合理的モデル　8

    2-2　Closed & 自然体系モデル　11

    2-3　Open & 合理的モデル　14

    2-4　Open & 自然体系モデル　15

  3　組織学の展開と組織の発展 …………………………………16

    3-1　Open & 自然体系モデル（Organizing）と

            Open & 合理的モデル（Organized）　16

    3-2　組織の生成・発展のプロセスと

            Organizing‐Organized の統合　17

    3-3　Loosely Coupled System と

            Tightly Coupled System　21

  4　結語——組織学の課題 …………………………………………23

第 Ⅰ 部　Organizing（組織化）の理論

第 **1** 章　組織化とルースリー・カップルド・システム——————31

  1　LCS の定義 …………………………………………………31

    1-1　LCS の従来の定義　32

iii

1-2 LCS の再定義　34

2　LCS としての組織の特徴 ·····················39

2-1 LCS と合理性　41

2-2 適応可能性（柔軟性）と適応（安定性）　43

2-3 LCS と局地的適応　45

2-4 LCS と分化・統合　47

3　LCS と現代の組織 ·····················50

3-1 事業部制組織，持株会社，コングロマリット　51

3-2 ネットワーク組織　52

3-3 ピア・グループ（Peer Group）　55

3-4 リゾーム組織とホロン的経営　57

3-5 曼荼羅とフラクタル　59

4　LCS の変化と Tightening・Loosening ·····················62

5　結　語 ·····················64

第2章　組織化と進化のプロセス────────69

1　組織化の単位──二重の相互作用と創発性 ·····················71

2　実現過程と行為のコミットメント ·····················74

2-1 行為と認知　74

2-2 実現過程の特徴　75

3　淘汰過程と多義性の把持・除去 ·····················78

3-1 多義性の把持と必要多様性　79

3-2 多義性の除去と回顧的意味づけ　82

3-3 保持過程と因果関係の不確実性　85

3-4 行為主導の意味づけ＝Organizing と
　　信念主導の意味づけ＝Organized　87

4　結　語 ·····················92

第3章　組織化と複雑系─────────────────────107

1　「複雑系」科学の登場 ……………………………108

2　複雑系とは何か…………………………………110

　2-1　非線形性　111

　2-2　カオスとフラクタル　118

　2-3　自己組織性　121

3　複雑系とビデオ戦争──VHS vs. ベータ ……………125

4　結　語 ………………………………………130

　4-1　ミクロとマクロをつなぐ原則はあるのか　130

　4-2　ミクロ・レベルとマクロ・レベルをつなぐ
　　　　原則とは何か　132

　4-3　なぜ組織化の原則は2つか　133

　4-4　同質でランダムなミクロ・レベルの行動がマクロ・
　　　　レベルにおいて異質で複雑になるのはなぜか　134

第Ⅱ部　Organized（構造化・構造統制）の理論

第4章　状況適合理論の生成と展開
　　　　──環境─組織─業績パラダイム──────────145

1　経営組織と環境適応 ……………………………145

　1-1　環境把握の枠組み　146

　1-2　技術・規模と組織構造　152

　1-3　課業環境と組織過程　162

　1-4　課業と組織デザイン　177

　1-5　文化と組織──日本的経営　187

2　状況適合理論への批判 …………………………208

3　状況適合理論の意義 ……………………………219

　3-1　Open & 合理的モデル＝Organized の理論　219

3-2　多元的適合　　220

　　3-3　経営組織の発展段階モデル　　223

　4　結語——組織と環境適応 ……………………………………237

　　4-1　状況適合理論と因果関係　　237

　　4-2　環境の種類とその特性　　238

　　4-3　環境操作戦略　　240

第5章　環境—戦略—組織—業績パラダイム の展開————259

　1　戦略と組織構造——Chandler 命題……………………………260

　2　Chandler の 3 命題の拡張 …………………………………263

　　2-1　組織構造は戦略に従う　　263

　　2-2　Rumelt の研究——SSP パラダイム　　273

　3　環境—戦略—組織—業績（ESOP）パラダイム ………275

　　3-1　多元的適合と統合的パラダイム
　　　　　——ESOP パラダイム　　275

　　3-2　戦略—組織構造のズレと経営者のパーソナリティ
　　　　　（Chandler 第 3 命題）　　278

　　3-3　新しい戦略と組織構造　　279

　　3-4　国際化戦略と国際的組織構造　　281

　　3-5　戦略→組織構造 か，組織構造→戦略 か　　282

　　3-6　戦略論の新展開と統合的枠組み　　284

　4　SCT——もう 1 つの状況適合理論 …………………………287

　5　結　　語 ……………………………………………………289

第Ⅲ部　Organizing, Organized の統合と
　　　　　革新のプロセス

第6章　組織学と統合的解釈モデル————————————295

　1　多元主義的アプローチ ………………………………………296

vi

1-1 キューバ・ミサイル危機と複数の「事実」　296

1-2 組織変化と4つのモデル　297

1-3 パラダイム間の相互作用
　　　──機能主義モデル vs. 解釈主義モデル　299

1-4 実証主義と解釈主義の統合　301

2 パラダイムの対立と統合的モデルの条件 ……………303

2-1 Organizing（組織化）と Organized（構造化）　303

2-2 共時性と経時性　305

2-3 自己─非自己 と自己組織化　306

3 統合的解釈モデル ……………………………………308

3-1 ゴミ箱モデル─組織化の進化モデル─状況適合
　　　理論　308

3-2 キューバ危機の統合的解釈モデル　310

4 結　　語 …………………………………………………312

第7章 Organizing・Organized と革新のプロセス────315

1 キューバ・ミサイル危機と海上封鎖 ……………316

2 3M社のポスト・イット開発のプロセス ……………317

3 日本の鉄鋼業と BOF の導入プロセス ……………318

4 デュポン社の事業部制組織 ……………………319

5 結　　語 ……………………………………………321

終　章 要約と課題────────────────323

参 考 文 献────────327

索　　引────347

目　次　vii

本書のコピー，スキャン，デジタル化等の無断複製は著作権法上での例外を除き禁じられています。本書を代行業者等の第三者に依頼してスキャンやデジタル化することは，たとえ個人や家庭内での利用でも著作権法違反です。

序　章

組織と組織学

どんな学問も，その名前を冠せられた概念が出発点であり，それが最終的に明らかにされるべき課題である。「組織とは何か」。これが組織学の出発点であり，余すところなくこれが理解され，誰もが認める定義が確立されることが，組織学の最終的な課題である。その意味で，組織学とは，「組織とは何か」を，永遠に，あるいは少なくとも組織が存在する限り，問い続ける学問である。

「組織とは何か」。この問題を巡って組織学が展開される。組織現象が多様で複雑であればあるほど，組織学もますます多岐にわたる。そのために，組織をどう定義するかを含めて，そうした組織現象を包括的・統一的に説明しようとする動きが生じ，いわゆるパラダイムが生まれる。しかし，研究がさらに進めば，いくつかの，時には対立したパラダイムが提示される。

以上のように考えるなら，むしろ積極的にパラダイム間の類似・対立関係を整理して，多様な組織現象を，できる限り包括的・体系的に捉えることが望ましいであろう。言い換えるなら，基本的な対立関係を軸として，関連する領域をいくつかのレベルに分類することによって，多様な組織現象を統合的に捉える視点を設定することが必要になる（岸田，1999）。

1　分析レベルとアプローチ

諸要素間の関連を重視するシステム論の観点に立つなら，システムを全体として捉えるためには，下位システム—システム—上位システム の 3 つのレベルの相互関連を明らかにすることが必要である。いま組織学においては，

I

システム・レベルは組織である。下位システム・レベルは個人，集団，部門その他であるが，その中心は「人間」行動である。また上位システム・レベルは，組織にとっての環境と総称することができる。したがって，

　　下位システム（＝人間行動）―システム（＝組織）―上位システム（＝環境）

の3者の関係をみることが，組織を全体的・統合的に捉えることになる。

　　以上の3者の関係は，

　(1)　下位システム（＝人間行動）―システム（＝組織）

　(2)　システム（＝組織）―上位システム（＝環境）

の2つの関係に分けることができる（岸田，1994a）。

　Weick（1979）は，組織について，対照的な2つの定義を紹介している。第1の定義によれば，組織とは，相互の役割期待から生じる構造である。ここでは，個人の役割期待が組織を成立させる。第2の定義によれば，組織とは，人間と物および人間相互の活動の調整によって，複数の目的を追求する明確な社会的実体である。これが，上記の「(1)下位システム（人間行動）―システム（組織）」の関係から見た定義である。2つの定義の差異は，個人と組織の関係——どちらを優先させるか——についての差異である。すなわち，第1の定義は，人間が組織を作るという側面（人間→組織）を問題にしている。これに対して第2の定義では，組織が人間行動を一定の秩序へと導くという側面（組織→人間）が強調される。第2の定義のように「組織→人間」という因果関係を前提にするのが合理的モデルであり，第1の定義のように「人間→組織」という因果関係を仮定するのが自然体系モデルである。組織構造と組織過程の関係に言い直せば，合理的モデルは，組織構造が組織過程を規制する場合であり，自然体系モデルは，組織過程の進行の結果として，組織構造が生じる場合である。[1]

　次に，1960年代に，システム論の影響を受けて，組織と環境との相互作用を強調するOpen Systems Approach[2]という考え方が盛行した。これによって，組織をいわば自己完結した，環境と関連をもたないシステムと考えるアプローチをClosed System Approach，組織と環境の相互作用を問題にするアプローチを，Open Systems Approachと呼ぶようになった。これは，組織と環境の関係についての問題である。これが，上記の(2)のシステム（組

織)—上位システム（環境）の関係である。ここでも，システムが上位システムに影響を与える「組織→環境」という因果関係と，逆に，上位システムがシステムに影響を与える「環境→組織」という因果関係を考えることができる。

1-1　合理的モデルと自然体系モデル

Gouldner（1959）によれば，合理的モデルにおいて，組織は一種の機械のごとくみなされる。第1に，組織は与えられた目的を合理的に達成するための，操作可能な部分からなる構造である。第2に，この構造を通じて，人間行動が合理的に統制される。第3に，組織の変化は，効率達成のための手段である。第4に，状況を合理的に検討した上で，意思決定が行われる。第5に，組織の長期的発展は，慎重な計画と目的によって導かれる。

したがって，組織がおかれた環境についての詳細な検討に基づいて長期的な目的が決定され，この目的を効率的に達成するための最適な組織構造が選択され，その組織構造の下で，人間行動が合理的に規制される。ここでは最適の組織デザインと，その下での合理的な人間行動が前提される。すなわち，組織は，組織デザインを通じて全体的に変化し，この組織構造に相応しい組織行動が確保される。

自然体系モデルでは，組織は一種の有機体とみなされる。第1に，組織は有機的に関連する諸部分から構成される全体であり，組織それ自体が生存への欲求をもつ。第2に，組織構造は，人間行動の結果として，自然発生的に生じる。第3に，組織にとって最も重要な問題は生存であり，均衡を維持する自己安定化作用である。第4に，組織の変化は，均衡を回復しようとする無意識的・適応的反応の結果である。第5に，組織の長期的発展は，自然法則に従う進化である。

したがって，効率性ではなく，諸部分の有機的なつながりと組織全体の長期的な生存が，焦点である。組織の変化は，長期的な適応的反応の結果であり，連続的・漸進的な進化である。ここでは，人間行動の積み重ねとして新たな組織構造が生じる。すなわち，新たな組織行動が，それに相応しい組織構造を導く（岸田，1985）。

序章　組織と組織学　　3

1-2 Closed System Approach と Open Systems Approach

　合理的モデルと自然体系モデルという区別は，一定程度環境の影響を考慮しているものの，基本は，組織とそれを構成する人間（行動）の関係である。合理的モデルは，組織→人間（行動）という因果関係を前提にしており，自然体系モデルは，人間→組織 という因果関係を措定している。[3] この意味で，両者は，Closed System Approach であるということができる。これに対して，環境という上位システムと組織の関係を明示的に考慮に入れる Open Systems Approach を考えることができる。

　一般に，システムとは，諸要素の集合でありながら，それ自体として全体的な統一性をもつものである。Open System とは，システムの全体的な統一を脅かすような環境からの攪乱に対して，その影響を打ち消して均衡を回復する（自己安定化作用）が，それに成功しないときには，構造上の再編成を行って，より適応能力のすぐれたシステムへと発展する（自己組織化）ものである（Laszlo, 1972）。

　von Bertalanffy（1968）によれば，Open System の特徴は，次の3つである。

　第1は等結果性（equifinality）であり，有機体のように異なった初期条件から異なった経路を通じて，同じ最終結果（目的）に到達することである。これに対して，機械のような Closed System では，固定した経路を通ってプロセスが生じるために，初期条件が決まれば，一義的に最終結果が導き出される。ここには，2つの意味がある。適応の結果としての一義性と，そこに至る経路の多様性である。前者は合理的モデルに，後者は自然体系モデルに関連する。

　第2は，自己組織化（Self-organizing）であり，組織が外界と物質およびエネルギーを不断に交換しながら，その構成要素を絶えず変化させつつ，分化（差異化）と再集中によって自らを組織化し，複雑性の低い状態（エントロピーの高い状態）から高い状態（エントロピーの低い状態）へ，すなわちより組織化された状態へと発展することである。これは前進的分化と前進的集中化からなる。前者は，未分化の状態が，特定された作用をもった諸要素へと分

割され，複雑性を増してゆくプロセスである。後者は，この分化された個体が，中心的な機能をもった一定部分の主導の下で，調整能力を回復し，統一的で分割不可能な個体に成長してゆくプロセスである。いわば，分化と統合が，自己組織化の基本である。一般に，合理的モデルでは，専門化された諸部分を全体へと統合する手段の側面が，自然体系モデルでは，全体の統一性を前提とした諸部分の有機的関連に至る分化の側面が強調される。

　第3は，能動的人格システムであり，人間は解発因となる刺激の意味を求めて能動的・自発的に活動するという人間観である。ここでは自発的活動が第一義であり，刺激─反応 はその上に重ね合わされた調節機構であるに過ぎないとされる（von Bertalanffy, 1967）。ここでも，合理的モデルでは組織の中で自分自身の意味を見出すという意味で組織を自己目的達成のための合理的手段と考える人間像（e.g. Instrumental Man）[4]に，自然体系モデルでは全体としての人間自身の意味を達成する手段として組織を考えるという意味で人間行動が部分的に組織に包含されるという人間像（e.g. 部分的包含）に相当する。[5]

　以上の，Open System の3つの特徴は，上位システム（環境）─システム（組織）─下位システム（人間）にそれぞれ相当する。すなわち，環境レベルでの等結果性，組織レベルでの自己組織化，人間レベルでの能動的人格システムが，それぞれ Open System としての特徴を表わす（岸田，1986, 2001b）。

1-3　分析の枠組み

　最後の問題は，人間と組織の関係に関する，合理的モデル（組織→人間）─自然体系モデル（人間→組織）の分類軸と，組織と環境の関係に関する，Closed System Approach─Open Systems Approach の分類軸との関係である。

　Thompson（1967）では，合理的モデルが Closed System Approach に，自然体系モデルでが Open Systems Approach に相当するとされ，その上で両者の統合が必要と主張されている。しかし，第1に，そこでは多くの仮説が"under norms of rationality"という条件の下に提示されており，合理的モデルと Open Systems Approach との結びつきがみられる。[6]また，自然体

序章　組織と組織学　　**5**

系モデルの観点から，環境との相互依存性を処理する手段が体系的に論じられているものの，「環境」そのものを認知するメカニズムについては，触れられていない。第2に，自然体系モデルに言う自己安定化作用は一定の状態への均衡であり，上述の Open System の特徴——適応経路の多様性，差異化と再集中——を満たしていない。「自己組織化を通じて，構造上の再編成を行ってより適応能力のすぐれたシステムへと発展する」態様は考慮されていない。

　合理的モデル／自然体系モデルは，下位システム（人間）とシステム（組織）の関係についての区別である。Closed System Approach と Open Systems Approach の区別は，システム（組織）と上位システム（環境）の区別である。したがって，合理的モデル（組織→人間）の下で環境の影響を考えることができる。すなわち，環境の影響を所与とする Closed & 合理的モデルと，環境の影響を考慮に入れる Open & 合理的モデルを考えることができる。同じように，自然体系モデルにおいても，所与の環境の影響の下で自己安定化を行って均衡を維持する Closed & 自然体系モデルと，組織が自ら環境の意味を探求し，環境を画定していく Open & 自然体系モデルを考えることができる。[7]

　以上のように考えるなら，合理的モデル—自然体系モデル，Closed System Approach—Open Systems Approach という2つの軸に沿って4つの組織モデルを考えることができる。

　第1は，Closed & 合理的モデルであり，所与の環境の下で，唯一の最適な組織デザインを考える立場であり，環境--→組織→人間，という因果関係で表わすことができる。第2は，Closed & 自然体系モデルであり，所与の環境の下で，自己安定化を行って均衡の維持を図る立場であり，人間→組織←環境 という因果関係で表わすことができる。ここでの組織は，人間の要求と環境からの影響とをバランスさせて，均衡を図るシステムであると考えることができる。

　第3は，Open & 合理的モデルであり，より適応能力のすぐれたシステムへと発展するためには，環境に適合した組織デザインを選択することが要請される。ここでの因果関係は 環境→組織→人間 である。第4は，Open &

表 序 - 1　組織学のパラダイム

Closed & 合理的モデル	人間 ← 組織 ←-- 環境	} Organized	
Open & 合理的モデル	人間 ← 組織 ← 環境		} Organization
Closed & 自然体系モデル	人間 → 組織 ← 環境	} Organizing	
Open & 自然体系モデル	人間 → 組織 → 環境		

（出所）　岸田（1994a）。

自然体系モデルであり，人間および組織の積極的な活動が環境の意味を画定していくという意味で，人間→組織→環境 という因果関係をもつ。

　Thompson（1967）における Open Systems Approach と自然体系モデルの関係は，次のように説明できる。彼の言う自然体系モデルは，ここで言う Closed & 自然体系モデルの性質をもつ。すなわち，所与の環境からの影響はあるが，組織と環境との関係については，所与の環境への受動的適応，言い換えれば，構造上の再編成という自己組織化を伴わない，「固定した経路を通じての調節」を前提とするホメオスタティックな自己安定化作用と均衡維持を基本的特性とする。その意味で 人間→組織←環境 という因果関係をもつということができる。

　ここで Closed & 自然体系モデルと Open & 自然体系モデルを，人間行動が組織を形成するという意味で Organizing（組織化，組織生成）と呼び，Closed & 合理的モデルと Open & 合理的モデルを，組織が人間行動を規制するという意味で Organized（構造化，構造統制）と呼ぶことができる。したがって，組織（Organization）は，Organizing（組織化，組織生成）と Organized（構造化，構造統制）からなる（岸田，1994a, 1999）。

　以上をまとめると表序‐1のようになる。

2　組織学説の分類と変遷

　組織学説が，一定の組織像を前提にして成立していると考えるなら，上記の記述から，下位システム（人間）—システム（組織）—上位システム（環境）について，今日までの組織学説の変遷を，次の4つの学派にまとめることができる（岸田，1985）。

序章　組織と組織学　　7

2-1 Closed & 合理的モデル

Closed & 合理的モデルは，どのレベルに分析の焦点があるかという，分析レベル（下位システム―システム―上位システム）の差異にしたがって，科学的管理論，経営管理過程論，官僚制理論の3つの学派に分けられる（岸田，1985；岸田・田中，2009）。

(1) 科学的管理論

第1は，工場・作業組織のレベル（下位システム）の分析であり，F. W. Taylor を始祖とする科学的管理論がこれにあたる。Taylor は，経験や勘に頼っていた従来の管理を，合理的な規則と手続きに従って，科学的に行うべきであると主張した。そこでは，次のことが提唱された。

① 動作研究と時間研究によって，仕事の基本単位とその標準時間が算定され，労働者が1日になすべき仕事の量としての課業が決定された。

② 計画と実施が分離され，管理者は如何に仕事をなすべきかの計画に，労働者は仕事の実施に専念することにより，課業は効率的に遂行される。

③ 課業の達成には高賃金を，失敗には低賃金を支払うという差別出来高賃金制をとることにより，労働者の仕事への動機づけが促進される。

④ 管理者はその専門職能にしたがって労働者を指揮するという職能的職長制がとられた。

ここでの人間観は，「合理的経済人」であり，人間は賃金という経済的条件によってのみ動機づけられる受動的な存在とみなされた。ここで提唱された組織形態は，専門化の原則に沿って職能別に水平に分化されたファンクショナル組織であり，したがって，職能に基づく管理（Functional Management）と職能権限が強調される。ファンクショナル組織の特色は，① 専門化の原則に従って一定の範囲の職務を配分しているので，専門家の育成が容易である。② 管理者は専門的な立場から作業者を指揮できるので，作業の標準化が促進される。反面，次の問題がある。① 専門職能を重複・関連のないように割り当てるのは困難である。② 各専門家の発する命令の間に不一致や矛盾が生じ，命令の一元化が阻害されて秩序が乱れる（岸田，1986, 2001a）。

(2) 経営管理過程論

　第2は，H. Fayol に始まる経営管理過程論であり，全体組織（システム）が分析レベルである。ここでは，普遍的な管理原則の発展と，管理プロセスを構成する諸職能の明確化が焦点であった。

　普遍的な管理原則とは，たとえば，次のとおりである。① 専門化に基づく分業によって部門が編成される。② 部下はその地位の責任に等しい権限を委譲される（権限委譲の原則）。③ 部下は1人の上司のみから命令を受けるべきである（命令一元化の法則）。④ 理想的な統制範囲は4〜6人である。⑤ 権限は公式のピラミッド構造を通じて上から下にのみ流れる（責任と権限の明確化，組織の階層性の原則）。

　管理プロセスを構成する職能について，Fayol は，計画，組織，指揮，調整，統制が，管理者によって遂行される普遍的な職能であると考えた。また，L. Gulick は，企業の全体管理（General Management）を POSDCoRB（Planning, Organizing, Staffing, Directing, Coordinating, Budgeting）からなる一連のプロセスとして把握した。

　ここでの組織形態は，階層化・秩序化の原則に基づくライン組織であり，上位権限が中心である。ライン組織は，単一の指揮命令系統によって結ばれている組織形態である。次の特徴をもつ。① 組織成員はただ1人の上長からのみ命令を受ける（命令の一元化）ので，命令系統が単純であり，責任・権限が明確である。② コミュニケーションは，執行活動の遂行に関する包括的な決定・命令（ライン権限）なので，組織構造は単純で管理費用は安い。逆に次の問題点をもつ。① 垂直的分業が主なので，水平的なコミュニケーションの確保が難しい。② 全般管理者（General Management）が中心なので，専門家による複雑な仕事の遂行は困難である（岸田，1985, 2001a）。

(3) 官僚制理論

　第3は，M. Weber によって提唱された官僚制理論であり，社会レベル（上位システム）が分析の焦点である。Weber の研究は，全体社会の社会経済的構造，すなわちプロテスタンティズムの倫理に基づく西洋資本主義の合理化の過程であった。この近代的合理化の組織への浸透が官僚制である。

　官僚制組織とは，所与の目的を達成するための合理的システムである。

序章　組織と組織学　　9

個々人の役割は，合理的・合法的な支配権限にしたがって定義され，職務の階層の中に位置づけられる。それと共に，技術的能力に基づいて専門家が任命され，活動のためのルールおよび標準手続きの確立を通じて責任と権限が明記され，一定の地位に基づいて報酬が等級化される。こうして専門化された従業員は，適切に仕事が行えるよう動機づけられるので，効率が最大化される。

　ここでは，職務の階層（ライン組織）と，官僚（スタッフ）としての技術的専門家（ファンクショナル組織）からなる精緻な管理構造が前提される。いわゆるライン＆スタッフ組織と呼ばれる組織形態である[8]。これは，包括的な決定・命令権限を有するライン組織に対し，専門的な知識・技術をもって助言・助力を行い，ライン活動を援助・促進するスタッフ組織を付置する組織形態である。すなわち，ライン組織の命令一元化とファンクショナル組織の専門化の両方を活かそうとした組織形態である。しかし，次の問題がある。① スタッフの設置は間接費の増大を招く。② スタッフの助言・助力が命令の性格を帯びるようになると，ラインとの間に軋轢が生じ，命令の一元化が阻害される（岸田，2001a）。

　以上，Closed ＆ 合理的モデルについて，下位システム―システム―上位システム，すなわち 人間―組織―環境 という３つの分析レベルに沿って，それぞれ科学的管理論，経営管理過程論，官僚制理論という３つの学説を識別した。ここでは一般に，人間は経済的欲求の満足を求める受動的な存在であり，意思決定の集権化と自由裁量の排除，目標の明確化，ルールと役割の公式化を通じて，最大の効率をもたらす組織構造が論じられた。この組織構造の基本は，科学的管理論では，専門化によるヨコの分業に基づくファンクショナル組織，経営管理過程論では，階層によるタテの分業に基づくライン組織が提唱された。官僚制理論では，ライン組織の命令の一元化とファンクショナル組織の専門化の利点を同時に活かそうとしたライン＆スタッフ組織が提示された。

2-2　Closed & 自然体系モデル

Closed & 自然体系モデルにおいても，分析レベルの差異に沿って，人間関係論，制度理論，Barnard 理論の 3 つの学派が識別される（岸田，1985）。

(1)　人間関係論

人間関係論は作業組織が分析の焦点であり，アメリカのウェスタン・エレクトリック社のホーソン工場での実験に始まる研究である。F. J. Roethlisberger や E. Mayo が代表的研究者である。

最初に，照明の強さが労働の生産性に与える影響が調べられたが，明確な関連はみられなかった。次に，リレー組立実験が行われ，作業の物理的条件ではなく，人間の態度や感情が問題であることが発見された。さらに面接計画により，従業員の態度や感情は，個人的な来歴と職場状況によって説明されることが見出され，「非公式組織」[9]の役割が重要であることが指摘された。

次の 3 つの点が重要である。① 人間は経済的な誘因だけではなく，社会的・心理的な誘引によっても動機づけられる（社会的人間像と非公式組織の発見）。② 労働者の満足が生産性の上昇をもたらす（満足→生産性）。③ したがって，生産性につながる労働者の満足をもたらすために，参加的管理が重要である。

1950 年代以降，このアプローチの流れを享けて，人間の潜在能力の活用を訴えたのが，R. Likert, C. Argyris, D. McGregor, F. Herzberg などの人的資源アプローチである。ここでは，「自己実現人」が前提とされ，仕事それ自体の内発的動機づけに基づく満足が重視され，Taylor の One man - One job にみられる単調で反復的な作業を避けるために，職務拡大（作業範囲の拡大）と，職務充実（計画や統制への作業の拡大）の重要性が指摘された（岸田，1986）。

(2)　制 度 理 論

制度理論は社会レベルの分析であり，その始祖である P. Selznick や T. Parsons が代表である。ここでは，組織はより広い全体社会の中に埋め込まれた 1 つの社会システム（制度）とみなされる。Selznick（1949）は，TVA（テネシー渓谷開発公社）の分析を通じて，次のことを主張した。① 組織は外

序章　組織と組織学　**11**

部環境の性格に反応して形成される適応的有機体である。② 制度的環境は組織の合理性を制約し，組織は生存するために，この環境と妥協しなければならない。Parsons（1960）の構造—機能分析 では，次の 2 点が重要である。

① 組織は，社会システムが生存するために充足すべき要件（AGIL：適応，目標，統合，パターン維持）のどれかを満たさなければならない。これは一種の社会的分業（ヨコの分業）である。

② 組織構造は，実際の製品を処理する「技術レベル」，組織とその直接の外部環境を処理する「管理レベル」，より上位の社会に組織を関連づけ，正当性の源泉を与え，組織目標の遂行を可能にする「制度レベル」の 3 つの階層レベルからなる。これは階層分化というタテの分業を示す。

ここでは，制度としての環境が組織に与える影響が重視され，次の 2 点が強調された。① 組織は，制度としての社会的システムの要求（正当性）を満たす従属的存在である。② 相互依存する組織には，均衡へと向かう傾向がある（岸田，1985）。

(3) Barnard 理論

組織レベルの分析であり，C. I. Barnard が代表的論者である[10]。人間関係論は，作業組織レベルでの人間の動機づけに，制度理論は，社会レベルでの環境の要求に焦点をあてている。Barnard（1938）は，この両者の要求が，組織内部で，経営者によってバランスさせられる態様を論じた。

人間は，個人的な制約を，協働によって克服しようとする。ここに，諸要素間に一定の秩序ある関係，すなわち協働体系が確立される。どの協働体系にも共通する「意識的に調整された 2 人以上の人々の諸活動および諸力の体系」が，（公式）組織である。組織が成立するためには，共通目的，伝達，協働意欲の 3 つが必要である。この 3 要素からなる組織を存続させるためには，有効性（目的の達成）と，能率（個人動機の満足）が必要である。

管理とは，組織の維持・存続のために上述の 3 要素を獲得し，有効性と能率を達成することである。第 1 に，共通目的—有効性 は，環境と組織の境界を適切に設定し，目的を決定することである（意思決定の機会主義）。第 2 に，協働意欲—能率 は，個人レベルの動機づけの問題であり，誘引 ≧ 貢献

を確保して協働意欲を引き出すことである（組織均衡論）。第3に，この両者を可能にするよう伝達を確立して，部下による権威の受容を促進することである（権威受容説）。したがって，環境→組織 という制度理論の主張と，人間→組織 という人間関係論の主張とを均衡させること（人間→組織←環境）が，経営者の役割である。ここでの「組織」は，既に確立した権限あるいは地位や職能の体系ではなく，組織を成立させる協働行為という進行中のプロセスである（岸田，1985, 2005a）。

　以上，Closed & 自然体系モデルにおいても，人間―組織―環境 の3つのレベルに沿って，どのレベルに分析の焦点を当てるかによって，人間関係論，Barnard 理論，制度理論を識別した。Closed & 合理的モデルの人間像が経済人であったのに対し，Closed & 自然体系モデルの人間像は，社会人あるいは自己実現人である。ここでは，同僚間および上司―部下 の人間関係が強調され，仕事自体の内的報酬が重視された。また，組織は，具体的な人間行動であり，組織構造ではなく組織過程が中心である。March & Simon (1958) は，組織構造を「組織の中の行動パターンのうち，比較的ゆっくりとしか変化しない局面」と定義している。これは，人間→組織 という因果関係が，組織過程が結果として組織構造を生じさせるということを意味することを示している。さらに，上位権限や職能権限ではなく，権威の源泉がコミュニケーションの受け手にあるとする権威受容説が主張された。これは人間が組織を作る（人間→組織）という自然体系モデルにおいて，組織における権威の源泉が，人間行動にあると考えられるからである。これに対して，Closed & 合理的モデルでは，組織が人間の行動を合理的に規制すると考えるので，権限の源泉は組織の側にあり，タテの分業（階層分化）に付随するのが上位権限であり，ヨコの分業（職能分化）から導かれるのが職能権限である。

　以上の，Closed System Approach に属する2つの立場の学説を，表序-2のようにまとめることができる。

表 序 - 2　Closed System Approach

	Closed & 合理的モデル	Closed & 自然体系モデル
下位システム（人間）レベル 工場・作業組織	科学的管理論（Taylor） 専門化・命令の多元化 → 　ファンクショナル組織， 職能権限	人間関係論（Mayo） 動機づけ → 非公式組織
システム（組織）レベル 企業・経営組織	経営管理過程論（Fayol） 階層化・命令の一元化 → 　ライン組織，上位権限	Barnard 理論（Barnard） 権威受容説，組織均衡論
上位システム（環境）レベル 全体社会	官僚制理論（Weber） 階層化と専門化 → 　ライン & スタッフ組織， 職能権限と上位権限	社会システム論（Selznick） 正当性，環境との妥協

（出所）　岸田（1994a）。

2-3　Open & 合理的モデル

　Open System の特徴は，等結果性，自己組織化，能動的人格システムであり，それぞれ，上位システム（環境），組織（システム），下位システム（人間）の特徴に相当する，と指摘した。

　Open & 合理的モデル（環境→組織→人間）では，環境はインプットであり，不確実性の吸収が問題とされ，不確実性吸収のための組織デザイン（組織構造→組織過程）が焦点である。ここでは，諸要素の多元的な整合性・一貫性が図られるので，組織の発展は，ある形態（Gestalt, Configuration）から別の形態への移行となるという意味で，不連続・段階的になる。環境の不確実性の程度にしたがって，そこに相応しい人間像が決まる。言い換えれば，環境に適合した組織に相応しいパーソナリティを発達させた人間が，満足を得る。したがって，組織を自己の目標達成のための手段として考える「Instrumental Man」あるいはそれぞれの不確実性に応じたタイプを想定する「複雑人」があてはまる（岸田，1986）。[11]

　Open & 合理的モデルは，環境→戦略→組織構造→組織過程 の多元的適合と一貫性を主張する「状況適合理論（Contingency Theory）」がこれに相当する。技術と組織構造の関係を論じた J. Woodward（1965），C. Perrow

表 序-3　Open Systems Approach

	Open & 合理的モデル （状況適合理論）	Open & 自然体系モデル （組織化の理論）
下位システム （人間）	Instrumental Man，複雑人	部分的包含
システム （組織）	組織デザイン 組織の発展段階モデル	組織開発 組織の進化モデル
上位システム （環境）	インプット（課業環境） 不確実性の吸収	アウトプット（実現化された環境） 多義性

（出所）　岸田（1994a）。

(1967)，課業環境と組織過程の関係を論じた P. R. Lawrence & J. W. Lorsch (1967)，さらに組織デザインにおけるこれらの諸要因の整合性を論じた J. D. Thompson（1967），J. R. Galbraith（1973）が，代表的研究者である。[12]

2-4　Open & 自然体系モデル

Open & 自然体系モデル（人間→組織→環境）では，環境はアウトプットであり，人間と組織に影響を与える何らかの意味をもった実体として構成されたものである。これは「実現化された環境（Enacted Environment）」であり，したがって多義性（の把持と除去）が，焦点となる。組織の変化は連続的・漸進的な進化であり，人間がその活動を提供する限りにおいて，組織は存続する。その意味で，人間は活動する限りにおいて，組織に参加し，そのメンバーとなることができるので，いくつかの組織に参加することができる。すなわち人間は，部分的に組織に包含される（Partial Inclusion）。この人間活動を，組織目標に向けて統合しようとするのが組織開発（Organizational Development）である。[13]

Open & 自然体系モデルは，組織化の理論（Theory of Organizing）と呼ぶことができる。組織化の進化モデルの K. E. Weick や，ゴミ箱モデルの J. G. March が代表的研究者である。

表序-3 は，この Open Systems Approach の特徴を，組織学説に沿ってまとめたものである。

序章　組織と組織学　**15**

3 組織学の展開と組織の発展

それでは，以上のパラダイム間の関係は，どうなっているであろうか。また組織それ自体の発展との関係はどうであろうか。

3-1 Open & 自然体系モデル（Organizing）と Open & 合理的モデル（Organized）

パラダイムは，Closed System Approach から Open Systems Approach へと発展してきた。すなわち，「環境」をより明示的に分析の中に取り入れる方向へと発展してきたと言える。合理的モデルでは，環境が所与であった状態から，環境の不確実性に沿って最適な組織形態が決まるという方向へと発展してきた。これに対して自然体系モデルでは，もともと一定程度の環境を考慮に入れたものであったが，Closed & 自然体系モデルでは，環境はなお「所与（環境→組織）」であった。Open & 自然体系モデルでは，人間行動が組織を形成するという論理が徹底されて，環境も究極的には人間行動の結果として形成される（e.g. 実現化された環境）とされた。

Open & 合理的モデルでは，環境→組織→人間 という因果関係が，Open & 自然体系モデルでは，人間→組織→環境 という因果関係が，それぞれ措定された。前者では，環境が組織ひいては人間行動を形成するインプットであり，後者では，逆に，人間行動が組織さらには環境を形成する源泉である。2つのアプローチの因果関係は，正反対である。

このことは，次の2つのことを示す。第1は，組織には対立する2つの力が働いているということである。安定性と柔軟性，適応と適応可能性，あるいは集権と分権等々である。革新についての文献では，常に「革新のディレンマ」が問題にされ，革新の創始と実施・普及では，正反対の性質をもった組織が必要とされる。すなわち，革新の創始段階では，高複雑性─非公式─分権的な組織 が，革新の実施・普及段階では，低複雑性─公式─集権的な組織 が，適切とされる。

第2に，Open & 合理的モデルでは環境決定論が，Open & 自然体系モデ

ルでは主体的決定論が，それぞれ前提される。環境は「神から与えられた制約」（Child, 1972）でもないし，主体が勝手に認識すれば済むものでもない。von Bertalanffy（1968）は，次のように言っている。経験のカテゴリーは，先験的に普遍的なものではなく，経験主体からの心理的・生理的条件によるものである。人間は外界からの刺激の受け取り手ではなく，入ってきた情報を創造的行為によって自己の世界へと組織化する。しかし，その構造物は「あるがままの」現実と甚だしく衝突し合わないことが必要である。すなわち，経験世界は「実在」世界との間に一定の対応，一定の同型性（Isomorphism）をもたなければならない。何が刺激であるかについての知覚には一定の許容範囲はあるが，それは生物がその世界でうまく生きていくことを可能にするものでなければならない。すなわち，経験のカテゴリーは，何らかの方法で実在に対応しているのでなければ，適切な反応は不可能であり，したがってそのような生物は淘汰によって消滅してしまうであろう，と。ここでは，「生存」が環境認知の恣意性を制約する要因として考えられている（岸田，1999）。

　それでは，主体的決定論と環境的決定論は，組織学において，どのように統合されるのか。この問題は，これまでの枠組みが統合できるかどうかにかかっている。言い換えれば，ミクロの主体的決定論（人間→組織→環境）という Organizing の理論と，マクロの環境決定論（環境→組織→人間）という Organized の理論を統合する枠組み如何の問題，すなわちミクロ‐マクロ・リンクの問題である。

3-2　組織の生成・発展のプロセスと Organizing‐Organized の統合

　合理的モデルと自然体系モデルは，それぞれ「環境」を，その分析の射程距離に捉えることによって，「統合的」なモデルを目指したはずであった。しかし，結果的には，Open & 自然体系モデルは 人間→組織→環境，Open & 合理的モデルは 環境→組織→人間，という正反対の因果関係を主張することになった。

　Open & 合理的モデル，特に状況適合理論は，認知された環境の不確実性

序章　組織と組織学　**17**

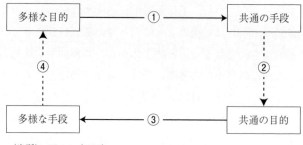

図 序-1 グループ発展のモデル

(出所) Weick (1979)。

に応じて適切な組織が決まることを主張し,環境―戦略―組織構造―組織過程 の多元的な整合性・一貫性が高業績に導くことを明らかにした。出発点は「認知環境」である。これに対してOpen & 自然体系モデルは,人間行動が,「環境」とは何かを最終的に決定すると主張した。Weick (1979) の「実現化された環境 (Enacted Environment)」がその典型である。

以上のように考えるなら,人間の行為 (Enactment) を通じて実現された環境(アウトプット)に基づいて,環境の不確実性(インプット)が適切な組織を決定するという一連の因果関係の循環が措定される。

Weick (1979) は,グループ発展のプロセスを,図序-1のように示すことによって,組織の生成・発展のプロセスを論じている。

第①に,ここでは,個人がそれぞれの目的を達成するために,自分ひとりではその目的を達成できないとき,個人目的達成の手段として,それが互いの欲求を充足させてくれるなら,行動が相互に連結され,この行動の相互連結としての「組織」が形成される。すなわち,「2人以上の人々の活動が意識的に調整される」ためには,「共通目的」は必ずしも必要ではない。たとえば,ロシアの古い諺のように,「肉のために女は嫁ぎ,スープのために男は娶る」ことは可能だし,敵同士が一時的に合従連衡を行い,その間に「呉越同舟」することもできる。各人が,その個人目的を達成するために,互いに相手の行動を必要とするなら,言い換えれば,個人目的達成のための手段が一致すれば,活動は調整され,「組織」が生じる。このことは,個々人がそれぞれ自分の目的を達成しようとして活発に活動するとき,もし自分

ひとりではその目的を達成し得えないなら，「組織」が生じる可能性が高くなることを意味している。個人主義の社会において，個人の目的追求活動が活発になれば，「組織」形成の基礎となる，調整されるべき活動がもっとも豊富に提供されるのである。

　第②に，いったん活動が調整され，それがお互いに一定水準以上の満足をあたえるなら，繰り返し同じ相手と相互作用が続けられることになる。こうして，同じ相手との活動の調整が進むと，次第に他の相手を探すコストが高くなる。この状況に至ると，最初は自分の個人目的を達成するために相手と相互作用を繰り返していたのに，最後には同じ相手と相互作用しさえすれば，いつでも自分の目的を達成できるという具合に，同じ相手との行動連結が自己目的化して，手段と目的が転倒する[16]。ここに，同じ相手との相互作用を続けるという「組織」の維持・存続が，「共通目的」となる。

　第③に，「組織」の維持・存続という明確な「共通目的」が生じると，それを効率的に達成しようとして，計画や管理を行うトップと，それを実施する作業者というような垂直分化＝階層分化が生じる。また，同じ階層レベルで，専門的に仕事を分担する水平分化＝職能分化が生じる。分業は，所与の目的の下で効率的に仕事を遂行する手段である。これが手段の多様化である。

　第④に，こうした垂直ならびに水平の分化が確立されると，それぞれの課業を効率的に遂行するために，それぞれの階層あるいは職能に特有の目的が生じる。こうして，戦略的意思決定―管理的意思決定―業務的意思決定という階層分化に伴う，それぞれに特有の意思決定様式や，研究開発部門（e.g. 新製品開発）―生産部門（e.g. 品質とコスト）―販売部門（e.g. 売上高）の水平分業に伴う，それぞれに特有の部門目的が生じる。こうして，目的は多様化される（岸田，2001a）。

　この多様な目的→共通の手段→共通の目的→多様な手段……のサイクルが，組織の生成・発展のプロセスである。個人行動の連結によって「組織」が生じる，というのは，自然体系モデルの主張（人間→組織）である。ここでの「組織」は，活動の相互作用としての「組織過程」である。「組織」の維持・存続という共通目的とは，組織と環境の境界の設定に関わるものである。ここで環境が画定されると考えるなら，共通の手段から共通の目的へと

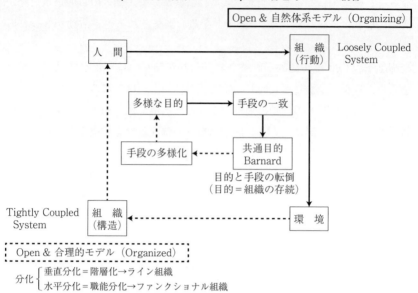

図 序-2　組織の生成・発展のプロセスと
Open & 自然体系モデル－Open & 合理的モデルの統合

（出所）　岸田（1994b）。

至る過程は，組織→環境　という関係に相当する。したがって，図序-1の，多様な目的→共通の手段→共通の目的　というプロセスは，Open & 自然体系モデルの因果関係（人間→組織→環境）に相当する。

　同じように，図序-1の　共通目的→手段の多様化→多様な目的　というプロセスは，環境（不確実性）の認知に適合した垂直・水平分業による組織デザインと，分解された下位目標を達成するための，人間の合理的活動を意味すると考えるなら，Open & 合理的モデルの因果関係，環境→組織→人間，に相当する（岸田，1999）。

　以上より，Open & 自然体系モデルの　人間→組織→環境　という因果関係と，環境→組織→人間　という因果関係とは，組織の生成・発展のプロセスにおいて，1つのサイクルを形成する。図序-1に，この2つのモデルの因果関係を重ね合わせると，図序-2が得られる。

図序 - 2 から，Weick（1979）が展開した，共通の目的がなくても，手段の一致があれば，「組織」が生じるという（Open & 自然体系モデルの）主張と，Barnard 理論（Closed & 自然体系モデルの，人間→組織→環境 という因果関係）との関連が説明される。Weick（1979）においては，活動の相互作用としていったん組織が形成され，それが何度も同じ相手との間に形成され，「個人目的達成のために組織を形成する」という状態から，「同じ相手との間に組織を作りさえすれば，個人目的は（自ずから）達成される」という状態へと移行して，手段と目的が転倒されたとき，組織の存続という共通目的が生じる。Weick（1979）が，Barnard（1938）の組織の定義を受け入れながら，その組織成立の3要素の1つである「共通目的」を，組織生成の不可欠の条件として認めないのは，このためである。[17]

3-3 Loosely Coupled System と Tightly Coupled System

図序 - 2 の右上の「組織」と左下の「組織」との関係はどうであろうか。Open & 自然体系モデルにおける「組織」は，個人目的達成のために連結される行動であり，一時的な性質をもち，前もって決められた公式の役割分担があるわけでもない。Weick（1969）は，これを Loosely Coupled System（以下 LCS と略す）と呼んでいる。彼は，1960 年代末に大学組織を研究して，大学は，官僚制組織と違って，学部の自立性と学部間の緩やかなつながりが特徴であることを発見した。一般に LCS は，①2つの単位間に共通の変数が少ないとき，あるいは，②共通の変数がシステム全体に与える影響が弱いとき，に生じるとされる。この組織は，「適応が適応可能性を排除する（Adaptation precludes adaptability）」という問題を回避する，という特徴をもっている。すなわち，単位がバラバラに適応するため，1つの単位の適応は，他の単位の適応を阻害しないからである。ここでの「組織」は，人間行動の相互作用としての「組織過程」であり，組織過程の変化は，連続的・漸進的[18]な進化である。

左下の「組織」は，環境と組織の，さらに組織を構成する諸要素の適合，すなわち多元的適合を前提にするという意味で，Tightly Coupled System（TCS）と呼ぶことができる。ここでの組織は，行動の一時的連結ではなく，

「組織構造[19]」と呼ばれる。すなわち，共通の明確な目的の下に，労働と職能の分化および権限と責任の階層分化が共に確保され，この組織構造を通じて，活動が合理的・計画的に調整される（岸田，1999）。

　分化の仕方は2つであり，2つしかない。水平分化と垂直分化である。前者は，専門化に基づくファンクショナル組織であり，後者は階層分化に基づくライン組織である。ライン組織の命令の一元化の利点とファンクショナル組織の専門化の利点とを，同時に利用しようとしたのがライン＆スタッフ組織である。規模の経済性を利用すべく職能別に部門化されたライン＆スタッフ組織が，職能部門制組織である。これに対して，課業環境の多様化に伴って事業部門化されたライン＆スタッフ組織が，事業部制組織である。職能部門制組織では技術の要求に，事業部制組織では課業環境の要求に，それぞれ階層のより上のレベルで対処している。この両者の要求に，階層の同じレベルで，両者に同等の優先順位をつけることによって対処しようとしたのが，マトリックス組織である。マトリックス組織とは，通常の垂直的階層の上に，水平的な影響力・コミュニケーションを重ねあわせた組織形態であり，メンバーは単一のグループではなく二重のグループに属するので，二重の影響力に従う役割が含まれ，部門間にまたがる水平的関係を通じての調整が強調される（岸田，1985）。

　以上の，各組織形態は，それぞれ1つの多元的適合状態を表している。したがって，組織形態の移行は，ある適合状態から次の適合状態への不連続で段階的な移行を示す。これを発展の順序に並べたものが，経営組織の発展段階モデルである（図序-3）。

　このような組織形態間の移行は，構造上の再編成を伴う組織革新である。それぞれの組織形態は，環境―戦略―組織構造―組織過程 の多元的適合・一貫性を意味する。図序-2において右上のLCSは，古い組織形態の下での新しい組織過程の生成を示す。次第に諸要素間の連結がタイトになり，一貫性をもった組織形態が出来上がる（TCS，図序-2の左下）。1つの組織形態の生成，発展，消滅が，図序-2の左下から始まって左下に戻る1つのサイクルである。一巡して左上に戻ったときは，次の新しい組織形態の始まりである。こうして，組織の連続的・漸進的な進化が繰り返され，左下で，新

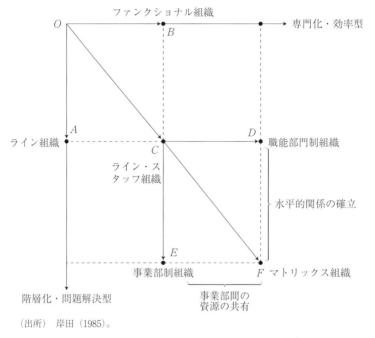

図 序-3 経営組織の発展段階モデル

(出所) 岸田 (1985)。

しい組織形態が完成する。この新しい組織形態を発展段階の順序に並べたものが，図序-3の経営組織の発展段階モデルである。こうして，組織はOrganizingとOrganizedという連続的なプロセスを繰り返しながら，不連続で段階的な発展を行う。これが組織革新のプロセスである（岸田，1994b）。

4 結語——組織学の課題

組織を全体として分析するためには，下位システム（人間）—システム（組織）—上位システム（環境），の相互関係を明らかにする必要がある。ここには自然体系モデル（人間→組織）と合理的モデル（組織→人間）の対立と，Closed System Approach と Open Systems Approach の対立がある。この2つの軸に沿って，組織学説は4つに分類される。Closed & 合理的モデル，Closed & 自然体系モデル，Open & 合理的モデル，Open & 自然体系

モデルがそれである。Open & 自然体系モデルの因果関係は 人間→組織→環境，Open & 合理的モデルは，環境→組織→人間，という因果関係をもつ。これを，組織生成・発展のサイクルに重ね合わせると，人間→組織→環境→組織→人間……という因果関係の循環が考えられる。こうして，正反対の因果関係をもつ Open & 自然体系モデルと Open & 合理的モデルを統合することができる。

組織には，常に対立する2つの力が存在する。Organizing と Organized である。前者は，人間行動が組織を形成してゆく側面であり，後者は組織構造が人間行動を規制する側面である。Organizing は，組織生成あるいは組織化であり，Organized は構造統制あるいは構造化である。

以上のような組織の性質に対応して，組織（Organization）の理論は，Organizing の理論と Organized の理論からなる。前者は，Open & 自然体系モデルのもつ 人間→組織→環境 という因果図式をもち，後者は，Open & 合理的モデルのもつ 環境→組織→人間 という因果図式をもつ。この両者は相反する因果関係をもつが，図序-2のように，これを一連の組織の生成・発展のサイクルとして考えることができる。Organizing→Organized によって，1つの組織形態の生成，発展，消滅が示される。しかし，一巡するごとに，組織は新しい形態へと不連続・段階的に発展する。

したがって，組織学の課題は次の3つである。

第1は，Organizing の理論を体系化することである。たとえばJ. G. March のゴミ箱モデル，あるいは K. E. Weick の組織化の進化モデルを整理して，その関係を明らかにすることが必要である。

第2は，Organized の理論の確立である。これは状況適合理論によって代表される。

第3は，Organizing の理論と Organized の理論を統合して，組織革新の（原因や結果ではなく）プロセスを分析することである。

本書は，以上の問題意識の下に，組織学の確立を目指して，これまでの組織論を理論的に統合しようとする試みである。こうした組織「論」の体系化を組織「学」と呼ぶ。

第Ⅰ部では，Organizing の理論について論じる。まず，LCS の性質を明

らかにし，実現化された環境の創出を含む組織化の進化モデルについて論じる。さらにこうしたLCSにおける部分と全体の関係について，複雑系の理論との関連を探る。

第Ⅱ部は，Organizedの理論を提示する。まず状況適合理論を要約し，環境決定論という批判に対応して生じた，戦略を状況変数として導入した研究を紹介する。すなわち状況適合理論（環境→組織→業績：EOP）に，戦略→組織→業績（SSP）パラダイムを導入して，環境—戦略—組織—業績（ESSP）パラダイムへと拡張する。これによって，環境決定論と主体的決定論を統合し，マクロ・ミクロ・リンクを試みる。

第Ⅲ部は，対立する，正反対の因果関係をもった理論（ここではOrganizingの理論とOrganizedの理論）を統合する一般的な方法（共時的統合と経時的統合）を提示し，さらに複数のモデルを統合する多元主義的アプローチを適用して，革新のプロセスを論じる。

終章では，以上の議論を要約し，今後の課題を明らかにする。

注————

1) Scott（1981）は，自然体系モデルを「People without Organization」，合理的モデルを「Organization without People」としている。しかし，自然体系モデルは組織がないのではなく，人間行動の結果，組織（過程）が生じると考えている。同じく，合理的モデルも，合理的な組織構造が，それに相応しい人間行動が提供されることを前提にしている。したがって，自然体系モデルにおける 人間→組織 という因果関係は，人間行動あるいは組織過程が組織構造を導く，と考えられる。合理モデルの 組織→人間 という因果関係も，組織構造がそれに相応しい組織行動（組織過程）が確保されることを前提としている，と考えられる。

2) 一般に，Closed System Approach は単数で，Open Systems Approach は複数で示される。これは，前者が対象を「Closed System」と見る見方であるのに対し，後者がOpen な Systems Approach と見る見方である，と考えられているためであろう。因みに，一般システム論にも同じく2つの表記が認められる。General System Theory は，General System についての理論，General Systems Theory は，General なシステム論であると解せられる。

3) 合理的モデルと自然体系モデルの区別は，構造と過程（行動）のどちらか

序章　組織と組織学　**25**

を優先するかに尽きるものではない。しかし，Gouldner（1959）において
も，両者の区別は基本的に，社会が人間を作るのか，人間が社会を作るのか，
に関係している。

4) Goldthorpe et al.（1968）を参照。

5) 組織における人間像については，色々な見解があるが，「自己実現人」を
超える人間像の提示が必要である。「自己実現人」は，「社会人」と同じく，
1つの組織への全人格的かかわりを前提としている。しかし，1つの組織に
おける個人目的だけでなく，複数の組織との関わりを念頭において，組織目
的との関連で個人目的を達成することが必要だからである。近年，こうした
新しい統合的な人間像として，「意味充実人」が論じられる。寺澤朝子
（2008）を参照。

6) Thompson（1967）は，Contingency Theory という言葉は使っていない
が，明らかに Contingency Theory の立場をとっている。ここでは，「制約」
という，組織が直面しなければならない要因や，組織が統制できる変数と違
って，状況要因（contingencies）は，組織が（生存のために）充足しなけ
ればならない，組織が恣意的に統制できない要因であるとしている。

7) こうしたパラダイムの整理と概観については，岸田（1985）は Scott
（1981）と同じ立場である。しかし，岸田（1985）では，① 分析レベル，②
人間―組織―環境 の因果関係に沿って，分類が説明されている。①につい
て，Scott（1992）の第3版では，当初なかった分析レベル（社会―心理，
構造，生態）が加えられている。また，②について，McKelvey（1982）に
は，人間―組織―環境 の関係が考察されているが，最終的には 人間→組
織←環境 の関係を明らかにすることが，組織論の課題であるとされている。
3つのレベルの関係は，もっと複雑である。

8) スタッフとは，もともと軍隊における参謀を意味していた。オーストリア
のフォン・モルトケ将軍が始めてライン＆スタッフ組織を採用したと言わ
れている。産業界においては，アメリカの鉄道業で初めて採用された。ただ
し，ライン組織とファンクショナル組織の両方の利点を活かそうとした，ラ
イン＆ファンクショナル組織も存在した。第一次世界大戦中，ウィンチェ
スター連発銃会社で考案されたオッターソン組織がそれである。しかし，同
一階層で，全般管理者によって職能管理者を調整することは不可能であり，
結局両組織の短所が助長されたに終わった（藻利重隆編『経営学辞典』参
照）。

9) 人間関係論における公式組織とは，管理者によってデザインされた規範的

システム，非公式組織とは参加者の実際の行動である。Litterer ed.（1963）
は，公式組織とは，意識的に計画された側面，非公式組織とは，人々の意欲
から自然に発生した側面，としている。Scott（1981）では，非公式組織は，
特定の人物の性格・資質に基づく規範および行動パターンであり，公式組織
とは，非人格的側面であるとされている。

10) 一般に日本では Barnard = Simon 理論と称されてきた。しかし，Simon
では，動機の満足に関わる個人の意思決定が中心であり，目的の関わる有効
性の議論は，なされていない。近時，人間関係論，L. J. Henderson らの，
1930 年代のハーバードを舞台にした，社会的背景の中で Barnard を捉えよ
うとする動きがある。たとえば，吉原正彦（2006）を参照。英語では，in-
terpersonal（対人関係）も societal（全体社会）も同じく social と総称され
る。人間→組織 という対人関係システムも，環境→組織 という societal な
システムも，同じく社会システムであると考えるなら，Closed & 自然体系
モデルの 人間→組織←環境 という因果関係も，社会システム・アプローチ
として同じ意味をもつことが理解できる。すなわち，社会システムが独立変
数であり，組織が従属変数である。

11) Schein（1980）によれば，「複雑人（Complex Man）」とは，人間の性格
は，年齢，発達段階，役割の変更，状況，対人関係の変化と共に変わり得る
という人間観である。この人間観と状況適合理論との結びつきが指摘されて
いる。

12) 状況適合理論の詳細は，本書第Ⅱ部第4章で述べる。状況適合理論の一
般的命題は，「組織と環境の適合が，高業績をもたらす」というものである。
ただし，環境は3つのレベルに分けられる。内部環境（e.g. 技術，規模），
課業環境，全体環境（e.g. 文化，社会構造）である。技術と課業環境の影響
はしばしば混同される。両者の影響を分けて論じたのは，Thompson
（1967）だけである。

13) 組織開発とは，「行動科学の知識を使って，組織過程に計画的介入するこ
とによって，組織の有効性と健全性を増大させようとする，トップ・マネジ
メントによって管理された，計画的かつ全組織的な努力過程」である。ここ
では，①Y理論（参加的管理）の導入，②調査データを基にした変化プロ
グラム，によって，組織への全人格的関与と参加を通じてのパワーの均衡が
強調される（山倉・岸田・田中，2001）。

14) Closed & 合理的モデルは，環境を無視ないし所与とする，という点で
Closed である。Closed & 自然体系モデルは，環境の一定の影響を認める点

で，Open Systems Approach の特徴をもつものの，ホメオスタティックな，固定した経路を通じての調節を前提するという点で，なお Closed System Approach としての性格を残す。Open & 合理的モデルは，環境変化に伴う構造上の再編成を認める点で，Open & 自然体系モデルは，環境への働きかけを通じて現実の再構成（状況の再定義）を認める点で，より明瞭に Open Systems Approach の特徴をもっている。ただし，前者では環境からの影響力が強調されるきらいがあり，後者は，構造上の再編成による適応が明確に捉えられないうらみが残る。両者の統合が必要なように思われる。

15) 合従は，秦に対抗するために，6国（韓，魏，趙，燕，楚，斉）相互が連合すべきだと説いた蘇秦の政策である。連衡は，6国がそれぞれ秦と単独で同盟条約を結ぶことを提案した張儀の政策である。これらの政策は，それぞれの国の安泰を謀るという目的のための手段である。

16) 手段と目的の転倒により，組織の存続という「共通目的」が生じ，その，効率的な達成のために分業が行われる。しかし，このプロセスは，同時に逆機能が生じるプロセスでもある。分業は，第1に専門化による部分的な仕事の遂行によって，全人格的な仕事へのかかわりを排除し，第2に，目的の固定によって，環境変化への柔軟な対応を阻害するからである。こうして，単位に特有の目的は，組織全体の目的遂行との整合性を失うというおそれを生じさせる。

17) Barnard の組織の定義について，「意識的に調整する」主体は誰かをめぐって，管理者なのか，個々人なのかについて，論争が行われた。加藤勝康教授は，公式組織の構成要素としての活動ないし諸力は，本来個々人の活動であるとして後者の立場をとり，「意識的」ではなく，「自覚的」と訳すことを提唱した（加藤勝康，1996）。個々人が自覚的に調整するよう経営者が導く，というのが Barnard の意図であるように思われる。その意味で，加藤教授の解釈に与したい。

18) 組織過程とは，単位間を流れる情報やコミュニケーションの方向と頻度であり，次の8つの変数を含む。意思決定，リーダーシップ，コントロール，統合・調整，コミュニケーション，コンフリクト解決，業績評価・報酬システム，部門間パワー，である。

19) 組織構造とは，単位間の位置関係であり，活動の構造化（専門化，公式化，標準化），形態，権限の集中（分権―集権，依存度）から構成される。

第 I 部

Organizing（組織化）の
理　論

第Ⅰ部は，Organizing（組織化，組織生成）の理論を説明する。これは，組織がいかに生成するかの理論的枠組みである。組織は，Organizing から Organized のプロセスを経て成長するが，ここでは，組織構造に至るまでの組織過程の特徴を捉える。

　第1章では，Organizing における「組織」の特徴として Loosely Coupled System（LCS）をとりあげる。LCS とは，部分（下位システム）としての自立性をもちながら，全体（システム）の緩やかな全体性を示す状態である。ここでは，部分が一定の自立性をもちながら，部分（下位システム）間には緩やかな関係しかなく，部分と全体（＝システム）および全体とその環境とも緩やかにしかつながっていないが，部分とそれに直接関係する環境（部分環境）とは，敏感に反応する。ただし，部分環境間には，強いつながりはない。これは Open & 自然体系モデル（人間→組織→環境）における組織像である。

　第2章は，K. E. Weick の組織化の進化モデル（実現→淘汰→保持）に沿って，組織の成立に至るプロセスを描く。実現は行為であり，認識されるまで，その行為の意味は明らかにならないので，あいまい性という性質をもつ。淘汰は認識であり，LCS では，いくつかの意味をもつ（多義性）。保持はデータが編集されて保存される過程であり，不確実性が削減される。こうして，組織全体としての一定の意味が成立する。

　第3章は，Organizing の特徴を，上からの統制（Organized）ではなく，あくまでも下からの「自己組織化」（Organizing）とみて，複雑系の議論を紹介する。自己組織化とは，システムが環境と相互作用しつつ，自ら組織を作り変えてゆく性質である。こうして，ミクロ・レベルにはない性質がマクロ・レベルに生じる（創発性）。したがって，自己組織化では，自己（組織）と自己でないもの（＝環境）との統合から，新しい自己（新しい組織）が生じる。複雑系は，組織生成のプロセスであり，自己組織化はその条件である。

第1章

組織化と
ルースリー・カップルド・システム

　Open & 自然体系モデルに基づく Organizing（組織生成，組織化）の理論は，人間→組織→環境 という因果関係をもつ。したがって，人間（行動）の相互連結としての緩やかなつながりをもつ組織が，どんな組織であるかが問題となる。これまで，組織とは，諸部分が強固に結びついた，一体化した実体だと考えられてきた。ゴミ箱モデルや組織化の進化モデルでは，部分が自立した緩やかな，一枚岩ではないつながりが強調される。こうした組織を，Weick（1976, 1982）は，Loosely Coupled System（以下，LCS と略す）と呼んだ。

　次に，Organizing の理論では，人間→組織→環境 という因果関係に沿って，組織自らが適応するための「環境」が形成される。これは「実現化された環境（Enacted Environment）」と呼ばれる。① この緩やかなつながりをもった組織（LCS）の性質を明らかにし，② 人間→組織→環境 という形で，環境が実現されて組織が進化するプロセスを解明するのが，Organizing の理論の課題である。本章では①の課題を，次章では②の課題を，検討する。

1　LCS の定義

　人間行動の相互作用によって生じる，人間行動の緩やかな連結としての LCS は，どのような特徴をもつのか。個々の単位が自立的に行動しながら，全体として緩やかに結びついている組織は，どのように定義されるのか。

1-1 LCSの従来の定義

最初にLCSを論じたのはGlassman（1973）であり，彼は，システム間の共通変数が少ない，あるいはその共通変数が弱いときに，LCSが生じると言っている。Weick（1976）は，LCSを，諸要素は反応的だが，分離可能性（separatedness）と独自性（identity）を保持している状態，と定義している。さらにWeick（1979）は，①2つのシステム間に共通の変数が少ない，あるいは，②この共通変数がシステム全体に与える影響が弱いときにLCSが生じ，そこでは，1つの変数が変化しても他に波及しないし，波及するにしても長い時間がかかる，と述べている。

このLCSの定義を図示すると，図1-1のようになる。

図1-1において，A, BはそれぞれシステムXを構成する要素（＝下位システム）である。AとBの間に共通変数が少ないことは，図1-1の斜線部分が少ないことで表される。これを$A-B \Rightarrow$ Looseと表示する。AとBの共通部分がX（＝システム）に与える影響が弱いことを$A \cap B \Rightarrow$ Looseと表記している。

Weick（1982）は，LCSの例として次の2つを，またTCS（Tightly Coupled System）の例を1つ挙げている。

まず，一貫した向日性をもった蜂に対して，ランダムな行動をする蠅をLCSとして対比している。広口瓶に入れられた蜂は，明るい日の光が外部に通じるというタイトな論理をもっているので，広口瓶の底が窓に向けられ

図1-1 LCSの図示

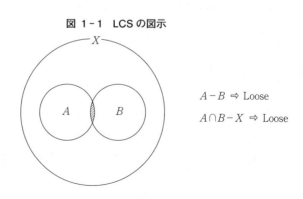

ると，底の方に向かって飛び続けるため，脱出できずに死んでしまう。他方，蠅は，全くランダムに飛び回るので，たまたま瓶の底と反対方向に飛んだときに脱出する。March（1976）はこれを，「愚者の知恵（Technology of Foolishness）」と呼んでいる[1]。

2つ目は，カナダとアメリカの国境をまたいで操業している精密切削工場である。ここでは，工場内で製品が国境を越えるたびに関税が課せられると同時に，雇用や賃金支払いはそれぞれの国で別々に行われる。こうして，それぞれの工場部分は，直接連動することなく，それぞれ独立の工場のごとく運営されるので，両国の景気に左右されない自立的な運営が行われ，全体として柔軟な経営が行われる。

3つ目の例は，TCS の例である。事業部制組織をとる GM 社では，カンサス市の工場長がこれから昼食を取りにいくというテレックスが，本社社長に直ちに届くという。一般に事業部制組織は分権的組織と言われる。ここでは事業部が1つの事業（business）を行えるだけの自立性をもった単位と考えられている。言い換えれば，事業部間のつながりが緩やかな組織形態である。これは Thompson（1967）の言う共同的相互依存性を特徴とする。これに対して，職能部門制組織では，職能部門間に逐次的相互依存性があり，マトリックス組織は，職能部門間と事業間の両方に相互依存性（交互的相互依存性）があり，各部分がタイトにつながっている。したがって，この例が示す TCS とは，事業部間に緩やかなつながりをもった事業部制組織におけるタイトなコミュニケーションを指している。

以上より，次の2点が問題である。

第1は，これまでの LCS の定義では，下位システム（部分）とシステム（全体）の関係が問題とされても，環境との関連が明らかにされていなかった。たとえば，第1の蜂と蠅の例では，日の光と，広口瓶の底が窓に向けられているという条件が必要である。第2の工場の例では，景気がアメリカとカナダで異なっているときにのみ，どちらか一方の不景気の影響をもろに受けないという意味で，この工場は柔軟で適応的である[2]。また，一般にグローバリゼーションの時代では，両国の相互依存性は高くなっていると思われる。したがって，ここでも，下位システム―システム―上位システム の相互関

第1章　組織化とルースリー・カップルド・システム　　33

係の中で，LCS を定義する必要がある。すなわち，LCS の定義に「環境」を含めることが必要である。

第2に，LCS と Loose Coupling あるいは Loosening とを区別する必要がある。事業部制組織は，システムとしては LCS であるが，組織プロセスにおいてコミュニケーションがタイトになっている。Galbraith & Nathanson (1978) は，競争的な環境での事業部制組織では，統制範囲が狭められて階層レベルが増えるとともに公式化が進み，業績報告書提出の頻度も高くなると言っている。これは，競争的な環境で事業部制組織が高業績をあげるためには，タイトなコミュニケーションが必要なことを示している。同じ LCS でも，下位システム間の連結をルースにしたり，タイトにしたりすることができる。したがって，① ある組織の生成時は，Loose Coupling であり，発展するに連れて，効率化のために組織プロセスが Tight に Coupling されてゆく。② 同じ組織形態でも，製販分離と製販合併のように，ルースにつないだりタイトにつないだりすることができる。たとえば，トヨタ自工とトヨタ自販の分離は，TCS である職能部門制組織の Loosening であり，その工販合併は Tightening である。

1-2 LCS の再定義

Orton & Weick (1990) は，システム内の諸要素の「反応性 (Responsiveness)」と「異質性 (Distinctiveness)」に基づいて，図1-2のように，4つのシステムを区別している。

ここでは，LCS と TCS は反応性の点では共通し，異質性の点では対称的とされている。また NCS (Non-Coupled System) も DCS (De-Coupled System) も反応性はなく，前者は A, B, X の間に異質性がなく（ほとんど同質），後者は A, B, X の間が異質である。図1-1に示された従来の定義とつき合わせると，① 下位システムの A—B 間に共通の変数があるかないかを反応性の有無で，② 共通変数がシステム全体に与える影響を異質性で，表すことができよう。すなわち，LCS と TCS は下位システム A, B の間に反応性＝相互作用がある。ただし，従来の定義では，LCS における反応性は弱く，TCS における反応性は強い。これに対して，NCS と DCS では

34　第Ⅰ部　Organizing（組織化）の理論

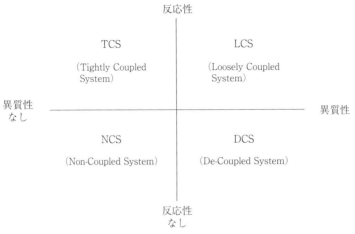

図1-2 4つのシステム

（出所） Orton & Weick（1990）。

A―B間に反応性がない。すなわち，Aが変化してもBは全く動かず，AとBの間に相互作用がない。

LCSとTCSは，異質性に関しては対称的である。LCSは下位システムAとB，あるいはA，BとXの間は異質であり，TCSは同質である。これはAとBあるいはA，BとXの間の相互依存性が低いか高いかを示している。たとえばAとBが性質の違う単位からなり，それがXと別のレベル（＝階層）でつながっているような場合である。これは共同的相互依存性を意味する。このように考えるなら，要素間の相互依存性の高い逐次的相互依存性や交互的相互依存性は，TCSに相当すると言えよう。

このLCSとTCSの，反応性という非対称性あるいは共通性と，異質性という対称性は，何に由来するのか。

まず，図1-1における従来のLCSの定義と，Orton & Weick（1990）のLCSの定義との関係を整理すると，4つのシステムの特徴は，表1-1のようになる。

(1) NCS

下位システムAとBの間に反応性がなく，AとBの共通部分がシステム全体に影響を与えない。すなわち，AとBは同質の下位システムであるが，

第1章 組織化とルースリー・カップルド・システム　35

表 1-1 4つのシステムの相互関係

	同質 (Non-Distinctiveness)	異質 (Distinctiveness)
反応あり (Responsiveness)	TCS	LCS
反応なし (Non-Responsiveness)	NCS	DCS

両者の間に相互作用はなく，したがって，A や B が変化してもシステム全体への影響はない。

(2) DCS

下位システム A と B の間に反応性がなく，したがって両者はジステム全体に影響を与えない。すなわち，A と B はそれぞれ異質な下位システムであり，両者の間に相互作用はなく，したがってシステム全体への影響はない。システムは全くバラバラである。[3]

(3) LCS

下位システム A と B の間の反応性は弱く（Loose），A と B の共通部分がシステム全体に与える影響は弱い。すなわち，A と B は異質の下位システムであり，相互作用は弱く，両者が組織全体に与える影響も間接的である。これを $A-B \Rightarrow$ Loose，$A \cap B-X \Rightarrow$ Loose と表すことにする。

(4) TCS

下位システム A と B の間の反応性は強く（Tight），A と B の共通部分がシステム全体に与える影響も強い。すなわち，A と B は同質なシステムで，相互作用が強く，A や B の変化はシステム全体に大きな影響を与える。これを，$A-B \Rightarrow$ Tight，$A \cap B-X \Rightarrow$ Tight と表すことにする。

したがって，従来の LCS の定義のように，下位システムとシステムの関連だけではなく，環境という上位システムの関係をも考慮に入れるなら，LCS を次のように再定義できる。

① A および B という下位システム内部の連結は Tight である（$A-B \Rightarrow$ Tight）。

36　第Ⅰ部　Organizing（組織化）の理論

図1-3 LCSの再定義

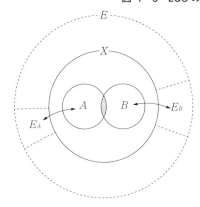

① $A, B \Rightarrow$ Tight
② $A-B \Rightarrow$ Loose
③ $A \cap B - X \Rightarrow$ Loose
④ $X - E \Rightarrow$ Loose
⑤ $A - E_A, B - E_B \Rightarrow$ Tight
⑥ $E_A - E_B \Rightarrow$ Loose

② 下位システム A と B の相互作用は Loose である（$A-B \Rightarrow$ Loose）。
③ A と B の共通部分がシステム X に与える影響は弱い（$A \cap B \Rightarrow X$）。
④ システム X は，環境全体の変動に対して安定的である（$X-E \Rightarrow$ Loose）。
⑤ 下位システム A は，それに対応する環境部分 E_A には敏感に反応する。同じく下位システム B もその環境部分 E_B に敏感に反応する（$A-E_A \Rightarrow$ Tight, $B-E_B \Rightarrow$ Tight）。
⑥ ただし，環境部分 E_A と環境部分 E_B の間の相互作用は弱い（$E_A-E_B \Rightarrow$ Loose）。

以上の関係を図示すると，図1-3のようになる（岸田，1992a, 2001a）。

まず第1に，LCSの①と⑤の関係がTightであることから，反応性のあるLCSと，反応性のないNCSおよびDCSが区別される。

第2に，TCSは①〜⑥の関係が全てTightであるのに対し，LCSでは①と⑤のみがTightであり，②③④⑥はLooseである。言い換えれば，LCSとTCSは，②③④⑥については対称的であり，①と⑤は非対称的であり，共通である。

従来の定義では，下位システム—システム の関係について，
(a) 下位システム A —下位システム $B \Rightarrow$ Loose
(b) A と B の共通部分（$A \cap B$）—システム $X \Rightarrow$ Loose

を仮定していた。これを機械的に システム—上位システム の関係に適用すると，

   (c)   システム—システム ⇒ Loose

   (d)   システム ∩ システム—環境 ⇒ Loose

となる。再定義された①〜⑥の性質と比べると，

   ①は前提である。すなわち，分析レベル（＝システム）より下の下位システム内部は Tight である。言い換えれば，下位システムは，1つのまとまりとして区別できるということである。

   ②と(a)は同じである。

   ③と(b)も同じである。

   ④と(d)はパラレルであり，(c)は，②の分析レベルを一段上げて表現したものである。

   ⑤に相当するものはない。なぜなら，下位システムと上位システムの関係に関する記述だからである。

   ⑥は，上位システムを分析対象としたときの②と同じである。環境を構成する諸部分（E_A と E_B）の相互作用が Loose であることを示すからである。

　以上のように考えるなら，下位システムとシステムという2つの分析レベルの関係を設定することによって，①（前提），②③（従来の定義），④（定義からの演繹），⑥（分析レベルの変換）をカバーすることは可能だが，下位システムと上位システムの関係に関する⑤を従来の定義でカバーすることはできない。すなわち，従来のように2つの分析レベルの関係で定義することはできず，下位システム—システム—上位システム の3つのレベルを含めて，LCS を改めて定義しなければならない。

　以上の LCS の再定義より得られた結論をまとめると，次のようになる。

  ⑴ LCS と TCS は，再定義の②③④⑥の性質については対称的である。すなわち，LCS は Loose な連結を，TCS は Tight な連結を示す。

  ⑵ LCS と TCS は非対称であり，共通性をもつ。すなわち，①と⑤の性質については LCS と TCS は共に Tight である。

  ⑶ 従来の LCS の定義は，下位システム・レベルとシステム・レベルの

２つのレベルの定義であり，環境との関連を含む定義が必要である。すなわち，下位システム（A, B）―システム（X）―上位システム（$E : E_A, E_B$）の３つのレベルを含む定義が必要である。

2　LCS としての組織の特徴

Weick（1982）は，下位システム A から下位システム B への影響が，

(1)　連続的に（continuously）徐々に現れるのではなく，突然（suddenly）不意に現れる，

(2)　絶えず一定の割合で（constantly）現れるのではなく，不定期にたまたま（occasionally）現れる，

(3)　重要な意味をもつ（significantly）のではなく，無視できる（negligible）ほどであり，

(4)　直接的に（directly）現れるのではなく，間接的に（indirectly）しか現れない，

(5)　時間をおかずにただちに（immediately）現れるのではなく，最後になって結果的に（eventually）現れるときに，LCS が生じると述べている。

(1)は，閾関数（e.g. ガウス関数）がその例である。一定の範囲内での刺激では反応は生じず，ある量を超えた刺激に対してのみ反応が生じる。ガウス関数では，たとえば X の変化が $0 < X < 1$ の範囲では Y は変化しない。

(2)は，オペラント条件付けのように，反応回数の一部分に対して強化付け（e.g. 報酬）を与える場合であり，間欠強化と呼ばれる。

(3)は，定数のように変化が一定で無視しうる場合である。変化する余地のない定数は，他の変数に変動を伝えることができないからである（Weick, 1985）。

(4)は，いくつもの階層を経て，命令が伝達されるような場合であり，たとえば，教育長の命令が，校長を通じて教員に伝達される場合がこれである。

(5)は，たとえば有権者の投票と候補者の反応にズレがある場合であり，いったん当選した議員の行動を再評価するためには，次の選挙まで待たなければならない。

第1章　組織化とルースリー・カップルド・システム　　**39**

こうした LCS は，次のような特徴をもつ（Weick, 1976）。第 1 に，LCS は，行為者の自由な行動の相互作用を前提にしているので，個人の自由裁量の余地は大きく，したがって自己実現の機会が多い。すなわち，LCS は，個々人の自由な行動が連結されたときに生じる。第 2 に，システムの各部分は，それぞれが対応する環境部分に敏感に反応するので，部分的あるいは局地的適応が可能であり，部分の障害が全体に及ぶこともない。したがって，システム全体としては，環境の微細な変化に一々反応する必要はなく，そのために諸部分間を調整・統合する必要がなく，個々人あるいは各部分の自由裁量に任せるので，システムを運用するコストは低い。しかも第 3 に，成員は主体性と多様性を保持できるので，「適応が適応可能性を排除する（Adaptation precludes adaptability）」という問題を回避することができる。

しかし同時に，次のような欠点があることも明らかである。第 1 に，個々人の自由裁量が常に必要なわけではない安定的な環境では，公式化されたルーティンな活動が有効である。第 2 に，個人あるいは下位単位で発見されたすぐれた解が他の部分に波及しにくい。第 3 に，部分間がルースにしかつながっていないので，改善のための介入は，部分的効果しか得られず，組織全体にわたる大規模な変化は困難である。こうした問題点は，TCS によって解消される。

以上より，LCS による環境変化への対応は，次のときに効果をもつ（Weick, 1982）。第 1 に，影響を受ける変数が同じような大きさをもち，変化が連続的で漸進的な場合である。第 2 に，単純で短い因果連鎖に分解できる場合である。第 3 に，資源が豊富で，諸部分で独立に重複して使用されても，涸渇しない場合である。逆に，第 1 に，影響を受ける変数が異なる大きさをもち，変化が不連続で閾値的な場合，第 2 に，複雑で長い因果連鎖がある場合，第 3 に，希少資源が無駄に使われてしまうと，システムが消滅してしまう場合は，LCS は効果をもちえず，TCS による環境変化への対応の方が効果的である（岸田，2001a）。LCS と TCS の特徴をまとめると，表 1-2 のようになる。

以上のような LCS の性質をもつ組織の特徴は，従来の一枚岩的な TCS としての組織とどのように違うであろうか。以下では，第 1 に，LCS と合理

40　　第 I 部　Organizing（組織化）の理論

表 1-2 LCS と TCS の比較

LCS	TCS
下位単位の障害がシステム全体に広がらない	下位単位の革新がシステム全体に広がる
微細な環境変化に対して組織全体の対応は不必要である	大きな環境変化に対して，組織全体で対応が可能である。
統合・調整の必要はなく，管理コストは少ない　→情報処理の必要性の削減	統合・調整の必要があり，管理コストは大きい　→情報処理能力の増大
条件：① 連続的・漸進的変化， 　　　② 単純で短い因果連鎖， 　　　③ 資源の重複	条件：① 不連続・段階的変化， 　　　② 複雑で長い因果連鎖， 　　　③ 資源の効率的利用
環境：動態的だが単純で分割可能	環境：動態的で複雑・分割不可能
共同的相互依存性	逐次的相互依存性，交互的相互依存性

性，第 2 に，適応（安定性）と適応可能性（柔軟性），第 3 に，LCS における局地的適応，第 4 に，LCS における分化と統合，の 4 点に絞って考察する。

2-1　LCS と合理性

Weick（1982）では，合理性と LCS および TCS の関係が，以下のように説明されている。合理性への制約が存在する場合，その制約の仕方が個人個人で異なるため，多様な現実（realities）が生じるので，組織は LCS となる。合理性への制約がないなら，次の 2 つの方法で TCS が生じる。第 1 は，合理性への制約がないなら，認知の一致への圧力が減少し，認知が容易に収斂するので，多くの変数が共有されて TCS が生じる。第 2 に，合理性への制約がないなら，課業が明記され，監督が厳密になり，逸脱への制裁が迅速に行われるので，実現という行為の重要性が減少し，多くの変数が共有されるので TCS が生じる。

したがって，一般に組織には合理性への制約があり，TCS とは異なる性質をもつ。

第 1 に，組織内には合理性が機能する条件はほとんどなく，LCS が常に生じる。① 問題が変化するにつれて何が合理的かは変わる。② 合理性は資源を獲得し，正当性を装うための口実である。③ 行動を合理化するための

事後的なプロセスである。

　第2に，組織は多様であり，知覚上・実践上のバイアスが存在する。

　第3に，組織の安定的部分は，小規模（部分的）かつ一時的である。

　第4に，この安定的な部分間の連結の強さはまちまちであり，それがあいまい性を生み出す（合理性から遠ざかる）。

　第5に，迷信的学習は自己達成予言を通じて，不確実性を削減することができる。迷信的学習とは，組織の行動が環境の変化と無関係に行われる場合であり，一方では効率的な反応を促進するが，他方で環境変化に関する情報の伝達を困難にする。組織学習が個人レベルにとどまり，高次の学習や革新を阻害する。こうして合理性は部分的・一時的にしか保持されない。

　第6に，ラベリング，行動，相互作用によって，管理者はあいまいさを減らすことができる。

　合理性は次のように分類することができる。

　事前的合理性には，価値合理性と目的合理性がある。前者は，垂直的分業に基づく階層的合理性であり，ライン組織のもつ合理性に連なる。後者は，水平的分業に基づく機能的合理性であり，ファンクショナル組織のもつ合理性に関連する。この事前的合理性と事後的合理性が，合理性を構成する。合理化，正当化，あいまいさはこの事後的合理性に関連する。また，事前的合理性は客観的合理性と，事後的合理性は主観的合理性に通じる。

　LCS における合理性は，客観的，事前的ではなく，主観的，事後的である。この意味で，組織における合理性は部分的にしか存在しない。言い換えれば，部分的には合理性は生じても，組織全体には合理性は生じない。すなわち，下位システム内部には合理性は生じても，組織全体は合理的ではない。これが LCS の再定義における，① 下位システム内部は Tight であり，② 下位システム間のつながりは Loose，③ 下位システムの共通部分が組織に与える影響は弱い，ということの意味である。

　「制約された合理性（Bounded Rationality）」は，Simon（1945）によれば，制約された末での「合理性」であるが，March のゴミ箱モデル（Cohen, March & Olsen, 1972）は，むしろ合理性がどこまでも制約される「非合理」の世界である。LCS において，一般に事前的・客観的合理性は否定される

が，主観的あるいは事後的合理性，部分（下位システム）における合理性や適応可能性が強調される。「合理性」をめぐる問題は尽きない。このことは，組織における「合理性」と「非合理性」の問題は，表裏一体であることを示している。[4]

2-2　適応可能性（柔軟性）と適応（安定性）

　組織には対立する諸力が働いている。合理的モデルは組織が人間行動を規制し，自然体系モデルでは人間が組織を形成すると考える。Closed System Approach は，環境との関連を無視して，組織を自己完結した合理的なシステムと見る。Open Systems Approach は，組織を，資源や情報を環境と交換するシステムと見る。製造部門は今ある製品の生産を目指し，研究開発部門は既存の製品を否定し新製品を開発することを目指す。戦略的意思決定は，企業の長期的存続のための事業の改廃を含む全体的最適化を考え，現場（事業部）は，効率を志向して事業部自体の最適化（部分的合理性）を考える。O'Reilly & Tushman（2004），Tushman & O'Reilly（2008）は，既存事業の保護と急激な革新を同時に成し遂げることが現代企業の課題であると考え，「二重（ambidextrous）組織」の必要性を提唱している。

　分化と統合，集権と分権，専門化（命令の多元化）と階層化（命令の一元化），自由意志と環境決定など，組織には対立する諸力が存在している。Weick（1979）によれば，組織における根本的ディレンマは，現在の機会を利用するための適応（adaptation）・安定と，将来の機会を利用するための適応可能性（adaptability）・柔軟性とのトレードオフである。

　柔軟性を保つためには，環境適応のための行動修正と，新しい反応のプールが必要である。しかし，適応可能性・柔軟性だけでは，一体感と継続性の維持は困難である。逆に適応・安定性は新たな環境変化に対しても，既存のルールで適応するという意味で経済的な手段を提供してくれるが，過去の知恵に固執することになるので，新しい環境の出現に気づくこともできないし，もっと経済的な対応手段を発見することもできない（Weick, 1976）。

　一般に，LCS は適応可能性の源泉であり，TCS は適応の源泉であると言われる。しかし，LCS が多様で異質な，それでいて分割可能な環境に直面

第1章　組織化とルースリー・カップルド・システム　　**43**

するときには，次の意味で適応・安定性をも示すことになり，柔軟性と安定性のディレンマを解決することになる。

　第1に，それぞれの部分が自立しているので，微細な環境変化に，それぞれの部分が敏感に反応できる。第2に，したがって対立する要求に，別々に同時に対処することができる。第3に，発生する問題を局部（部分）で受け止め，他の部分に波及させないので，他の部分は安定的である。第4に，こうした部分による調整はシステム全体の対応の必要性をなくするので，調整コストは節約される。第5に，試行錯誤のコストを節約して，多様性を保持するので，認知の正確性が促進されるため，小さな逸脱もすぐに発見されて迅速な対応が行われ，重大な問題に発展することが阻止される（Weick. 1982）。

　LCS による適応は，部分の頻繁な変化によって，小さな問題を当該の部分で処理するので，問題が部分の相互作用を通じて増幅されてシステム全体に広がることはない。ただし，部分が自立しており，相互に連結されていないので，介入は部分的効果しかもたず，システム全体にわたる大規模な変化は困難である。

　逆に，TCS もある種の適応可能性・柔軟性をもつ。第1に，TCS はいったん生じた環境変化を，迅速にシステム全体に伝達する。ただし，どんな変化も伝達することになるので，情報システムにとっては負担が過重になる。第2に，先発企業によって，環境変化への対応が成功したことが分かったなら，一挙に資源をその方向に動員して成功を模倣し，先発企業よりも速いスピードで，その環境変化に対応することができる。その意味で，TCS は次発（＝歴史的後発性）の利点をもつ。日本やドイツの工業化，現代の中国の経済発展などはこの例である。また，後発の場合，革新の創始よりも実施が重視され，そこでは，集権的で低い複雑性と高い公式性をもった組織特性が必要である，という議論とも一致する。

　こうした組織変化は，次のような場合に効果的である。まず，環境変化が極めて重大な影響を組織全体にもたらすので，組織の部分的な微調整ではなく，組織構造全体を変化することが必要な場合である。ここでは，環境変化に応じて，組織全体の整合性を回復する大きな構造変化が必要である。

44　　第Ⅰ部　Organizing（組織化）の理論

以上より，次のようにまとめることができる。LCS は，適応可能性の源泉であるが，ある種の適応をも可能にする。環境の微細な変化に対して，これに対応する部分だけが敏感に反応する（適応可能性）が，他の部分は変化せず組織全体は安定的である（適応）。これは局地的適応（local adaptation）と呼ばれる。したがって，部分による適応で済むような環境変化の場合には，LCS は，「適応可能性が適応を排除する」という問題を回避することができる。これに対して，TCS は適応の源泉であるが，一定程度の適応可能性を備えている。環境変化が持続的で大規模であり，組織全体の変化が必要であるなら，成功した先発企業の例を参考にして，短期的に組織全体を変革することができる。TCS は，「適応が適応可能性を排除する」という問題を回避することができる。

2-3　LCS と局地的適応

　表1-1で示したように，LCS による局地的適応は，次の場合に効果的である。①変化がスムーズで連続的，②環境の複雑性が単純な因果関係に分解できる，③資源の重複を許容する余剰資源がある，という場合である。こうした局地的適応は，次の利点をもつ。第1に，現在は有用ではないが，将来の革新につながるプログラムが保存される。第2に，変化はゆっくりとしかシステム全体に波及しないが，自立的な諸部分がそれぞれに相応しい解を自発的・創発的に作り出す。しかし，どんなにすぐれた解も，直ちにシステム全体には波及しないという意味で，非効率をもたらす。

　LCS による局地的適応の性質については，次の2つの問題がある。

　第1は，LCS が生じるのは，下位システムの影響が連続的ではなく閾値的変化のように突然不連続に現れる場合である。しかし，LCS における局地的適応が効果をもちうるのは，変化がスムーズで連続的な場合である。この2つは矛盾しないか。

　これは，ある下位システムの変化が他の下位システムに影響を与えるのは，その下位システムの変化が不連続で閾値的な場合であり，環境変化がスムーズで連続的な場合に，組織全体ではなく，関連する部分だけが敏感に反応できるので，組織全体として安定的に存続できるという意味に解釈することが

第1章　組織化とルースリー・カップルド・システム　　**45**

できる。すなわち不連続で閾値的な変化は，下位システム間の関係（図1-3のA-B⇒ルース）であり，スムーズで連続な変化は，環境と組織全体に関する関係（図1-3のE-X⇒ルース）である。

Weick（1982）は，ルースかタイトかは分析レベルの問題であり，分析対象となるシステムはTCSであり，その上位システムと下位システムはLCSであると言う。したがって，組織がLCSであるということは，Weickにとって，分析レベルは組織を構成する下位単位（個人や部門）であることが分かる。また，単位間をルースにつなぐには色々な方法がある。タイトな下位単位同士をルースにつなぐ場合，片方がルースでもう一方がタイトな下位単位をルースにつなぐ場合，ルースな下位単位同士をルースにつなぐ場合，およびそれらをタイトにつなぐ場合などがある。さらに上位システム（環境）を考慮に入れた場合にも，当該システムとタイトなつながりをもつ環境部分（e.g. 得意先）もあれば，当該システムとルースなつながりしかもたない環境部分（e.g. めったに取引のない小口の業者）もある。

上述したように，部分的合理性は，下位システム内部がタイトに連結されていることを示す。したがって，LCSは図1-3で示したように，下位システム内部はタイト，下位システム間はルース，システムと上位システムはルース，下位システムとそれに対応する環境部分とはタイト，環境部分間はルース，につながったシステムであることが確認される。

第2に，LCSの議論では，ルースに連結されたシステム（LCS）と，システム内の連結をルースにする（Loosening, Loose Coupling）こととが，明確に区別されていない。

事業部制組織は，各事業部が自立的で相互作用が少ないという意味で，職能部門間に逐次的な相互作用がある職能部門制組織に比して，LCSであると言うことができる。しかし，職能部門制組織の諸職能部門をルースにつないでも，事業部制組織にはならない。たとえば，トヨタ自工とトヨタ自販を別会社に近い状態にすることは可能だからである。また，職能部門間の逐次的相互依存性を，在庫を介在させて，ルースにすることができる。逆に，トヨタ生産システムは，在庫をなくして生産を同期化するという意味で，職能部門間だけでなく，系列会社間のつながりをもタイトにする方式である。

46　第I部　Organizing（組織化）の理論

組織の生存のためには，安定性（過去の経験の応用）と柔軟性（過去の経験への懐疑と新しい対処方法の採用）が同時に必要とされる。過去の経験を将来の指針として利用することは，以前の因果関係を踏襲するという意味でTCS である。反対に，過去の経験を捨てるということは，獲得された知識が古く，現在の環境とはもはや関連をもたないと考えることであり，LCSを意味する。柔軟性（LCS）と安定性（TCS）を同時に達成するには，① それぞれを交互に利用する（経時的利用）か，② 異なる単位（e.g. 職能部門，チーム，事業部など）で2つを同時に表出する（共時的利用），ことが必要である。

　①に関連して，たとえばある1つの組織形態が創られて定着するまでは，Organizing の過程である。この組織形態が定着して官僚制化する過程はOrganized である。柔軟性と安定性を経時的に利用する方法としては，午前中は，既存の職能部門で仕事を行って，専門技術を習得し，午後はプロジェクト・チームの一員として他の専門職能をもつ人たちと，1つの目標（プロジェクト）に向かって働く，という方法がある。あるいは，同じ生産現場でも，既存のラインで働く場合は安定性（TCS）であり，ライン変更に従事することは柔軟性（LCS）である。

　②は組織デザインの問題である。たとえば，研究開発部門（柔軟性＝LCS）と生産部門（安定性＝TCS）という職能分化と，戦略的意思決定（柔軟性＝LCS）と業務的意思決定（安定性＝TCS）という階層分化は，全ての組織の基本的対立であり，あらゆる組織でLCS と TCS は同時に表出されている。これらの単位内部および単位間をルースにつなぐのかタイトにつなぐのかは，それぞれの組織によって異なる。参加的管理は，参加を通じて階層間のルースな連結を Tightening する方法である。

2-4　LCS と分化・統合

　これは，分化された単位をルースに連結するのか，タイトに連結するのかという問題である。言い換えれば，単位間の相互作用を高めるのか低めるのかという問題である。Galbraith（1973）は，体系的に組織デザイン戦略を識別している。不確実性の高い状況では，情報処理の必要性を削減する方法

（スラック資源の利用，自立的な課業の統括）と，情報処理能力を高める方法（垂直的情報システム，水平的関係）の2つがある。前者は，スラック資源によって，単位間のつながりをLooseningする方法と，自立的な単位を作って，LCSを作る方法である。これは，相互依存性を削減する方法である。後者は，コンピュータなどによって集中的に情報処理を行う方法と，階層に公式の水平的関係（e.g.統合メカニズム）を付加して，情報処理能力を高める方法である。これは，相互依存性を前提にして，それを処理する方法を設置するものである。前者がLCS，後者がTCSを作る方法である。

ここでは，次の4つの問題を取り上げる。

第1に，Weick（1982）は，LCSは高分化・低統合であり，効率性という基準からすれば効果的ではないが，柔軟性，即興性，自己組織化能力という基準からすれば効果的であると主張している。

Weick（1979）は，LCSのもたらすランダム化の効用を次のように説明している。ランダム化による疑いは複雑さを増し，適応可能性（柔軟性）を高める1つの方法である。アメリカのナスカピ・インディアンは，獲物をとるためにトナカイの肩甲骨を焼き，そこに出たヒビで狩りの方角を決める。この方法は，① 狩りの結果の責任は個人でも集団でもない，② 過去の狩りの結果に影響を受けない，③ 人間の選択─選好の典型的 なパターンに影響を受けない，という点でうまくいっている，と。

まず，ナスカピ・インディアンは，ヒビによって示された方角に獲物がいると「合理的に」判断して，結果として間違っただけである。事前的・客観的合理性はなくても，主観的・事後的には合理的である。

次に，責任は占い師（シャーマン）にある。もちろん占い師は，自分の責任を逃れるために，神への信仰や貢物が不足だったと言い訳するであろう。また，占い師や長老がヒビを「読んで」方角を決めるのは，彼らの経験が尊重されるためである。彼らは，これまでの経験から，狩りをすべき方角を決めるのである。

さらにヒビは，方向を示しても，直接方角を示すわけではない。ヒビがどの方角を示すかは，占い師の解釈や判断によるのであり，この解釈や判断は，彼の「過去」の経験に基づくものである。たとえば，大猟の経験は記憶され，

ヒビの示す方向は、そうしたときに獲物がとれたという記憶と結びついている。これは過去の遡及的解釈であり、回顧的意味づけである。この回顧的意味づけは、「うまくいっているかどうか」とは、関係がない。過去の物語を豊かに語れるかどうか、豊かに解釈できるかどうかである。Weick（1979）がもともと「変異（Variation）」ではなく、「実現（Enactment）」を使ったのは、人間の行動が純粋にランダムになり得ない、過去の行動にある程度は制約される、と考えたからである。

　第2に、分化の仕方は2つである。1つは専門化による職能分化（ヨコの分業）であり、単位間の相互依存性を増大させる。基本はファンクショナル組織である。もう1つは階層分化（タテの分業）であり、これは単位間の相互依存性を切断する。基本はライン組織であり、これは専門家（specialist）を生み出す分化ではなく、万能の管理者（generalist）を生み出す分化である。

　自立的な単位を作り、単位間の相互依存性を切断して、これを階層でつなぐことによって共同的相互依存性を作ることが、LCS を作る1つの方法である。階層（による調整）は、次のように LCS の性質を満たす。

　① 同じレベルの単位間での調整によっては決着がつかない場合は、階層からの命令で決定がなされるため、影響は突然であり連続的ではない。② 規則やルーティンによる調整ではなく、重要な例外的な問題についてのみ決定が行われるという意味で、不定期であり、間欠的である。③ 階層への分化は、それぞれのレベル以外のことは直接知らなくてもよいことを意味するので、通常の場合には階層間の影響力を考慮に入れなくてよい（無視できる）。④ 長い連鎖をもつ階層の上位と末端の関係、および共同的相互依存性における下位単位間の関係は、間接的である。⑤ 階層の影響力は、同じレベルでの調整で決着がつかないという事態に至った結果、いわば最後の手段として行使される。こうして、共同的相互依存性における階層による調整は、LCS の性質（突然、不定期、無視し得る程度の、間接的、結果的）という性質を満たしている。

　第3に、この水平的分業—逐次的相互依存性—TCS と、垂直的分業—共同的相互依存性—LCS という関係は、組織においてどのような意味をもつであろうか。

第1章　組織化とルースリー・カップルド・システム　　**49**

LCS の基本はライン組織であり，事業部制組織，持株会社，コングロマリットは，LCS の性質をもつ。職能部門制組織は，職能部門間の逐次的相互依存性を，唯一全般管理機能をもつトップが集権的に管理する組織形態である。ただし，ここでは，水平的分化は発達しているが，垂直的分化は発達しておらず，業務的意思決定，管理的意思決定，戦略的意思決定は未分化である。これに対して事業部制組織は，全般管理業務の一部である業務的意思決定が事業部に委譲されており，分権的と言われる。ただし，戦略的意思決定と管理的意思決定は未分化である。マトリックス組織は，戦略的意思決定，管理的意思決定，業務的意思決定がそれぞれの階層に分化されているので，さらに分権的な組織である。しかし他方で，Galbraith（1973）が言うように，相互依存性を処理するために，階層以外の公式の複雑な統合メカニズム（直接の接触，連絡役，タスク・フォース，チーム，統合者，統合部門）をもっているので，同時に集権的でもある。したがって，マトリックス組織は，LCS と TCS を同時に組み込んだ組織形態であると言うことができる。

第4に，高分化・低統合の典型であるコングロマリット企業（無関連事業多角化企業）は，事業部制組織に比べて，事業部間に相互依存性がないのでシナジー効果（範囲の経済性）がなく，どの成果指標も低いことが報告されている（Rumelt, 1974）。これはルースに連結された企業の業績がよくないことを示している。ただし，分社制やカンパニー制による管理は，従来の組織の慣性の及ばないところで革新を起こしたり，不採算部門を切り捨てて障害を局地化することによって，組織全体の柔軟性を維持することができる。

3　LCS と現代の組織

LCS の特徴をもった組織とは，どのような組織であろうか。近年，合理的な組織，官僚制組織とは異なる新しい組織が，さまざまな名前で呼ばれている。分社制，カンパニー制，ネットワーク，ピア・グループ，ホロン，リゾーム，曼荼羅などがそれである。これらは，部分の自立性と全体の緩やかな統一を強調している。

3-1　事業部制組織，持株会社，コングロマリット

　LCSを共同的相互依存性をもった組織と考えるなら，事業部制組織，持株会社，コングロマリット，分社制，カンパニー制などがこれに当たる。

　第1に，事業部制組織は，各事業部が自立的に事業を行い，総合本社（階層）によってこれを統合するものである。事業部間には，資本，技術，市場，管理などの面である程度の共通性があり，これがシナジー効果あるいは範囲の経済性につながっている。第2の持株会社は，資本以外の面ではほとんど共通性がない場合である。第3のコングロマリットは，事業間にほとんど関連のない多国籍企業であり，買収や合併を通じて無関連な事業に多角化することによって成立した組織である。第4の分社制は，管理単位の自立性を大きくして別会社にした組織であり，第5のカンパニー制は，事業部制組織の事業部が1つの会社のような独立性を備えた組織であり，謂わば分社制が管理単位を外部化したのに対し，社内で分社された組織である。

　上述の5つの組織形態の関係は，事業部制組織，カンパニー制，分社制，持株会社，コングロマリットの順により分権的になる。すなわち，この5つの組織形態はそれぞれLCSの特徴をもっているが，次第にこの順序に沿って，よりLooseningされる。

　事業部制組織とカンパニー制は外部化されておらず，構成単位は，本社経費を支払うとともに，本社の企業戦略によって管理・調整される。これに対して分社制，持株会社，コングロマリットは外部化されており，子会社は自己規制的で，配当という形でのみ本社に支払う。これは自立性と責任を付与して，動機づけを高めようとする方法である（岸田，1997）。

　第2に，LCSとLoose CouplingあるいはLooseningとの区別に関連して，次のことに注意をしておきたい。1920年代に，GM社は持株会社（LCS）を再編成して，新しく設立された総合本社の下に集権化（Tightening）を行い，本社と各事業部間のコミュニケーションをTighteningして，分権的事業部制組織（LCS）を確立した。これに対してデュポン社は，集権的職能部門制組織（TCS）を再編成して分権化（Loosening）を行い，本社と製品別の各事業部間のコミュニケーションをLooseningして，分権的事業部制組織

（LCS）を設立した。同じく分権的業部制組織（LCS）を設立したにもかかわらず，本社と事業部間のコミュニケーションは，一方が Tightening，他方が Loosening であり，正反対である。

　第3に注意すべきことは，LCS の業績である。大抵の実証研究では緩やかに連結されているコングロマリット企業の業績は，市場や技術等に何らかの関連を有するためにシナジー効果をもつ事業部制組織より，業績が低いとされる。Rumelt（1974）は，1949 年〜1969 年におけるアメリカの大企業について，戦略，組織，業績を調査して，次のように結論している。本業—集約型 の企業と，関連事業—集約型 の戦略をとる企業とは，ほとんどの成果指標について高い値を示したが，無関連事業に多角化しているコングロマリット企業はもっとも業績が悪かった。また製品別事業部制組織を採用している企業は，他のタイプの組織形態より成長率が高かった。したがって，関連事業への多角化戦略（本業—集約型 と関連事業—集約型）と製品別事業部制組織を結びつけている企業の業績が高かった。

　LCS は適応可能性の源泉であるが，それが直ちに業績に結びつくとは限らない。また，システムを Loosening して単位間の関係を緩やかにしても，単位のモラールは上がるが，組織全体の業績が上がるかどうかは分からない。

3-2　ネットワーク組織

　新しい組織として，もっともよく論じられるのがネットワーク組織である。Miles & Snow（1986）は，ネットワーク組織の特徴を次のようにまとめている。

(1) 垂直的分散（Vertical Disintegration）：　製品のデザイン，開発，製造，マーケティング，流通が，ネットワーク内の独立の組織によってそれぞれ遂行される。

(2) 調整者（Brokers）：　いくつかの事業グループをつなぎ，適切に配置する。

(3) 市場メカニズムによる連結：　主要な職能が，計画やコントロールではなく，市場メカニズムによってつながれる。進捗状況の報告と直接の監視に代わって，契約と結果による支払いが強調される。

(4) 公開情報システム：　経験に基づく信頼関係の樹立ではなく，広くアクセスできるコンピュータ化された情報システムが利用される。

　IBM は，1991 年，大幅なリストラクチャリングを敢行した。中央集権型のピラミッド組織を廃し，製品ごとに独立した単位が自主的に事業を運営し，総合本社が全体を統括する「連邦経営」に移行したのである。これはネットワーク組織の1つである。コンピュータ業界の，小型化への対策のために，収益の大きい汎用大型機部門から切り離して小型機事業を拡大し，併せて間接部門の人員削減と株価の回復を行おうとしたのである。しかし，「連邦経営」は資源の重複を意味するので効率化を保証せず，研究開発は資金の集中によってその効果を発揮するものである。したがって IBM の問題は，大型機と小型機を分けて，研究開発を分散することではなく，いかに小型機に集中するかであろう（岸田，1992, 2001a）。

　Miles & Snow（1992）は，職能部門制組織を外部化したネットワーク組織を「安定的ネットワーク」，事業部制組織から発展したネットワーク組織を「内部的ネットワーク」，マトリック組織を前提にしたネットワーク組織を「ダイナミック・ネットワーク」として，表1-3のように整理している。

　ネットワーク組織とは，それぞれの組織形態が外部化されて，独立した組織群から構成される，市場と組織の中間形態である。謂わば外部化された諸組織から構成された組織間関係のネットワークである。ここには，次の3つの問題がある。

　第1に，ネットワーク組織とは，一般に市場と組織の「中間」組織あるいは「準市場」を指す。確かにそれは，組織に比べてルースに連結されたシステムである。しかし，① 市場というシステムにも，完全競争市場，寡占市場，独占市場などがあり，連結はさまざまである。② 中間組織は LCS であるとしても，市場から中間組織への移行は Tightening であることに注意すべきである。

　これに関連して第2に，ネットワーク論者は，ネットワーク組織の中立性，草の根的・参加的性質を強調するが，中核企業の環境操作戦略としての性格も見落としてはならない。たとえば，系列や企業グループにおいて，他の系列企業にも部品などを提供する場合，それはメンバー企業の，中核企業から

表 1-3　ネットワーク組織の失敗の原因

ネットワークの タイプ	安定的	内部的	ダイナミック
運営上の論理	中核となる大企業が, 川上・川下の市場を 作り出す	大企業内の事業部が, 市場メカニズムを通 じて,価値連鎖に沿 って資源を配分する	メンバー企業の集ま りの中から,独立の 事業単位が価値連鎖 に沿って,一時的に 提携
基本的特徴	大規模投資を必要と する成熟産業 所有構造を変えるこ とによって,リスク を減らし資産の占有 を避ける	大規模投資を必要と する成熟産業 市場価格による交換 によって,内部単位 の業績評価が可能で ある	製品デザイン・サイ クルの短い低技術産 業と発展するハイテ ク産業
運営上の論理の間 違った拡張	不健全なまでの中核 企業に依存する	内部市場・業績評価 メカニズムの能力を 超えて資産所有が拡 張される	専門技術が狭隘化し, 価値連鎖における役 割が固定化される
管理上の適用の誤 り	過度の調整は,企業 の創造性を阻害する	中核企業がメンバー 企業の運営に対して 影響力や誘因ではな く,命令を行う	メンバー企業が,機 会主義を過度に警戒 して,特定のメンバ ー企業を排他的に扱 う

　の自立性を示す反面,中核企業からの納入コスト削減要求に対して,生産量増大による規模の経済の実現を通じて,この中核企業の要求に応えているという面も重要である。トヨタ生産システムは,トヨタ・グループが全体としては中間組織(=LCS)であっても,管理上極めてタイト(集権的)なつながり(同期化=Synchronization)によって初めて可能となるし,中核企業の目標設定(原価企画)とメンバー企業の実施という役割分担も否定できない。

　第3に,シナジー効果のない,相互に無関連なコングロマリットや持株会社は,事業部制組織に比べて業績が低い。その意味で日本の系列や企業グループの業績の高さは,LCSそのものやLooseningにではなく,この管理上の集権化(=Tightening)に関係があるのかもしれない。この点で,1990年代の,日本の企業が,統合化すなわちTighteningの方向に向かっている

54　第Ⅰ部　Organizing(組織化)の理論

（松下電器による松下電器貿易の統合，トヨタの工販合併など）のは興味深い。

第4に，ネットワークの議論では，革新の創始と普及が共に可能なので，ネットワーク組織は，市場や組織よりすぐれているとされる。しかし，これは論理的に無理がある。革新のディレンマの議論では，創始段階においては高い複雑性，非公式性，分権的な組織，すなわち LCS が効果的であり，革新の普及段階では，低い複雑性，公式性，集権的な組織（TCS）が効果的である（Duncan, 1976）というのが常識である。革新の創始段階において，ネットワーク組織は組織よりルースなので組織より効果的であるが，市場よりタイトなので市場より効果性は劣る。また，普及段階においても，ネットワーク組織は市場よりタイトなので市場より有利とされるが，組織ほどタイトでないので組織より劣る。ネットワーク組織が，市場と組織の両方よりすぐれているということを説明する論理が必要である。既に述べたように，LCSは局部的な障害の普及を阻止するには優れているが，革新的な解が組織全体に普及しないという問題点がある。したがって，日本の系列や企業グループにおける革新の普及は，LCS そのものではなく（LCS は革新の創始にとっては有利），システムを管理する上で Tightening（集権化）しているという点に求めるべきであろう。

3-3　ピア・グループ（Peer Group）

ピア・グループ（以下 PG と略す）が，管理や統制，階層組織に代わる新しい組織だとされることがある。Orton & Weick（1990）は，LCS の諸特徴は，従来の組織論では PG と呼ばれてきたものの特徴であると述べている。[5]

しかし，LCS と PG には次のような違いがある。第1に，LCS には階層があるが，PG には階層はない。金井（1989）は，ネットワークの理想形を，ピア・ディスカッションによる「気づき」と集団レベルの知識生成と見て，PG を，階層性と専門性を持ち込まない対等な相互依存関係であると規定している。[6] PG では，構成メンバーの相互作用は強いときも弱いときもあるが，LCS では，階層に媒介されているので，直接の相互作用は弱い（共同的相互依存性）。PG，LCS，TCS の違いを図示すれば，図1−4のようになる。

第2に，PG のコミュニケーションは，All Channel であるのに対し，LCS

第1章　組織化とルースリー・カップルド・システム　**55**

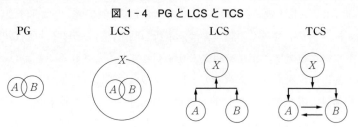

図 1-4 PG と LCS と TCS

は階層の存在を前提しているため，Wheel 型になる。[7] Williamson（1975）によれば，PG は非階層的な組織集団であり，① 規模の経済を実現できるという意味で不可分性（Indivisability）の問題を解消し，② リスク負担を共有することができ，③ 打算的関与ではなく道徳的関与を引き出すことができる，という利点をもつ。しかし，次のような問題をもつ。

まず，PG は業績測定の厳密な手段をもたないので，「ただのり」する人間が現れて，利己的に運営されやすい。次に，制約された合理性のために，PG のもつ All Channel 型のコミュニケーション・ネットワークは，階層的意思決定（＝Wheel 型）と比べて，コストが高くつく。最後に，階層のある・なしを反映して，PG は単純な相互作用（$A \to B, B \to A : A \Leftrightarrow B$）であるのに対し，LCS は，二重の相互作用を含む（$A \to B, B \to A, A \to B : A \Leftrightarrow B$）すなわち，PG では全体性（$A$ と B を含む X）を考えずに主観的に行動するのに対し，LCS では，主観的に全体（X_A あるいは X_B）を考えて，たとえば A は，自分がこのように行動すれば（$A \to B$），B はこのように反応するであろう（$B \to A$）と考え，自分はこう行動する（$A \to B$）。図 1-4 の LCS の矢印が下から上に向いているのは，主観的に X_A という全体性，階層性を意識して行動していることを示している。

以上の，PG と LCS の 3 つの差異を示すと，表 1-4 のようになる。

PG には階層はなく，LCS と TCS には階層がある。ただし，LCS は共同的相互依存性を本質とし，下から主観的に階層を意識した主観的・階層的調整がなされる。この調整は，当事者の一方だけが意識しているだけかもしれないし，当事者同士の「調整」にはズレがあるかもしれない。TCS では，共通目的（＝組織の存続）に基づいた上からの調整によって，目的の分割と作業（タテ・ヨコの分業）および権限（上位権限・職能権限）の分配が行われ

表 1-4　PG と LCS の比較

	階　　層	コミュニケーション	相互作用
PG	なし	All Channel 型	単純な相互作用
LCS	ある	Wheel 型	二重の相互作用

る。

3-4　リゾーム組織とホロン的経営

　リゾーム（Rhizome）とは，根茎あるいは地下茎のことである。ドゥルーズ & ガタリ（1987）は，整然としたピラミッド型の階層構造を表す樹木という言葉とは違う，四方八方へ向けて成長しながら，生成と消滅がいつも起きているような，ダイナミックな組織を指す言葉として，リゾームという言葉を使った。

　西山（1985）は，ホロン的経営の下にある組織を「リゾーム組織」と呼んでいる。ホロン（Holon）とは，全体を表す Holos と部分を表す接尾語の -on を合成した言葉である。ケストラー（1983）は，有機体を，亜全体（ホロン）が階層をなす多レベルの階層であり，物理化学上の基本プロセスに還元することはできない，と述べている。すなわち，どの有機体も，階層の上位（上位システム）に対しては「部分」として従属しながら，同時に下位システムに対しては，独立の，準自立的な「全体」として機能する。[8]

　西山（1985）は，ホロン的経営の要点を以下のようにまとめている。第 1 に，各部分が互いに弱く結びつきながら，自立性をもって活動している。そのためにゆらぎが大きく，環境のさまざまな変化に柔軟に対応できる。すなわち，他の多くの部分にそれほど影響することなく，局地的に適応することが可能である。また，学習効果も大きい。第 2 に，自立的に活動している部分が，全体と有機的に調和している。西山（1985）はさらに，ホロン的経営が，多様性を求めていくという面では事業部制組織と似ており，学習効果や多元的な価値を求めていくという面ではマトリックス組織に似ている，と述べて，ホロン的経営の例として，京セラのアメーバ組織や企業内ベンチャー[9]を挙げている。

第 1 章　組織化とルースリー・カップルド・システム　**57**

今田（1991）は，現実のネットワーク組織が，コミュニケーションの効率化によって，人々の間の結びつきを強化する手段になっており，機能合理化というモダンのプロジェクトの完成を導く原理だと批判して，リゾーム・システムの必要性を説いている。そこでは，効率性，合理性，制御可能性を放棄した，管理も計画もない，不断の差別化と生成運動のみが存在する，アンチ・コントロールのシステムがイメージされている。

　ここにもいくつかの問題がある。

　第1に，部分の自立性が強調され，機能の合理性が否定される場合には，一般に事業部制組織のように，資源の重複という問題を避けられない。

　第2に，四方八方へのダイナミックなコミュニケーションの展開は，真空の中で生じるものではない。むしろ，公式組織を補完したり，あるいはそれを相殺したり，それに対立するような形で非公式組織が発達するごとく，謂わば拮抗力（Countervailing Power）として生じるものである。その意味で，むしろ公式の双方向のコミュニケーションを前提にするマトリックス組織に，複雑な公式組織に対応した多くの非公式組織が広がる可能性を認めることができよう。

　第3に，部分の自立性が強調されるが，それが全体の崩壊を導くわけではない。ケストラー（1983）が還元主義を批判して，全体性をも同時に強調したように，そこには全体性を維持する何らかの「調整」原理が働いているはずである。それを自己組織化の原理と呼んでも，どの方向に自己組織化が行われるのか，という問題は残る。個々人の自由な経済活動が，市場メカニズムによって，社会全体の資源配分の最適化に導くと言っても，背後には，市場を機能させるブルジョア国家の成立があったことを見逃すべきではない。また，そのような市場社会に移行するためには，ソ連という強大な国家が崩壊しなければならないという事情も充分に考慮する必要がある。

　アンチ・コントロールもコントロールであり，参加的管理も管理であるように，部分の自立的な活動は，企業系列における中核企業の環境操作戦略の1つでありうる。今田（1991）が「ネットワーキングに対する最大の疑問点は，……既存のネットワークそれ自体を変えていく原理が，ネットワーク論の中にない」と言うとき，このような中核企業のパワーや，企業社会と言わ

れるような現状を抜きにして,「部分の自立性」や「アンチ・コントロール」
を手放しで語ることはできない。全体を維持させている調整原理が何なのか
を論じる必要がある。

3-5 曼荼羅とフラクタル

　部分が自立的で,全体を維持する1機能として全体に隷属することなく,
しかも全体が1つのまとまりをもつことは,可能であろうか。全体へと向か
う,あるいは向かわせる強大なパワーを前提することなく,部分によって自
立的に構成される全体を捉えることは,いかにして可能であろうか。言い換
えれば,どのような方向に自己組織化が行われようと部分の自立性が常に保
障されるような,部分と全体の関係とは何か。1つの方法は,部分の中に全
体が反映されること,すなわち部分と全体の同型性を実現することである。
これを表現する言葉は次の2つである。

　第1は,曼荼羅である。インド哲学では,自己と宇宙の本来的同一性が曼
荼羅によって表現される。すなわち,自己（アートマン）は宇宙原理（ブラ
ーフマン）であるとされる。[10]

　上山 (1991) は,ピラミッド型組織に代わる曼荼羅型組織を提唱している。
その基本概念は次の3つである。① 戦略チームは,担当領域のニーズに合
わせた生産,販売,技術の専門スタッフから構成され,日々の仕事だけでな
く,顧客と直接対話しながら,問題解決を行う。プロジェクト・チームと違
い,事業の企画,立ち上げから日々の生産,販売,サービスの仕事も一貫し
て担当し,スタッフは市場のターゲットに合わせて,チーム間を離合集散す
る。② 支援チームは,全戦略チームを共通に支援する部隊である。管理部
門とは違い,資源配分などの権限をもたない専門家集団である。③ コーポ
レート経営機能は,中長期の戦略,大きな投資,人材調達の方針などを決定
し,現業（戦略チーム）からは,中立の立場を保つ。

　ここには,事業部制組織における専門技術志向の欠如の回復と,事業部の
さらなる自立化が意図されている。しかし,戦略チームによって,製品別・
市場別の問題を処理し,支援チームによって職能上の技術問題を処理し,そ
れをさらにコーポレート機能が両者の自立性を保障しながら統合すると考え

第1章　組織化とルースリー・カップルド・システム　　**59**

図 1-5　フラクタル図形

(1) 曼荼羅フラクタル

(2) コッホ曲線

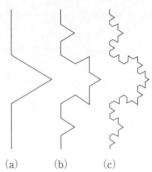

(a)　(b)　(c)

（出所）鈴木（1991）。

るなら，マトリックス組織に近くなる。コーポレート経営機能がゼネラル・マネジメントに，戦略チームと支援チームがマトリックス・マネジャーに相当するからである。

　第2に，部分と全体の同型性を数学的に表現したものがフラクタルである。フラクタルの特徴は，部分と全体が同じ構造になっていること，すなわち自己相似性にある。一種の入れ子構造であり，無限の世界を有限で表現しようとする曼荼羅も，一種のフラクタルである[11]。

　フラクタルにおける自己相似性とは，フラクタル（分数）次元をもつ図形は，どこを取り出しても全体と同じ自己相似的な構造をしている，ということである（図1-5）。

　フラクタルと自己組織化の関係について，鈴木（1991）は，相転移というカタストロフィックな変化は，まずフラクタル構造として生じると言う。すなわち，ゆらぎが一番大きくなるところで，秩序が形成され始める。たとえば，高温では熱的なゆらぎのために，エントロピーの効果のほうが勝って，磁石の向きが全くランダムになる。このとき，周りの温度を急速に下げると，ある時間（オンセット時間）のところから，スピンがほとんど同じ方向に揃い，強磁性（秩序状態）を示し，このとき必ずフラクタルが生じると言う[12]（図1-6）。

図1-6 相転移のメカニズム

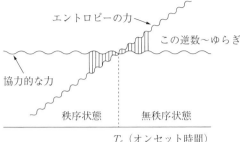

（出所）鈴木（1991）。

　ここでの議論にとって重要なのは次の2つである。第1に，無秩序な状態から秩序が生じるときには，言い換えれば，新しく組織が生成するときには，部分と全体が相似なフラクタル構造になるということである。第2に，ゆらぎが最大になるとき，新しい秩序が形成されるということである。現実の組織においては，構造とプロセス（行動）の乖離が大きくなったとき，新しい組織形態が生じるということになる。既存の組織構造の下で，それを否定する組織行動や組織プロセスが進行したとき，次の新しい組織構造への変革が準備される。また，そのときに部分が自立的に作動して，それぞれがルースにつながることによって，（新しい）全体が生じると考えられる。

　但し，次の点には注意すべきである。

　第1に，ゆらぎとは全くのランダムネスではなく，決定論的な系の中にある非決定性（＝カオス）示す現象である。言い換えれば，何らかの構造をもちながら，ある程度のランダムネスをももつものである（高橋，1991）。

　第2は，ゆらぎがどこから生じるかという問題である。現在のところ，自由度が非常に高くなるところからゆらぎが生じるという説と，逆に自由度が小さいところからゆらぎが生じるという説とがある。組織においては，前者は極めて分権的な状態であり，後者は集権的な状態である。

　第3に，既存の組織がどのように壊れるかについては，触れられていない。しかもどの方向にゆらぎが生じるかは不明であり，これはパワーの問題とも関連するであろう。

第1章　組織化とルースリー・カップルド・システム　　61

4 LCS の変化と Tightening・Loosening

　部分の自立性と全体の緩やかな連結（共同的相互依存性）という LCS の特徴をもつ現代の組織形態について，論じた。コミュニケーションの Tightening あるいは Loosening という点から，LCS の変化を捉えると，何が言えるであろうか。すなわち，ルースに連結されたシステムを変化させるには，どのような方法があるのか。

　Weick（1982）は，次の5つの方法を提示している。

　第1は，論理前提（Presumption of Logic）の役割である。価値や信念あるいは信頼関係が維持されて，組織の存在を合理化する神話が強化されるなら，組織構造がタイトでなくても，成員の活動は統合される。たとえば，松下幸之助の「産業人の使命」が朝会において繰り返し唱和され確認されるなら，また幸之助が「経営の神様」であるという神話の流布を通じて，分権的な事業部制組織（LCS）の下で，従業員は「擬似家族共同体」と言われるような一体感と結束を保つことができる。従業員は，「経営の神様」が説く「産業人の使命」に合うよう自分なりの論理を見出し，それを確認して安心するという意味で，自己達成予言（Self-fulfilling Prophecy）と同じ効果をもつからである。

　ルースなシステムを変化させるには，① 人々が一定の価値観・前提に基づいて行動していること，② それとは別の価値観・前提があることを知らせ，③ 現状を変化させるにはこの新しい価値観・前提に基づく行動が必要であることを示す必要がある。これは，組織開発におけるチェンジ・エージェントの解凍作用に似ている。

　第2の方法は，社会化（Socialization）である。公式・非公式の社会化（制度化）によって，成員の同質性・同時性が確保され，意思決定のための価値前提を定着させるこができる。

　Off-JT のような公式の社会化では，たとえば訓練場所と職場が分離しており，個人の役割が特定されないので，そこでの訓練は，具体的な行為より一般的な態度の養成に焦点が当てられる。そのため，教えられることと実際

62　　第Ⅰ部　Organizing（組織化）の理論

の現場状況との間にはズレがある。これに対して，非公式の社会化（e.g. OJT）の場合には，反対に，態度より特定の行為の訓練に焦点が当てられ，エラーをしても，それが教訓となるように導いてくれる特定のベテランに過度に同調する行為が形成されやすい。公式の場合には態度と行動の間に，非公式の場合には当該のベテランと作業状況との間に，それぞれズレが生じるので，LCS が形成される。

　社会化を通じて LCS を変化させるには，個々のシステムに状況および相互依存性に関する情報を与えて，局所的な見方から抜け出すことが重要である。

　第 3 の方法は，差別的な参加（の実施）である。従来は平等な参加によって，パワーの均等化がもたらされるというのが，組織変化の主要な手段であった。LCS では，参加者が少なく，参加の程度にも片寄りがあり，問題の全てに注意を払う人も少ない。たとえば，会議に定期的に参加する人は，彼らにとって関心のある，あるいは利益のある特定の問題の選択と一定の解釈を通じて，彼らにしか理解できない，あるいは彼らにしか解決できない状況を作り出す。会議にあまり参加しない人々は，そうした話題についていけず，会話に入れなくなり，結局は会議への参加を諦め，自らを意思決定プロセスから排除してしまう。

　こうした状況を変化させるには，参加の機会をランダマイズすることが必要である。たとえば，上の例では，出席パターンの変化をもたらすために，開催曜日を変えたり，会議の要約を通知したり，会議項目を不意に変更したりして，ハンディキャップを平等化し，新しい関心や新しい専門知識を導入することができる。ただし，参加は利害を折衷する方向で問題が解決されるので，両極反応を阻害し，柔軟性を失わせるという問題をもつ（Weick, 1969）参加だけではなく，退出（Exit）や異議申し立て（Voice）[14]など，さまざまな方法が必要であろう。

　第 4 に，LCS が生じるのは，システム内の変数が可変性を失って，「定数」になるからである。「定数」によって，下位システム間の連結は遮断され，関係が断ち切られる。こうした意味での LCS を変化させるためには，固定されてしまった変数間の可変性を回復することが必要である。たとえば，

情報公開は，秘密によって分断されていたシステムの可変性を回復する。今まで情報が得られなかった人々や他の下位システムが，その情報に反応して，当該の下位システムと関係をもちうるからである。

第5に，LCSではシステムが分断されるため，行為と結果の結びつきが不明確になり，結果についてのフィードバックが遅れたり，忘れられたり，混乱したりするのが常態である。こうしたLCSを変化させるには，フィードバックそのものを回避したり，フィードバックに対する信頼を回復したりすることが必要である。その手段としては，ロール・プレーイングを行ったり，専門的な情報源からの説得力のある，信頼のおけるフィードバックを提供する，などの方法がある。[15]

5 結　語

組織化の理論における組織像としてLCSを取り上げ，その全体像を論じた。

第1に，Organizing（組織化）のプロセスを問題にするOpen & 自然体系モデル（人間→組織）の基礎にある組織像はLCSであることを明らかにした。

第2に，LCSを（再）定義し，LCSとは，それぞれ内部がタイトな下位システム同士がルースに連結されているシステムであると論じた。

第3に，したがってLCSは，高分化・低統合のシステムであり，階層分化による相互依存性の削減という共同的相互依存性がその本質である。

第4に，LCSの議論には，ルースなシステム（共同的相互依存性）と，システムのLooseningあるいはLoose Couplingという2つの側面がある。前者の議論を，現代の組織との関係（事業部制組織，ネットワーク組織，ピア・グループ，リゾーム組織・ホロン的経営，曼荼羅・フラクタル）として示し，後者については，LCSを変化させる（Tightening）方法として論じた。今後TCSをLooseningする方法にいついて論じることが必要である。事業部制組織はLCSであるが，構造化されるに連れて次第にTighteningされ，当初の「適応可能性」よりも短期利潤の重視という「適応」が強調され，事業部

制組織は硬直化する。

　第5に、LCS の環境適応の特質は局地的適応であり、これは下位システムが当該の下位環境に敏感に反応するが、全体のシステムは安定的であることを示した。

　以上の議論には、次の2つの問題が残る。

　第1は、合理性の問題である。科学的説明を行う場合には、何らかの一貫性（論理的整合性）が必要である。下位システム内部がタイトであるということは、それぞれの下位システム内部には合理性（＝一義性）があり、したがってシステム全体は「多義的（Equivocal）」である。部分的合理性がもたらす、この多義性を、一貫した論理で説明することが必要になる。その際、部分的合理性の1つが優先されるのではなく、複数の「部分的合理性」を統合する説明の枠組みが必要である。[16]

　ここでの合理性は主観的・事後的合理性である。事前的・客観的合理性という全体の合理性と、主観的・事後的合理性という部分的合理性、さらには非合理性との関連を明らかにすることが必要である。

　第2に、LCS の議論の鍵概念は「多義性」であるが、「確実性（状況適合理論）」や「あいまい性（ゴミ箱モデル）」との関連を明確にすることが必要である。

　不確実性は、混乱した意味（Confused Meaning）をもつことであり、あいまい性は意味がないことであり、多義性は複数の意味をもつことである（Weick, 1979）。次のように区別することができる。あいまい性は、意味への分化がなお生じていない、未分化の状態を示す。多義性とは、いくつかの意味をもち、多様に解釈できる状態である。ここでは、A ならば A'、B ならば B という意味になることは確定しているが、A になるのか、B になるのかが分からない。しかし、A であれば A' になることは確定しており、A と A' はタイトにつながっている。多義的であるということは、LCS が、いくつかのタイトな下位システムが、ルースにつながっているシステムであるということである。不確実性は、A になるか B になるかの不確かさの程度である。

　次のような例を挙げておこう。たとえばある英語の文章を見て、最初はど

んな意味か分からない（あいまい性）。次に英和辞典を見ると，いくつかの意味があることが分かる（多義性）。最後に，文章の全体状況の中で（不確実性），どの意味が最適かが決まる。

　以上，Open & 自然体系モデルにおける組織像を LCS として論じた。組織化の理論におけるもう1つの問題は，人間 → 組織 → 環境 というプロセスの中で，環境がどのように生み出されるか，ということである。すなわち，「実現化された環境（Enacted Environment）」が，組織化のプロセスの進行と共に，意味づけ（Sense-making）のプロセスとして，立ち現れてくる態様を明らかにすることができる。それによって，Open & 自然体系モデルのアウトプットとしての「実現化された環境」と，Open & 合理的モデルのインプットとしての「認知された環境」との関連が示されることになる。これが次章の課題である。

注————————
1) March (1976) は，目的の先与性，首尾一貫性，合理性の優先に代わる，① 目標は仮のもの，② 直感の重視，③ 偽善（価値と行動の不一致），④ 記憶の敵視，⑤ 経験の便宜的解釈を，「愚かしさ」の指標と考えている。

2) 不景気や障害が影響を与えないという点では，LCS は有効であるが，好景気や革新が伝わらないという点では，LCS には問題がある。したがって，一概に，LCS が有効であるとは限らない。

3) NCS と DCS は，現実のシステムとしては，具体的にイメージしにくい。特に，DCS はバラバラであり，これをシステムとは呼びにくい。現実のシステムは，TCS と LCS の連続体の上に位置すると考えるのが妥当であろう。

4) このように合理性を分類すると，合理性と非合理性は，離散的で不連続なものではなく，合理性の程度に従って，合理性—非合理性 の連続体の上に並べられるものであると考えることができる。

5) Weick (1982) は，全般管理者の分業（階層によるタテの分業）が LCS を生むと述べている。Orton & Weick (1990) は，階層のないピア・グループが LCS であると述べている。Wecik の場合，共著論文では，主張が折衷的になっている。Weick & Daft (1983) でも，環境を，解析可能—解析不能 と 環境への 積極的侵入—消極的進入 の2つの軸で，4つのセルに分類し

ている。Weick にとって，環境は実現された結果のアウトプットである。enact したあとに環境が生じる。事前に分類できるものではない。Weick の論理は，Organizing の理論として，その意義をもつ。

6) 金井（1989）は，リーダーシップやカウンセラーの存在も PG に含めている。問題解決集団としての PG の役割を念頭においているためと思われる。しかし，問題を解決しなければならないのが個人である場合と，集団である場合とは異なる。後者の場合には，階層性や専門性が前提にされる。すなわち，リーダーシップやカウンセラーの存在は，PG から階層組織への移行を前提としている。また，コミュニケーションの点からも，リーダーやカウンセラーがいれば，All Channel 型ではなく，Wheel 型に移行することが予想される。

7) Wheel 型は，必ずしも階層を不可欠な前提とするものではないが，中心に情報が集まることは，階層の始まりであり，この情報を仲介して独占する人間が，階層の上位に位置する可能性が高い。

8) ケストラー（1983）の原題は，*Janus* であり，亜全体すなわち有機体が部分と全体の二面性をもつということを示している。これは，LCS の柔軟性と安定性の二面性にも通じる。

9) 稲盛（2006），三谷（2003）を参照。アメーバ経営の本質は，独立の小さな単位に分割し，一人一人に利益責任と最大の裁量を与え，目標を達成する限り，制約しないという経営である。上納金と引き換えに免許とブランドを与える日本の家元制度にも通じる経営である。

10) 立川武蔵「マンダラの悲願」朝日新聞 1992 年 1 月 4 日夕刊。なお，立川編（1996）参照。

11) 曼荼羅やフラクタルは，無限を有限で表現する手段である。部分と全体の同型性は，空間の無限を有限で表す手段であり，時間の循環（e.g. 輪廻転生）は，無限の時間を有限で示す手段である。

12) オンセット時間は「鈴木の時間」とも言われる。オンセット時間は，初期のゆらぎが大きいほど短く，秩序が速く形成される。これは，秩序形成の「遥動増幅の定理」と呼ばれる（鈴木，1991）。

13) Off - JT（Off the Job Training）は，現場以外での訓練であり，従業員を職務遂行の場から外して行う集合教育である。これに対して，OJT（On the Job Training）は，職場における職務遂行活動の過程で行う集合教育であり，企業内訓練とも言われる。日本的経営の 1 つの特徴として，OJT が挙げられることがある。

14) Hirschman（1970, 訳 1975）参照。日本の終身雇用などを背景にして，日本を，「退出」を選択しない社会であり，したがって（退出メカニズムに代わる）何らかの「告発」方法を開発してきたに違いないと，述べている。

15) LCS では，自己達成予言に見られるポジティヴ・フィードバックが想定されている。したがって，ネガティヴ・フィードバック（均衡）が回復されることが必要である。

16) パラダイム間の統合の枠組みと，そのための多元主義的アプローチの採用が必要である。本書の第Ⅲ部を参照。

第2章

組織化と進化のプロセス

　本章では，組織化（Organizing）のプロセスを，進化のプロセスに沿って明らかにする。すなわち，利己的な動機から出発する個人行動が，二重の相互作用（double interact）を通じて，ミクロからの創発性を生じさせる組織生成（organizing）のプロセス（人間→組織→環境）と，その結果として，実現環境（Enacted Environment）という組織に特有の環境が生成される態様を論じる。さらに，この実現環境が，因果関係の信念として蓄えられ，課業環境（Task Environment）となり，その後の組織構造ならびに組織行動（組織における人間行動）を規制する（環境→組織→人間）。この実現環境と課業環境の生成を，あいまい性，多義性，不確実性との関連で論じ，Organizingの理論と，Organizedの理論（第Ⅱ部）の関係を明らかにする。

　本章の枠組みは，図2-1のように示される。

　図2-1は，Weick（1979）の組織化の進化モデルをベースにして，Weick（1995）の意味づけの議論を付加し，著者の考えを基にしてそれらを修正したものである。[1]

　まず第1に，人間の行為は，何らかの程度，過去の知識や行動によって制約を受けるので，変異（variation）は，まったくランダムにはなりえず，ある程度の規則性（規則的試行錯誤）をもつ。さらに，人間という行為者は，環境に受動的に反応する（react）のではなく，環境となる他者の行為の意味を自ら判断して，それに反応する。すなわち，人間は，環境であると自らが考えるものに対して反応する。人間は，その時点でもっている態度にしたがって，過去の行為のうちの何に注意するかを決定し，行為を意味づける。このように考えるなら，人間にとって，「変異」とは，過去の行為のうちのあ

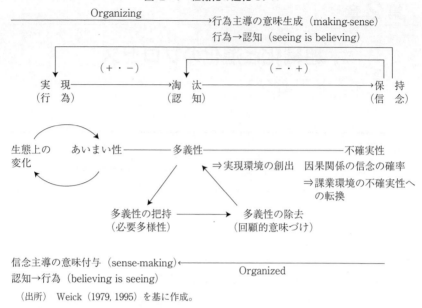

図 2-1 組織化の進化モデル

(出所) Weick (1979, 1995) を基に作成。

る部分を取り出して，それを意味づけることにより，進行中の行為から何らかの意味を抽出する過程である。

　こうして，人間行動を前提とする組織化の進化モデルでは，ランダムな変異が，自然環境によって受動的にあるいは環境決定論的に淘汰されるのではなく，過去の経験との関連で，一定の規則的な試行錯誤を行う行為を通じて，環境を実現する（enact）する。したがって，進化の最初の過程は，「変異」ではなく，「実現（enactment）」と呼ばれる。enactment は，en/act/ment であり，en/think/ment ではない。実現過程は，「認知」ではなく「行為」の過程である（Weick, 1969, 1977）。

　第2に，実現→淘汰 は，行為→認知，であり，行為の後に認知が行われることを示す。すなわち，組織化（Organizing）とは，行為の後に，その行為が意味づけられて，認知が生じる過程である。言い換えれば，ある時点から振り返って，区切られた一定の行為に焦点を当てたとき，事象は意味づけられ，認知される。時間には2種類の性質がある。純粋持続と離散的断片で

70　第I部　Organizing（組織化）の理論

ある。行為の連鎖は前者に，認知は後者に関係する。行為という純粋持続の流れの中から，一定の時間幅を切り取って（bracketing），手掛かりを抽出することによって意味づけがなされ，認知が行われる。

　ここでの前提は，行為の中から意味が抽出されて，認知されることである。すなわち，個々人の行為から組織が生成するという意味で，創発性はミクロから生じることになる。また，意味づけ（sense-making）と組織化は補完的である（Weick, 2005）。意味づけとは，行為の流れを組織化することであり，「枠組み」という一定の秩序の中に，刺激（＝行為）をおくことである。この意味で組織化とは，行為を意味あるものとすることであり，行為のもつ色々な意味から，1つの意味を引き出して，その行為を意味あるものにすることである。したがって，意味づけとは，多義性（の把持と除去）に焦点を当てるものであり，これは典型的には淘汰過程に現れる。実現―淘汰―保持 という組織化のプロセスを，淘汰過程における多義性の把持と除去に焦点を当てて論じたものが，意味づけである。

　以上を要約すると，組織化とは，行為の意味が認知されることであり，実現という行為の過程が，意味づけ（多義性の把持と除去）を通じて，実現環境（Enacted Environment）を創り出す過程である。

　以下，まず，組織化の基本的単位としての「二重の相互作用」を論じ，次に，組織化の過程としての 実現―淘汰―保持 についてそれぞれ論述し，さらに，あいまい性，多義性，不確実性という概念の差異を基に，実現環境の創出によって意味が生成される組織化（Organizing）のプロセス（行為主導の意味生成）を明らかにし，それが不確実性の問題である課業環境へと変換されることを通じて，構造化（Organized）のプロセス（信念主導の意味付与）へとつながることを述べる。

1　組織化の単位――二重の相互作用と創発性

　人間行動が組織を形成する。しかし，組織には，孤立した個人の行動に還元できない，あるいは孤立した個人行動の単純な合計には還元できない，創発特性（emergent property）がある。

まず，組織を形成するのは，個々人の具体的な行動である。この個々人の行動が相互に連結されて，組織が生じる。次に，この相互作用は，A の行為が B の特定の反応を引き出すことを前提としてなされる A の行為である。ここには，① $A \to B$，② $B \to A$，③ $A \to B$，という３つの行為が含まれる。すなわち，① A の B に対する行為（A が自分の目的達成のために行う手段的行為）が，② B の A への反応を引き起こし（B 自身の目的を完遂させてくれる完結的行為），③それを前提として A が B に行為を返す（A 自身の目的を達成する完結的行為）。これを，単純な相互作用（① $A \to B$，② $B \to A$）と区別して，二重の相互作用（double interact）と呼ぶ（Weick, 1969, 1979）。

　①における A の行為は，自分の意志に沿って行われる意志的（volitional）なものであり，自分の目的達成のための手段的行為である。次に，A の行為は，B から観察できるという意味で公示的（public）である。さらに，いったん行為が表出されると，その行為をなかったことにはできないという意味で，不可逆的（irrevocable）である（Weick, 1993）。意志的，公示的，不可逆的な行為は，その行為者に行為へのコミットメントをもたらし，双方にとって行為（の繰り返し）が不可避となるので，このコミットメントは双方にとって拘束的になる。こうして自分の行為を正当化する必要が生じ，そのために，繰り返し相互に連結される行動＝組織が生じる。

　ただし，A と B における二重の相互作用において，① $A \to B$ と② $B \to A$ という２つの「行為」は，想像でも構わない。すなわち，A は，① A が B に対してこういう行動をしたなら，② B はこういう反応を返してくるだろうから，③ A は，B に対してこういう行動をとる，ということでも構わない。この場合，公示的，不可逆的なのは③における A の行為だけであるが，行為のコミットメントが増大する事情は同じである。A の行為のコミットメントと B の行為のコミットメントの理由がすれ違っても（その意味で Loose にしか連結されていなくても），組織が形成されるという事情を示すことには変わりがない[3]。したがって，ここでの行為には，刺激への反応，観察可能な行動，目標達成のための行動だけでなく，想像の中で構築される行動，自分だけにしか分からない行動，も含まれる（Weick, 1995）。

　この行為のコミットメントが，意味づけや組織化の準拠点となる。コミッ

72　　第Ⅰ部　Organizing（組織化）の理論

トメントによって自分の行為の正当化が必要になり，一定の解釈（＝信念）がもたらされる。ここに，個人的な動機から出発しながらも，個々人の単独行動には見られない，相互作用する相手との間に繰り返し相互に構造化されあう相互連結行動という，ミクロからの創発性が生じる。

　次の２つの点が重要である。第１は，この社会的・集合的な行為および行為の連結にとって必要なのは，目的や価値の共有ではなく，自分の目的達成のための手段（行為や利害）で結びついているという，集合行為の経験の有無である。第２に，こうした連結行動を正当化し，意味づけるものが，共通目的である。したがって，相互連結行動という組織化の後に，共通目的が生じる（Weick, 1979）。各人の個人目的を達成するために，互いに相手を利用しあえるなら，組織が形成される。組織化にとって必要なのは，相手の行動の予測可能性のみである。こうして，創発性（繰り返し相互に構造化され合う行動）が生じる（Weick, 1969）。組織は，個々人の行動の相互連結から創発する。

　この創発性の生成を示すものが，集合構造，相互等値構造，最小社会状況である（Weick, 1979）。集合構造では，目的達成のための手段が最初に一致して，その後に組織が形成される。すなわち，自分の目的達成のための手段的行動が，相手の目的達成を促進するための行動（完結的行動）になる。その後に，組織が出現する。相互等値構造では，他者の動機を知らなくても，目標の共有がなくても，全体の関係構造をお互いが知らなくても，相手が誰であるかを知らなくても，互いに相手の行動に対する予測可能性があれば，組織が生じる。最小社会状況では，他者を制御できる最小の知識があれば，両者の関係を知らなくても無意識的に，慎重な計画がなくても無意図的に，直接の会話やコミュニケーションがなくても暗黙のうちに，相互に有利な関係が構築される（Weick, 1979）。

　Rabinowitz, Kelly & Rosenblatt（1966）における最小社会状況（相互の利益があるための構造）の実験では，互いに相手の目的も意図も知らない２人の被験者が，互いに利益をもたらす反応へと収斂していくことが，示されている。すなわち，①相互の結果を統制する「相互的運命統制」の状況では，両者が同時に反応をすることが，そして②片方が行動統制，もう一方が結

果を統制する「行動統制 − 運命統制」の状況では，逐次的に反応することが双方の利益を促進することが，試行錯誤的に確かめられた。これは，単位間の共同的相互依存性（相互的運命統制＝アウトプット・コントロール）が同時的反応により，またアセンブリー・ラインのような単位間の逐次的相互依存性（行動統制 − 運命統制＝インプット・コントロール）が逐次的反応により，それぞれ相互の関係を最適化することができることを意味する。

　組織化と意味づけに必要なのは，相手の行為の予測可能性，すなわち，Aが B に対してこういう行為をしたなら，B は A に対して，こういう反応をするだろうという，推測である。Barnard（1938）が，組織成立の3要素に「共通目的」を挙げるのに対し，Weick（1979）が，Barnard（1938）の組織の定義を認めながらも，共通目的を組織生成の必要条件として挙げないのは，このためである。

　組織化の基本単位としての「二重の相互作用」は，組織化のどのプロセス（実現 − 淘汰 − 保持）にも共通であり，「社会的」プロセスという性質をもつ（Weick, 2005）。とりわけ人間は，他者との相互作用の中で，あるいは相互作用し合う相手を想定して，生きている。社会的プロセスとは，社会的関係を形成・維持する行為を，互いに提供し続けること，を意味している。

2　実現過程と行為のコミットメント

　実現とは，人間の行為がランダムでありえず，何らかの規則的な試行錯誤を行うことを意味する。実現（en/act/ment）とは，何よりもこうした人間の行為である。

2-1　行為と認知

　実現とは行為であり，行為の後で認知が生じること（行為→認知），したがって，行為をやめたときに制約を認知すること，行為の認知は自己確認的であること，を示す3つの例がある。

　「経験の実現」とは，経験が生じた後で，行為の結果を認知的に要約したものである。「制約の実現」とは，制約が，行為を止めることによって生じ

74　　第 I 部　Organizing（組織化）の理論

るものであること，行為が続いている限り，制約が生じないこと，したがって，制約とは，自分自身で作ったものであることを示す。イソップ童話の「酸っぱい葡萄」は，狐が葡萄を取ることを諦めた瞬間，葡萄は酸っぱくなったのであり，「柳に蛙」は，目的を達成するまで諦めないところに，制約は生じないことを示す。「ジェスチャーの実現」とは，演者自身が，自分の演技に対する味方の反応を自ら解釈して，自己確認する行為であり，「独白（soliloquy）」という性質をもつ（Weick, 1979）。

　実現とは，意味づけの素材を提供することであり，多義性が把持される以前の，未分化の状態である。この意味への分化が生じていない状態を，「あいまい性」と呼ぶ（第1章参照）。実現という行為は，多義性の把持と除去という意味が生じる淘汰過程の前に生じるので，実現過程の特徴は，「あいまい性」であると言うことができる。

　意味づけの素材とは，個々人の行為である。個々人の行為が相互に連結され，組織化されて意味づけられる，ということを示すために，実現＝en/act/ment という言葉が使用される。人間が周囲の状況を認知できるのは，移動することによってである。認知主体としての人間は，移動することによって，身体と周囲の状況との間に相互作用が生じ，① 場所の変化に伴う多様な情報，② 速度や加速度に伴う運動としての動的情報，③ 将来の行動生成に活用される，経験として脳に蓄積された情報，が得られる。こうして，認知主体が動くことによって生じる「身体」と「脳」と「周囲の状況」の動的な相互作用によって，生存のための知が発現する。こうして，人間の認知は，認知主体の能動的移動から生じる。これを「移動知」と言う（浅間・矢野・石黒・大須賀，2010）。すなわち，行為を通じて，認知が生じる。また，行為を通じて周囲の状況が変化するからこそ，その変化への認知を通じて，人間は適応的に行動する。Weick（1979）の言う，「生態上の変化」とは，行為を通じて変化する「周囲の状況」を指す。[4]

2-2　実現過程の特徴

　実現過程とは，行為の流れのある部分に注目し（＝生成：generating），それを取り出すこと（＝括弧入れ：bracketing）である（Weick, 1977）。実現過

第2章　組織化と進化のプロセス　　**75**

程の特徴は，次の２つである。[5]

　第１の特徴は，実現過程が，「進行中のプロセス」であるということである（Weick, 2003；Weick, Sutcliff & Obstfeld, 2005）。出発点は，純粋持続という時間的性質をもつ行為の継続的な流れであり，ここではパターンは不明である。これは，ゴミ箱モデルにおける，選択機会，参加者，問題，解，の関係がバラバラで，「組織化された無秩序（organized anarchy）」の状態に相当する。ここでの特徴は「あいまい性」であり，意味が生じる（＝多義性の把持と除去）前段階である。

　行為が中断され，特定の行為の流れが「括弧」に入れられて注目されたとき，流れの意味が鮮明になり始める。行為が連続的であるのに対し，意味は離散的であり，折衷できず，不連続である。したがって，行為の中断によって，認知と意味づけが発生し，過去の行為と現在の行為とが連結される。

　まず，組織化の単位である二重の相互作用は，タイトな連結である。ここでの行為者A—B間の予測可能な関係の構築は，① 相手（B）の援助への期待が大きくなり，Aによる個人目的達成のための手段的行為が提供されやすく，② それが相手（B）の目的達成を可能にする完結的行為を引き出すので，③ A自身の完結的行為を行える可能性が大になる。これが二重の相互作用を通じての組織化のプロセスである。行為の連鎖が進行するときに，組織の形成がより容易になる。これが，下位単位内部のタイトな連結において生じるプロセスである。[6]

　次に，組織レベルでは，LCS（Loosely Coupled System）の場合，下位単位間の連結がルースであり，行為の中断が生じやすいので，意味づけが行われる。したがって，組織全体では，多義的な状態が生じる。TCS（Tightly Coupled System）では，下位単位間の連結がタイトなので，行為の中断は生じにくく，新しい意味は生じにくい。組織全体では，多義性の少ない，一義的な状態が生じることになる。組織生成（Organizing）では，LCSと同じ状態がもたらされ，新しい意味が生じる。構造統制（Organized）では，TCSと同じ状態が生まれ，これまでの意味が保持されるであろう。

　実現過程の第２の特徴は，「知覚しうる環境を実現する（enactive of sensible environments）」という性質である（Weick, 2003；Weick, Sutcliff & Obstfeld, 2005）。人間は，自ら積極的に構成した環境に，以後の行動を制約される（Weick, 1977）。人間は，自分の環境を創造し，次にそうして創造された環境が，その人間の以後の行動を制約する。「現実」は人間が構成するものであり（現実の社会的構成），制約は自分で創る。行為をやめたときに，制約が生じる（制約の実現）。したがって，人間は行為する中で，自分自身を制約する「環境」を創り出す。

　意味づけ（sense-making）とは，感知（sense）するための対象や構造を創り出す（making）ことである。ここでは，行為という主体的・主観的な活動が，「生成」や「括弧入れ」を通じて，認知できる「実在」を作り出し，それによって社会的関係が実在すると認識するので，その「実在」を保証する方向に意味づけが行われる。言い換えれば，自分の意図を行為として外界に投げかけ，それが相手の反応として返ってきたときに，自分の「現実」を見る。[7]

　こうして，行為を通じて現実の一部を自ら創り出すことによって，「実在」としての現実が社会的に構成される。この「現実の社会的構成」が，行為や志向性を制約し，客観的「現実」や，誰もが当然とみなす「制度」となる。[8]

　次のような例を挙げておく。1，3，○，7，9，……という数字が並んでいる。○の中に，何を入れるであろうか。「1，3，○，7，9」という部分を見て，これが「奇数」であると考える。このことは，「1，3，○，7，9」という部分だけを奇数と見るのではなく，その後の「……」の部分も含めた全体を奇数であるとみなすことを意味する。すなわち，この数字の並びの全体は，「奇数」であると自らが結論して，○の中に「5」を挿れる。この数字の並びを「奇数」であると見るのは，自らが「現実」を創り出して，その「現実」に基づいて，「5」を挿れたのである。こうして「奇数」という「現実」が創り出されたあとでは，「……」の部分に意味が生じる。「1，3，5，7，9」のあとの「……」は，それぞれ「11，13，15，17」となる。ただ「……」とあるだけでは，何の意味も生じないが，「1，3，○，7，9」を「奇数」と意味づけた後は，「……」に意味が生じるのである。

　それは，この数字が奇数という全体の一部であると意味づけられたからであり，このことは，「29」や「31」，さらには「13579」すらも，この数字の

並びの中に入ることを想定したのである。

　以上のことは，次のように敷衍することができる。1つ1つの数字を「個人」，ここで示されている数字の並び「1，3，○，7，9」を「組織」，全体（「1，3，5，7，9，……」）を「環境」と考えるなら，1つ1つの行為の並びを見て，この「組織」を包む環境が「奇数」であると想定し，○の中に「5」を挿れる。すなわち，まず「部分」を見て，主体的に「全体（＝奇数）」を想定し，その全体に合わせて，部分の中の未定な部分を決定するのである。個々人の相互作用に基づく組織化を通じて，「環境」という全体を想定し，そこから意味を抽出して，最初の人間行動を意味づける。

　Weick（1979）では，実現過程の特徴として，「現実の社会的構成」と「括弧入れ」以外に，「逸脱―拡大」と「自己達成予言」を挙げている。しかし，Organizing の過程における実現過程では，意味への分化がなお生じていない状況であると考えるなら，「逸脱―拡大」と「自己達成予言」は，実現過程では，なお生じていないと考える方が妥当であろう。むしろ，この2つの特徴は，進化プロセス全体の中で，生じると考えられる。

3　淘汰過程と多義性の把持・除去

　淘汰過程は，実現された素材（＝行為）を，有意味な情報に転換すべく，多義性を把持して除去するために，解釈の図式と特定の解釈を選択して，意味づけを行うプロセスである。このプロセスは，行為の流れを知覚できる単位に分離する文節化（punctuation）と，それらの諸要因間の因果関係を明らかにする連結化（connection）という2つの段階から構成される（Weick,
1977）。前者は多義性の把持であり，後者は多義性の除去（一義化）である。実現過程と淘汰過程を経て，有意味な情報としての「実現環境（Enacted Environment)」が生じる。実現過程で生じるのは，行為という意味づけの素材であり，情報ではない。「環境」という意味づけされた情報が生じるのは，淘汰過程を通じてである。

　実現環境が生じるプロセスを示すものとして，次の例を挙げておく。

［実現過程］

　　生成：……ありますちいさなこどもがここにほんとがいこくじんにいっ
　　　　　たしかし……

　　括弧いれ：ちいさなこどもがここにほんとがいこくじんにいった

［淘汰過程］

　　文節化：ちいさな　こどもが　「ここにほん」と　がいこくじんに　い
　　　　　　った

　　連結化：①　ちいさな　こどもが　「ここ　にほん」と　がいこくじん
　　　　　　　に　いった

　　　　　　②　ちいさな　こどもが　「ここに　ほん」と　がいこくじん
　　　　　　　に　いった

　上の例で，淘汰過程によって生じたのが実現環境である。ここでは，

　　① 小さな子供が「ここ日本」と外国人に言った。

　　② 小さな子供が「ここに本」と外国人に言った。

という２つの「実現環境」と「ここ日本」と「ここに本」という２つの意味
が，実現過程を経て生じた１つの「素材」から生じたことになる。

　淘汰は，次の２つの性質をもつ（Weick, 2003；Weick, Sutcliff & Obstfeld,
2005）。第１は，「抽出された手掛かりが焦点となるプロセス」である。これ
は，対象の全体から，一部を取り出し，パターン（意味）を浮かび上がらせ
るプロセスであり，「抽出された手掛かり」が，データ全体の性質を示す代
表であることを示すプロセスである。こうして，多義性が把持される。第２
は，「回顧的プロセス」である。これは，「今ここ」という視点から，過ぎ去
った行為の上に，一定の 図─地 関係を押し当てて因果関係を特定し，意味
づけを促進することである。これによって，多義性が除去される。

3-1　多義性の把持と必要多様性

　手掛かりは，物事を判断する際の準拠点である。手掛かりによって，諸要
素が結び付けられ，対象が何であるのかの認知がなされる。この認知に基づ
いて，認知される対象があたかも「現実」であるかのごとく行為すれば，諸

要素の結びつきは確固としたものになり，秩序は実質となる。Weick
（1987）は，ハンガリー軍による，スイス・アルプス山脈での軍事機動演習
で生じた事態を，次のように説明している。道に迷った小隊が無事帰還した
のは，たまたま持っていた地図に従って行動したためであったが，帰還後に
その地図を確かめてみると，アルプス山脈の地図ではなく，ピレネー山脈の
地図であったという。

　間違った地図から得られた手掛かりが，小隊の行動を誘発し，自分たちが
どこにいるかの感覚を絶えず更新することによって，想像を実体化したので
ある。すなわち，「間違った地図」という手掛かりによって，注意深く観察
と行動を行い，行動の進行に連れて，状況をより明瞭に感知したために，無
事帰還できたのである。これは，手掛かりを通じて，自分たちの行為の意味
が明瞭になったからである[10]。

　進行中の事象の流れの多様性を把握するためには，このインプットの多様
性に見合うプロセスの多様性が必要である。行為のあいまい性を意味づける
ためには，その行為がもちうる多様な意味を，淘汰過程における認知の多様
性によって，把持することが必要である。これは必要多様性（requisite vari-
ety）と呼ばれる。必要多様性とは，「環境の多様性に対処するためには，シ
ステムはそれ以上の多様性をもたなければならない」という原則である[11]
（Ashby, 1968）。

　多義性を把持して意味づけを行うきっかけは，あいまい性と不確実性の2
つである（Weick, 1995）。あいまい性とは，1つ以上の解釈を許す状態，あ
るいは2つ以上の意味をもつ不明瞭な刺激である。不確実性とは，明確性の
欠如であり，行為に対する結果についての無知であり，状態不確実性（環境
変化への無知），効果不確実性（環境から組織への影響についての無知），反応
不確実性（どんな対応行動をとるべきかについての無知）を含む[12]。

　あいまい性に対処するためには，リッチな媒体（e.g. 対面接触）によって，
別種の新しい解釈が必要であり，これによって，多義性の把持が可能になる。
これに対して，不確実性は，情報不足故の無知によって生じる問題であり，
これに対処するためには，大量の情報処理が必要である。いわば，あいまい
性への対処は，情報の質に関する問題であり，多様な解釈を可能にするため

に，社会的構築が必要である。これは目的達成のための手段（の多様性）に関係する問題であり，目的―手段 に関連する。これに対して，不確実性への対処は，情報量の問題であり，現在の行為が結果に結びつくかどうかの，手段―結果 に対する，予測の精度の問題である。その意味でこれは，組織内部の問題処理能力に関係する。

以上のように考えるなら，あいまい性→多義性 は，行為→認知 の問題であり，実現過程と淘汰過程の関係である。不確実性の問題は，多義性が除去された後の，淘汰過程と保持過程の関係である。ここでは，前者の問題（あいまい性から多義性の把持と除去に至る 実現→淘汰 のプロセス）について論じる。

意味づけのきっかけ，すなわち多義性の把持は，枠組みを乱す矛盾した事象に対して，進行中の事象（＝行為）を中断して，認知のために，一定の枠組みの中に「行為」をおくことである。このとき予期しない新しい事象によって行為が中断されるときには，あいまい性が生じ，予期した事象が発生しない場合には，不確実性が生じる（Weick, 1995）。

この中断が自発的・意識的な活動である場合には，情報処理能力が消費されるので，手掛かりは減少する。したがって，重要な状況に注目して周縁の手掛かりを無視することになるので，問題中心の活動が行われる（Weick, 1995）。

第1に，Weick（1969）の枠組みに沿って言い直せば，次のようになる。多義性の量が多くなるほど，適用される「組立て規則」，すなわち「手掛かり」は少なくなる。多様な目的をもったさまざまな利害と関心をもつ人々が集まるほど，一致すべき手段は限定される。

第2に，認知のための行為の中断が多い，意識的・自発的な活動とは，ノン・ルーティンな課業であり，かなりの情報処理能力が消費される問題解決志向の組織（e.g. 有機的組織）である。これに対して，ルーティン課業では，行為の中断が少なく，したがって情報処理能力はそれほど消費されない。これは，効率志向の組織（e.g. 機械的組織）を指す。

第3に，多義性の把持は，「組立て規則＝手掛かり」を使って，あいまい性から多義性へと変換することである。ここでは，多義性をより正確に把持

するために，「必要多様性」の原則が適用される。これは，行為という純粋持続の連続性が，認知および意味づけという不連続性に変換されるプロセスである。

第4に，必要多様性を確立する方法は3つある（Weick, 1995）。1つ目は，1つの（下位）環境に1つの対応部署（下位システム）を設置する場合である。たとえば，事業部制組織がこれにあたる。2つ目は，環境の多様性を削減して，既存の組織の多様性に合わせることである。組織に合わせて環境を操作する環境操作戦略がこれにあたる。3つ目は，環境の多様性に対応するよう組織を複雑にする方法（e.g. 統合メカニズム）である。[13] 1つ目と3つ目は，環境に合わせて組織を変える組織デザインの問題である。ただし，1つ目は，分化された下位環境間に相互作用が生じないように自立的な下位単位からなる組織を編成して，情報処理の必要性を削減する方法であり，共同的相互依存性に基づいて，階層のみによって統合するLCS（Loosely Coupled System）を作る方法である。3つ目は，分化された下位環境間の相互作用を処理するために，情報処理能力を増大させる方法であり，交互的相互依存性に基づいて，階層と統合メカニズム（水平的関係）によって統合する方法である（Galbraith, 1973, 1977）。

3-2 多義性の除去と回顧的意味づけ

淘汰過程のもう1つの特徴は，「回顧的意味づけ」であり，これは多義性の除去に関連する。Weick（1969）では，次のように述べられている。組織化には，多義性を許すほど充分無秩序で，しかも多義性を除去できるほどの秩序をもたなければならない，という相反する2つの過程が含まれる（多義性の把持と除去）。前者は行動の相互連結のための「組立て規則」であり，後者は行動の相互連結が繰り返される「連結サイクル」である，と。[14]

人間は，自分たちの行為の意味を，行為した後でのみ知る。すなわち，二重の相互作用において，自分がこうしたら，相手にとってこういう意味をもつから，こうしようとするが，その行為を相手はどのような意味に解釈するかは分からない。相手の反応によって，自分が最初に行った行為の意味が分かる。たとえば，ジェスチャー・ゲームでは，演者は，味方に題目を分から

82　第Ⅰ部　Organizing（組織化）の理論

せようとして演じるが，自分が味方に対して何を演じたかは，演じた後の味方の反応によって初めて理解できる。

第1に，多義性は，情報不足の故に更なる情報が必要な不確実性と違って，それ以上の情報が必要なわけではなく，選考基準や優先順位の明確化が必要である。

第2に，多義性は，1つのアウトプットが，複数のインプットから生み出される状況である。回顧的意味づけとは，「今ここ」という結果（手掛かり）から振り返って，過ぎ去った行為の上に，図一地 関係を押しつけ，過去を意味づけることである。結果（今ここ）を知っていれば，そのような結果をもたらした歴史を作り，結果（アウトプット）を導いた原因（インプット）を想起して，特定の原因と結果の結びつきを強調し，それが合理的であったと考えることができる（後知恵のバイアスや事後的合理性）。

したがって第3に，回顧は，現在や未来ではなく，過去を明らかにする。すなわち過去の意味を認知することである。この意味で，計画とは，未来時制ではなく，未来完了時制である。将来のある事象を，過ぎてしまった過去の中において，意味を付与するのである。すなわち，計画とは，未来のある時点で完了してしまったことにして，現在からその未来までを描くことである。Mintzberg（1998）が，戦略を，過去の意思決定活動の中の観察されたパターンである，というのはこの意味である。戦略などの未来予測は，現在から見た過去への評価のあり方を投影したものである。

淘汰過程における多義性の除去は，回顧的意味づけという性質をもつが，これを促進する枠組みは，次の6つである（Weick, 1995）。

第1はイデオロギー（社会の語彙）である。イデオロギーとは，世界を意味づけるための，一貫性のある，共有された信念，価値観，規範の集合である。このイデオロギーは，信念や価値観というフィルターを通じて，因果関係と結果の選好を単純化する。組織においては，企業文化や経営理念がこれにあたる。

第2は，第3次コントロール（組織の語彙）と呼ばれる「意思決定前提」である。ルーティンな課業は，直接の監督によるコントロール（第1次コントロール）や，プログラムやルーティンによるコントロール（第2次コントロ

第2章　組織化と進化のプロセス　　**83**

ール）によって処理される。しかし，ノン・ルーティンな課業では，事実前提や価値前提のような第3次コントロールを通じて，間接的に，暗黙的に，行動の前提をコントロールする方が効果的である。

第3はパラダイム[15]（専門家の語彙）であり，これは，ものの見方や世界観を反映した，「科学者集団における共有された理解や模範例」を指す。組織において。それぞれの階層や部門は，一定のものの見方や価値観を共有するからこそ，利害を共有できる。

第4は行為の理論（対処の語彙）であり，これは，刺激を同定し反応を組み立てる，個人の認知構造に相当する。刺激の同定によって，適切な反応が選択され，全体の状況と因果関係が推定されて，行為の理論が形成される。こうして新しい状況に直面するごとに，行為の理論が適用されるとともに，それが次第に精緻化・洗練化される。

第5は伝統（先人の語彙）である。伝統は受け継がれるものであるが，行為そのものは，行われたらその瞬間に消えるものであるから，伝えることができない。伝えることができるのは，行為のパターン（構造や型）である[16]。

第6は，物語（連鎖と経験の語彙）である。物語は，無秩序な行為の連鎖に，一貫性（ストーリー＝筋）を与える[17]。

以上の6つは，いずれも行為に「枠組み」を与えることによって，一貫した秩序や歴史を形成する。こうして，押し付けられた枠組みを通じて多義性が除去されて，認知や理解が促進される。また，以上の6つの語彙は，組織における語彙として考えることもできる。① イデオロギーは，経営理念や社是・社訓として，② 第3次コントロールは，文字通り意思決定前提として，③ パラダイムは，トップやミドル，あるいは製造部門や研究開発部門の信念や価値観として，④ 行為の理論は，たとえば，組織学習における行為（実践理論）と理論（信奉理論）の相互作用として，⑤ 伝統は，官僚制組織における先例や，ルーティンなどの伝達あるいは企業文化の継承として，⑥ 物語は，社史における成功の歴史や伝説として，それぞれ考えることができる。

84　　第Ⅰ部　Organizing（組織化）の理論

3-3 保持過程と因果関係の不確実性

保持過程は，淘汰過程で生じた実現環境を，編集して貯蔵する過程である。これは２つの性質をもつ（Weick, 2003；Weick, Sutcliff & Obstfeld, 2005）。「アイデンティティ構築に根ざした」プロセスであること，正確性よりも「もっともらしさが主導する」プロセスであること，である。

第１に，アイデンティティ構築に根ざしたプロセスであるということは，意味づけの結果を確認し，維持するということである。言い換えれば，アイデンティティをもちたいという自己欲求の下で，自己概念（他人と違う自分とは何であるか）と，その自己概念が維持できる一貫した状況への志向をもつということである。

自己とは，他者に向けられた自分の概観，その概観に対する自身の想像（自己のイメージ），自己感情からなる。こうした自己を導き出すのは，① 自己啓発欲求（肯定的な自己認知を求め維持する欲求），② 自己有能動機（自分が有能であると認知したいという欲求），③ 自己整合欲求（一貫性と連続性を知覚したいという欲求），である（Weick, 1995）。

まず，意味づけを行う自己とは，自己の定義・再定義を繰り返し，適切な自己を決定するということである。そのためには，自ら行動を起こして他者に積極的に働きかけ，他者の反応から，自分のアイデンティティに適した手掛かりを選択し，この相互作用によって，自分のいる（環境）世界を，形成することである。次に，自己は，事象に働きかけて，自分が意味を与えるという意味で，自己が解釈のテクストであり，これを「自己言及」という。したがって，状況の意味は，自分自身が採用するアイデンティティ（状況に対処するのに適した自分）と現在何が進行しているかの認知とを通じて得られた手掛かりを抽出することによって決まる。

意味づけは，純粋持続的時間に関わる行為の流れを，離散的時間に関わる認知へと変換することである。したがって，連続性（行為）を，不連続な認知（言語，概念，解釈）によって捉えることである。言葉は不連続なので，ある言葉を使用するか，他の言葉を使用するかは，連続的な量の違いではなく，不連続な質の違いである。意味づけに必要なものは，パターンである。

第２章 組織化と進化のプロセス **85**

この意味で，保持過程の性質は，正確性ではなく「もっともらしさ」なのである。

　正確性が必要でない理由は，次の8つである（Weick, 1995）。① 意味づけは，バイアスやフィルターによって，ノイズを除去することである。② 過去の手掛かりを結びつける解釈が必要である。③ 時間をかけて正確に反応するより，迅速に反応することが重要である。④ 進行中の事象をともかくも継続することが必要である。⑤ 人間は意味に反応するので，対人認知は多義的である。⑥ 自分の行為の結果を有意味なものにするのが，意味づけである。⑦ 人間は，行為を促す刺激を選択する。⑧ 認知が正確かどうかの判断は困難であり，受容可能な説明が優先される。

　実現過程では，行為の流れに注目し，その行為の一定部分を「括弧に入れる」ことによって，意味づけ（多義性の把持と除去）の素材が提供される。実現（en/act/ment）は，行為の過程であり，意味が生じる前段階である。これを「あいまい性」と表現した。淘汰過程のキーワードは多義性であり，ここで，多義性の把持（必要多様性）と除去（回顧的意味づけ）が行われ，実現環境（enacted environment）が生じる。多義性とは，1つのアウトプットが2つ以上のインプットによって生み出される状態である（Weick, 1979）。すなわち，たとえば $X_1 \rightarrow Y$，$X_2 \rightarrow Y$ という多義性が把持され，$X_1 \rightarrow Y$ という因果関係が選択されて多義性が除去されて一義的になったとする。こうして「実現環境」が創出されて，保持過程に蓄えられる。保持過程では，この因果関係の「もっともらしさ」が，判断される。すなわち，$X_1 \rightarrow Y$ になる「もっともらしさ」，言い換えれば，$X_1 \rightarrow Y$ になる確率がつけられ，これが X_1 というインプットが Y というアウトプットを生み出す因果関係のもっともらしさ＝確率についての信念として，保持過程に蓄えられる。

　以上のように考えるなら，実現→淘汰→保持 のプロセスは，行為→認知→信念 のプロセスであり，それぞれの中心的な問題は，あいまい性→多義性→不確実性，である。

　ここに，行為と信念が意味づけの拠点である（Weick, 1995）なら，そうして，意味づけの中心的な機能が淘汰過程であるなら，実現過程と保持過程が意味づけの出発点である。すなわち，実現という行為が意味づけを主導する

86　　第Ⅰ部　Organizing（組織化）の理論

場合と，因果関係の信念が意味づけを主導する場合とがある。前者は行為主導の意味づけであり，実現→淘汰→保持 という順序で組織が生じる（＝Organizing）プロセスである。これに対して後者は，信念主導の意味づけであり，保持→淘汰→実現 というプロセスを通じて，保持過程で蓄えられた因果関係の信念（不確実性）に沿って，行動が統制される（＝Organized）プロセスである。

　この自己完結的構造の中で，行為（実現）と信念（保持）が認知（淘汰）を媒介として連結され，行為→淘汰（Organizing）と保持→淘汰（Organized）の間に循環的な因果関係が生じる。これが Organizing と Organized の相互作用を通じて組織（Organization）が生成・発展するということの意味である。今，行為主導の意味づけを「意味生成」，信念主導の意味づけを「意味付与」と呼んで，区別しておく。

3-4　行為主導の意味づけ＝Organizing と 信念主導の意味づけ＝Organized

Weick（1995）によれば，意味づけの構成要素は，枠組み，手掛かり，連結である。これは，行為の流れという連続的な事象を区切ることによって得られた手掛かり（実現過程）を，言葉や概念という不連続な「名詞」によって枠組みに関連づけ（淘汰過程），これを信念として保持する（保持過程）ことを意味する。意味づけの本質が，回顧的であるということは，現在の行為の断片を切り取って，過去の行為を要約している枠組み（カテゴリー）の中にその特殊性をおき，それを手掛かりやラベルに結びつけることを表している。意味づけとは，手掛かりと枠組みとを連結することであり，連結の仕方によって，意味は絶えず変化する。

　このように考えるなら，意味づけには２つの種類がある。１つは経時的な意味づけであり，これは，現在の行為を，過去の行為を要約している枠組みの中に関連づけることである。すなわち，意味づけとは，現在をこれまでの過去の総体の中に位置づけることである。ここに，過去の総体とは過去から現在までの時間的全体の中の特定部分であり，いわば「実現された過去」である。[18]

もう1つは共時的な意味づけである。これは，現時点での行為の中の一定部分を，現在の活動の全体（＝環境）の中に，一定の全体（＝実現された環境）として関連づけることである。すなわち，部分を全体の中に位置づけることである。[19]

第1に，組織化に関する「行為主導の意味生成」について，次のことが言える。これは行為が行為自体を継続させるという認識の生成（行為→認知）である。行為主導の意味生成は，行為を拠点として，行為から始まる意味づけである。ここには，2種類の手段がある。1つは，行為のコミットメントであり，もう1つは操作（manipulation）である。

① 行為のコミットメントによる意味生成　既に述べたように，行為の公示性，意志性，不可逆性が，行為のコミットメントを促進する。1回切りの行為であっても，それが繰り返し行われざるを得ない状況になっていること，また将来行動する場合にこの行動にこだわらざるを得ない状況になっていることが，実現という行為の特徴である。行為が公示的，意志的，不可逆なら，行為を変化させることは困難であり，その行為を正当化するために，信念を選択的に動員して，行為や環境を意味あるものにせざるを得ない。こうして現実が社会的に構成され，行為が生じた現実が構築され，一定の行為が繰り返し行われることによって，一定の行為に意味づけが行われる。たとえば，ゴミ箱モデルにおける「組織化された無秩序」では，先行条件は影響をもたず，記憶は貧弱で，頻繁な人の出入りがあり，調整は偶然にしか行われないので，自分の行為に対して，多くの正当化が必要であり，したがって多くの意味づけが行われる可能性がある。

② 操作による意味生成　実現とは，行為を通じて外界に働きかけて，自らが反応すべき「環境」を創り出し，そうして創られた環境に反応することである。言い換えれば，人は反応しなければならない制約を，自らが創り出す。この意味で，人間は，理解し管理できる環境を創造するように，行為する。環境操作とは，組織が，環境に組織自身のイメージを押し付けることであり，組織に合わせて環境を形成することである。[20]組織自身を環境の一部として，それに合わせた環境部分を選択して，これを，自身の「環境」（＝実現環境）と考えることである。

88　　第Ⅰ部　Organizing（組織化）の理論

コミットメントによる意味生成は，行為それ自体に焦点を当て，信念が公示的，意志的，不可逆的な行為を正当化するとき，意味が生成されるとする。これに対して，操作は，行為者の有意味な結果に焦点を当て，漠然とした世界に，行為を行うことによって明確な結果を生み出し，この結果を通じて，進行中の事象を把握することである。

コミットメントも操作も行為主導であり，行為あるいはその結果を意味のあるものとして説明できるよう，信念を維持あるいは修正する。コミットメントは，行為を正当化するためにその理由（＝信念）を見つけることであり，操作は，行為を理解して信念を修正することである（Weick, 1995）。

第2に，信念主導の意味付与とは，手掛かりを拡大して，小さなまとまり（部分あるいは特殊）が意味をなすよう，コンテクストを確立することであり，特殊を一般に，部分を全体に，関連づけることである。意味づけは，行為と信念の一貫性を確保することであるが，行為主導の意味生成は，行為に合わせて信念を形成するのに対し，信念主導の意味付与は，信念に合わせて行為を維持あるいは修正することである。この意味で行為主導の意味生成は，行為へのコミットメントであるのに対し，信念主導の意味付与は，態度へのコミットメントであるということができる。

行為主導の意味生成とは，行為と認知の一貫性を，行為を出発点として確保すること（Seeing is believing）であり，行った行為へのこだわり（コミットメント）を通じて，行為してから考える，ことである。信念主導の意味付与とは，広く自己達成予言（Self-fulfilling prophecy）と呼ばれ，信念を確認する行為を導出する（Believing is seeing）ことであり，信念へのこだわりに基づいて行動することである。

信念主導の意味付与にも，議論（arguing）と期待（expecting）との2種類がある。

①　議論としての意味付与　　淘汰過程において多義性が除去されるのは，回顧的意味づけを通じてである。ここでは，後知恵によって，これまでの行為の意味に矛盾がないように理解される，という意味で，一義的に意味が付与される。

議論には，5つの特徴がある（Weick, 1995）。(1)既存の信念を基にして，

第2章　組織化と進化のプロセス　　89

その強化や新しい信念の形成が行われ，(2)その強化が正当化されることによって，(3)競合する主張の中から選択がなされ，(4)意見の表明による同僚との対立のリスクが生じ，(5)選択された主張によって多数派と少数派が生まれ，そこに何らかの不確実性が生じる。

　自分の依拠する判断基準を明示し，その基準を満たしているかどうかを示すデータを提示するとき，議論が生じる。議論と対論との向き合いの中で，信頼できる理解が生じる。

　まず，議論が行われる会議という場は，話し合うことに同意した3人以上の集まりである。会議は，単に話し合いの場であるだけでなく，実体としての組織を発生・維持させる場であり，組織化された活動そのものであり，相互作用を明確な形で組織化する1つの社会的実体である。この意味で，会議は組織的行為であり，メモや議事録等によって実体化される。会議が行われている間，組織は存続する。ゴミ箱モデル風に言えば，参加者，問題，解は，選択機会が，会議において，結びつきを与えられる。

　次に，会議では多数派と少数派が相互作用を行う。少数派は，多数派の意見に引きずられるとともに，多数派は，少数派の意見を一定程度取り込む。多数派は，遵守（compliance＝公的には受け入れるが，私的には受け入れない）を通じて，少数派は，転化（conversion＝私的には受け入れるが，公的には受け入れない）を通じて，意味を付与する。

　多数派は，自らの提案に意見を集中させるので，多数派の見解に適う刺激に焦点を当てる。したがって，少ない手掛かりに基づいて，より収束的な思考を行う（e.g. シングル・ループ学習）。少数派は，多数派に対抗する代案に焦点を当てるので，より多くの側面に注意を払い，より多くの手掛かりに焦点を当てる。そのため，多様な思考や新しい解決案が生じうる。

　②　期待としての意味付与　　期待は，信念を維持する方向に働く。人間は，期待に沿って事象が進行していることを確認したがる性向をもち，期待に基づいて，手掛かりの意味を確認しようとする。すなわち，認知プロセスは，刺激の断片（見るもの）を，期待と一致させようとする傾向をもち，一致すれば，残りの刺激の部分も読み取り，全体を理解できたと考える。意味づけは，部分を基に，素早く全体を推測する活動なので，即興（improvisation）や，ブリコラージュ（bricolage＝手元にある資源で間に合わせるプロセス）の原則が支配する。[21]

　ここでの特徴は，広く「自己達成予言」と呼ばれる。自己達成予言は，期待に基づく意味づけ（＝意味付与）の典型である。人は，選択的注意と対象への直接の働きかけによって，自らが創り出した，自らが期待したものを見る（Believing is seeing）。すなわち，期待と一致した，期待を確認させてくれる事象は，意味をもつ（多義性の除去）。

　「教室のピグマリオン」は，典型的な自己達成予言の例である。先任教員から成績がいいと報告された生徒に対して，それを信じた新任教員は，生徒への肯定的感情に基づいて暖かい態度で指導し，親切に指導を行う。そのため，その生徒の努力水準があがり，結果的に，先任教員から成績がいいとして託された特定の生徒の成績が上昇する。こうして，先任教員の言葉を信じた新任教員は，「自分の信念」を確認する（Rosenthal & Jacobson, 1968）。

　また，Darley & Fazio（1980）は，自己達成予言の6つの段階を提示しているが，これは二重の相互作用と軌を一にする。(1)知覚者がステレオタイプに沿って相手の行動をコード化し，(2)それに基づいて，期待に沿って行動する。これは二重相互作用の最初の段階，$A_1 \rightarrow B_1$ である。次に，(3)この知覚者に対する相手の解釈，(4)この解釈に基づく反応，は，$B_2 \rightarrow A_1$ である。最後に，(5)この反応に対する知覚者の解釈，(6)知覚者自身の行為（の解釈）は，$A_2 \rightarrow B_2$ である。こうした相手の行動の予測可能性のみが，この二重の相互作用が行われる条件である。自己達成予言については，次章でさらに詳しく論じる。

　あいまい性（組織化された無秩序）の下では，正確性ではなく，安定性と予測可能性（＝もっともらしさ）が重要であり，迅速性（即興性とブリコラージュ）が求められる。ここでは，期待を確認するため，最初の信念に固執するので，プログラム自体の大きな変更ではなく，修正が優先される。社会的に構築された世界では，期待が行為を通じて確認されるときに，安定性が維持される。ここでは，自己達成予言を通じて多義性が除去され，一義性が確保されることによって，有意味な世界が創造される。

　以上，意味づけには，行為主導と意味主導の2つのタイプがある。行為主

導の意味づけは，実現→淘汰→保持 というプロセスを前提とした，行為の
コミットメントから意味が生じる「意味生成」のプロセスであり，これは組
織の生成を示す Organizing のプロセスである。これに対して，信念主導の
意味づけは，保持→淘汰→実現 というプロセスを基礎とした，保持過程に
蓄えられた因果関係についての信念によって意味が与えられる「意味付与」
のプロセスであり，これは Organized のプロセスである。

　意味づけのプロセスは，認知を導く淘汰過程を中心とした議論であり，意
味生成と意味付与という 2 種類の意味づけは，それぞれ，Organizing（組織
化・組織生成）と Organized（構造化・構造統制）に対応する。組織（Organi-
zation）は，この Organizing と Organized からなり，行為主導の意味生
成―Organizing と 信念主導の意味付与―Organized の活動が循環的に繰り
返されて，組織が生成・発展する（序章の図序 - 2 参照）。

4　結　　語

　進化のプロセスの中に，淘汰過程（多義性の把持と除去）を中心とする意
味づけの活動を位置づけることによって，組織化のプロセスを明らかにした。
それによって，実現→淘汰→保持 という組織化のプロセスと意味づけの 7
つの特徴を関連づけた。意味づけの，① 社会的プロセスという特徴は，実
現―淘汰―保持 の全てに共通している。これは現実が社会的に構成されて
いることを示す。② 進行中のプロセス，③ 知覚できる環境を実現するプロ
セス，という特徴は，実現過程に関連する。④ 抽出された手掛かりが焦点
となるプロセス，⑤ 回顧的プロセスは，淘汰過程において出現する。⑥ ア
イデンティティ構築に根ざしたプロセス，⑦ もっともらしさが主導するプ
ロセス，という特徴は，保持過程で発揮される。

　次に，実現―淘汰―保持 における特徴を，それぞれ行為（あいまい
性）→認知（多義性）→信念（不確実性）と措定した。それによって，行為主
導の意味づけが Organizing と，信念主導の意味づけが Organized と，結び
つくことを論じた。前者において，実現→淘汰 を通じて「実現環境」が生
じ，後者において，保持過程に蓄えられた因果関係の信念が，課業環境とし

92　　第Ⅰ部　Organizing（組織化）の理論

て 保持→淘汰 に関わることを指摘した。淘汰過程で生じた実現環境では，因果関係が決定される。すなわち $X_1 \rightarrow Y$，$X_2 \rightarrow Y$ という2つの可能性のうち，たとえば $X_1 \rightarrow Y$ が決定される。これは，行為によって主観的に創造された環境である。この $X_1 \rightarrow Y$ において，X_1 が Y をもたらす確からしさが，不確実性である。ここで，X_1 が100% Y という結果をもたらすなら「確実性」，客観的確率が与えられるなら「リスク」，主観的にしか確率が付与できないなら「不確実性」と呼ばれる。情報収集と処理によって，不確実性を削減することができる。これは，行為への制約としての，認知された客体的な環境である。すなわち，Duncan (1976) が，「意思決定の際に考慮すべき環境諸要因の多寡と変動性によって表される環境の不確実性の状態」として定義する「課業環境（の不確実性）」である。

組織（Organization）は，Organizing（組織化，組織生成）と Organized（構造化，構造統制）を繰り返しながら，この循環過程の中で成長する。

今後の課題とも関連して，次の6点について，触れておきたい。

第1に，行為主導の意味づけが，実現→淘汰→保持 というプロセスに関連するなら，これは，人間→組織→環境 という Open & 自然体系モデルに相当する。なぜなら，実現は個人行為とその相互作用であり，人間の行為に焦点が当てられているからである。淘汰は多義性の把持と除去を通して意味が確定されることであり，これは認知によって，現実が組織化されることである。ここから生じるのが実現環境であるが，これは保持過程で，因果関係の信念，すなわち原因と結果の結びつきの確からしさを通じて課業環境の不確実性に変換されて，課業環境になる。したがって，実現→淘汰→保持 は，人間→組織→環境 に相当する Organizing のプロセスと考えることができる。これに対して，信念主導の意味づけは 保持→淘汰 に関連するので，保持→淘汰→実現 は，環境→組織→人間 という Open & 合理的モデルに言う Organized のプロセスに相当する。

第2に，したがって，組織化と意味づけは，人間―組織―環境 の関係を措定することである。意味づけには，2つの種類がある。経時的意味づけと共時的意味づけである。経時的意味づけとは，「過去」の総体の中に，「現在」という部分を位置づけることである。歴史は，現時点から評価した過去

の位置づけである。資料や遺跡の新たな発見あるいは歴史観の変化によって，歴史の評価は変わる。共時的意味づけとは，部分を全体の中にどう位置づけるかであり，特定の部分にとって相応しい全体を考慮して，特定部分の存在意義を強調する。本書では，常に事象の経時性と共時性を問題にしており，その一定の同型性に注意を払っている。

　第3に，意味づけは，連続性（行為，純粋持続）を，不連続な概念・言語で捉えること（認知，離散的時間）である。Weickの試みは，不連続な言葉で，この連続性をできるだけ正確に捉えようとする試みである。彼が，名詞（Organization）ではなく，動詞（Organizing）を使用すべきであると言うのは，その主張の表れである。名詞は固定した静態的な構造を捉える。行為という純粋持続の性質をもった事象を捉えるためには，自らが投げ込まれている進行中の事象を把握することが必要であり，そのためには動詞を使用することがより適切である。[22]

　ここで，Weickが問題にしているのは，新しい意味が行為を通じて生じるプロセス（＝Organizing）である。しかし彼が見逃しているのは，既存の意味が維持されるプロセス（＝Organized）にも動的プロセスがあるということである。信念主導の意味づけにおいて，組織構造がそれに相応しい組織行動を確保するプロセス＝Organized（保持→淘汰）も，やはり1つの動的プロセスである。その意味で，制度化が浸透するプロセスも1つの動的プロセスである。Weickによって扱われていないのは，OrganizingとOrganizedの関係であり，その繰り返しから生じる「革新のプロセス」である。Organizing，Organized，革新のプロセスが組織学を構成する3つの課題である。方法的には，このOrganizingとOrganizedを統合する枠組みを作ることが，重要な課題である。これはまた，近時の「ミクロ－マクロ・リンク」にも通じる。

　第4に，本書では詳しく論じなかったが，Weick（1969, 1979）は，組織の存続の条件を，保持から実現および淘汰へのフィードバックの，どちらか一方がプラス（＋），もう一方がマイナス（－）であること，としている。安定性（＋）だけでは，環境変化に対応できないし，よりよい適応も探求できない。また，柔軟性だけでは，適応のコストがかかるし，アイデンティティ

94　　第I部　Organizing（組織化）の理論

の維持も難しい。

　しかし，序章で述べた Open & 合理的モデルの状況適合理論（Contingency Theory）では，「適合」がキーワードであり，多元的適合が高業績をもたらすと主張する。多元的適合とは，保持→淘汰，保持→実現 が，両方ともプラス（＋）の可能性を示唆しているのではないか。もちろん，過度の安定性は，官僚制の逆機能にも通じるおそれがある。さらに，革新では，信念も行動も以前と変化することが必要であり，これは保持→淘汰，保持→実現 が共にマイナス（−）であることを意味しているのではないだろうか。自然淘汰では，個体の突然変異が，遺伝子的にしか捉えられておらず，たとえば企業の意図的・主体的な革新のための活動が視野に入ってこない。今後，個人や企業の革新が，組織や社会に普及（＝淘汰過程）するだけでなく，革新（変異）が実現過程でどう生じるかをも分析すべきであろう。

　第 5 に，Weick（1995）では，組織化の活動が，①自我が私からわれわれへと統合された主観である「間主観性（inter-subjectivity）」と，自我が背景に退き互換可能な自我となった「汎主観性（generic-subjectivity）」との往還であり，前者の自律性・革新と後者の依存性・統制が，組織における緊張である，と主張されている。また，②収束および安定の期間には，後者の汎主観性に，発散および混乱の時期には，前者の間主観性にウェートがおかれる，と述べられている。さらに，③行為主導の意味づけにおける「操作」，特に環境操作は，環境決定論と社会的選択理論の議論を無効にする，と論じられている。

　しかし，本書では，間主観性は Organizing，汎主観性は Organized であると考え，状況によってどちらにウェートがおかれるかだけでなく，両者を統合する枠組みと，両者（たとえば機械的組織と有機的組織）を統合する組織形態とが必要である，という「統合」を強調する立場をとっている。すなわち，環境決定論と主体的選択論は，前者が 環境→組織→人間 というマクロな議論，後者が 人間→組織→環境 というミクロな議論，であり，このミクロ−マクロ・リンクを明らかにするのが，組織学の課題であると考えている。

　第 6 に，Weick（1969）は，組織を管理の視点から考え，管理者の問題に視野を限定しているところに管理論・経営学の問題があり，もっと広い場面

に適用可能な理論が必要であると述べている。

　しかし，ここでの組織化の進化プロセスは，これまでの管理論の枠組みに密接に関連している。Weick（1979）は，組織化のプロセス（実現―淘汰―保持）の全体的なテーマは，以下の意味形成のレシピに見出されるとして，次のような例を挙げている。

How can I <u>know</u> what I think until I <u>see</u> what I <u>say</u>?
　　　保持　　　　　　　淘汰　　実現

　ここに実現（say）とは，何かを行って認知対象（意味づけの素材）を創る進行中のプロセスである。淘汰（see）とは，何を思考するか（抽出された手掛かり）を決めて，何を考えているかを知るために，以前に言ったことを振り返る（回顧）プロセスである。保持（know）とは，私は誰なのか（アイデンティティ），プロジェクト遂行のために何をすればいいかを知る（もっともらしさ）というプロセスである。

　Organizing＝実現→淘汰→保持 のプロセスは，実現（say）が行為，淘汰（see）が認知，保持（know）が因果関係の信念であるなら，これは管理サイクルにおける do‐see‐plan を表していると考えることができる。Organized のプロセス（＝保持→淘汰→実現）は，plan→see→do となる。[23] また，行為主導の意味生成は，making-sense（Seeing is believing）であり，これは do→see を示す。信念主導の意味付与は sense-making（Believing is seeing）であり，see→do に相当する。

　戦略が，環境と組織をつなぐ媒介変数（環境―戦略―組織）であると考えるなら，戦略論における外部アプローチは，基本的に 環境→戦略→組織 のプロセスであり，これは，Organized のプロセスに相当する。戦略論に即して言えば，Strategized の議論である。これに対して，戦略論における内部アプローチは，組織→戦略→環境 のプロセスを表しており，これは Organizing に相当する。戦略論の言葉では，Strategizing に相当する。

　第7は，ここでの進化モデルと通常のダーウィン流の進化論との関係である。次の2つの問題を論じることが必要である。1つ目は，ダーウィン流の進化論が環境決定論（マクロ）であるのに対し，ここでの進化モデルは主体的決定論（ミクロ）であるという問題である。2つ目は，進化するのは「種」

96　第Ⅰ部　Organizing（組織化）の理論

のレベルであって、個体は進化するのではなく、突然変異を行うということ[24]である。またどちらの場合も、ダーウィン流の進化論は、変異の「発生」を説明するのではなく、変異の「普及」を論じているに過ぎない。確かにWeick（1979）の場合には、実現過程が捉えられており、その限りで、「変異」の生成が捉えられている。しかし、具体的に何が変異なのかはわからない。通常のダーウィン流の変異がランダムであるのに対し、それを、「人間行動はある程度規則的である」として、その規則的試行錯誤を捉えるために、「変異」ではなく、「実現」という言葉を使ったのであれば、試行錯誤がどのように規則的なのかを、説明すべきである。

また、革新は変異の1つとして考えることができるが、Weick（1979）のモデルが生存モデルであること、すなわち、保持から実現および淘汰へのフィードバックが、それぞれ（＋・−）かあるいは（−・＋）であることは、革新を捉えたことにはならない。その革新が淘汰過程において選択されて普及することは言いえても、革新がどのように生じたかは、説明できない。

最初の問題（環境決定論と主体的決定論）に戻ろう。ダーウィンの「適者生存（survival of the fittest）」は、環境に適応した「種」のみが生き残る、ということである。環境に適応するように「個体」が突然変異によって生じる、ということではない。変異はあくまでもランダムであって、変異によってどんな個体が生じるかは、環境とは無関係である。突然変異によってたまたま生じた個体が、結果として環境に適応したために、その「種」に占める個体数が増えるということである。環境に適応するように、個体が「意図的に」突然変異を起こしたわけではない。

これに対してメンデルの遺伝法則では、遺伝子の組み合わせによって変異が生じる。たとえば、B型（B・O）の両親からは、（B・B）、（B・O）、（O・B）、（O・O）の4種類の組み合わせが生じる。この場合、前3者の子供の血液型はB型であり、最後の1人だけがO型の血液型をもつ。ここで、BはOに対して優性である。しかし、だからと言って、O型が淘汰されて消滅するわけではないし、4種類の血液型（をもった人間）のどれかが環境から影響を受けて、最も適した血液型（をもった人間）だけが生き残るという訳でもない。

第2章　組織化と進化のプロセス　　**97**

近時の「利己的遺伝子[25]」や「分子生物学[26]」の発展は，こうしたミクロの，謂わば Organizing の理論と同型性をもつ。今後，ミクロの進化論とマクロの環境決定論的な進化論との「統合」が必要である。

2つ目の問題は，「種」が進化する（個体数が増える）のであって，個体が進化するのではない，個体が行うのは突然変異である，ということである。Weick（1969, 1979）のモデルでは，人間が以前と異なる行為をすることによって，「変異」が生じ，それが淘汰過程に送られて，そうした行為に新たな意味づけが行われたとき，新しい「組織」が生じ，この因果関係が保持過程に蓄えられる，ことになる。淘汰されるのは，新たに意味づけられた相互連結行動としての「組織」である。個人の行為が，他者との相互作用において，新たな意味づけがなされたときに，「組織」が生じるのである。したがって，実現＝個人行為，淘汰＝組織，となる。ここでの組織は，個人行動のうちの，一定の秩序をもった，個人の「組織行動」である。これが，ばらばらな個人行動とは違う創発的な性質をもったとき，「組織」と呼ばれる。

次の点に注意が必要である。どの分析レベルを問題にするかは，それぞれの問題意識によるが，進化するのは，その分析対象を，下位システムからなるシステムとしたときであり，上位システムを「環境」として想定したときである。すなわち，進化を論じるときには，下位システム（個体）―システム（種）―上位システム（環境）を想定しなければならず，そのとき初めてシステム（種）が進化することを論じることができる。たとえば，組織を分析対象として，個人―組織―環境 を想定したとき，組織が進化する。組織間関係を分析対象として，組織―組織群―環境 を想定したとき，組織群が進化する。しかし，組織を分析対象としたとき（＝組織学）における「組織」は進化するが，組織群を分析対象としたとき，たとえば個体（＝組織）群生態学における「組織」は，進化するのではなく，突然変異を起こすのである。個体群生態学では，組織群が進化するのであって，個体としての組織は進化しない。

以上，第Ⅰ部では，Organizing の理論を概観した。第1章では，Organizing の理論が前提とする「組織像」は，LCS（Loosely Coupled System）で

あることを論じた。第2章では，Organizing のプロセスを進化のプロセス（実現―淘汰―保持）に即して説明した。ここでインプットとしての「環境（＝実現環境）」が主体的に創造され，それが信念についての因果関係の不確実性へと変換されて保持過程に蓄えられ，課業環境（の不確実性）が生じる。認知された課業環境の不確実性が，Organized のプロセスのインプットとなり，このプロセスを規制する。こうした課業環境の不確実性が，組織に与える影響を論じることが，第Ⅱ部の課題である。第Ⅱ部の Organized の議論に移る前に，第3章で，どんな形で組織が生じる（Organizing）か，言い換えれば，ミクロのランダムな行動が，どのようにマクロの秩序へと至るかを，「複雑系」の議論に沿って，明らかにしたい。これはまた，第1章で取り上げた LCS における部分と全体の関係を問うことでもある。

注────────

1) 図2-1は，Weick（1969, 1979, 1995）を合成して，修正している。

　　第1に，実現＝行為（あいまい性），淘汰＝認知（多義性），保持＝信念（不確実性）の関係を明示している。Weick（1979）の図5-1と図5-2では，前者が生態上の変化の後に実現が，後者では，実現過程の中に，生態上の変化がおかれている。生態上の変化が実現過程の前にあるなら，これは一種の「環境決定論」であり，Weick の趣旨に沿わない。さらに，図5-2において，実現過程の中で「実現された多義性」が示されているが，実現過程は，多義性の素材を生成するところであり，多義性はまだ生じていない。以上を勘案して，実現過程の中に，「生態上の変化とあいまい性」をおいた。さらに，保持過程は，既に多義性が除去された後の過程であり，ここでは，多義性の把持と除去はもはや行われないと考え，保持過程における「多義性の把持と除去」を削除した。多義性の把持と除去が行われるのは，淘汰過程においてのみである。

　　第2に，意味づけの議論（Weick, 1995）を，組織化の進化プロセス（Weick, 1969, 1979）を関連づけた。行為主導の意味生成（Seeing is believing）を Organizing（実現→淘汰→保持）に，信念主導の意味付与（Believing is seeing）を Organized に当たると考えた。ここで，意味づけを，意味生成（Organizing）と意味付与（Organized）に区別した。Weick（1979）では，自己達成予言（予期＝信念主導における意味付与）が実現過程の特徴

第2章　組織化と進化のプロセス　　**99**

として挙げられ，進化プロセスにおいて，自己達成予言（Believing is see-ing）が重要な特徴とされているが，これは信念主導の意味付与，すなわちOrganized（保持→淘汰→実現）の場合であり，信念主導の意味生成が行為のコミットメントであるのに対して，自己達成予言は態度のコミットメントであると言うことができる。

　また，厳密に言えば，Organizing は，Seeing is believing というより，実現→淘汰→保持 であり，これは，doing→seeing→believing である。doing したことを seeing（理解）し，それを believing（信念）として保持する，と考えることができる。Organized は，保持→淘汰→実現 であり，Believing is seeing というより，believing→seeing→doing というべきであろう。ただし，古典的な経営学における管理サイクルが，plan→do→see であることを考えると，Believing に基づいて doing し，それを seeing（理解する）という意味で，Organized は，保持→淘汰→実現 というより，保持→実現→淘汰 というプロセスであるといった方がいいかもしれない。

　第3に，「多義性の把持と除去」は，組織化の単位としての二重相互作用であり，Weick,（1969, 1979）における，「組立ルールと連結サイクル」のそれぞれに相当する。これはまた，いわゆる組織における「分化と統合」に相当すると考えられる。すなわち，組立ルール＝多義性の把持（必要多様性）＝分化，連結サイクル＝多義性の除去＝統合（回顧的意味づけ）である。

2）　Schütz（1974）を参照。シュッツにおいて，「意味問題は時間問題である」という点が重要である。なお，シュッツの著作は，上記以外に，Collected Papers として，第1巻 The Problem of Social Reality（1962），第2巻 Studies in Social Reality（1964），第3巻 Studies in Phenomenological Philosophy（1975），第4巻（1996）として，刊行されている。また，アルフレッド・シュッツ著作集第1巻，第2巻，第3巻，第4巻の翻訳として，『社会的現実の問題［Ⅰ］』（1983），『社会的現実の問題［Ⅱ］』（1985），『社会理論の研究』（1991），『現象学的哲学の研究』（1998）として，渡部光・那須壽・西原和久訳で，マルジュ社から，刊行されている。なお，スプロンデル編，佐藤嘉一訳（2009）を参照。さらに，西原和久（1998），西原和久（2003），西原和久編著（1991）を参照。

　Weick（1969）では，「実現環境」の説明のために，シュッツが頻繁に引用されている。その後（Weick, 1979, 1995）は引用が減っているが，シュッツ理解が前提になっているように思われる。

3）　ただし，①$A→B$, ②$B→A$, ③$A→B$ という二重の相互作用において，

100　　第Ⅰ部　Organizing（組織化）の理論

①と②が想像上の行為であり，③のみが現実の行為である場合，認知（①と②）が行為（③）を導くということになる。もちろん，認知（①と②）が，過去の現実の行為に基づく認知であると考えれば，「行為の後に認知される（行為→認知）」という主張は，なお成立する。しかし，認知と行為の間には，行為→認知 と，認知→行為 の循環が含まれると考えるべきであろう。

4) Weick（1979）では，生態上の変化が組織化の4つの要素の1つとして挙げられ，「生態上の変化は知覚しうる環境すなわち意味づけの素材を提供」し，「人は変化が生じた時に注意を向ける」とされている。しかし，変化が生じるのは行為をしたときであり，注意を向けるのは，変化を生じさせる過去の行為である。生態上の変化は，行為の中で生じると考えるべきである。

5) Weick（1979）は，実現過程の特徴として，現実の社会的構成，括弧いれ，逸脱―拡大，自己達成予言，の4つを挙げている。Weick（1995）によれば，意味づけの7つの特徴のうち，実現過程に関係するのは，社会的プロセス，進行中のプロセス，知覚しうる環境を実現する（＝認知の素材を生成する）プロセス，という3つである。「現実が社会的に構成される」ということと，行為の一部を「括弧に入れ」て，意味づけの対象とすることが，ここに含まれることは明白である。しかし，自己達成予言は，Believing is seeing という信念主導の意味づけ（＝意味付与）であり，Organized に関連する。また，逸脱―拡大 は，一定の方向に一方的に意味づけられることであり，これは多義性の「把持と除去」の仕方，すなわち淘汰過程に関連すると考えられる。

6) ただし，充全な意味での「二重の相互作用」が生じるのは，淘汰過程においてである。実現過程では，二重の相互作用（① $A \rightarrow B$, ② $B \rightarrow A$, ③ $A \rightarrow B$）において，①と②が，頭の中で行われ，③が行為として表出されたと考えたときに，二重の相互作用があると考えられる。もっともこれは，既に何らかの過去の行為の認知と意味づけが行われた後での，言い換えれば，行為と意味づけが繰り返し行われるという「循環」を想定した場合である。

7) このような考えは，Tolman & Brunswik（1935）に発すると考えられる。彼らは，第1に，有機体（個体）が，自らの環境と認めるものを認知し行為するということを，① Need - Goal（欲求―目的）と ② Reception - Reaction（受容―反応）の2側面に分類し，①では，有機体が自分の欲求に基づいて，「環境」を代表する身近な刺激（local representative）を捉える。彼らは，これを「投げ縄原理（Lasso Principle）」と呼んでいる。第2に，①の欲求―目的サイドでは，ポジティヴな結果をもたらすものを選び，ネガ

ティヴな結果をもたらす危険（danger）を避けるために,「Good」な目的を選ぶ。さらに, ②の受容—反応サイドでは, 障害物となる（hazardous）ものを避けるために, 危険や運まかせを排除しようとして,「Reliable」なものを選ぶとしている。本書において, ①は,「良い」ものを選ぶという意味で,「多義性の把持と除去」に関連し, ②は, その中で信頼のできるものを選ぶという意味で,「不確実性」に関連すると考える。言い換えれば, ①は 実現→淘汰 によって生じる「実現環境」に, ②は 淘汰→保持 によって生じる「課業環境」に, 対応すると考えている。

8)「制度」とは, Selznick（1959）においては,「社会的な価値を体現した組織」であるが, Scott（1981）においては,「当然とみなされる（taken for granted）もの」である。個人的な体験であるが, Stanford 大学に留学して（1993 年 10 月〜1994 年 7 月）, Scott の大学院での講義に出席したとき, 何度も "taken for granted" という言葉を耳にした。ただし,「誰もが当然とみなす」ということは, 誰もが同じように認知するということではなく, お互いに認識方法がずれていても,「結果」が同じであるということである。

9) Weick（1977）は, この ① 文節化（punctuation）と ② 連結化（connection）をまとめて, ③ 関係化（parsing）と呼んでいる。①が分化に, ②が統合に, ③が組織生成に相当すると考えられる。

10) この例には違和感を覚える。筆者は海の近くで育ったが, 海で遭難したときには,「絶対に動くな」と教えられた。海は広くて何の手掛かりも得られないことが多く, したがって動くべきでないという意味だけでなく,「蜃気楼」のような, あるいは意識が朦朧とした場合に表れるような「幻想」は, 手掛かりとして信用できない場合があるからである。「間違った」地図は, 信用できない手掛かりと考えることもできる。この例は,「行為によって自らの運命を切り拓く」という西洋的あるいはアメリカ的価値観が入っているようにもみられる。

11) Lawrence & Lorsch（1967）にも, 同じ発想が見られる。企業が直面する環境は, 科学, 市場, 技術—経済 の 3 つの下位環境に分割され, それに応じて, 研究開発部門, 販売部門, 生産部門がそれぞれ対応する。ただし, 筆者の実感には必ずしもそぐわない。多彩な球種を投げる投手に対して, 打者は, そのどの球種にも対応するような形で投手には向かわない。状況やカウントに応じて球種を絞るであろうし, 投手の得意球だけを狙う場合もあるし, 直球か変化球かという具合に, 大まかに分類して望むかもしれない。認知された環境が多様であっても, 企業は, そのどれにも対応できるようには

行動せず，あえていくつかに絞って，他企業の参入を許すこともある。たとえば，トヨタは軽自動車の大きな市場を認知するであろうが，ダイハツに任せたり，ダイハツの OEM 供給を受けたりすることができる。

12) Miliken（1987）を参照。

13) 1つ目と2つ目は，環境の多様性と組織の多様性が対応している（必要多様性）が，3つ目は，相互依存性を処理するために，さらに複雑な組織（e.g.統合メカニズム）が必要とされ，組織の情報処理は，環境の多様性より複雑になっている。分化では，環境の多様性に対応する下位単位が作られても，下位環境の認知の仕方によって，すなわち下位環境が相互に独立であるように認知する場合と，その下位環境間に相互依存性があると認知する場合とでは，組織の対応は異なる。ただし，これは分化における差異というより，統合の仕方が異なるためかもしれない。

14) 組織には，基本的に対立する2つの過程があると言うことができる。分化と統合がそれであり，Weick においても，淘汰過程における多義性の把持と除去がそれに当たる。これはまた，多義性の把持＝柔軟性・個性化・組立ルール，多義性の除去＝安定性・社会化・連結サイクルという対応があるということを示す。

15) 筆者は，科学哲学を，①実証主義，②反証主義，③パラダイム主義，の3つに分けて考えている（たとえば，村上陽一郎，1980，を参照）。筆者自身は「パラダイム主義」に立脚しているが，「共約不可能（incommensurability）」に対しては，これらの異なる価値観を統合するより包括的な価値観を想定して，「統合」する道があると考えている。本書における，Organization が Organizing と Organized からなるという主張も，そうした「統合」への，筆者のささやかな提言である。

なお，①実証主義については，カルナップ（1968）を参照。Simon もこの系譜に属する。②反証主義については，ポパー（1980），ラカトシュ（1986），③パラダイム主義については，クーン（1971），ファイヤアーベント（1981）を参照。

16) たとえば，歌舞伎において，継承されるのも破られる（型破り）のも「型」である。

17) James Joyce の *Ulysses*（1922）は，一貫した筋をもつ神話に名を借りて，主人公の生を描いた小説である。ここには，彼の造った極めて多義的な「言葉」が散りばめられている。しかし，それらが一定の意味をなすのは，「神話」の筋と対照させうるからである。たとえば，小さな例であるが，「Bi-

bel」という彼の造語も，神話に照らして，Babel（の塔）と Bible を懸けていることがわかる。もちろん，これは聖書の物語にも関連するし，歴史や伝統にも関連する。ここでは，（「近代」の一義性に抗して）「現代」の多義性が，表わされている。（ジョイス，1996-1997）。ジョイスにおける多義性の解明については，柳瀬尚紀（1994）を参照。さらに多義的な世界については，Joyce（1939）を参照。冒頭が小文字の「riverrun」，最後が小文字の「the」で終わるといういわくつきの小説である。このことは，最後の「the」が最初の「riverrun」に戻るという時間の循環——神話における物語の筋は何度も繰り返される——を表わしていると思われる。

18) したがって，歴史は常に書き換えられる可能性をもつ。たとえば，群馬県岩宿で旧石器時代の遺跡が発掘されるまでは，日本に「旧石器時代はなかった」とされていた。また，2000 年 11 月に発覚した，「旧石器発掘捏造事件」では，それまで，「神の手」と称された一人の発掘者によって，日本の旧石器時代は，70 万年前まで遡るとされていた「歴史」が否定された。当時，その捏造資料を信じ，古代史を書き換える本まで現れた（岡村道雄『日本の歴史　第 01 巻　縄文の生活誌』講談社，2000 年）。ただし岡村は，10 年後に，『旧石器遺跡「捏造事件」』（山川出版社，2010 年）を著して，この捏造事件を振り返り，総括している。

　ニュートンは，万有引力を発見した近代科学の祖であるとされるが，彼の研究の半分は錬金術に関するものであり，死の直前焼き捨てられたと言われる。また近年，ヤフー文書が解読され，ニュートンには，宗教家の顔さえあったことが明らかにされている（マニュエル，竹本訳，2007）。ニュートンよれば，2060 年に世界が滅亡すると予言されていると言う。こうしてみると，ニュートンには，近代科学者，錬金術師，宗教家という 3 つの貌があることになる。さらに，ニュートンには王立協会会長として，相当な権力を揮った政治家としての側面があることが明らかになっている。このようにさまざまな貌をもつニュートンであるが，ニュートンが何人もいるわけではなく，1 人の人間の中に多様な側面があるということである。1 人の人間がもつそれぞれの貌の間にどんな関係があるのか，を明らかにすることが必要である。本書で「統合」を強調するのは，そういう謂である。

19) 経時的な意味づけは，歴史＝時間の問題であるが，共時的な意味づけの典型の 1 つは，分業である。ヨコの分業（専門化）では，たとえば研究開発部門，生産部門，販売部門では，それぞれ不確実性志向が大，小，中であり，時間志向が長，短，中であり，目標志向は製品開発，品質・製造コスト，売

104　　第 I 部　Organizing（組織化）の理論

上げ，である。また，Allison（1971）のキューバ・ミサイル危機の分析では，空爆派か，海上封鎖派か，外交派かという利害関係によって，また，分析のレンズ，すなわち合理的モデルによって分析するか，組織過程モデルによって分析するか，政府内政治モデルによって分析するかによって，「事実」が異なることが示されている（本書第7章参照）。

20）　このような意味での「環境操作戦略」の詳細については，岸田（1985）を参照されたい。なお，岸田（2006）は，岸田（1985）の復刊である。前者は三嶺書房から出版されたが，絶版となった。後者は白桃書房から出版されている。

21）　Weick の研究（text）の背景（context）は，鉄道とジャズである（Weick, 1993）。特にジャズは，「即興」との関連で，論文の中によく現れる。ただし，ジャズにおける即興は，プロフェッショナルとアマチュアの差が大きいように思われる。アマチュアの即興は音楽にならない（＝組織にならない）のに対し，プロの即興は，和音などの専門的知識に基づいているため，音楽としての意味（＝組織）をもつ。これに対して，ブリコラージュという概念は，素人の日曜大工のような「つぎはぎ細工」をイメージさせる。

22）　Weick の評価については，*Organization Studies*, Vol. 27, Iss. 11, 2006。を参照。この号は，Special Issue on "Making Sense of Organizing: in Honor of Karl Weick と題されている。そこでは，M. A. Anderson, "How can We Know What We think Until We See What We Said: A Citation Context Analysis of Karl Weick's The Social Psychology of Organizing," では，2005年における Weick（1969, 1979）の引用が 80 を超え，Weick（1995）の引用が 160 に達していることが示されている。Weick（1995）の年間引用数は，Thompson（1967），Pfeffer & Salancik（1978）と並んで 1 位である。急激な引用数の増加が窺える。

23）　古典的な経営管理過程定論では，plan-do-see が順序である。これは，保持過程に蓄えられた信念（理念，戦略，計画）が，実施され（実現過程），それが構造としてパターン化される（淘汰過程）と考えれば，辻褄が合う。しかし，Organized は，組織（構造）を通して人間行動を統制することであり，これは 環境→組織→人間 という順序であり，Weick の進化モデルでは，保持→淘汰→実現 となり，plan→see→do になる。今後さらに詰めていきたい。

24）　進化の総合説では，進化するのは，生物体（個体）ではなく 生物個体群あるいは種であるとされる。ただし，何が「種」であるかを特定することは

困難である。サルが人に進化すると言われることがある。サルと人とは同じ「種」ではない。またサルの中にもいろいろな種類（オランウータン，チンパンジー，ボノボなど）があるとも言われる。マーナ＆ブーンゲ（2008）では，種を超えた進化を「大進化」，種内変化を「小進化」と呼んでいる。

25）　ドーキンス，日高ほか訳（1992）を参照。

26）　たとえば，美宅茂樹（2002）を参照。

第3章

組織化と複雑系

　組織が生成する際の，部分（下位システム）と全体（システム）は，緩やかにつながっている。これをLCS（Loosely Coupled System）と言う。LCSの議論では，全体のまとまりよりも部分の自立性が強調されるあまり，全体のまとまりはむしろ所与とされた。しかし，緩やかにつながって1つの全体をなすとは，どういうことであろうか。LCSでは，部分の自立性の方が強調されたが，部分が自立的でありながら，全体が1つのまとまりをもつとき，部分と全体の関係はどうなっているのか。これが本章の課題であり，ここではその答えを，複雑系（Complexity）に求める。

　一種の科学革命とも称される「複雑系」という新しい科学の背景には，近代科学の行き詰まりと，既存の学問分野では捉えられない問題群が，多くの人々に意識されているという状況がある。ポスト・モダンという言葉には，「モダン（近代)」では捉えられない新しい問題の登場を指すとともに，それが何かを具体的に特定できない「もどかしさ」も含まれている[1]。そこに近代以前の，近代科学によって葬り去られたはずの，謂わば「亡霊」が，占い，予言，霊などという形で入り込み，巷を賑わしている。システム論も，徒に「全体性」を強調するなら，生気論の亡霊を払拭しきれない惧れがある[2]。

　以上のような状況において，「20世紀の科学革命」あるいは「21世紀の科学」と言われる，「複雑系」の科学を紹介し，Organizingの観点から，複雑系における部分と全体の関係，特に自立的な部分（ミクロ・レベル）のランダムな行動が，マクロ・レベルで全体のまとまりを導く態様を明らかにするのが，本章の狙いである。

107

1 「複雑系」科学の登場

「複雑系」という言葉のブームの火付け役となったのは，Waldrop（1992）である。これは，1990年代に入って，急速に注目されるようになった「複雑系」科学の生みの親である，アメリカ・ニューメキシコ州にある，非営利組織のシンクタンク「サンタフェ研究所」についての物語である。複雑系科学とは，生命の発見や生物の進化はもとより，経済や社会や政治の動きに至るまで，共通の枠組みで捉えようとする「複雑系」（複雑適応系）の科学である。

経済学の分野では，Waldrop（1992）のきっかけとなったブライアン・アーサーの収穫逓増論（Arthur, 1994）を手がかりとして，週刊ダイヤモンド編集部・ダイヤモンド・ハーバードビジネス編（1997a）『複雑系の経済学』，と同（1997b）『複雑系の経済学―入門と実践―』が出版された。後者には，京都大学経済研究所・複雑系経済研究センターが協力をしている。また，西山賢一（1997）『複雑系の経済学―豊かなモノ離れ社会へ―』は，広く一般向けに書かれた入門書である。すでに前著『市場の秩序学―反均衡から複雑系へ―』（1990年）で，新古典派経済学を批判して複雑系を論じていた塩沢由典は，新たに複雑系を正面から扱うべく『複雑さの帰結―複雑系経済学―』（1997年）を上梓した。[3]

サンタフェ研究所の共同委員長であり，クオーク理論の提唱者として，ノーベル物理学賞を受賞したM. ゲルマンは，ゲルマン（1997）において，次のように論じている。素粒子物理学は物質の究極にあるもっとも単純なものの探求である。これに対して，自然や文化を対象とする研究では，その複雑性や多様性が問題とされる。両者は，一見「水と油」の関係にあるようにみえるが，どのような複雑な物体もクオークから成り立っているのであり，こうしたミクロとマクロを結びつけるのが，複雑適応系の研究である，と。

こうして，複雑系研究のメッカであるサンタフェ研究所と，そこでの主たる研究者であるブライアン・アーサー（経済学：収穫逓増の原理），ジョン・ホランド（コンピュータ科学：創発性の生成原理），クリス・ラングトン（人工

108　第Ⅰ部　Organizing（組織化）の理論

生命)，ステュアート・カウフマン（生物科学：自己組織化とカオスの縁）らの
研究が次々と紹介された。

　このうち，Arthur (1994) が出版されている。また，Kaufman (1993) で
は，「カオスの縁[4]」への適応が，究極的に生物学の一般原理になる，と主張
されている[5]。Waldrop の紹介以後，サンタフェ研究所の G. コーワンが中心
となって，サンタフェ研究所における複雑系科学の全容を開示している
(Cowan, Pines, & Meltzer, 1994)。

　Axelrod & Cohen (1999) は，いち早くこの動きを捉えて，複雑系を組織
論に取り入れている。複雑系と組織および組織変化を論じたものとして，
McMillan (2004)，複雑系と社会科学との関連を扱ったものとして Byrne
(1998) があげられる。複雑系と経営との関連を論じたものとして，Baets
ed. (1999) や Stacy, Griffin, and Shaw (2000) がある。さらに，複雑系とポ
スト・モダニズムとの関連を論じたものとして，Cilliers (1998) が，複雑系
とカオスの関係を心理学的観点から論じたものとして，Butz (1997) が，組
織論の視点から複雑系と進化論との関連を扱ったものとして，Milleton-Kel-
ly (2003) がある。なお，*Organization* (Vol. 5, No. 3, 1998) は，カオスと複
雑系の特集である。

　最後に，複雑な環境における意思決定支援のためのソフトウェアを開発す
るために設立された。複雑系研究専門の出版社 Exploratory Solutions 社が
設立され，その CEO により Richardson (2010) が出版されている。

　日本でも，カオス理論との関連で，複雑系が論じられた。『朝日新聞』
1997 年 12 月 12 日，同 26 日は，複雑系はカオス理論であり，機械論的な世
界観と生気論・目的論的な自然観の両方の克服を目指すものであると論じた。
金子邦彦，津田一郎，池上高志の 3 人も精力的に研究を展開した。たとえば，
金子邦彦・津田一郎 (1996)，金子邦彦・池上高志 (1998) をあげることがで
きる。金子邦彦 (2003, 2009) は，生命現象を複雑系の観点から論じている。

　津田一郎は，『学士会会報』(No. 82, 1998-IV) で，複雑系科学について，
短い紹介を行っている。そこでは，認識対象と認識主体を分離してきた近代
科学に対して，複雑系科学は，観測者や記述者を「込み」にして初めて定義
されるものであり，認識対象と認識主体のダイナミックな相互作用によって

初めて表現されるようなシステムの特質を問題にしている，と述べている。

2001 年には，「複雑系の事典」編集委員会『複雑系の事典』（朝倉書店）が，また早稲田大学複雑系高等学術研究所からは，2006 年以降，『複雑系叢書』全 7 巻が出版されている。

吉田善章（2008）は，非線形性との関連で複雑系を論じている。小林道憲（2007）は，哲学上の存在論の観点から複雑系を論じている。また，諸学の「統合」という視点から，複雑系を問題にしているのが，統合学術国際研究所編（2005）である。

2 複雑系とは何か

複雑系研究の歩みは，次の 4 つの段階を経て進歩してきたと言われる（出口，1998）。

第 1 は，サイバネティックスの段階であり，ネガティヴ・フィードバックや自己安定化，すなわちホメオスタシスを特徴とする。第 2 は，ソフトウェア・プログラム科学の段階であり，階層やホロンを問題とし，オブジェクト志向をもつ。第 3 は，ポジティヴ・フィードバックを特徴とする構造変動論（＝第 2 サイバネティックス）の段階である。第 4 は，ポリ・エージェント・システムの段階であり，自律的かつ機能分化した活動主体からなるシステムの研究である。

近代科学と異なる複雑系研究の 1 つの特徴は，前者が認識主体と認識対象を分離するのに対し，後者が，両者のダイナミックな相互作用を前提とするところにある。したがって，確実性や一義性ひいては客観的な合理性が成立しない。特に，ニュートン力学でも相対性理論でも，マクロ・レベルの世界では，認識主体と関係なく，観測者と物的な対象との間には，決定論的な法則が成立する。しかし，量子力学のようなミクロ・レベルの世界では，マクロ・レベルでの決定系（後掲図 3-2 における微分方程式）が保障されているにもかかわらず，ミクロ・レベルは非決定系である。

ここには，2 つの非決定性がある。1 つは，認識主体（観察者）と認識対象が相互作用するため，認識主体によって，対象が異なって見えることであ

る。もう1つは，対象そのものは同じでも，認識主体の見方や解釈あるいは価値観や世界観によって，対象が異なる意味をもつ場合である。

複雑系とは，簡単に言えば，「比較的単純なたくさんの要素が絡み合ったもので，全体としては，個々の要素からは予想もつかない振る舞いをするもの」（吉永，1996）である。ここには，3つの問題がある。まず，1つ1つは単純な要素が複雑に絡み合っているために，単純に個々の要素を合計しただけでは，全体が把握できないということである。これは還元主義あるいは線形性が否定されているということである。言い換えれば，自分の行動と相手の行動が相互作用して，複雑な全体を形成するということである。ここでは，これを非線形性と呼ぶ。[6]

次に，個々の要素の振る舞いは，それぞれ自律的で一見ばらばらに見えるのに，全体としては，一定のまとまりをもった性質を示すということである。ここでは，部分と全体の関係が問題にされる。ただし，LCS では部分の自立性に焦点が当てられた。すなわち，1つのシステムが全体性を示すからと言って，部分部分がタイトに結びついているわけではなく，自立的な部分が緩やかにつながって1つの全体を構成しているということである。こうした自立的な部分から構成される全体が，部分部分は緩やかにつながっているのに，1つのまとまりをもっているとはどういうことか，というのが，ここでの問題である。こうした部分と全体の関係は，ミクロ・レベルの非決定系とマクロの決定系の同時存在を示す「カオス」と，その際の，部分と全体の同型性を示す「フラクタル」という特徴をもつ。

最後に，システムがある一定の構造を自律的にもった，より高次のシステムへと成長すること，すなわち自己組織化という性質をもっているということである。これは，2つ目の特徴が，現時点での部分と全体の共時的な関係であるのに対し，自律的な部分が全体を構成していくという経時的な関係であり，そうした成長を遂げる能力のことである。これを「自己組織性」と呼ぶ。

2-1 非線形性

線形性とは，独立変数が変化するにつれて，従属変数が一定の割合で増加

したり減少したりする場合を指す。これに対して，非線形性とは，独立変数の変化に対して，比例的に一定の割合で反応しない関係を指すので，独立変数のわずかな変化が従属変数の大きな変化を引き起こすことがある。この意味で，非線形性における反応は非対称的である（Priesmeyer, 1992）。

また，要素還元論は，要素を知れば（それを単純に合計することによって）全体がわかるという信念に基づいている。これは「重ね合わせの原理」を前提としているが，この原理は線形系では成り立つが，非線形系では成り立たない。したがって，複雑系は還元論的には分析できないと言われる。ただし，隣接する要素同士の関係は単純な法則で分析できるという意味では，その「単純な法則」がわかれば，還元論的な知識が利用できるということである。今日では，非線形的な物理学モデルによって表現されること（e.g. 相転移），あるいはコンピュータによって生じる（再現可能な）パターンであること，がそれを示している。たとえば，カオスでは，マクロ・レベルの動きを示す微分方程式は与えられている。またフラクタルでは，部分と全体の同型性（入れ子構造）が措定されているので，部分の中に全体が現れている。しかも，全体のパターンを決めるのは，ミクロ・レベルの振る舞いであって，全体のパターンが上からマクロ的にミクロ・レベルの行動を決めるのではない。

もっとも単純な非線形性は，因果関係の双方向性である。たとえば，A という原因が B という結果に影響を与え（$A \rightarrow B$），その B という結果が今度は原因となって A（という結果）に影響を与える（$B \rightarrow A$）という関係が成立していることである。

したがって，第1に，自分が相手に影響を与え，それがまた自分に影響を与えるという意味で，自己言及的である。近代科学が認識主体と認識対象を切り離したところに成立するのに対し，複雑系科学が，認識主体と認識対象の両者のダイナミックな相互作用を前提とすると言われる所以である。すなわち，認識主体と認識対象の間に，因果関係の循環が成り立つ。認識主体のものの見方（原因）に沿って，認識対象が切り取られ（結果），その切り取られた認識対象（原因）が，今度は認識主体の思考を規定する（結果）。

第2に，ここではポジティヴ・フィードバックが一般的であり，作用―反作用が一定の均衡を導くという収穫逓減ではなく，逸脱が一定の方

112　　第Ⅰ部　Organizing（組織化）の理論

向へと拡大されて（逸脱―拡大），収穫逓増をもたらす。これは，初期条件のわずかな違いが，結果として極めて大きな差異をもたらすことを意味する（初期値鋭敏性）。ただし，逸脱が発散ではなく，新しい均衡へと収束することが必要である。このような動きを誘発する因子を 'strange reactor'[7] と言う。

　第3に，こうした 逸脱―拡大 が，自己達成予言に言う好循環や悪循環をもたらす。実現環境が，自己によって選択され，いったん選択されると，その実現環境に今度は自己が制約されるというのは，この意味である。

　以上のように考えるなら，社会科学おいてこうした現象は，なじみのないものではない。組織化の単位である二重の相互作用（$A \rightarrow B$, $B \rightarrow A$, $A \rightarrow B$）が，初期の相互連結行動によって行為のコミットメント（初期値鋭敏性）をもたらし，それが因果関係の循環に基づく 逸脱―拡大 作用を通じて，自己達成予言という信念のコミットメントを導く態様は，非線形性の典型的な特徴である。

　自己達成予言（Self-fulfilling Prophecy）を最初に論じたのは，R. K. Mertonである。彼は，トーマスの公理（もし人が状況を現実であると決めれば，その状況は結果においても「現実」である）を引用して，「人間は状況の客観的な特徴に反応するだけでなく，自分にとってこの状況がもつ意味に対しても反応する。しかもいったん意味を付与すると，その後の行動の結果が，この意味によって規定される」と述べている（マートン，1961）。

　人間の最初の状況規定（予言，予測）が状況の構成部分となり，その後の状況の展開に影響を与えるからである。最初の（誤った）状況規定が新しい行動を呼び起こし，その行動が当初の（誤った）考えを自己確認することによって[8]，その状況規定を「現実」のものにするので，その誤謬がいつまでも状況を支配するのである。次のような銀行の倒産は，この自己達成予言の格好の例である。ある銀行が支払不能であるという噂が立って，1人の預金者がその噂を信じて，当該銀行の預金を下ろす。こうして，支払不能だからある人が預金を下ろしたという噂が立つと，理由の如何に関わらず，倒産しそうだから預金を下ろしたのだという風に，次から次へと噂が広がり，取り付け騒ぎへと発展し，（実際には業績に問題がなかった）銀行が，現実に支払不能に陥ることになる[9]。

第3章　組織化と複雑系　　113

逆に，自己破壊予言は，もし予言が実行されなかったら，辿ったであろうコースから人間行動を外れさせ，その結果，予言の真実さが証明されなくなるプロセスである。すなわち，予言したこと自体が，社会現象の新たな要因として加わったために，予言された内容が実現されなくなるのである。たとえば，不安神経症や恐怖症では，同じ状況になるとまた症状が現れるのではないかという不安に襲われ，不安になればなるほど，その症状を起こしてしまう。これに対して神経症や性的ノイローゼでは，その症状を克服しようと意識するあまり，症状が悪化する。前者は，誤った受動性から生じる悪循環であり，後者は，誤った能動性から生じる悪循環である（長谷，1991）。

Watzlawick (1984) は，精神分析の視点から，自己達成予言が，心的過程と身体的過程の相互作用に関係すると言っている。癌患者の死亡率は，癌という病気に対する患者の態度によって変化する。静かな死を肯定する患者の死亡率は高く，何らかの理由で生きることに固執する患者の死亡率は低い，と言う。女性の想像妊娠は，明らかに心的過程が身体に作用する例である。ここでは，原因と結果，過去と未来が逆転している。将来起こりうる結果の確率の高さあるいは重大性（どうしても起こってほしい，あるいは起こってほしくないし，起こったら困る）が，現実の一部の過大視あるいは過度の意識を招くことによって，原因の特定や過去あるいは現在の状況認識を，特定の方向に誘導するのである。

このような自己達成予言の基礎は，「現実の社会的構成」である。ここには，① 現実の一部の「括弧入れ（bracketing）」と，② 逸脱―拡大 作用が含まれる。前者は，人間は，現実の全てではなく，（合理性への制約その他のために）現実の一部に注目する性質をもつということである。後者は，何らかの逸脱が，反作用によって安定性や均衡へと向かうのではなく，さらにその逸脱が拡大される状態である。すなわち，自分にとって望ましい現実部分を，現実（の全て）と思い込み，自分にとって都合のよい方向に情報を処理する（Believing is seeing）ため，一定の方向に効率的な情報処理が進む（組織化が進む＝安定性）反面，その他の現実部分に対する反応はおろそかになる（柔軟性の低下）。これが，自己達成予言のプロセスであり，そのコインの裏側が自己破壊予言である。

114　　第Ⅰ部　Organizing（組織化）の理論

自己達成予言あるいは自己破壊予言は，自己言及（のパラドックス）と関連している。有名な例は，「クレタ人の嘘（＝クレタ人は嘘つきであると，クレタ人は言った）」である。ここでは，他者に提出したこと自体が新たな意味を生み，これがもとの言明と矛盾してしまい，結果としてパラドックスが生じている。すなわち，言明の内容はパラドックスではないにもかかわらず，他者とのコミュニケーションによって生じる意味（関係レベル）が，もともとの言明の意味（内容レベル）を否定して，結果としてパラドックスが構成されてしまうのである（長谷，1991）。

既に第2章で紹介した，「教室のピグマリオン」(Rosenthal & Jacobson, 1968) や，Darley & Fazio (1980) の，相互作用の議論は，この自己達成予言の例である。後者について，自己達成予言という点から，もう一度詳しく説明しておく。

第1に，①知覚者（A）の，相手（B）への期待が形成され，②AのBに対する行動が表出される。第2に，③BはAの行為を解釈して，④その解釈に基づいて反応を行う。第3に，⑤AはこのBの反応を解釈して行動し，⑥BはB自身の行為を解釈する。

① Aの期待形成

AはBの行動の一部を観察して，それをBの代表的な行動あるいは全ての行動と考える。こうした過程を促進するのは，相手を，ステレオタイプをもったある種のカテゴリーに分類する行為である。

② Aの行為

Aの期待は，それがどのように形成されるかに関わらず，Bに対するAの行動に影響を与え，両者の相互作用のコースを経路づける。たとえば，教師はもっとも成績のよいクラスを熱心に教え，もっとも成績の低いクラスを厳しく罰する傾向があるという。

③ BによるAの行為の解釈

Aの性格，Bによる状況への帰属，B自身の責任への帰属を通じて，Aの行為が解釈される。こうして，いったん解釈がなされると，将来の状況において，その行為が繰り返されるという期待を生み出す。

第3章　組織化と複雑系　115

④ Bの反応

Aの行動への互酬性は，Aの期待を確認させる。Bの反応を決めるのは，Aの行為に対する解釈と，Bの目標と動機にインパクトを与えるAの行為である。

⑤ Bの反応に対するAの解釈と行為

Bの反応は，AのBに対するイメージに影響を与える。Bの反応は，Aによって，次の3つに解釈される。(a)確認的行動：Bの性格がBの反応に果たす役割が強調され，状況の力が過小評価される。すなわち，Aは，Bの行為がB自身の性格によるものだと解釈する。(b)否認的行動：Aは，自分の期待に沿ったBの行動は，Bの性格によるものであり，Aの期待に反したBの行動は，状況の力によるものであると考える。すなわち，否認的行動は，B自身の性格によるものではなく，Bがそのときにおかれた状況によるものであると，Aは考える。(c)あいまいな行動：Bのあいまいな行動は，Aの最初の期待に合致していると，Aは解釈する。情報の選択性のため，Aは，Bのあいまいな行動を，自分の期待にそったものと解釈しやすい。

⑥ Bによる自分自身の行為の解釈

Bの反応は，Aの最初の行動によって規制される。Bは，(a)Aの反応様式を内部化しようとし，(b)Aの行動は，その性格によるものであるとBが解釈したなら，両者の期待は一致しやすい。こうして，互いの反応が，状況の力に左右されたものではなく，自身の性格によるものだと解釈されるので，BはAの最初の期待に合致するよう行動する。

これは，期待（予期）による信念の形成（互いに相手の性格に基づく行動であるという確信）を通じて，双方の期待に合致した行動が提供されたと確信する，という信念主導の意味付与の例である。

Eden（1990）は，上司と部下における，こうした期待，特に課業への高い期待が生産性に関連することを，「自己達成予言モデル」として次のように述べている。

第1は，管理者の「遂行期待」である。リーダーは，部下に高い期待をもつと，部下に関心をもち，注意を払うようになるので，「よい」リーダーシップを発揮するようになる。第2に，上司から期待されていると感じた部下

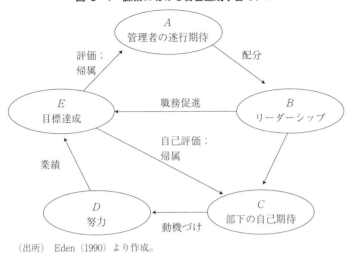

図 3-1 課業における自己達成予言モデル

（出所） Eden（1990）より作成。

は，そのような高い期待に応えられるようになりたいと考え，課業に対して更なる努力を傾注する。第3に，その結果，部下は高い目標を達成し，リーダーの最初の期待が達成される。第4に，この部下に対して，リーダーは高い評価を与え，さらに高い目標をもった課業の遂行に関心をもつ（図3-1）。ここに，期待する側（e.g. 管理者）からみた自己達成予言の効果を「ピグマリオン効果」，期待される側（e.g. 部下）からの自己達成予言の効果を「ガラテア効果」と呼ぶ。また，低い期待が業績を悪化させる効果を「ゴーレム効果」（自己破壊予言）と呼ぶ。

Eden（1990）の議論は，期待が生産性に与える影響を問題にしており，管理者と部下の双方の高い期待が高い生産性に結びつく可能性を指摘しているので，動機づけ理論における「期待理論」の一種であると言うことができる。この理論は，努力すれば報酬を得られるであろうという成員個人の期待と，誘意性（報酬の主観的望ましさ）に焦点を当てている。これに対して達成動機理論は，達成動機の高い人間は，挑戦しがいのある課業（課業の主観的困難度が中程度）を好むと主張する。期待理論では，望まれる報酬が達成しやすくなるにつれて，（達成への期待が高まり），動機づけが増す。このことは，課業あるいは目標の困難度が低いと認知されるほど，動機づけが増すことを

第3章 組織化と複雑系　　117

意味する。したがって，期待理論と達成動機理論の間には，一種の矛盾がある。この矛盾を，Eden（1990）は次のように解決している。すなわち，達成動機理論は，どんな課業を「選択する」かという点に焦点があり，期待理論は，課業が選択された後の「努力」の水準を問題にしている。したがって，人間は，挑戦し甲斐のある中程度に困難な課業を選択し，その課業の遂行においては，できるだけ少ない努力によって容易に遂行できることを好む，と。

2-2　カオスとフラクタル

複雑系では，個々の要素（ミクロ・レベル）はランダムに行動するが，全体（マクロ・レベル）としては，一定のパターン＝秩序が形成される。このミクロ・レベルの無秩序と，マクロ・レベルの秩序（決定性）の同時存在をカオス（Chaos）と呼ぶ。決定論的な系におけるランダムな行動がカオスである。すなわち，一定の構造の中で，ランダムな行動＝ゆらぎが許される。高橋（1991）は，カオスのイメージを，ランダム性，入れ子構造（フラクタル），時間相関関数の減少，決定論的系，と捉えている。

図3-2は，カオスを示す図形である。右上の微分方程式は，初期値を与えると，軌道が決定してしまうという意味で，決定論的な方程式である（マクロ・レベルの決定系）。しかし，図の下にあるR（右の楕円のような形を回る場合）と，L（左の楕円のような形を回る場合）の出方は，ランダムである（ランダム性）。さらに，時刻ゼロでの位置と時間tでの位置との相関（時間相関関数）を調べると，時間とともに，指数関数的に急激に減少する（時間相関関数の減少）。さらに，決定論的な力学系に関するエントロピー量を計測すると，正である。またこの図ではわかりにくいが，曲線の断面は，2枚ずつになっている（フラクタル構造）。

ミクロのランダムな行動が全体のパターンを導き出すということは，マクロ・レベルでは，ミクロ・レベルにない性質が生じるということである。このマクロ・レベルで生じた新しい性質が創発性である。したがって，カオスは創発性という特徴をもつ。

ミクロ・レベルのランダムな行動が，秩序をもち始めるまでの時間を，「オンセット時間」あるいは「鈴木の時間」と呼ぶ（図3-3）。[11]

118　第Ⅰ部　Organizing（組織化）の理論

図 3-2 カオス

$dx/dt = 10(y-x)$
$dy/dt = -xz + 28x - y$
$dz/dt = xy - (8/3)z$

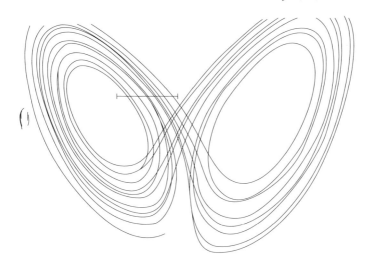

RRRRRRRRRRRRRRRRRRRRRRRRRRRRLLRRRLRRRRRRRRRRRLRLLLLRRLLLLLRLRRLRLLLRRRLRRLLLLLLLL
LRRRLRLLLLRRRLRRLRLRRLLLLLLLLLLRRRRLRLLLRRLRRLRRLRRLRLLRRLRLLLLLRL
LLRRRRLRLRRRRRRLRRRRLLLLRRLLRLRLRLRLRRLLLLLLLLLRLLRLLRLRRLRLLLRLLRRLRRRRRLLL
LLLLLLLRRRRRRLLRLLLRRLRRLLLLLRL

（出所）　高橋（1991）。

図 3-3　鈴木の時間

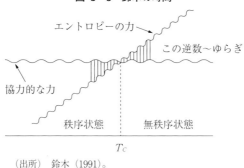

（出所）　鈴木（1991）。

第 3 章　組織化と複雑系　　119

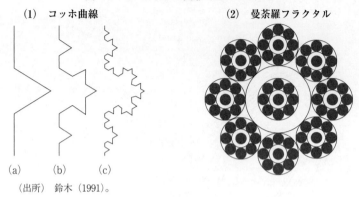

図 3-4　フラクタル図形（図1-5を再掲）
(1)　コッホ曲線　　　　　　　(2)　曼荼羅フラクタル
(a)　(b)　(c)
（出所）鈴木（1991）。

　これは，マクロ・レベルの漸進的な量的な変化が，マクロ・レベルの不連続で質的な変化に転換するときの時間であり，ここでは，相転移あるいは構造変動が生じる。この際，部分と全体の間に同型性が必ず生じる（鈴木，1991）。この同型性は入れ子構造になっており，これを「フラクタル」と言う。フラクタルは，フラクション（分数）から作った形容詞形の造語であり，ある整数次元から次の整数次元への移行という不連続を埋めるものである。不連続への移行の途中には，必ずこのフラクタル（＝部分と全体の同型性）が生じる（図3-4）。

　図3-4の左側の曲線は，コッホ曲線と呼ばれる。ここでは，1本の線が3回折りたたまれ4本に引き伸ばされている。$3^x = 4$ であり，この x がこの図形の次元を表す。$x = \log_3 4$ であり，この数値は 1,26… となり，整数ではない。

　右側の図形は，曼荼羅である。これは，共時的には，部分と全体の同型性，すなわち部分の中に全体性が現れていることを示す。また，経時的には，時間の循環，たとえば輪廻転生を表している。この意味で，無限を有限で示すのが，曼荼羅の特徴である。

　カオスは創発性（ミクロ・レベルのランダムな行動がマクロ・レベルで一定の秩序をもつ）という複雑系の特性であり，フラクタル（入れ子構造）は，その条件である。

2-3 自己組織性

　複雑系は自己組織化するシステムである。一般的に、自己組織性とは、システムが環境との相互作用を営みつつ、自らの手で自らの構造を作り変えていく性質を総称する概念である。ここでは、外部の設計者も集権的な内部統制もなしに、内部構造が生じる。これは、小さな逸脱が（確率の低い）一定の方向に拡大し、新しい「秩序」ができることを示している。確率の低い方向へと逸脱が拡大されるということは、エントロピーの法則に従わない（＝負のエントロピー）ことを意味している。これが、Open System のもつ自己組織性の性質である（von Bertalanffy, 1967）。

　ここには3つの問題がある。自己組織化における環境の役割、創発性がマクロ・レベルではなく、ミクロ・レベルから生じるということの意味、目的論との関連、である。

　第1に、自己組織化するシステムとは、環境と相互作用を行う Open System である。構造は外部世界の受動的な反映でも、前もってプログラム化された内部要因の結果でもなく、システムと環境との複雑な相互作用の結果である。Open System は、ともすれば環境決定論であると批判されてきた。そのために、自己組織化とは、遺伝子プログラムに沿って、環境と無関係に進化することであるという議論がある。

　たとえば、オートポイエーシスは、自律性（外界の変化にも関わらず自己を維持すること）、個体性（自己のアイデンティティを保持すること）、境界の自己決定（自己と非自己の境界区分）、入力と出力の不在（システムは自らの構成要素を産出し、その構成要素がシステムを構成し、さらにシステムが構成要素を産出するという循環）という4つの性質をもつとされる[13]（河本, 1995）。しかし、この定義では、一般にシステムの自己決定性が強調され、Closed な自己完結したシステムと誤解されかねない。生物には、生存を可能にするような環境条件があり、それを超えれば、生物は生存できないか、あるいは生存できる環境に作り変えなければならない。

　環境が変わっても適応できるということは、環境と無関係に進化するということではなく、環境変化を巧みに取り込んで、目的を達成するということ

である。動物の卵は，例年より暖かければ早く孵化し，寒ければ遅く孵化する。遺伝子プログラムが解発されるためには，環境の影響が必要である。環境条件は，自己決定を誘発する不可欠の要因である。したがって，自己組織化とは，「自己」が「非自己＝環境」を取り込んで，新たな適応能力を備えたシステムへと発展することである。すなわち，自己と環境の間に循環的な因果関係が組み込まれることである。したがって，自己組織化とは，「自己」が「非自己」を取り込んで，新たな適応能力を備えたシステムへと発展することである。ここに「非自己」とは，自己を取り巻く一定の環境であり，組織学に即して言えば，「実現環境（enacted environment）」である。

多田（1993）は，免疫学の観点から，こうしたシステムを「スーパー・システム」と呼んでいる。自己と非自己の相互作用によって新たな自己が創出されるということは，自己（組織）は，非自己（環境）との関係において，初めて自己となるということであり，自己（組織）と非自己（環境）が同時決定（共決定）されるということである。これはまた，自己（組織）の行為が非自己（環境）に影響を与え，その非自己（環境）によって自己（組織）の行動が影響されるということである。ここに循環的な因果関係が生成され，非線形性という性質が生まれる。

このプロセスで，システムは反復的に自己言及する。これを部分と全体の相似として扱ったものが，「フラクタル」である。低次の整数次元（階層）から高次の整数次元（新たな階層）へと飛躍する（＝自己組織化する）途中で生じるのが，分数次元をもつフラクタルという現象である。

第2に，個々の構成要素から，全体の創発性が導き出されるとは，どういうことか。個々の要素は，局地的な情報と一般原則に従って作用し，ミクロ・レベルの行動の相互作用を通じて，マクロ・レベルの行動が生じる。こうして，ミクロ・レベルの単純で局地的な行動が，マクロ・レベルにおける複雑な行動（非線形性）となる（Cilliers, 1998）。ミクロ・レベルの個々の要素は，自分の近くの他の要素との相互作用，および自分に関係のあるシステム外の要素（e.g. 局地的環境）との相互作用を行うが，システム内の他の要素（e.g. 他の職能部門や他の事業部），さらには直接関係のない環境とは，相互作用を行わない。その意味で，自己組織化のプロセスは，組織の生成とい

う意味で，LCS（Loosely Coupled System）に始まる。

　ミクロ・レベルの個々の要素から，全体の創発性が生じるルートは，次の2つである。

　1つ目は，前に述べた，「自己組織化された新しい自己は，（古い）自己と非自己（環境）からなる」ということに関連する。ここでは，システムと環境とが相互作用して，新しい自己が生じるが，この新しい自己は，（古い）自己と自己でないもの（非自己）から成り立っている。すなわち，自己組織化された新しい自己は，同じ次元，同じレベルでは，矛盾する自己と非自己が，一段上のレベルあるいは次元で統合されているということである。こうして，自己組織化された新しい自己は，古い自己と古い非自己という2つの性質を内包することになる。ここに創発性が生じるのである。たとえば，実数（古い自己）は，2乗して正という性質をもっている。2乗して負になる虚数（非自己）とは，同じ1次元では相容れない。しかし，2次元では，複素数（新しい自己）として共存し，ここでは2乗して負になるという古い自己（実数）にはなかった性質が含まれることになる。これが創発性の生成である。

　2つ目に，自己組織性には，記憶と忘却の両方が必要である。まず，システムはなぜ全てを記憶したり，全てを忘却したりしないのか。全てを記憶することは，全てを「過去」に依存することである。ここには，本当に新しいシステム（e.g. 革新）は生まれない。全てを忘れることは，常に新しさに直面することであり，こうした柔軟性は新たな反応を可能にするが，一体感（アイデンティティ）と連続性を失うことになる。次に，一定のパターンを記憶し，他のパターンを忘れるのはなぜか。一定のパターンを記憶するということは，安定した「構造」を作ることによって，「効率的」に反応するということである。したがって，環境からのある種の刺激に対してだけ敏感に反応し，他の刺激には反応しないことは，自らの反応（行動やプロセス）を前もってパターン化しておくことによって，「効率的」に反応することができる。こうした過去の記憶と忘却の仕方によって，システムは創発性を確保する。

　Cilliers（1998）は，複雑系における自己組織化のプロセスを次のように，

説明している。

　一群の情報が外界からシステムに流入すると，諸要素の相互作用に影響を
与える。こうして対称性が破壊され，重要なあるいは頻繁に発生する情報に
対して，一定の行動（e.g. 競争と協調─引き込み）が発達し，相互の関係につ
いての新しい因果関係が生じる。システムは，異なった環境条件に遭遇する
につれて，こうした条件を反映する新しい構造を発展させる，と。

　社会学は，これまで下位システム（ミクロ・レベル）から，システムの創
発性は説明できないと主張してきた。[14]複雑系の議論は，この社会学の命題と
は相反する。本書第2章でも，Weick（1969）の主張に沿って次のように述
べた。集団において観察可能なのは，個々人の行為であり，それを「組織
的」にしているのは，すなわち個々人の行為から創発性が生じるのは，二重
の相互作用（行為者Aのある行為が，行為者Bにある特定の反応を引き出し，
それに対して行為者Aが反応するという相互連結行動）である。ここでは，相
手の行為を前提とするという，単独の行為では生じない新しい行為が生じて
いる，と。

　ゲルマン（1997）は，この問題を，同質で単純でランダムに動く，物質の
究極の要素であるクオークから構成されているジャガーが，なぜ複雑性と
多様性をもつに至るのかと問うている（ゲルマン問題）。

　第3は，目的論との関連である。機械論では，還元論的に要素間の線形性
が前提された。しかも，上位システム（環境）からの影響もないとされたた
め，全体（システム）は，一義的に決定された。ここでは，システムの目的
は所与であり，要素の目的との間には矛盾はなかった。有機体論では，諸要
素は自律的であっても，全体の目的に向けてのホメオスタティックな均衡へ
と調整されると論じられた。複雑系では，ミクロ・レベルのランダムな行動
が，同型性（フラクタル）を通じて，マクロ・レベルの決定系につながると
され，目的自体の創造・再創造が問題にされた。したがって，一定の目的を
達成することが問題なのではなく，目的そのものを状況認識に応じて，新し
く創り出していくことが重要である。von Bertalanffy（1967）は，「人間に
とって，内部の能動性・自発性が第一義であって，刺激への反応（＝与えら
れた目的の達成に向けての行動）は，その上に重ね合わされた二次的な調整に

過ぎない。」と言っている。自己組織化にとっては，与えられた問題を解くことではなく，解くべき問題それ自体を作り出すことが不可欠である。

　以上を整理すると次のように言える。まず，機械論・還元論では，諸要素の行動が決定系であり，上位システム（環境）からの影響がない（Closed System）ため，諸要素間の関係は線形的であり，マクロ・レベルの行動も一義的に決定される。次に，有機体論では，諸要素の行動はランダムで，しかも上位システム（環境）からの影響もあるので，全体は一義的には決まらないが，生存という所与の目的のために，諸要素間および環境との相互作用はあっても，それらの影響は均衡に向けて調整される（ホメオスタシス）。最後に複雑系では，ミクロ・レベルのランダムな行動が，同型性を通じてマクロ・レベルの決定系につながっている。目的は所与ではなく，目的それ自体が創造される[15]。

　上のように，複雑系の観点から目的論を整理すると，問題は，還元論か全体論かではなく，ミクロ・レベルとマクロ・レベルをつなぐ法則性を明らかにすることであることがわかる。コンピュータを利用して自己組織化を作り出すことができる，あるいは自己組織化という現象に物理学を適用できる，さらには分子生物学の成果に基づいて遺伝子を操作することができる，ということは，部分と全体をつなぐ「規則」がわかれば，還元論が適用できるということである。「複雑系においては，諸要素間の関係が比較的単純な法則で分析できる」ということは，部分と全体をつなぐ単純な規則によって，自己組織化能力をもった複雑系が生まれる，ということである。

3　複雑系とビデオ戦争——VHS vs. ベータ

　以上のような複雑系の視点から，かつての，ビデオにおける VHS（ビデオ・ホーム・システム）とベータ・マックス（以下ベータと略す）の競争を分析してみたい。複雑系の特徴の1つである「収穫逓増」について，よく VHS とベータの例が挙げられる。技術的にはベータのほうが優れていたのに，たまたま VHS の方を買った人が多かったために，それが店頭に多く置かれ，そこで消費者がより多く買うことになり，……結果的に市場で VHS

第3章　組織化と複雑系　　**125**

が圧倒的に勝利した，と言われる。より詳しく見ると，実際には，次のようなプロセスが働いていた。

VHSとベータの争いには，さまざまな要素が絡んでいる。当初ソニーは，VHS陣営から東芝と三洋を引き抜き，さらにアメリカの大手家電メーカー・ゼニスをも巻き込んで，60%のシェアをあげるにいたった。この勢いで，RCAにも働きかけたが，製品の供給価格が折り合わず，両者の交渉は決裂した。

これに対し，松下（松下電器＝現パナソニック）は，自社開発をあきらめ，① もともとはビクターが開発したVHSに鞍替えし，[16] ② RCAとの交渉で，ビクターの規格を無視して，極めて短期間に（アメリカン・フットボールを録画できる）4時間テープを開発し，赤字を覚悟でRCAの価格条件を呑み，③ 松下幸之助のカリスマの下，特許料（1%）とビクターの欧州市場への進出をてこに，国内メーカー（ビクター，日立，三菱，シャープ）を説き伏せた。こうして，アメリカの他のメーカー（GE，シルバニア，マグナボックス）を，自陣営に引き込むことに成功した。結局は，8ブランドが松下製品を扱うことになり，そのシェアは，60%に上った。これに対し，ソニーのシェアは，1977年の60%から，1986年には5%へと激減した（佐藤正明，1999）。

シェアは逆転したのである。最初ソニーは，技術力とブランド力を背景にして，東芝，三洋を巻き込んだ勢いでゼニスへと交渉の手を伸ばし，順調にシェアを拡大した。ここには初期値鋭敏性，逸脱―拡大，自己組織化能力が現れている。しかし，RCAとの交渉では，技術力やブランド力とは異なる価格という問題にぶつかった。ここでソニーは，技術力，ブランド力を信じて価格競争を避けたため，結果的には自己破壊予言に陥った。こうして，シェアをどんどん落としていった。

これに対して，松下は，ビクターの技術力を取り込みながらも，ソニーとの差別化を図るべく，録画時間の延長でアメリカの消費者にうける商品の開発を目指すとともに，競争の焦点を価格面に移行させるため，ビクターの規格を無視してまでも，RCAとの価格交渉（の成功）を軸にして，アメリカのメーカーを次々に引き込み，シェアを60%にまで伸ばした。競争の焦点を価格へとシフトさせて，これを核に，初期値鋭敏性，逸脱―拡大，自己

126　第I部　Organizing（組織化）の理論

組織化能力を発揮して，急速にビデオ業界を席巻するに至った。

　以上が VHS とベータの競争の結果と，その解釈である。さらに細かくみてみよう。

　第1に，RCA は，ソニーとの価格交渉の決裂後，かつての子会社であるビクターに接近した。この段階で，当時の松下の社長，松下正治が，ビクターには供給余力がないとみて，交渉に乗り出した。こうして，松下正治は，部下を連れて自らアメリカに渡り，「2時間録画とテープの経済性」をセールス・ポイントに，交渉をおこなう予定であった。ところが，渡米直前ソニーは，1時間から2時間への切り替え機種を開発したと発表した。[17][18]

　RCA の要求は，ベータの半値の 650 ドルであった。しかし，① 当面は 1,000 ドルということに落ち着き，それに見合うように，工場出荷額を 500 ドルに抑えることが必要となった。さらに，② 売り込みにあたって，たまたま話に出たアメリカン・フットボールを録画できる 3〜4 時間の長時間録画を約束してしまった。VHS は，もともとビクターの規格なので，実際には事前にビクター側の了解が必要であったにもかかわらず，先行してしまったのである（行為主導の意味生成）。RCA との価格交渉を軸に，この点を核にした競争へと急速に舵を切った（逸脱─拡大，自己組織化）。

　第2に，このような状況の下，松下のビデオ事業部は，不眠不休で 4 時間録画を開発することとなった。この結果，体積が 70% 増えたが，それによって走行性が改善され，時間当たりの原価が低減した。さらに，直接駆動（DD）を採用して，画質も鮮明になった。VHS の本体価格はベータより 1 万円安く，テープも 1 時間当たり 1,200 円となった。しかも，他のメーカーを説得するために，松下幸之助が直々に乗り出して，特許料を 1% に，欧州市場の開拓はビクターに任せることで，取りまとめられた（逸脱─拡大）。[19]

　この結果，第3に，RCA は，4 時間録画 1,000 ドルのビデオ（セレクタ・ビジョン）をニューヨークで発売した。これに対して，ソニーは当初，小型テープとテープ・レコーダーの経験から，ブランドがあれば高くても売れると信じて，値段を下げなかった（信念主導の意味付与）。しかし，ゼニスは，松下と提携して 1,000 ドルで販売した RCA との競争に耐え切れず，995 ドルに値下げした。そのため価格戦争が起こり，結局ソニーも 1,095 ドルに値

第3章　組織化と複雑系　　**127**

下げせざるを得なくなった（ソニーにとって自己破壊予言）。

　しかもこのとき，ソニーは MCA から著作権侵害で訴えられた。ユニバーサルで製作している NBC の「刑事コロンボ」と CBS の「刑事コジャック」は，放送時間帯が同じであったため，視聴者は両方を同時に見ることはできなかった。しかし，ソニーが，ビデオに撮れば両者を見られると宣伝したため，「ビデオを使った家庭での録画は，著作権侵害に当たる」として，ユニバーサルとディズニーは，ベータ・マックスの製造・販売の差し止めと損害賠償を求めて，ロサンゼルス連邦地裁に提訴した。

　最初はソニーが勝訴したが，2審では，レーガン大統領（元俳優組合委員長）の後ろ盾を得て，今度はユニバーサル側が勝訴した[20]。ソニーはこれに屈せず，消費者の草の根運動を巻き込んで上告し，1984年とうとう勝訴した。

　しかし，この間のソニーの打撃は大きく，VHS 側は，これに乗じて GE，GTE，シルバニア，マグナボックス，シアーズ，カーティス・マティス，モンゴメリー・ウオードなどを引き込み，松下のシェアは60% に上った（収穫逓増）。反対に，ソニーのシェアは，互換性のないことも手伝って，1977年の60% から 1986年には5% にまで落ち込んだ（森，1998）。

　第4に，欧州においても VHS（日本ビクター）の進撃は止まらず，エレクトロニクスの祭典ベルリン・ショーに合わせて40台を展示し，ベータを圧倒した。ソニーは自社ブランドにこだわったが，VHS 側は，1997年から1998年にかけて，サバ，テレフンケンのドイツ勢，フランス・トムソン，イギリス・ソーン EMI と次々と OEM 契約を行い，録画時間3時間の欧州規格を確立した（逸脱―拡大，自己組織化，収穫逓増）。

　以上，ビデオ業界における VHS とビデオの競争の経過を見た。最初に述べたように，あるいは往々にしてそう言われるように，「最初のシェアがたまたま VHS の方が大きかったため，その差が拡大して，そのまま最後に大きな差がついた」というような単純な事情ではない。むしろシェアは逆転した。

　第1のポイントは，「価格」である。ソニーは高いブランド・イメージでプレミアム価格をつけられる状況では，高い競争力を発揮し，シェアをどんどん伸ばして収益をあげることができた。しかし，量産に基づく価格競争に

はついていけなかった。競争戦略に即して言えば,「差別化」戦略では競争優位を発揮しても,「コスト・リーダーシップ」では,松下に遅れをとった,ということである。これは,ソニーが,アイデアの創造や開発に優れていても,製造面での大量生産に基づくコスト低下には向いていないことを示している。

第2のポイントは,録画時間の長さである。ここには顧客の要求にどう応えるかという側面とともに,互換性と規格の統一をどう考えるか,という問題が含まれる。VHSは,たまたまではあっても,録画時間がアメリカン・フットボールという,アメリカ人にもっとも人気のあるスポーツ番組の視聴に向いていた。さらに,大量生産を見込んでコストを下げるために,互換性と規格の統一にこだわったことが,「勝ち馬」に乗ろうとしていた後発・中堅メーカーに,急速に受け入れられることになった。

第3に,ソニーにとって不運であったのは,「著作権侵害」で訴えられ,その対策に追われたことであった。ソニーの失敗は,創造的な開発ができなかったことではなく,市場の拡大に向けて,量産効果を前提にした低価格競争に耐えられなかったことである。言い換えれば,この低価格の量産効果が,VHS陣営に「収穫逓増」をもたらしたのである。

松下の「好循環(=因果関係の循環という非線形性)」の原因は,ビクターの技術力,アメリカに適した録画時間の採用,量産によるコスト低下のための戦略,松下幸之助のカリスマ性,である。逆に,ソニーの「悪循環」の原因は,ブランド力への過信と差別化戦略へのこだわり,量産技術と低価格競争への不慣れ,訴訟事件の長期化,である。松下は,これまでソニーのベータによって「差別化競争(=高品質・高価格)」をてこに組織化されていたビデオ業界を,競争の焦点を価格にシフトさせることによって,新たに「自己組織化」したのである。

こうして,家庭用ビデオにおける,デ・ファクト・スタンダードをめぐる総力戦に敗れたソニーは,井深・盛田のワンマン・プロダクト・マネジャー体制の下,日本国内ではベータのほうが優れた製品であるという信念から,1977年のシェア60%から1986年のシェア5%まで,「ベータの呪縛」と言われるほどの不振に陥った(自己破壊予言)。しかし,① 1970年の基本特許

第3章 組織化と複雑系　**129**

では，松下およびビクターとの間に，クロス・ライセンスが交わされていたこと，②ビデオ戦争で2,000人の技術者が投入されたこと，などにより，1988年にはVHSに参入し，回復の兆しを見せた。しかもこの間，1985年には世界127社の統一規格で，パスポート・サイズの8ミリビデオ（TR55）が大ヒットし，互換性にこだわるビクターに圧勝した（森，1998）。

4　結　語

　複雑系とは，ミクロ・レベルの個々の要素のランダムな行動が，全体としてマクロ・レベルにおいては一定の秩序を示す現象を指す。これはカオス（ミクロ・レベルにおける非決定系とマクロ・レベルにおける決定系の同時存在）に見られる現象である。第2章で扱った，公示性，意志性，不可逆性をもった行為のコミットメントによって生じる，行為主導の意味生成もこれと同じ現象である。したがって複雑系は，新たな秩序が生まれる過程で生じる組織現象である。その意味で，複雑系は自己組織化の能力（＝自己組織性）をもつ。

　ただし，これまでの議論では，ミクロ・レベルのランダムな行動が，なぜ，どのように，マクロ・レベルの秩序を形成するのか。また，ミクロ・レベルの同質性（e.g.クオーク）が，なぜマクロ・レベルでの多様性（e.g.ジャガー）につながるのか（ゲルマン問題）は，説明されていない。

　ミクロ・レベルの非決定性とマクロ・レベルの決定性をつなぐ原理についての議論が必要である。ミクロ・レベルの非決定性とマクロ・レベルの決定性は，どうつながっているのか。両者をつなぐ原則があるとすれば，それは何なのか。以下，この問題に対して，組織学の立場から，解決の糸口になり得るであろう1つの考え方を示すことによって，本章を締めくくると同時に，第Ⅰ部「組織化の理論」の総括としたい。

4-1　ミクロとマクロをつなぐ原則はあるのか

　カオスでは，マクロ・レベルが決定系で，ミクロ・レベルが非決定系であると言う。フラクタルは，ミクロ・レベルとマクロ・レベルの同型性（入れ

子構造）を指し，その同型性が生じたときに，急速に秩序が形成されると言われる。こうして，たとえば，固体の氷が液体の水に，液体の水が気体の蒸気に，それぞれ相転移するときのように，急速に新しい秩序（構造）が形成されるときには，フラクタル（ミクロ・レベルとマクロ・レベルの同型性という入れ子構造）が生じると言われる。

　ミクロ・レベルの非決定性とマクロ・レベルの決定性は，いかにして生じるのか。そのとき，ミクロ・レベルとマクロ・レベルが同型（入れ子構造）であるとは，何を意味するのか。

　1人1人が利己的な動機をもって，自己の利益を求めて行動するときに，こうした2人あるいはそれ以上の人々の間に，互酬関係・協力関係が生じるなら，マクロ・レベルでの秩序が生じる。これは，ミクロ・レベルの利己的な行動（ランダムで非決定的）が，マクロ・レベルでの秩序へと至る（＝組織化）とき，そこに何らかの規則，すなわち組織化へと至る編成原理が生じるかどうかという問題である。

　von Bertalanffy（1967）は，次のように言う。熱力学第2法則に従えば，核タンパク質，酵素その他を含んだ「スープ」は，（「不可能な」タンパク質その他は分解して）「可能」な単純な成分になってゆく。しかし，生命前駆体のうち「よりよいもの」が選択されるためには，言い換えれば生き残りに有利になるためには，既に前提として，自己維持する開放系（Open System）があって競合し合うことができなければならない。だから，ランダムな選択ということで，そのようなシステムの起源は説明できない，と。von Bertalanffy（1967）は，進化の前に進化の法則があると言う。Weick（1969）も，組織化の前に，組織化のルールがあると言う。

　自然発生的に生じた原始的な生物が，複雑な有機体へと進化してゆくのは，偶然の突然変異が淘汰を受けたからではない。特定の要素が淘汰される前に，進化に必要な関係が既に存在していなければならない。初めに，混沌ではなく秩序があったのであり，秩序が第1の原則であり，最初からあった組織や関係の原則に沿って，進化の過程が進む（進化の定向性）。

　ランダムな突然変異が，この進化の法則に乗っかったとき，進化が生じるのである。組織化された複雑性は，有限の経路を通じてしか達成されず，こ

第3章　組織化と複雑系　**131**

うした経路は，生物に固有の，予め存在している諸関係によって決定される[22]。

　進化の総合説では，通常ランダムな変異が進化に通じると主張される。しかし，ランダムな変異が進化をもたらす確率の低さ（ありえなさ）については，次のようなたとえ話が，揶揄的に紹介されることがある。すなわち，サルがヴェルギリウスの『アエネイス』の数行を間違いなくタイプ・ライターで打った確率や，廃材を後ろ向けに投げたらジャンボジェット機が組み立てられていた確率や，レンガを投げたら大聖堂が出来上がった確率，などである。すなわち遺伝子は，個々の点ではなく，整合性のあるサブセットとして機能したり，あるいは機能を一時休んだりする可能性を示しているのではないかと言う。南方熊楠の「やりあて」という考え方は，その可能性を示していると言われる。また，アイゲン（1992）は，突然変異が起こるプロセスにも自己誘導が働いている，すなわち生物システムには，有利な変異体群を通じて生じる一種の自己誘導があると主張している。筆者のイメージで述べると，次のように言える。遺伝子の完全にランダムな組み合わせから進化が生じるのではなく，その組合せには一定のパターンがある，と。

　以上よりわかることは，ミクロ・レベルのランダムな行動がある一定の原則に乗っかったとき，それによって一定の条件を充たしたとき，マクロ・レベルの秩序が生まれるということである。ミクロ・レベルとマクロ・レベルのランダムな関係ではなく，一定の関係が秩序を生むということである。

4-2　ミクロ・レベルとマクロ・レベルをつなぐ原則とは何か

　遺伝子には，遺伝情報と位置情報があると言う。前者は，人間の遺伝子からは人間が生まれるというように，遺伝子の情報が自律的なワンセットとして，伝わる情報である。後者は，遺伝子のある部分が，ある一定の機能を遂行する部分（たとえば，手や足）になるための情報である（西山，1992）。

　これは，人間の遺伝子から人間が生まれるためには，基本的に2種類の情報が必要であることを示している。1つは，全体がワンセットになって，同じものに分かれる（全体のアイデンティティが維持される）という情報（遺伝情報）である。もう1つは，全体が機能別に，逐次的に機能を遂行するようにプログラムされた情報（位置情報）である。

132　　第I部　Organizing（組織化）の理論

実験室における集合構造（＝最小社会状況）の発生については，次のことがわかっている。2者が相互運命統制（＝アウトプット・コントロール）の相互依存状態にあるときには，反応が同時的であった方が，相互に有利な解に達しやすい。一方が運命統制，他方が行動統制（インプット・コントロール）という相互依存状態にあるときには，逐次的な反応の方が，相互に有利な解に達する可能性がより高くなる。

以上の2つの例からわかるのは，情報あるいは人間行動をつなぐには，2種類の方法があるということである。1つは，1個の全体が，子供を産むように，次々と同じ形で分化・再生されるような，いわばネズミ算的な，タテのつながり方である。もう1つは，機能別に分化して，逐次的にヨコにつなぐ方法である。

組織学では，前者によるタテの分業の基本形態をライン組織（全般管理の分化），後者によるヨコの分業の基本形態をファンクショナル組織（専門職能の分化），と呼んできた。これが，ミクロ・レベルの行動が，マクロ・レベルで秩序をもつ条件である。すなわち，階層化（タテの分業）とヨコの分業（専門化）が，組織をもたらす秩序の原則である。

4-3 なぜ組織化の原則は2つか

なぜ，生物には，オスとメスがあるのか。日高（1976）は，次のように言っている。薬品を混合するとき，三つ又あるいは四つ又より，二又に分けて混合することを何度も繰り返す方が，もっともよく混合される。遺伝子を混合するという目的のためには，1つの種の生物を，遺伝子を与える個体（オス）と，遺伝子を受け取る個体（メス）に分け，両者の遺伝子を混合することが，合理的である，と。

単に個体が自己複製されるのであれば，性（有性生殖）は要らない。あえて危険を冒してまで，性が分裂するのは，それが遺伝子の混合によって，多くの変異を生み出すからである[23]。そして，もっとも多くの変異を生み出すのは，2種類に分けて，それを何度も混合した場合である。

単なる自己複製であれば，クローンが最適である。環境の影響のないところで，同じ一つの自己を複製するなら，単なる自己維持（ホメオスタシス）

第3章　組織化と複雑系　**133**

で足りる。環境が変化する中で，新しい自己を生み出しながら，成長するためには，性に基づく変異が必要であり，それによって新しい自己を生み出す自己組織化が必要である。

　変異が大きければ大きいほど，革新の可能性が高くなるというのが，革新の議論の一般的帰結である。変異を大きくするには，2つに分けて，それの混合を繰り返すことが最適である。逆説的ではあるが，組織化の原則を，最小（2つ）にすることによって，変異を最大にし，遺伝子の混合を最大にすることができる。それが革新の可能性を最大にする。

　組織の原則は，タテの分業（ライン組織）とヨコの分業（ファンクショナル組織）の2つである。それによって，変化する環境の中で，自己組織化を行いながら，新しい組織が生成して発展していく可能性が，もっとも高くなる，と考えられる。

4-4　同質でランダムなミクロ・レベルの行動が マクロ・レベルにおいて異質で複雑になるのはなぜか

　ゲルマン（1997）は，クオークの発見を「単純さ」への探求，サンタフェ研究所での複雑適応系の研究を「複雑さ（e.g. ジャガー）」への探求，であると言っている。この両者は，どのようにつながるのか。

　オスとメスは，遺伝子の混合という点から見れば等価であるが，その役割は正反対である。[24] オスは，遺伝子を相手（メス）に与えるまでの独立の存在であり，相手（メス）の中へ遺伝子を全部流し込んでしまう。他方，メスはこの遺伝子を受け取って，自己の中で遺伝子の混合を行う。したがって，ここではオスとメスは，等価でかつ対立した存在である（日高，1976）。すなわち，オスとメスは，同じミクロ・レベルで見れば，同じ性質（人間の遺伝子）をもった対立（遺伝子を送り込む側と受け取る側）の存在である。オスとメスは，人間というマクロ・レベルで，統合されている。両者は，同じ人間でありながら，対立した役割をもつ。

　ミクロ・レベルにおいて，同質でランダムな要素を，マクロ・レベルにおいて複雑にするのは，同じ性質の反対方向の力や因果関係をもった要素の出現である。数の体系に見られるように，自然数と同じ性質で反対の方向をも

134　　第Ⅰ部　Organizing（組織化）の理論

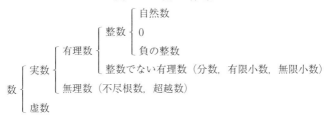

図 3-5 数の体系

った負の整数の出現により，より複雑な性質をもった整数へと統合される。同じように，整数と分数・小数が有理数へと統合され，有理数と無理数が実数へと統合される。さらに，実数（2乗して正）と虚数（2乗して負）が，数へと統合されるという関係が考えられる（図3-5）。

これは「自己」と「非自己」が自己組織化されて，「新しい自己」へと統合されるという関係と同じである。古い「自己」が「非自己」を含んだときに，より一段高い「新たな自己」への飛躍，すなわち革新へとつながる可能性が生じる。

こうして，ランダムで同質なクオークが，同じ性質で反対の方向をもった要素の出現により，一次元上で統合されて，より複雑な性質をもった新しい全体になり，さらにそれと同じ性質で反対方向の別の全体との統合により，さらに大きな新しい全体が生じ……という形で，マクロ・レベルに移行するにしたがって，次第により複雑なシステムになってゆく。しかも，複雑になるにつれて，それぞれのマクロ・レベルで，創発性が生じる。これが，「ゲルマン問題」へのとりあえずの回答である。

以上，本章では，複雑系は，マクロ・レベルでの新たな秩序を生み出す（Organizing）際の，ミクロ・レベルの諸要素とマクロ・レベルの間の一定の関係（e.g.非線形性）を指す概念であることを論じた。ミクロ・レベルでの非決定的でランダムな行動は，2つの関係規則（e.g.遺伝子情報のようなワンセットのタテの分業と，意思情報のような機能的なヨコの分業）に乗っかったとき，マクロ・レベルでの決定的で秩序ある行動に結びつく。

このとき第1に，ミクロ・レベルの行動がマクロ・レベルの行動を導くこ

と，第2に，両者の間に何らかの同型性が生じること，第3に，ミクロ・レベルで同じ性質の反対の役割をもった要素（e.g. 自己と非自己）が統合されて，1次元あるいは1階層上のシステムへと自己組織化されて統合されることが，新たな組織生成の条件である。

組織（Organization）が Organizing と Organized からなるという立場から，第Ⅰ部では，Organizing の理論とは何かを論じた。

第1章では，Organizing の理論が前提する組織像を LCS（Loosely Coupled System）と措定した。組織は，これまでのタイトにつながった一枚岩ではなく，部分が自立的に行動して，ルースにしかつながっていない全体であることが明らかになった。

第2章では，Organizing の過程を分析し，行為（実現）が認知（淘汰）を通じて信念（環境）にいたる態様を叙述した。ここでは，人間が実現環境を創り，その実現環境（多義性の把持と除去）を課業環境（不確実性）に変換して保持することを論じた。保持過程が，淘汰過程で選択された情報を「編集して」貯蔵するというのはこの謂いである。

第3章では，LCS がともすれば部分の自立性を強調するあまり，部分と全体の関係を明らかにしていないと考えて，そのつながりの説明を複雑系に求め，ミクロ・レベルの非決定性とマクロ・レベルの決定性の同時存在を指摘するカオスと，その際のミクロ・レベルと・マクロ・レベルの同型性を示すフラクタルを，非決定性と決定性の同時存在の条件と考えた。ミクロ・レベルの「自己」と，それと同じ性質で異なる役割をもった「非自己」の統合（自己組織化）が，（1次元上の）マクロ・レベルでの，創発性をもった新たな自己の生成（Organizing）であることを指摘した。

ただし，最後に，次の点に注意しておきたい。Weick（1979）が，変異（variation）に代えて実現（enactment）を使用するのは，人間の行為が，全くのランダムではなく，ある程度規則的であり，規則的試行錯誤であるということを指摘したかったからである。本章での複雑系の議論では，物理・化学的な物質を前提にしていることもあって，「ミクロ・レベルのランダムな行動がマクロ・レベルの決定系を導く」とされている。一方では，ミクロ・レベルの規則的行動が，他方では，ミクロ・レベルのランダムな行動が，議

136　第Ⅰ部　Organizing（組織化）の理論

論されている。なお論ずべき大きな問題であるが，とりあえず，次の2点を指摘しておく。

第1に，複雑系におけるミクロ・レベルのランダムな行動は，一定の幅の中での揺らぎである。カオスの縁との関連でこの役割をするのが，ストレンジ・アトラクター（strange attractor）である。これは，アトラクターのうち，アトラクターの近傍から出発する解軌道をひきつける一方，アトラクター内部では，隣接する解軌道が分離されてゆく（「複雑系の事典」編集委員会編，2001），つまり一定の幅の中で揺らぎをもつアトラクターである。ここではstretching（引き伸ばし）と folding（折りたたみ）が繰り返される。コッホ曲線（図3-4）は，3つに折りたたまれて4つに引き伸ばされている。

第2に，個人の行為自体は規則的試行錯誤でも，その人の主観的な意図の結果であり，相互連結行動が生じても，その連結行動に規則性があったとしても，個人個人の意図とその解釈はばらばらである。行為の後で認知が生じるというのは，（行為の前の）主観的な意図どおりに，実現されないということである。行為の連結に規則性はあっても，行為の意図はばらばら（ランダム）である。

第II部では，こうして新しくできた「自己（＝組織）」が，どのように構造化・安定化していくかを見る。これは，Organizing の理論が，人間→組織→環境 と因果関係をもつのに対し，創造された実現環境が保持過程として課業環境に蓄えられ，その不確実性が組織にどのような影響を与えるかを論じることである。すなわち，環境→組織→人間 という因果関係を論じることである。

注————
1) 「ポスト工業社会」，「ポスト・モダン」という言い方は，具体的に何を指すのか，不明である。実際，工業化以前の社会，プレ・モダンと区別のつかない場合もあった。現在では，情報化・グローバリゼーションという特徴づけが一般的である。
2) ドリーシュによって提示された生気論は，シカゴ学派によって，疑似科学の典型として繰り返し批判され，分子生物学は，生命現象に独自の法則を少

しでも認める主張を，生気論として非難してきた。米本昌平は，ドリーシュ
生気論（H. Driesch, *The History and Theory of Vitalism*）を翻訳し（『生
気論の歴史と理論』），生命現象の合目的性を直接抽象化することの可能性を
求めて，2010 年に『時間と生命』を上梓した。彼は，「近現代の科学精神が，
採用することを封じてきた目的論を，ダーウィンの思想の逆解釈という視点
から捉え直し，科学的な方法論の一選択肢として研磨する」ことを試みてい
る。

3) 塩沢由典（1998）を参照。また，進化経済学会編（2006），特に，「非線形
動学」の項（213-220 頁）を参照。

4) カオスの縁とは，カオスと規則的変化との境界付近に生じる現象である。
そこでは，1/f ゆらぎや，ジップの法則のような現象が観測される，と言う
（『複雑系の事典』）。

5) カウフマンの著作の翻訳には，次のものがある。米沢富美子訳『自己組織
化と進化の論理』（日本経済新聞社，1999 年，この本は，2008 年に，ちくま
学芸文庫から文庫化されている）。河野至恩訳『カウフマン，生命と宇宙を
語る──複雑系からみた進化の仕組み』（日本経済新聞社，2002 年）。

6) 線形性とは，比例に基づく数学諸法則を構造化した体系であり，非線形性
とは，この比例関係という単純な原理が壊されることである。ある範囲で厳
密な法則でも，それを無制限に拡大・延長して適用することはできず，変数
の「大きさ」によって，法則が変化する。これが非線形性ということの意味
であり，複雑系の深層には，「非線形性という数学的構造」がある（吉田善
章，2008.）。

7) strange attractor の定義は困難であるが，アトラクターの近傍から出発す
る解軌道を引き付ける一方，このアトラクター内では，隣接する解軌道が分
離されてゆく，すなわち引き伸ばし（stretching）と折りたたみ（folding）
が繰り返されて，一方ではアトラクターに漸近すると共に，他方では隣接す
る 2 つの異なる初期値に対応する解軌道が分離されていく状態である（『複
雑系の事典』）。

8) Weick（1979）では，実現（enactment）の特徴が 3 つ記されている。制
約の実現，経験の実現，シャレード（ジェスチャー・ゲームのこと）の実現，
である。シャレードの実現では，演者は，自分の演技に対する味方の反応を，
自分で判断して確認しなければならない。これを「独白（soliloquy）」と言
う。

9) 時の大蔵大臣の予算委員会における発言に端を発して，東京渡辺銀行が破

綻した経緯については，佐高信（1991）を参照。

10) ピグマリオン（Pygmalion）とは，ギリシャ神話のキュプロス島の王の名である。象牙で作った女の像に恋し，アフロディーテに，像に似た女を与えられんことを乞うたところ，像が生きて人間となったと言う。ガラテア（Galatea）とは，ピグマリオンが作った像（＝女性）の名である。ゴーレム（Golem）とは，ユダヤ人のラビが，自分たちを守るために作った自動人形が，統御できない怪物となって，ユダヤ社会に破壊をもたらした故事に因む名前である。高津春繁（1960），Eden（1990），寺澤朝子（2008）を参照。自己達成予言の再評価については，D. C. デネット（1996）を参照。なお，ピグマリオン効果の，西洋社会における広範な影響については，小野俊太郎（1997），ストイキツァ（2006）を参照。

11) 「オンセット時間」とは，たとえば，磁石の向きがランダムな状態で，周りの温度を急冷したときに，ある時間のところから，急に秩序が見えてくる。この秩序が現れるまでの時間を指す。

12) このような次元の表し方を，ハウスドルフ次元と言う。

13) オートポイエーシス（Autopoiesis）とは，マトゥラナの造語であり，ギリシャ語で，「自己―再生産」を意味する（マトゥラーナ＆ヴァレラ，1980）。オートポイエーシスの議論については，河本英夫によって，参考文献に列挙したように，精力的に紹介されている。佐藤勉（2000）では，自己組織性の理論は，システム構造に焦点を合わせて，システムとその要素のダイナミックな関係を捉えておらず，T. パーソンズの構造・機能主義理論の限界を乗り越えようとした試みは，オートポイエーティック・ターンに完結したと述べている。ただし，同じ書物で，今田高俊（2000）が，オートポイエーシスの理論は，システムの恒常性維持によって，自らの組織を不変に保つよう働くメカニズムを解明するものであると批判し，「自己言及性とゆらぎ」を前提とした「シナジェティクス」という形の自己組織性論を提唱している。本書のオートポイエーシスへの批判もこれに近いが，オートポイエーシスのような，無秩序な，無構造なダイナミズムではなく，秩序形成や構造生成へと至るダイナミズムを問題にすべきであると考えている。なお，自己組織性については，今田高俊（1986）や，吉田民人（1990a, b）を参照。

14) パーソンズの AGIL（Adaptation・Goal・Integration・Latency）図式は，その典型である（パーソンズ＆スメルサー，1958）。

15) 機械論，有機体論は，序章において，それぞれ Closed & 合理的モデル，Closed & 自然体系モデルに相当する。複雑系における目的それ自体の創造

は，Open & 合理的モデルと Open & 自然体系モデルにあたる。オープン・システムの特徴は，次の3つであるが，Open & 合理的モデルと Open & 自然体系モデルでは，焦点が異なる。すなわち，① 等結果性（equi-finality）とは，異なった初期条件から異なった経路を通じて，同じ最終結果へと至ることであるが，前者では同じ最終結果に注目し，後者ではそこに至る経路の多様性に注目する。② 自己組織化（self-organzing）とは，差異化と集中化によって自らを組織化し，複雑性の低い状態から高い状態，すなわちより組織化された状態へと発展することであるが，前者では集中化（＝統合）が強調され，後者では差異化（＝分化）が重視される。③ 能動的人格システム（active personality system）とは，人間は解発因となる刺激の意味を求めての能動的・自発的に活動するという人間観である。前者では，個人差や発達段階の差異を認める「複雑人」が，後者では人間活動が提供されたときにのみ，組織が形成されるという「部分的包含」の考え方が代表的である（岸田，2001）。

16) 当初ソニーは，松下をベータ陣営に入るよう説得していたが，結局は松下幸之助の「鶴の一声」で，VHS 陣営への参加が決まったと言われている（森，1998）。

17) 副社長，アメリカ松下社長，ビデオ事業部技術部長，中央研究部長，若手技術者，の5人である（佐藤，1999）。

18) これによって，2時間という録画時間とテープのコスト優位性というセールス・ポイントがなくなってしまった。それまでは，ベータが1時間3,500円，VHS が2時間6,000円であった（佐藤正明，1999）。

19) VHS はビクターが独自に開発した技術であるが，特許件数はビクターと松下で50%・50% であった。

20) MCA の社長ワッサーマンは，有名芸能人とエージェント契約を結び，さらに1952年には，エージェント契約の重複を解禁する権利を獲得した。そのときの俳優組合の委員長が R.レーガンであった。ワッサーマンは，レーガンのために，「GE 劇場」のホスト役を用意し，100万ドルの契約金を払ったという（佐藤正明，1999）。

21) この間ソニーは，ベータ1，ベータ2，ベータ3，ベータ・ハイファイ，ハイバンド・ベータ，ED ベータと，新規開発を続けるが，経営トップの注目するものばかりが全社で取り上げられ，それ以外のものをビジネス戦略として取り上げるシステムがなく，結果としてベータに全てを賭ける呪縛へと陥ったと言われる（森，1998）。

22) 吉田民人（2005）は，次のように言う。自然科学の法則性と，人文・社会科学の規則性（約束ごと）の対立に，進化を通じて変化するゲノムを問題にするゲノム科学のシグナル性プログラム（e.g. 遺伝子プログラム）は，橋を架けると言う。すなわち，物理科学法則は，普遍で不変で違背のない秩序原理である。ゲノム科学におけるシグナル性プログラムは，物理科学法則にしたがって作動するが，突然変異と自然選択により変化する。さらに，人文社会科学における人間的プログラムは，表象に媒介されて作動するシンボル性プログラムであり，自由発想と主体選択に基づいて，文化を蓄積し展開させると述べている。

23) 性の出現は，単純な自己複製と点からは，異なる性がもう一度何らかの形で出会わなければならない，という意味で危険である。中島みゆき「この世に二人だけ」の中に次のような詞がある。「……二人だけ　この世に残し／死に絶えてしまえばいいと／心ならずも願ってしまうけど／それでもあなたは　私を選ばない……。」したがって，環境変化（環境劣化）による「メス化」は，環境変化への「適応的行動」であるかもしれない。

24) 『Newton』2006 年 2 月号に次のような記述がある。人間の祖先が X 染色体と Y 染色体をもつようになったのは，約 3 億年前に爬虫類から分かれて哺乳類へ進化したころであろう。オスの性染色体は XY であり，メスの性染色体は XX である。Y 染色体は交差がおきないので，遺伝子の交換がおきないと，突然変異が蓄積して染色体は滅びていく。しかも，ヒトの X 染色体は 1,098 個の遺伝子をもっているのに対し，Y 染色体は 78 個の遺伝子しかもっていない。時間と共に Y 染色体は退化し，1,000 万年後には消滅するであろう，と。

第 **Ⅱ** 部

Organized（構造化・構造統制）
の
理　論

第Ⅱ部は，Organized の理論の枠組みを示す。これは，第Ⅰ部の Organizing（組織化・組織生成）の理論と反対の因果関係，すなわち 環境→組織→人間 という因果関係をもつ。

　まず第4章では，「環境と組織の適合が高業績を導く」という状況適合理論（Contingency Theory）を，いわば 環境―組織―業績（Environment-Organization-Performance：EOP）パラダイムとして，体系的に整理する。

　状況適合理論は，「環境決定論である」という批判を受けて，1970 年代の後半以降，戦略を（状況）変数として取り込み，Chandler（1962）以来の SSP（Strategy-Structure-Performance）パラダイムを導入してきた。この結果，環境適応理論の一般的枠組みである，環境―戦略―組織―業績（Environment-Strategy-Structure-Performance：ESSP）パラダイムが示されることとなった。ただし，第1に，Organized の理論として，戦略という変数を導入しても，なお 環境→戦略→組織→業績 という一方的な因果関係を前提にしている。言い換えれば，ここには，業績→組織→戦略→環境 という（Organizing の理論が想定する）因果関係が入ってこない。第2に，Organized の理論として構造論であり，組織→人間 という因果関係を想定しているので，構造（Structure）ではなく，人間行動および組織過程をも含む（組織―人間）という意味で，構造（S）に変えて組織（Organization＝O）という用語を用いて，環境―戦略―[組織―人間]―業績 という ESOP（Environment-Strategy-Organization-Performance）パラダイムを，第5章で提示する。

　こうして，組織の環境適応のための一般的枠組みとして，双方向の因果関係（Organizing と Organized）を含んだ ESOP パラダイムが成立する。これはまた，環境→戦略→[組織→人間]→業績 という Managed と，業績→[人間→組織]→戦略→環境 という Managing とからなる経営学原理（Management＝Managing＋Managed）の一般的枠組みとしても有効である。

第4章

状況適合理論の生成と展開
——環境—組織—業績パラダイム——

1950年代の末に，Woodward（1965）は，イギリスのミッドランドの企業を調査して，初めて，組織を運営する唯一最善の方法はなく，それは技術によって体系的に異なると述べた。Woodward（1965）を読んだアメリカの研究者たち（R. Dubin, P. R. Lawrence, J. W. Lorsch, J. D. Thompson, C. Perrow）は，「同じ考え方で研究を進めている」と感じ，1966年に学会を開き，こうした研究動向を確認した（Perrow, 1993）。こうして1967年，Lawrence & Lorsch（1967），Perrow（1967），Thompson（1967）などの著作が陸続と出版された。Taylor以来提唱されてきた，「唯一最善」の組織化の方法を否定するこれらの研究動向を総称して，Lawrence & Lorsch（1967）は，Contingency Theory（状況適合理論）と呼んだ。ここでは一般に，組織と環境との相互作用を強調するOpen Systems Approachが採用され，環境に適合する組織デザインのあり方が問題にされた。この意味で，1967年は，アメリカにおける「状況適合理論革命」の年であったと言える。

1 経営組織と環境適応

どのような状況要因を「環境」と考えるかは，さまざまであるが，組織風土，コンテクスト，課業環境，組織セット，組織の活動領域，社会的背景（文化），社会構造，の7つが，「環境」と考えられた（Evan, 1976）。組織と環境の相互作用を4つに分類したEmery & Trist（1965）に沿って整理すると，次のように分類できる。第1は組織内部の相互依存状態，すなわち「内

部環境」であり，ここには，組織風土やコンテクスト（e.g.技術，規模）が含まれる。第2は組織から環境への影響，第3は環境から組織への影響であり，1つの組織から見た環境という意味で，この2つは「特定環境」と呼ぶことができる。ここには，課業環境，組織セット，活動領域が含まれる。第4は，組織と環境の交換状態を全体として規定する場としての，広い意味での環境であり，「全体環境」と言うことができる。ここには，社会的背景（文化）と社会構造（制度）が含まれる。

こうして，状況適合理論が問題にした「環境」（＝状況要因）は，3つのレベルに分けられる。この3つのレベルの環境に対応して，状況適合理論では，①内部環境のコンテクスト（技術と規模）が組織構造に与える影響，②特定環境のうちの課業環境の不確実性が組織過程に与える影響，がもっぱら問題にされた。もちろん，第3のレベルの，環境が組織に与える影響，たとえば，文化と組織の関係も論じられたが，必ずしも体系的な議論とはならなかった。ただし，いずれにしても状況適合理論では，環境から組織への影響の分析が中心であり，これがChild（1972）を初めとする研究者たちから，「環境決定論」であると非難される原因となった。

本章では，状況適合理論の成果を，①環境把握の枠組み，②内部環境要因としての技術・規模と組織構造，③外部環境（特定環境）としての課業環境と組織過程，④技術及び課業環境と組織デザイン，⑤全体環境としての文化，特に日本的経営と組織，の5つに整理して紹介する。

1-1 環境把握の枠組み

状況適合理論では，等しくOpen Systems Approachの採用が指摘され，環境と組織の関係が強調される。しかし，環境とは何か，その定義およびそれを把握する枠組みは，さまざまであった。ここでは，現状での環境の差異を分析する共時的環境把握と，時間的な経過に伴う環境の性質の変化を分析する経時的把握，の2つの代表的な主張を軸に，状況適合理論における「環境把握」の特徴を明らかにする。

(1) 課業環境の共時的把握

状況適合理論の環境把握に基本的視点を与えたのは，Duncan（1972）で

ある。状況適合理論では，環境は，組織成員が意思決定を行う際の情報源として捉えられ，この情報がもたらす不確実性をどう処理するかによって，組織のあり方が決まると主張された。ここでは一般に，課業環境に焦点が当てられた。Lawrence & Lorsch (1967) にとって，課業環境の不確実性とは，情報の明確性の欠如，結果についてのフィードバック期間の長さ，一般的な因果関係の不明確さ，である。Duncan (1972) はこの定義を操作化して，① 与えられた意思決定状況と結びついている環境諸要因に関する情報の欠如，② 決定が間違っていた場合に組織がどれだけのものを失うかについて，その決定の結果がわからないこと，③ 環境諸要因が当該の単位の成功や失敗にどの程度影響を与えるかについて自信をもって確率を付与できないこと，を「課業環境の不確実性」としている。

Duncan (1972) にとって，環境とは，組織内の諸個人が意思決定を行う際に，直接考慮に入れるべき物的・社会的諸要因の総体である。この定義で重要なのは，次の2点である。第1に，意思決定を行う際に，「環境」が生じるということであり，客観的な環境ではなく，主体によって認知された諸要因が「環境」となる。第2は，直接に考慮されるべき諸要因が「環境」であり，意思決定時点では差し当たって考慮に入れられない間接的な諸要因は，「環境」ではない，ということである。

このような環境は，2次元に集約される。第1の次元は，単純—複雑 の次元であり，考慮すべき環境諸要因の多少で区別される。第2の次元は，静態—動態 の次元であり，考慮すべき環境諸要因が，時間の経過と共に変化するかしないかを示す。

こうした環境の性質の違いが，情報処理を通じて，組織に与える影響は次のとおりである。

第1に，単純で静態的な環境では，意思決定の際に考慮される諸要因の数は少なく同質的でかつ不変なので，認知される不確実性は低く，したがって情報処理の必要性は少ない。

第2に，複雑で静態的な環境では，考慮される諸要因の数は多く異質であるが，それらは変化しないので，認知される不確実性はそれほど高くない。経験や情報の蓄積によって，情報処理の仕方をプログラム化できる。

第4章　状況適合理論の生成と展開　**147**

表 4-1　環境次元と認知された不確実性

	単　　純	複　　雑
静　態	セル 1 認知された不確実性：低い (1)　考慮すべき環境要因は少ない (2)　環境諸要因は類似 (3)　諸要因は基本的に同じで，変化しない	セル 2 認知された不確実性：中程度 (1)　考慮すべき環境要因は多い (2)　環境諸要因は相異 (3)　環境諸要因は基本的に同じで，変化しない
動　態	セル 3 認知された不確実性：高い (1)　考慮すべき環境要因は少ない (2)　環境諸要因は類似 (3)　環境諸要因は絶えず変化	セル 4 認知された不確実性：極めて高い (1)　考慮すべき環境要因は多い (2)　環境諸要因は相異 (3)　環境諸要因は絶えず変化

（出所）　Duncan（1972）。

　第3に，単純で動態的な環境では，考慮される諸要因の数は少ないが，時間と共に絶えず変化するので，前もって対応をプログラム化することはできない。そのため，認知される不確実性は，複雑で静態的な環境より高い。

　第4に，複雑で動態的な環境では，考慮される諸要因の数は多く，しかも時間とともに絶えず変化するので，認知される不確実性は，もっとも高い（表4-1）。

　こうして，認知される不確実性の程度にしたがって環境が分類され，そこに特有の問題状況が識別され，そこでの情報処理に必要な組織のあり方が示される。一般に，不確実性の低い状況では，情報処理の必要性は低く，意思決定を常軌化できるので，前もって対応をプログラム化しておく，機械的で集権的な組織が効果的である。環境の不確実性が高い場合には，絶えず例外が発生して決定のためのプログラムを改定しなければならないので，情報処理の必要性が高く，より柔軟で適応的な組織が必要とされる（Jurkovich, 1974）。

(2)　全体環境の経時的把握

　一定の時点における環境の状態（不確実性）を，共時的あるいはクロス・セクショナルに把握するだけでなく，時間の経過に伴う環境変化を把握することも必要である。Emery & Trist（1965）は，環境進化の4つの段階を識

148　　第Ⅱ部　Organized（構造化・構造統制）の理論

別している。ただし，ここでの環境は，諸組織が相互作用を行う場としての全体環境であり，いわば，特定の組織からみた課業環境の背景をなすマクロな環境である。諸組織の相互作用が次第に頻繁になり，全体環境が進化する。

　第1は，静態的・散在的（Placid‐Randomized）環境である。環境を構成する諸組織の密度は少なく，相互依存性もなく，組織は孤立した小さな単位として生存している。したがって，環境についての予測能力をもたず，資源を求めてランダムに資源を探索し，試行錯誤を繰り返す。その意味で，組織の生存は偶然に左右される。

　第2は，静態的・偏在的（Placid‐Clustered）環境であり，組織にとって，他の組織の行動は，資源に接近するか否かの信号となる。特定の目標や位置の選択が他よりも豊かな成果をもたらすことがあるので，他の組織が発見していない有利な地位を得ることが重要である。このために，資源の集中，基本計画の策定，すぐれた能力の発揮が必要である。したがって，将来の事象の発生の確率を予測し（リスク），適切な手続きを選択する能力をもつ意思決定者が，監督・指揮する立場に立つことが必要になる。

　第3は，動態的・競争的（Disturbed‐Reactive）環境である。ここでは，同種の数多くの組織の間に直接の相互作用がある。競争に勝ち抜くためには，最適の位置を選択するだけでなく，他組織の行動を予測して機敏に反応することが必要になる。したがって，客観的な確率判断ができない領域（不確実性）が含まれる。他組織との競争と協調が問題になる。

　第4は，激動的（Turbulent）環境である。ここでは，諸組織の関連性の更なる増大，経済的側面と他の側面（e.g. 政治，法律など）との相互依存性の深化，競争上の課題を充たすための研究開発の重要性の上昇，によって，環境内の諸組織の相互作用が変動するだけでなく，環境基盤そのものが変動する。こうして，ある組織にとって予測や統制が不可能な変化が生じ，それが将来の取引に影響を与える。[1]

　こうして，諸組織の相互依存性が増大し，環境が進化するにつれて，そこに特有の意思決定様式と，それを担当する階層が生じる（McWhinney, 1968）。

　第1に，静態的・散在的環境では，目標とその評価基準（noxiants）はほとんど不変でランダムに分布しているので，ここでの有効な意思決定様式は

第4章　状況適合理論の生成と展開　**149**

表 4-2　環境の進化，意思決定様式，階層数

環境進化の特性	特有の意思決定様式	階層数
静態的—散在的	確実性	1
静態的—遍在的	リスク—業務的意思決定	2
動態的—競争的	不確実性—管理的意思決定	3
激動的	部分的無知—戦略的意思決定	4

確実性（1つの手段に対して，ただ1つの結果が対応する行動案についての知識）である。これは階層の分離を前提としない，あるいはどの階層レベルでも使用される知識である。

　第2に，静態的・遍在的環境では，資源の集中と効率的な配分のために，1つの手段に対する複数の結果についての（客観的な）確率判断（リスク）を行って期待値を最大にすることが必要になる（業務的意思決定）。こうして，一方では，組織は大規模化し，統制と調整が集権化されるとともに，アウトプットの効率的な生産が図られる。したがって，効率的な生産のための現場と，それを監督する階層すなわち業務的意思決定を担う階層が生じる。

　第3に，動態的・競争的環境では，さらに他組織との競争・協調を図るために，環境変化を監視し，それに対する反応を計画することが必要になる。ここでは時間の経過と共に，1つの手段に対する結果が不断に変化するので，客観的な確率判断ができない領域が生じ，意思決定者の主観的な判断に頼らざるを得ない領域（不確実性）が生じる。こうして，必要な資源配分を迅速に行うための，管理的意思決定が必要になり，分権化が促進される。

　第4に，激動的環境では，複雑性と動態性が同時に生じるので，1つの行動案に対してその結果を予測できない領域（部分的無知）が生じ，環境のどの部分に関心をもつかという，関心の領域を選択する戦略的意思決定が必要となる。したがって，環境が進化するに連れて，① 確実性＝階層分化なし（1つ目の階層），② リスク＝業務的意思決定（2つ目の階層），③ 不確実性＝管理的意思決定（3つ目の階層），④ 部分的無知＝戦略的意思決定（4つ目の階層），という特有の意思決定様式と，それに付随する階層分化が生じる。激動的環境ではしたがって，この4つの意思決定様式と，それぞれの意思決定様式を担当する4つの階層が，同時に存在することになる（表4-2）。

150　　第Ⅱ部　Organized（構造化・構造統制）の理論

以上，2つの種類の環境把握，すなわち現状の環境の差異を把握する共時的環境把握と，時間の経過に伴う環境の差異を把握する経時的環境把握，について述べた。

　第1に，前者は，一般に 情報―不確実性 の視点をもっており，そこでの環境把握には，次の特徴がある。意思決定者の認知に焦点を当て，この認知された環境の不確実性が組織に影響を与える。そのため，応答者の認知に基づく主観的データに依拠することが多く，応答者の認知の妥当性を問題にしない。これに対して後者の環境把握は，資源―相互依存性 の視点からなされ，そこでの環境把握には，環境要素それ自体の性格に焦点が当てられ，組織が資源を求めて相互依存する状態に関心があり，文書や記録などの客観的データが利用され，環境そのものの因果関連に注意が払われる（Aldrich & Mindlin, 1978）。[3]

　しかし第2に，この2つの環境把握の間には，一定の関連（同型性）がある。たとえば，Lawrence & Lorsch（1967）は，コンテナ，食品，プラスチックのそれぞれの高業績組織は，環境と組織の適合を達成していたと結論しているが，これは「現在」の環境状況に一致するものであり，将来は科学，技術，市場の変化がさらに大きくなるという全般的傾向があるなら，今後多くの企業が，プラスチックと食品の高業績企業に類似していく，と述べている。すなわち，今後環境はさらに不確実になっていくので，高分化―高統合組織 が増えてゆく，と予想している。これは時間の推移とともに環境の不確実性が増大し，それに応じて分化と統合の両面で複雑な組織が有効になってゆくという意味である。言い換えれば，共時的把握と経時的把握の間には，同型性があるということである。また，Emery & Trist（1965）と McWhinney（1968）の議論では，相互依存性が増大するにつれて，環境の不確実性が増大し，それとともにその状況に特有の意思決定様式が生じ，階層が増えてゆくことがわかる。これは，諸組織の「相互依存性」が増大し，環境の「複雑性」が増すとともに，広い意味での「不確実性」が増大することを意味している。言い換えれば，リスク，不確実性，部分的無知は，広い意味での「環境の不確実性」の増大を示しているということである。[4]

1-2　技術・規模と組織構造

　官僚制の研究は M. Weber に始まるが，そこでは合理的な組織構造の条件が分析された。その後，官僚制における人間行動が問題とされるに到り，官僚制の非合理性と逆機能が議論された。逆機能の原因は，専門化された個人と環境の変化であった。その後，官僚制には色々なタイプがあるとされ，再び組織構造が問題とされた。この結果，官僚制のタイプの差異は，規模と仕事の内容（技術）によるものとされた。こうして，規模や技術によって，組織構造に差異がもたらされることが認識された。これが状況適合理論の始まりである。

(1)　技術と組織構造

　状況適合理論の扉を開いた Woodward（1965）は，当時のイギリスの新興工業地帯であったサウス・エセックスの製造企業 100 社を調査して，次のように主張した。

　第1に，技術の歴史的発展の順序と複雑性（生産プロセスが統制可能で，その結果が予測可能である程度）が一致すると考え，生産技術を，単品・小バッチ生産，大バッチ・大量生産，装置生産の3つに分類した。ここでの技術の発展は，機械が複雑になり，人間に代わって，さまざまな問題を解決できることが容易になったことを指すと考えられる。

　第2に，生産技術と組織の間には，2種類の関係があった。1つは，組織特性が生産技術の複雑性に比例して変わる場合である。生産技術が複雑になるほど，命令系統と権限階層は長くなり，トップの統制範囲は大きくなり，生産部門における大学卒監督者の割合は高くなる。逆に，中間管理層の統制範囲，総売上高に占める労務関連費，総従業員に対する管理者の割合，事務管理スタッフに対する作業労働者の数，間接労働者に対する直接労働者の割合は，低くなる（表4-3）。

　もう1つのパターンは，技術尺度の両端（単品・小バッチ生産と装置生産）で，組織特性が類似しているもの，言い換えれば，U字型のパターンである。技術尺度の両端で，第一線監督者の統制範囲，熟練労働者の数は多く，参加的な有機的組織が支配的であった。これに対して，技術尺度の中間（大

152　　第Ⅱ部　Organized（構造化・構造統制）の理論

表 4-3　技術の複雑性にしたがって変わる構造特性

構　造　特　性	単品・小バッチ	大バッチ・大量	装　　　置
命令系統の長さ，権限階層（中位数）	3	4	6
最高執行責任者の統制範囲（中位数）	4（3〜7）	7（4〜13）	10（5〜19）
労務関連コスト（平均％）	35	32	15
大学卒監督者の割合	少数（非生産部門）	ま　れ	多数（生産・非生産部門）
中間管理層の統制範囲	最　　高		最　　低
管理者の割合（平均）	1：23	1：16	1：8
スタッフ1人あたりの作業労働者数（平均）	8	5.5	2
間接労働・直接労働の割合（平均）	9	4	1

（出所）　Woodward（1965）より作成。

表 4-4　技術尺度の両端において類似する構造特性

構　造　特　性	単品・小バッチ	大バッチ・大量	装　　　置
第一線監督者の統制範囲（平均）	23	48	13
熟練労働者の割合	高　い	低　い	高　い
組織体制	有機的	機械的	有機的
専門スタッフ	少ない（経験コツ）	多　い	少ない（科学的知識）
生産統制	少ない	精　密	少ない
コミュニケーション	口　頭	文　書	口　頭

（出所）　Woodward（1965）より作成。

バッチ・大量生産）では，義務と責任が明確に規定された機械的組織が支配的で，専門的なスタッフが多く，文書によるコミュニケーションが中心であった（表4-4）。

　第3に，各企業の業績を収益性，市場地位，管理者の転職率などの指標に基づいて，平均より上と下に分けると，組織特性の数値が各カテゴリーの中位にある企業は業績が高かった。一般に，大バッチ・大量生産の企業では，従来の経営学の教科書にあるような，義務・責任が明確に規定され，1人の部下は1人の上司からのみ命令を受け（命令の一元化），ラインとスタッフが明確に区別され，トップの統制範囲が5〜6人の組織は，業績が高かった。また，単品・小バッチ生産の企業では，命令系統の短い，階層の少ないフラ

第4章　状況適合理論の生成と展開　　153

表 4 - 5 製造サイクルと中核的機能

生産システム	製造サイクル（真中が中核機能）	機能間の関係
単品・小バッチ生産	マーケテイング→開発→生産	日常的な業務連絡
大バッチ・大量生産	開発→生産→マーケテイング	通常は情報交換のみ
装置生産	開発→マーケテイング→生産	通常は情報交換のみ

（出所） Woodward（1965）。

ットな組織が，逆に装置生産の企業では，命令系統の長い，階層数の多い組織が効果的であった。

第 4 に，生産技術と組織内での中核的職能部門の間には，一定の関係があった。単品・小バッチ生産の製造サイクルは，製品計画が注文に基づいているので，マーケティング→開発→生産 の順序になる。ここでは，顧客の注文に合った製品についてのアイデアが重要なので，開発部門が中核となり，開発技師はエリートであった。大バッチ・大量生産は，量産製品の効率的生産が重要なので，生産部門が中核で，開発→生産→販売 という製造サイクルをもっていた。装置生産は，開発された製品の企業化とプラントの稼動維持のため，市場の獲得・維持が重視されるので，開発→マーケティング→生産 という製造サイクルをもち，マーケティング部門が中核であった。しかも，業績の高い企業では，中核部門の地位が高く，その部門出身の重役が多かった。これは中核部門が高いパワーをもつ企業の業績が良いことを示している（表4-5）。

Woodward（1965）が，技術を謂わば「機械」の問題解決能力と考えたのに対し，「人間」の問題解決能力へと技術概念を拡張し，体系化したのがPerrow（1967）である。彼は，技術を広く「道具を使用するしないに関わらず，対象を望ましい方向に変換させるために，個人がその対象に働きかける活動」あるいは「原材料を望ましい方向に変換させるために，発生した刺激に対してとられる戦略の集合」と定義する（Perrow, 1967, 1968, 1970）。

ここでは，技術の複雑性は，人間の問題解決過程にとって，二様に解釈される。第 1 は，技術の発展・複雑化につれて，Woodward（1965）のように，複雑で高度の熟練を要する仕事が機械の中に組み込まれ，人間は単純な仕事を行うだけで済む場合である。第 2 は，逆に単純で反復的な作業だけが機械

によって処理され，人間は絶えず新たなプログラムを探索する複雑で困難な仕事に従事する場合である。Perrow（1967）は，前者を，既存のプログラム内の例外の多少で処理する次元と捉え，後者を，新たなプログラムの探索の必要な，分析の難易を示す次元と捉える。こうして，技術は，例外が少なく分析可能な「ルーティン技術」，例外は多いが分析可能な「工学的技術」，例外は少ないが分析困難な「クラフト技術」，例外が多く分析も困難な「ノン・ルーティン技術」の4つに分類される。

次に，Perrow（1967, 1970）は，この技術類型とそれに適合する組織構造の特徴を関連付けている。第1に，ルーティン技術では，例外もなく問題解決過程もプログラム化されるので，技術レベル（ミドル），監督レベル（ロワー）の裁量は低い。ただし，技術レベルは監督レベルのルーティンな報告に基づいてこれを統制するので，権限は相対的に大きい。それぞれのレベル内部での調整は，前もっての計画によってなされる。レベル間の相互依存性は低い。したがってここでの組織は，官僚制組織のような公式的で集権的な特徴をもつ。

第2に，工学技術は例外が発生しても，分析が可能なので，既存のプログラムの修正を通じて，問題への対処がなされる。技術レベルがこの例外を分析するので，監督レベルより自由裁量も権限も大きい。技術レベル内部では，この例外処理のために，情報のフィードバックが行われる。これに対して監督レベルは，その結果に反応するだけなので自由裁量も権限も小さい。したがって，技術レベルから監督レベルへの命令が支配的である。ここでの組織の特徴は，集権的であるが，例外処理のための柔軟性が必要となる。

第3に，クラフト技術では，例外の発生は少ないが，問題解決のための分析は困難で，容易に標準化されないので，専門技能をもった人々が問題解決に当たるべきである。したがって監督レベルの人々が問題を処理することになるので，監督レベルの自由裁量と権限が高く，このレベルの内部では，フィードバックによって調整が行われる。技術レベルは，監督レベルの行動の結果だけを統制するので，自由裁量も権限も大きくなく，レベル内部の調整も計画によってなされる。ここでの組織の特徴は，全体として分権的である。

第4に，ノン・ルーティン技術では，処理すべき例外も多く，分析も困難

第4章　状況適合理論の生成と展開　**155**

表 4-6 技術類型と組織構造

	自由裁量	権限	レベル内調整	レベル間調整	自由裁量	権限	レベル内調整	レベル間調整
技術タイプ	①ルーティン技術 (e.g. 自動車部品)				②工学的技術 (e.g. 重工業)			
監督レベル	低	強	計画	低	高	強	相互調整	低
技術レベル	低	弱	計画		低	弱	計画	
構造特性	集権的				柔軟・集権的			
技術タイプ	③クラフト技術 (e.g. 特殊ガラス)				④ノン・ルーティン技術 (e.g. 宇宙工学)			
監督レベル	低	弱	計画	低	高	強	相互調整	高
技術レベル	高	強	相互調整		高	強	相互調整	
構造特性	分権的				複数集権的			

（出所） Perrow（1967）より作成。

なので，技術レベルと監督レベルは絶えず緊密な連携をとりながら，仕事を進めることが必要となる。両レベルの関係はフィードバックによって調整される。したがって，ここでの組織は，例外処理のための柔軟さと共に，分権と集権のバランスがとれた複数集権的（polycentralized）な特徴をもつ（表4-6）。

　以上，Woodward（1965）と Perrow（1967）を中心に，組織に影響を与える要因としての技術概念が，機械から，人間の一般的な問題解決過程へと拡張される様子をみた。ここでは，技術（という状況要因）と組織構造の適合が高業績をもたらすと主張された。これが，どんな状況にも普遍的に妥当する唯一最善の組織があるという Taylor 以来の原理を否定した「状況適合理論」の始まりである。[7]

　ただし，第1に，Woodward の技術分類は，経時的な概念であり，時間の経過とともに，技術（機械）が複雑になってゆくことが前提されている。これに対して，Perrow の技術概念は，共時的な概念であり，同じく技術の複雑さを問題にしていても，現時点での技術の差異を論じている。しかし，前節の「環境把握の枠組み」のところでも述べたように，Perrow においても，ルーティンからノンルーティンへと技術が発展するにつれて，問題解決過程が複雑になってゆくことが含意されている。

　しかしながら，第2に，Woodward の技術概念は3分類であるのに対し，

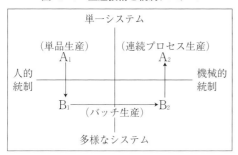

図 4-1 生産技術と統制システム　　図 4-2 技術変数

(出所) Woodward (1970)。　　(出所) Perrow (1970)。

Perrow のそれは 4 分類になっており，ズレがみられる。これは以下のように解釈することができる。

Woodward (1965) では，技術と組織構造の関係には，技術の複雑性に比例して変わる場合と，技術尺度の両端で組織構造が類似する場合との 2 種類があった。また，技術の複雑性の解釈に対して，Harvey (1968) は，宇宙航空産業のような単品生産では，技術は複雑なので，Woodward の複雑性の尺度は，逆に解釈されるべきである（装置生産→大バッチ・大量生産→単品・小バッチ生産）と主張した。既に指摘したように，Woodward では，技術＝機械と考えられ，技術が複雑になるにつれて，人間の仕事は単純になることが含意されていた。Woodward (1970) では，大バッチ・大量生産では，統制の程度にはばらつきがあることが指摘され，これを捉えるために，単一システム―多様なシステム，人的統制―機械的統制という 2 次元で，技術が 4 つに分類された（図 4-1）。

これは，技術＝機械ではなく，「統制」という人間の問題解決活動に関わる変数を入れた枠組みである。したがって，図 4-1 において，単一システム・人的統制のカテゴリーに入る技術（A_1）は，Perrow (1967) の，例外が少なく，分析困難な「クラフト」技術にあたる。ここでは人間の問題解決能力＝技能が重視される。人的統制―多様なシステム（B_1）は Perrow (1967) のルーティン技術に，機械的統制―多様なシステム（B_2）は工学的技術に，機械的統制―単一システム（A_2）はノン・ルーティン技術に，それぞれあたる（図 4-1, 図 4-2）。

第 4 章　状況適合理論の生成と展開　　157

(2) 規模と組織構造

技術と並んで，古くから議論されてきた状況変数は，規模（size）である。技術がさまざまに定義されてきたのに対し，規模の定義は一貫しており，純資産，資本金，予算，業務地の数などどれで測定しても，それらの尺度の相関は高い。通常は従業員数で測られる。ここには，2つの議論がある。1つは，規模と管理者比率の研究であり，もう1つは，規模と組織構造（＝活動の構造化）を問題とする，いわゆる Aston 研究である。

第1の，規模と管理者比率の研究の背後には，規模の増大と共に官僚制化が進行し，それが直接生産に従事しない管理スタッフ（管理者，専門技術者，事務職員など）の増加をもたらすという考え方がある。

ここでは，次の3点を指摘しておきたい。まず，規模と管理者比率の関係について，正反対の結果が導き出されている。たとえば，Terrien & Mills (1967) は，カリフォルニア州の 428 の学区を対象に，規模（教職員数）の増大は，管理者（校長，教頭，助手とスタッフなど）の割合の増大をもたらすと主張した。これに対して，Anderson & Warkov (1961) は，病院（19 の結核専門病院と 30 の総合病院）の調査では，規模（それぞれの病院の1日あたりの患者数の年平均，これは病院の従業員数と 0.96 の相関をもつ）の増大は，管理者（全般管理に従事する者）の比率の減少をもたらすと結論した。さまざまな研究の結果は，表4-7にまとめられている。次に，規模の増大が専門化の増大をもたらすとしても，規模の経済性が働くなら管理者比率は減少するが，そうでなければ管理者比率は増大する。最後に，時間の経過と共に規模が増大して，組織はより複雑になり官僚制化されるという歴史的傾向はあるが，現時点で大規模組織が小規模組織より常に複雑で専門化され，管理者比率も高いとは限らない。

第2の Aston 研究では，組織構造を体系的に説明する因子として，技術よりも規模が重視された。彼らはまず，Weber 以来の官僚制についての諸研究を整理し，イギリスのバーミンガム地方の 46 企業（製造業，サービス業，官庁等を含む）を調査して，5つの構造次元を抽出した。専門化（活動が上司―部下の階層関係ではなく，職能専門化によって遂行される程度），標準化（作業の遂行・統制の際の手続きの有無），公式化（規則，手続き，命令，伝達が

158　　第Ⅱ部　Organized（構造化・構造統制）の理論

表 4-7　管理者要素と規模，複雑性，技術，環境との関係

研 究 者	対象組織	変　数	関　係
Melman (1951)	製造企業	$AC : E$	負
Baker & Davis (1954)	製造企業	$AC/E : E$	なし
Terrien & Mills (1955)	学区	$AC/E : E$	正
Tsouderos (1955)	ボランティア組織	事務職員数 : E	成長期（正），衰退期（負）
Anderson & Warkov (1961)	病院組織	$AC/E : E$	負
DeSpelder (1962)	製造企業	$AC/P : P$	正，負
Rushing (1967)	製造産業	$AC/P : P$	規模（負），分業（正）
Pondy (1969)	製造産業	$AC/P : P$ 複雑性，所有形態	規模（負），複雑性（正），所有（正）
Blau & Schonherr (1971)	職業安定所	AC/E（ライン管理者を除く）	規模（負），複雑性（正）
Holdaway & Blowers (1971)	学校	$AC/E : E$	正，負
Hinings et al. (1972)	労働組合	$AC/E : E$	正
Child (1973)	製造企業	$AC : E$	正
Freeman (1973)	製造企業	$AC : P$, 環境，技術	規模（正），環境（正），技術（正）
Freeman & Hannan (1975)	学校	$AC : E$	成長期（正），衰退期（負）
Hendershot & James (1975)	学区	$AC/E : E$, 成長率	規模（負），成長率（負）

（注）　AC ＝管理者要素，E ＝全従業員数，P ＝生産労働者数。AC/E ＝全従業員に対する管理者の比率，AC/P ＝生産労働者に対する管理者の比率。
（出所）　Jackson & Morgan (1978) より。

文書化されている程度），形態（統制範囲，事務職の比率などの役割構造の見取り図），権限の集中（決定権限をもつ階層が上位にある程度と，他の組織から統制を受ける程度）がそれである。このうち，専門化，公式化，標準化をまとめて，「活動の構造化」と呼ぶ。次に，組織構造に影響を与える状況要因（コンテクスト変数）として，7つの要因（起源と歴史，所有と支配の程度，規模，目的や理念，技術，立地，他組織への依存度）が取り上げられ，次のような結論が提示された。① 規模が大きくなると，活動の構造化（専門化，公式化，標準化）は高くなる。② 他組織への依存度の増大は，当該組織に権限の集中（集権化）をもたらす。③ 生産技術と組織構造の間には，全体として有意な相関はみられなかった（Hickson et al., 1969；Pugh et al., 1968；Pugh et al., 1969；Inkson, Pugh & Hickson, 1970；Hinings & Lee, 1971；Pugh & Hickson, 1976；Pugh & Hinings, 1976）。こうして，Aston 研究では，現場の生産技術（Operations Technology）だけが「技術」と認められ，生産の統合度や生産の

表 4-8　生産技術および規模と組織構造の相関

	サーヴィス業を含む46の組織		31の製造業組織			
	作業の統合度	サイズ	作業の統合度	サイズ	生産の連続性	生産の連続性（サイズを固定）
〈構造次元〉						
権限の集中	−0.30	−0.10	0.00	−0.20	0.11	0.21
諸活動の構造化	0.34	0.69	0.17	0.78	0.41	0.07
ライン管理者による作業統制	0.46	0.15	−0.05	0.13	0.17	—
〈構造変数〉						
職能の専門化	0.38	0.75	0.25	0.83	0.52	0.26
役割の専門化	0.44	0.67	0.19	0.75	0.34	−0.02
標準化	0.46	0.56	0.19	0.65	0.35	0.07
公式化	0.17	0.55	0.04	0.67	0.27	−0.27
決定の集権化	−0.16	−0.39	−0.05	−0.47	0.00	0.28
自律性	0.22	0.09	0.02	0.23	0.07	−0.19
〈役割構造〉						
最高経営者の統制範囲	0.06	0.32	0.09	0.29	0.08	−0.07
従業員―監督者比率	0.35	0.05	0.02	0.04	0.09	—
垂直的統制範囲	0.09	0.67	0.15	0.77	0.51	0.26

（出所）　Hickson et al.（1969）。

連続性が技術尺度として操作化されるが，技術と組織構造の相関は低かったと結論される（表4-8）。

　以上が，内部環境（コンテクスト変数）としての，技術と組織構造および規模と管理者比率・組織構造の研究の概要である。次の3点を指摘しておきたい。

　第1に，技術論では，技術と組織構造の適合が高業績をもたらすと主張されるのに対し，規模の議論では，対象となった組織の業績の良し悪しは直接には問題にされず，単に規模と組織構造の間に相関があるかどうかが論じられた。したがって，本書では，状況適合理論をOpen & 合理的モデルと規定したが，この意味で，規模と管理者比率およびAstonグループの議論は，厳密には状況適合理論とは言いがたい。もちろん，現時点で生存している組織を取り上げているのだから，「生存」という意味での「業績」を問題にし

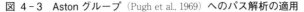

(出所) Aldrich (1972) より作成。

ているということはできる。ただし，高業績や効率ではなく生存を問題にするのは，合理的モデルではなく，自然体系モデルである。

第2に，技術と規模のどちらが，組織構造に重要な影響を与える要因か。Aston研究では，相関分析を通じて，技術の影響は低く，あっても小規模組織か，特定の構造変数だけであり，これに対して規模の影響は一般的であると言う。Astonグループの一員であるJ. Childは，イギリスにおける6産業82企業について，（やはり業績変数を考慮していないが）全体としてAston研究を追認しながら，次のように言う。規模は専門化，公式化，標準化，垂直的統制範囲とは正の相関があり，集権化とは負の相関があった。ただし，組織形態を予測する因子としては，規模より技術の方が重要であった。全体として，規模の方が組織構造を予測する因子として重要であったが，両者の関係は，非線形的（規模の増大につれて構造化の程度は増大するが，増加率は減少する）であった，と (Child & Mansfield, 1972；Child, 1973)。また，Aldrich (1972) は，Astonグループのデータに，変数間の因果関係を特定しようとするパス解析を適用して，規模より技術の方が組織構造に与える影響が大きいと述べている（図4-3）。

したがって第3に，技術と規模が組織構造のどの部分に主に影響を与えるかを考えることが必要である。一般に，規模は活動の構造化（専門化，公式化，標準化）に，技術は組織形態（統制範囲などの役割構造の見取り図）に影響を与えると言える。言い換えれば，規模はどの程度官僚制化されているかに影響し，技術は，たとえば階層の少ないフラットな組織がよいか，階層の多いトールな組織がよいかを決める。その意味で，規模の影響は，規模が

第4章 状況適合理論の生成と展開　　161

徐々に増大するにつれて，活動の構造化も徐々に増えてゆくという，量的で連続的な変化を示している。これに対して技術の議論では，技術のどのタイプが，どのタイプの組織形態に適合しているかという，いわば不連続で質的な差異や変化を示している。

　以上のように考えるなら，技術および規模と組織構造の関係について，次のように言うことができよう。規模の増大が，新しい異質な作業を含む職能分化を伴うなら，新たな専門職能（水平分化）や階層（垂直分化）が創出され，管理者比率も増える。ただしこの場合，活動は構造化（公式化，標準化）されない。しかし，規模の増大が，既存の単位の単純な増大を意味する場合には，同種の作業に従事する人数が増えるだけであり，しかも非人格的統制によって調整が行われるなら，管理者比率は増えず，活動の構造化（公式化，標準化）は増大する。本書の立場は技術論に与するものであり，技術が組織形態を決め，その形態の範囲内で，規模の増大が活動の構造化を促進する，と考える。

1-3　課業環境と組織過程

　Lawrence & Lorsch（1967）は，これまでの経営学（経営管理過程論と人間関係論）が，環境状況に関係なく唯一最善の組織化の方法を求めてきたと批判して，新しい研究として，環境変数および課業の変数を強調する研究（Burns & Stalker, Woodward, Fourakar, Chandler, Udy, Leavitt）と個人の特徴を強調する研究（Fiedler, Vroom, Turner & Lawrence）を検討して，組織とその環境状況の適合が高業績を導くという研究動向を，「状況適合理論（Contingency Theory）」と名づけた。ここに，contingency とは，① 不確実性（ある事象が生じるかどうか分からない），② 条件性（A という事象が生じるなら B という事象が生じる）という意味である（岸田，2001）。Thompson（1967）は，contingency 要因を，①の意味で使用して，制約要因（組織が直面しなければならない固定的な条件），統制変数（組織がコントロールできる変数）と区別して，contingency 要因（組織が任意にコントロールできないが，対応しなければならない要因）を識別している。また，Weick（1969）は，2 つの変数間の関係が第 3 の変数によって影響を受ける因果関係を contingency

162　　第Ⅱ部　Organized（構造化・構造統制）の理論

図 4-4 Lawrence & Lorsch の分析枠組み

と呼んでいるが、これは②の意味である。

(1) 課業環境と組織——Lawrence & Lorsch の研究

Lawrence & Lorsch (1967) は、課業環境の不確実性が、組織の分化と統合のあり方、すなわち組織過程に影響を与え、両者が適合したときに業績がよいと論じた。彼らの枠組みは、図4-4のように示すことができる。

第1に、課業環境は、科学、市場、技術─経済の3つの下位環境に分割される。企業はこの下位環境に対して、それぞれ研究開発部門、販売部門、生産部門へと分化することによって、これに対処する。下位環境の不確実性（情報の不明確性、因果関係の不明確性、結果のフィードバック期間の長さ）は、研究開発部門が一番高く、その次が販売部門で、生産部門はもっとも低い。この3つの部門の不確実性の差が大きい場合を、多様性が高いと言う。彼らの分析した3つの産業のうち、プラスチック産業の多様性が一番高く、次が食品産業、コンテナ産業はもっとも多様性が低かった。

第2に、この課業環境の多様性にしたがって、分化（Differentiation：異なった職能部門間の管理者の認知および志向の差異ならびに公式構造の差異）の程度が決まる。分化は、①時間志向、②対人関係志向、③目標志向、④構造度の4つの指標で測定される。不確実性が高ければ時間志向は長い。不確実性が高いときと低いときは課業志向であり、中程度のときは人間関係志向である。また、不確実性が低いときは、前もってコミュニケーションを文書化できるので構造度は高いが、不確実性が高いときは、前もって行動をプログラム化できないので、構造度は低く、対面的な直接のコミュニケーションが優先される。目標志向は、直接課業環境の不確実性と関連はなかったが、各部門環境に固有な問題と関連していた。生産部門は製品のコストと品質に、

図4-5 相互依存性のタイプ

共同的相互依存性　　逐次的相互依存性　　交互的相互依存性

販売部門は顧客へのサービスと他社との競争に，研究開発部門は新しい科学知識や新製品に，関心をもっていた。

　以上から，課業環境の不確実性・多様性がもっとも高いプラスチック企業は，分化の程度がもっとも高く，不確実性・多様性のもっとも低いコンテナ企業は，分化の程度がもっとも低かった。食品は，その不確実性・多様性の程度に応じて，分化の程度は両者の中間であった。

　第3に，課業環境の不確実性・多様性にしたがって，分化の程度が高くなればなるほど，これを組織全体の努力へとまとめあげる統合（Integration：環境の要求する努力の統一を為し遂げるのに必要な，部門間の協働の質）を確保することは困難になる。すなわち，分化の程度が高くなるほど，部門間にはますます複雑な相互依存性が要求されることになる。

　部門間の相互依存性は，共同的（pooled）相互依存性，逐次的（sequential）相互依存性，交互的（reciprocal）相互依存性，の3つに分類される。共同的相互依存性とは，A，B両部門の間に直接の関係はないが，両者が別々に全体からインプットを受け，別々に全体に貢献する場合である。従来の階層によって調整・統合を行う場合である。逐次的相互依存性とは，AのアウトプットがBのインプットになるという，一方的で連続的な相互依存性である。アセンブリー・ラインが典型的な例である。交互的相互依存性とは，AのアウトプットがBのインプットになり，同時にBのインプットがAのアウトプットになるような相互作用である。フィードバックが典型例である（図4-5，図4-6，図4-7）。

　それぞれの産業に特有な，「競争上もっとも重要な問題（Dominant Competitive Issue）」にしたがって，必要とされる部門間の相互依存性が決まる。課業環境の不確実性が高いプラスチック企業および食品企業では，製品およ

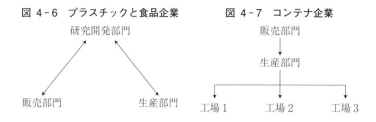

び製造方法の革新がもっとも重要な問題であった。したがって，研究開発部門と生産部門および研究開発部門と販売部門の間に，交互的な相互依存性が必要であった。これに対して，不確実性の低いコンテナ企業では，迅速でタイムリーな配達によって顧客にサービスを提供し，品質の一貫性を維持することが重要であった。そのため市場の需要に気づいた販売部門が生産部門に連絡し（逐次的相互依存性），生産を担当する工場間で生産能力を効果的に分担すること（共同的相互依存性）が必要であった（図4-6，図4-7）。[12]

この3つの相互依存性の関係は，累積的（Guttmanタイプ）である。すなわち，共同的相互依存性はもっとも単純な相互依存性であり，階層によって統合される。逐次的相互依存性は共同的相互依存性（階層）を含み，さらに同じレベルの部門間で，インプットを担当する部門からアウトプットを担当する部分へと一方的に情報や資源が流れる。交互的相互依存性は，共同的相互依存性と逐次的相互依存性を含み，さらにアウトプット部門からインプット部門へのフィードバックが追加される。そのため，部門間の調整のために，階層以外の「水平的関係」が付加され，部門間の複雑な相互依存性が処理される。すなわち，分化が高くなればなるほど，階層に加えて，統合のための水平的関係が必要になる。

統合のための水平的関係以外に，コンフリクト処理のパターンがさらに必要になる。これには2つのタイプがある。環境によって，有効なタイプが変わる場合と，環境に関連なく普遍的にコンフリクト処理を効果的に行える場合である。前者は，①部門内部の影響力のパターンと，②部門間の影響力のパターンである。①については，決定を行うのに適した情報をもつ部門に影響力が集中している組織ほど業績が高かった。たとえば，不確実性の高い研究開発部門では，影響力は低いレベルに集中している（分権的）方が，不

表 4-9　環境要因と組織の統合

	プラスチック企業	食品企業	コンテナ企業
環境の多様性	高	中	低
主な相互依存性	交互的	交互的	逐次的・共同的
分化の程度	高	中	低
統合手段	統合部門，チーム 役割 階層 プラン，手続き	役割 階層 プラン，手続き	階層 プラン，手続き
専門的な統合人員	22%	17%	0%
相互作用のパターン	チーム	1：1の同僚	1：1の上司─部下
高い影響力をもつ部門	統合	販売と研究	販売
階層の影響力	均等に分布	均等に分布	トップ高く下部低い

（出所）　Lorsch & Lawrence（1972）。

確実性の低い生産部門では，高いレベルに影響力がある（集権的）方が，組織の業績がよかった。②については，「競争上もっとも重要な問題」に対処する部門の影響力が重要であった。たとえば，プラスチック企業では，製品や製造方法の革新が競争上もっとも重要な問題であったので，これを処理する研究開発部門，あるいは統合を専門的に処理する「統合部門」が高い影響力をもっている組織の業績が高かった。これに対して不確実性の低いコンテナ企業では，顧客へのサービスのため，販売部門が迅速に需要に気づくことが競争上重要なので，販売部門が高い影響力をもつ組織ほど業績が高かった。

環境と関連なくコンフリクト処理を効果的に行う方法は，次の4つである。① コンフリクトの解決様式は，強制や妥協ではなく，徹底討議（confrontation：当該問題に関係する諸個人が自由に意見の対立を表明し，組織全体の目標にもっともよく合う解決に至るまで十分に討議する）を行うことが高業績につながっていた。② 影響力の基盤は，地位に基づくのではなく，専門的な能力や知識に基づく影響力の方が有効であった。言い換えれば，ライン権限より職能権限に基づく方が効果的であった。③ 統合者がいる場合には，統合者が中立的な志向をもっている場合に，業績がよかった。なぜなら，それによって，統合者は各部門を理解し，コミュニケートすることが可能だからであ

166　　第Ⅱ部　Organized（構造化・構造統制）の理論

る。④ 高業績の統合者ほど，個人業績や人間関係への対処能力よりも，製品グループ全体の業績に応じて，業績評価がなされていた。以上の結果は，表4-9に示されている。

(2) 多角化と組織——Lorsch & Allen の研究

Lorsch & Allen（1973）は，Lawrence & Lorsch（1967）の枠組みを適用して，多角化されたコングロマリット企業（C）と垂直統合された製紙企業（V）を比較している。ここでは，課業環境（不確実性，多様性，相互依存性）と高業績のCおよびVの組織選択（事業部の自律性，本社スタッフの規模，本社の決定事項）と決定のパターン（事業部の要求への本社の対応，影響力の分布，業績評価基準の明確性，結果と報酬との結びつき）の間には，以下のように一貫したパターンがあった。

第1に，課業環境（製品―市場 の多様性，全体の不確実性，本社―事業部 および事業部間の相互依存性，資金需要とその利用のパターン）について，高業績のCの課業環境は，多様で不確実性は高いが，相互依存性は低く，（高業績のため）借入能力は高かったが，資金の流れのパターンは不安定で，内部の資本投資は少なかった。これに対して，高業績のVの課業環境は，安定的な技術をもち，市場の不確実性と多様性は低いが，相互依存性は高く，木材の集積・製紙・加工という部門間の接触は多かった。

第2に，トップの組織選択について，次の3点が指摘された。① 高業績のCでは，本社は政策決定に専念し，事業部の業務活動に干渉しないので，事業部の自律性は高く，本社スタッフの規模も小さく，全体として連邦的なパターンであった。高業績のVでは，本社が事業部の長期計画にも参加するので，本社スタッフの規模は大きく，事業部の自律性は低かった。② 高業績のCでは，多様性を管理するための統合手段は事業部長グループであり，これはLawrence & Lorsch（1967）の統合手段の階層にあたる。[13] これに対して，高業績のVは，相互依存性を管理するための上級部門長（＝階層）だけでなく，部門の意思決定にも直接的・積極的な影響力をもち，より複雑な統合・調整のための手段をもっていた。③ 高業績のCでは，課業環境の不確実性・多様性が高いので，本社―事業部 間の分化の程度は高かったが，相互依存性は低いので，統合努力（管理者が部門間の統合のために使う労働時

間量）は少なく，単純な統合手段（＝階層）だけで，十分な統合がなされていた。高業績のVでは，環境の不確実性・多様性の低さに応じて分化の程度は低かったが，課業環境の相互依存性は高く，部門間の相互依存性も高いので，高い統合度の達成には，（階層以外の）多くの統合努力が必要であった。

第3に，本社─事業部 間の意思決定プロセスには，次の3つの特徴がみられた。① 高業績のCでは，課業環境の相互依存性が低く，資金需要が分散的なので，事業部の要求に対する本社の反応は早い。逆に高業績のVでは，課業環境の相互依存性が高く，資金需要も集中的なので，部門からの要求があっても，本社は，部門間の相互依存性を処理してからでないと反応できない。② 高業績のCでは，事業部の自律性が高いので，事業部の全般管理者（事業部長）の影響力が高い。高業績のVでは，部門間の相互依存性が高いので，諸部門間を束ねる上級部門長の影響力が高い。③ 業績評価システムには次のような違いがあった。高業績のCでは，課業環境が多様なので，各事業部に共通の明確な業績評価基準（e.g. ROI＝投資収益率）が必要であったが，相互依存性が低いため単独での評価が可能なので，財務／最終成果基準によって，効果的な評価ができた。これに対して高業績のVは不確実性・多様性が低いので，本社─部門 間の非公式な業績評価で十分であったが，部門間の相互依存性が高いので，部門単独の評価は困難であり，コストの抑制などの業務的／中間的な業績基準が強調されていた。

以上の差異とは逆に，統合役割の中立的志向，本社─事業部 間の影響力のバランス，徹底討議によるコンフリクト解決，情報の上方および下方への流れの質の確保は，Lawrence & Lorsch (1967) の場合と同じく，CとVの双方にとって共通に，有効な業績と結びついていた（表4-10）。

以上のLorsch & Allen（L & A）とLawrence & Lorsch（L & L）の研究の関連について，2点を指摘しておきたい。

第1に，L & Lでは，単一製品ライン（プラスチック，食品，コンテナ）を生産・販売する企業，すなわち職能部門制組織が比較された。これに対して，L & Aでは，複数の製品ラインを生産する企業が比較された。ただし，一方は，防衛財，生産財，耐久消費財という事業部間に直接の市場および技術の関連がないコングロマリット企業（C）であり，他方は，各部門間に密接な

表 4-10　環境の多様性，相互依存性と組織のパターン

		コングロマリット	垂直統合
環境の要求	多様性	高	低
	不確定性	高	低
	相互依存性	低	高
	資金の流れの不確実性	高	低
組織選択のパターン	事業部の自律性	高	低
	本社スタッフの規模	小	大
	本社スタッフの職能専門家の数	少	多
	本社の決定事項	政策決定	政策決定，業務決定への干渉
	統合手段の複雑性	低	高
意思決定のパターンと組織の状態	事業部の要求への反応	早	遅
	影響力の分布	均　等	トップ高く下部低い
	業績評価システム　基準の明確性	高	低
	結果と報酬の結びつき	直接的	間接的
	ウエートの高い基準	財務／結果	業務／中間
	分化	高	低
	統合努力	小	大

（出所）　Lorsch & Allen（1973）より作成。

技術的なつながりをもつ垂直統合企業（V）であった。Cは，事業部間に市場あるいは技術的な関連のある関連事業多角化を管理するのに適した事業部制組織とは異なり，事業部間の自律性がきわめて高い組織として，Vは，たとえばかつてのトヨタ自工とトヨタ自販のように，生産と販売の単位は，それぞれ別の会社であっても，基本的には職能部門制組織として，扱うことができる。

　第2に，これに関連して，L & Lでは，高不確実性→高分化→高統合→高業績 という枠組みになっているが，L & Aにおいて，表面的にみれば，Cでは 高不確実性（低相互依存性）→高分化→低統合（少ない統合手段）→高業績，Vでは 低不確実性（高相互依存性）→低分化→高統合（多い統合手段）→高業績 という枠組みとなっている。これは，コングロマリット企業では，課業環境を構成する下位環境間に相互依存性がなく，したがって，各事業部が自律的にそれぞれ自身の下位環境に対応すれば，会社全体として，それらを調整（統合）する必要がないことを意味している。これは「分化」

第4章　状況適合理論の生成と展開　169

をもたらす原因と「統合」を必要とする原因が違うためであると考えられる。職能部門間および事業部間の分化の必要性をもたらすのは，技術的関連性であり，統合を必要とするのは，組織全体の課業環境の性質であるためと考えられる。次項において，技術と課業環境の影響を分けてこれを論じる。

(3)　組織と個人——Lorsch & Morse の研究

　上述の状況適合理論では，環境と組織の適合が高業績をもたらすと主張された。しかし，環境に合わせて組織が適切にデザインされても（環境→組織），そこで，組織目的に向かって1人1人の成員が動機づけられる（組織→人間）かどうかは，論じられなかった。Lorsch & Morse（1973）は，従業員の人格特性（personality）との関連で，この問題を解明しようとしている。

　ここでは，高い不確実性に直面する高業績企業（医薬品，通信技術，医療器具）の研究開発部門と，低い不確実性に直面する高業績企業（コンテナ，家庭用品）の生産部門が比較される。

　第1に，外部環境と人格特性の間には，部門の業績の良し悪しに関わらず，次の関係がみられた。研究開発部門の課業環境の不確実性は高く，これを反映して従業員は，①高い「統合の複雑度」をもち，環境からの種々の情報を解釈して多くの代替案を評価する。②不確実で変化する状況をより好み，リスク志向をもつので，「曖昧さへの許容度」が高い。③「権威への従属」を嫌い，自律性を好む。④集団で働くよりも1人で働く方を好む「個人主義的態度」をもつ。これに対して不確実性の低い生産部門の従業員は，やはり部門の業績に関係なく，①「統合の複雑度」が低く，②「曖昧さへの許容度」が低く，③権威への従属度が高く，④他社に対する依存度の高い「個人主義的」でない態度を発展させる傾向があった。

　第2に，業績と，一種の達成感モティベーションである個人の「有能感（sense of competence）」の間には，次の関係がみられた。Lawrence & Lorsch（1967）では，課業環境（の不確実性）と組織の適合が高業績をもたらすとされたが，ここでは，各職能部門の外部環境と部門内部の組織が適合すれば，部門の業績が高いことが発見された。すなわち，研究開発部門の環境の不確実性は高く，主たる戦略上の問題である新製品や技術の開発に対応

表 4 - 11　研究所と製造工場の外部環境・成員の特性・内部環境

		研究所	製造工場
外部環境の不確定性		高	低
部門の業績		高	高
(成員の特性)			
統合の複雑度		高	低
曖昧さへの許容度		高	低
個人主義に対する態度		高	低
権威への従属に対する態度		低	高
有能感		高	高
(内部環境)			
時間志向		長	短
目標志向		科　学	技術―経済
影響力と統制	構造の公式性	低	高
	構造度の知覚	低	高
	影響力の分布	均　等	トップ高く下部低い
	発言力	大	小
	監督スタイル	参加的	指示的
作業活動の調整	公式構造による調整	低	高
	調整度の知覚	低	高
	コンフリクト解決	共同決定	共同決定

　(出所)　Lorsch & Morse（1973）より作成。

するために，成員の専門知識と自主的な判断に基づく影響力と発言力が必要
である。したがって，公式の規則と手続きが少なく，柔軟で制約のない公式
構造と，管理者―従業員間の，情報と意思決定責任を共有する参加的監督
スタイル，それを反映した均等な影響力の分布（＝分権）が，有効であった。
逆に，生産部門では，外部環境からの情報の不確実性が低いので，重要な問
題は，安定したルーティンな業務の効率を上げるべく，品質とコストを維持
することであった。そのため，規則と手続きの整った公式構造と，管理者に
影響力の集中した指示的な監督スタイル（＝集権）が，効果的であった（表
4 - 11）。

　こうして，第3に，次の結論が得られる。部門の環境と部門の組織が適合
したとき，各部門の業績は高かった。従業員は，業績と関係なく，部門に特
有の仕事に適した人格特性を発展させていたが，その「有能感」は，この部

図 4-8 環境―組織―個人 の適合

(出所) Lorsch & Morse (1973) より作成。

門が高業績のときにのみ高かった。したがって，(部門の) 外部環境―(部門の) 組織―人格特性 の3者が適合したときに，部門の成員は，有効な情報処理と意思決定が可能になる。これが高業績を導く強力な要因となる。成員が，その人格特性に適した部門の環境と部門組織を得るということは，成員に強い動機づけと達成感＝有能感を抱かせる。こうして高い業績に貢献しているという事実は，成員の有能感を高める。したがって，従業員と管理者は，積極的にこの適合を維持しようとする (図4-8)。

Lorsch & Morse (1974) の議論は，第1に，環境と組織が適合して業績が高いとき，成員の動機づけ (有能感) が高く，組織にコミットするような行動が確保される，と解釈できる。すなわち，組織 (構造) が人間行動 (組織過程，組織行動) を導くということである。その意味で，Lorsch & Morse (1974) の議論は，分析レベルが，Lawrence & Lorsch (1967) より一段低いが，環境→組織→人間 という，Open & 合理的モデルに従った論理である。

第2に，これまで人間関係論以来，動機づけが生産性をもたらす (動機づけ→生産性) と主張されてきたのに対し，ここでは，業績が動機づけをもたらす，すなわち生産性が動機づけをもたらす (生産性→動機づけ) という正反対の因果関係の可能性を示している。ホーソン実験では，参加的な監督スタイルが，高い生産性をもたらしたとされる。しかし，Weick (1969) では，反抗的な2人の従業員が解雇され，経済的に困っていた2人の女性が入ったことによって，生産性が上がり，それによって管理者は，それまでの権威主義的な監督スタイルを和らげたと解釈されている。これは，賃金が生産性上昇の源泉であること，高業績が参加的監督スタイルを可能にした，ということを示す。[15]

第3に，不確実性の低い部門での，単調で反復的な課業でも，高業績であ

れば，動機づけ（有能感）が高いとされることに対して，管理者レベルでは言えても，現場の一般従業員に妥当するかどうかには，問題があるかも知れない。これに関して，Weick（1969）は，次のように言っている。同じ単調作業でも，満足度を決定するのは，作業それ自体ではなく，作業によって除去される多義性の量であり，ボルト付け作業のような単調作業に，従業員が不満を示すのは，その作業に要求される技能が低く，完成品に対する自分の貢献の関連を知ることができないからである，と。敷衍すれば，単調作業でも従業員が満足を覚えるのは，会社における自分の役割と仕事の意味を見出し，自分の会社（の業績）への貢献を確認するときである。[16]

　したがって第4に，次のようにまとめることができる。Taylor 以来の研究（本書で言う Closed & 合理的モデルにおける個人レベルの研究）は，現場の技術システムを中心とした，生産性を強調する議論であり，その前提には，「経済人」的人間観がある。これに対して，人間関係論以来の研究（本書では，Closed & 自然体系モデル）は，現場の作業組織を社会システムとみて，満足を強調する議論であり，「社会人」という人間観を前提にしている，と。したがって，生産性と動機づけを結びつけるのは，課業の不確実性ではなく，与えられた課業の多義性の把持とその除去に関わる問題である。序章では，Closed & 合理的モデルの人間観を「経済人」，Closed & 自然体系モデルの人間観を「社会人」および「自己実現人」，Open & 合理的モデルの人間観を「複雑人」および「手段人」，Open & 自然体系モデルの人間観を「部分的包含人」と記した。Open & 合理的モデルも Open & 自然体系モデルも，一定の状況において，組織との関連で個人の意味を問う人間観と考えるなら，「意味充実人」という類型化が可能であろう（寺澤，2008）。

　以上，課業環境と組織過程に関する状況適合理論である Lawrence & Lorsch（L & L），Lorsch & Allen（L & A），Lorsch & Morse（L & M）の議論を概観した。第1に，L & L の分析単位は，単一製品を製造・販売している職能部門制組織をとる企業であり，そこでの 課業環境―職能部門制組織―職能部門 の関係が問題とされた。L & A の分析単位は，多角化された事業部制組織（コングロマリット企業と垂直統合された多角化企業）であり，

第4章　状況適合理論の生成と展開　　**173**

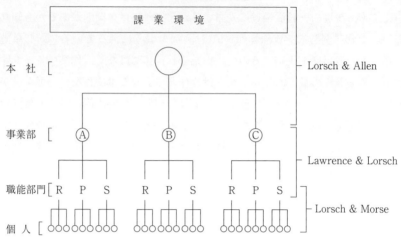

図 4-9 課業環境と組織過程

そこでの 課業環境―事業部制組織（本社）―事業部 の関係が論じられた。L ＆ M の分析単位は職能部門（生産部門と研究開発部門）であり，そこでの部門の 課業環境―部門の組織―部門内の個人 の関係が取り上げられた。この3つの研究を関連づけると，多角化された企業（の本社）―1つの製品ラインを生産・販売する事業部―職能部門―個人，というレベルで，体系的に状況適合理論，すなわち（課業）環境と組織（過程）が適合すれば，業績が高いという主張が，確認される（図4-9）。

　第2に，技術論者が技術と組織構造の関係に焦点を当てるのに対し，L ＆ L らの議論では，課業環境の不確実性と組織過程（分化と統合）の関係にもっぱら注目している。分化の指標である目標志向，対人関係志向，時間志向はいずれも管理者の行動に関連する指標であり，「組織過程」に関係する。ただし，構造度という指標だけは「組織構造」であり，いわゆる標準化（手続きの有無）に関連している。また，統合のための工夫は，統合手段（役割，チーム，統合部門）とコンフリクト解決の2つであるが，いずれも「組織過程」である。ただし，基本的な統合手段である階層は，「組織構造」に含まれる。L＆Lらの議論は，したがって課業環境と「組織過程」の関係を問題にするものである。次の2点に注意すべきである。

174　第Ⅱ部　Organized（構造化・構造統制）の理論

1つ目は，技術論が組織構造を，課業環境論が組織過程に焦点を当てているとしても，両者とも組織構造あるいは組織過程，すなわち，組織が人間行動を規制するという立場である。これが，Open & 合理的モデルである状況適合理論が，環境→組織→人間 という因果関係をもつということの意味である。ここに，環境とは，技術（内部環境）と，課業環境（外部環境）である。状況適合理論は，環境と組織が適合すれば業績がよい，と主張するとまとめることができる。言い換えれば，状況適合理論は，環境―組織―業績（E―O―P）パラダイムであるということである。組織→人間 という因果関係は，人間を変えることによって組織を変える（人間→組織）組織開発ではなく，組織を形成することによって人間行動を規制するという組織デザインが問題であることを示す。

　2つ目は，経営管理過程論では階層による統合が，人間関係論では非公式組織による調整が強調された。L & L らの研究では，「公式の」統合手段による統合が図られる。表4-9における統合手段をみると，課業環境の不確実性が増大するほど，階層だけでなく，役割，チーム，統合部門などの「公式の」水平的な関係による統合・調整が必要とされる。Fayol の「渡り板の原理」は，「非公式の」調整手段であった。状況適合理論では，「公式の」水平的関係による統合が，必要とされる。ただし，これはあくまでも，組織過程による統合である。この，統合手段という組織過程による統合が進めば，どうなるのか。高業績のプラスチック企業の組織構造は，どこに向かっているのか。

　L & L では，プラスチック，食品，コンテナそれぞれの企業は，単一製品ラインを生産・販売する，職能部門制組織である。L & A では，垂直統合企業（＝職能部門制組織）と，コングロマリット企業（＝事業部制組織）が比較されている。L & M では，研究開発部門と生産部門が比較されている。

　基本的に，ここでは，職能部門制組織の職能部門間（e.g. 生産部門と研究開発部門の間）に，公式の統合手段という組織過程が，付加されている。事業部制組織は，事業部間の共同的相互依存性を，総合本社という階層によって，統合している。したがって，職能部門制組織に公式の統合手段を加えることによって，新しい組織構造（組織形態）が出現するかどうかが，状況適合理

第4章　状況適合理論の生成と展開　**175**

論が，新しい組織像を提示しているかどうかのポイントとなる。

第3に，L＆Lらの議論は，現時点における組織間の差異を問題にする，いわばクロス・セクショナルな，共時的な研究である。技術論では，Woodwardの研究は技術形態の変化（単品・小バッチ生産→大バッチ・大量生産→装置生産）を扱う経時的な変化，Perrowの研究は現時点での技術の複雑さの差異（ルーティン，工学，クラフト，ノン・ルーティン）を問題にする共時的な研究である。状況適合理論は，一般的に，現状での組織間の差異を分析する共時的な研究がほとんどである。したがって，今後は経時的な研究が必要である。ただし，Lawrence & Lorsch（1967）では，将来は課業環境の不確実性が増大し，高業績のプラスチック企業のような組織のあり方が，他の企業でも支配的になるであろうと，述べている。ここには，共時的な研究と経時的な研究の「同型性」が前提されている，と考えることができる。

第4に，技術論と課業環境論の間の差異である。両者とも，技術（内部環境）や課業環境（外部環境）と組織（構造や過程）が適合するとき，高業績になるという点では同じであり，環境と組織が適合すれば高業績になる，というのが状況適合理論の主張である。

しかし，技術論者のPerrow（1974）は，次のように言っている。企業の採用する技術の性質によって，組織構造が規定される。技術が大規模化・高額化するなら，パワーをもった大企業は，管理価格，カルテル，広告，政治献金などを通じて環境の不確実性を回避し，環境の進化を固定化させる。専門技術をもった作業者の比率は依然として高くないこと，分権制や技術革新もそれほど進んでいないこと，ほとんどの企業はルーティン技術を採用していること，は，こうした環境の固定化を示している，と。[18]

また，Lawrence & Lorsch（1967）では，課業環境の不確実性・多様性が分化の程度に影響を与えると同時に，統合の程度にも影響を与えるとされている。すなわち，課業環境の不確実性が高いほど分化の程度（目標志向，時間志向，対人関係志向，構造度）は高い。さらに，分化の程度が高いほど，統合（環境の要求する努力の統一）が複雑になる（階層と階層以外の公式の統合手段）ことが必要になる。逆に，専門化（＝職能分化）は，ルーティンな技術をもった課業を効率的に遂行するために，専門化（＝職能分化），すなわちヨ

コの分業が必要とされる。技術論では，技術のあり方が分化の程度に影響を
与えるとされる。

　以上のように考えるなら，技術と課業環境の両方を考慮に入れて，それが
組織に与える影響を区別して論じる枠組みが必要である。

1-4　課業と組織デザイン

(1)　技術・課業環境と組織デザイン——Thompson の研究

　Open & 合理的モデルとしての状況適合理論は，環境（＝状況要因）と組
織の適合が，当該組織に高業績をもたらすと主張した。技術論（本章1-2）
では，状況要因は技術（の複雑性）であり，課業環境論（本章1-3）では，課
業環境（の不確実性）が状況要因であった。

　しかし，既に見たごとく，技術はルーティンでも課業環境は不確実であり
得るし，技術は複雑でも課業環境の不確実性は低いこともある。Woodward
(1965) では，装置生産は複雑な技術であり，Lawrence & Lorsch (1967) の
プラスチック企業は，同じく装置生産技術であるが，課業環境の不確実性は
高かった。Woodward (1965) では，装置生産技術の生産プロセスは，研究
開発→マーケティング→生産 であった。したがってそこでは，中核の職能
＝マーケティングが重要で，そのために販売部門が大きなパワーをもってい
た。これに対して課業環境の不確実性の高いプラスチック企業では，分化の
程度が高く，そのために統合が困難で，階層以外に種々の水平的関係（＝公
式の統合メカニズム）が必要であった。すなわち，研究開発部門と生産部門，
研究開発部門と販売部門の間の交互的相互依存性を適切に処理することが要
求された（図4-6，表4-9参照）。結果的にこの相互依存性は，統合者およ
び統合部門という公式の統合メカニズムで処理されることとなるが，同じく
複雑な装置生産技術でありながら，Woodward (1965) では販売部門が，
Lawrence & Lorsch (1967) では研究開発部門が，重要な役割をもっていた。
Woodward (1965) のもっとも単純な単品・小バッチ生産技術の生産プロセ
スが マーケティング→研究開発→生産 であり，研究開発部門がもっとも重
要な職能であったことと，対照的である。

　これは，技術が職能部門間（の影響力分布）に与える影響と，課業環境が

第4章　状況適合理論の生成と展開　　**177**

職能部門間（の統合）に与える影響とが違うためであろう。技術と課業環境という2つの状況要因が組織に与える影響を，区別して論じることが必要である。状況適合理論では，技術（＝内部環境）と課業環境（＝外部環境）が区別されることなく，「環境と組織が適合すれば業績がよい」と主張された。Thompson（1967）は，技術と課業環境を，それぞれ別の状況要因と考えて，そこでの組織デザインのあり方を分析している。

　Thompson（1967）にとって，状況要因（contingencies）とは，統制可能な内部変数（variables）でも統制不可能な制約要因（constraints）でもなく，組織にとって，回避したり吸収したりする必要のある不確実性を与える要因である。

　第1に，組織研究には2つのアプローチがある。まず，Closed System Approach は，組織を合理的モデルとみて，目標達成に関連する変数のみを導入して確実性を追求する。ここでは，画一的な統制に沿って，目的に対する最適の手段が採用される。科学的管理論，経営管理過程論，官僚制理論がここに当てはまる。また，Open Systems Approach は，組織を自然体系モデルとみて，目的達成ではなく，生存が分析の焦点となる。組織と環境との相互依存性を認めるため，組織は不確実性に直面する。ここには，人間関係論，Barnard 理論が当てはまる。

　Simon，March，Cyert などの新古典派的アプローチは，組織を Open System とみて，不確実性に直面していることを認めるが，同時に合理性基準にも従い，それゆえに確実性をも必要とする。こうして Thompson は，技術と課業環境が不確実性の源泉であり，この両者にどう配慮するかが組織に差異をもたらす，と主張する。

　第2に，企業活動の中核をなす技術には，媒介技術，連続技術，集約技術の3種類がある。媒介技術は，部門間に共同的相互依存性をもたらすので，標準化によって調整される。こうして，この共同的相互依存性は，標準を設定する上位部門（＝階層）によって調整される（図4-5参照）。連続技術は，部門間に逐次的相互依存性をもたらすので，スケジューリングによって調整される。したがって，逐次的相互依存性は，部門間の相互依存の順序（どの部門がインプットで，どの部門がアウトプットか）を画定することによって調

178　　第Ⅱ部　Organized（構造化・構造統制）の理論

表 4 - 12　環境内の制約の削減

	組織内	環境内
変　動 制　約	緩　衝 予測と適応	平準化 割　当

(出所)　Kamps & Polos (1999)。

整される（図4-5参照）。最後に集約技術は，部門間に交互的相互依存性を
もたらすので，相互調節（フィードバック）によって調整することが必要に
なる。ここでは，両部門が同時にインプットでありアウトプットであるとい
う関係である（図4-5参照）。

　こうして，中核技術の性質によって，部門間の相互依存性とそれを調整す
る手段が決まることになる。

　第3に，課業環境は，具体的には，組織にとって取引を行う他の組織群を
意味している。組織は，他の組織への依存性を処理して，不確実性を回避す
ることが必要になる。そのために，組織はできるだけ自律性を確保してパワ
ーを得るための，さまざまな戦略（環境操作戦略）をとる。競争，評判（ブ
ランド），契約（contracting），役員の導入（co-opting），連合（coalescing），課
業環境の拡大を行う。競争と評判は，他の組織の支持を求めて，組織が単独
で行う手段である。契約，役員の導入，連合は，他組織との協調によって，
不確実性を回避する方策である。

　Kamps & Polos (1999) は，Thompson (1967) の，主に第2章「組織に
おける合理性」を検討して，表4-12のように整理している。

　組織は，その合理性を確保するために，環境の影響から，核心技術（技術
的合理性）を密封しようとする。緩衝（buffering），取引の平準化（smooth-
ing, leveling），予測・適応（forecasting），割当（rationing）がこれにあたる。
緩衝および予測・適応は，環境の変動や制約に対して，組織内部でこれに対
応する方策である。平準化は，環境の特定要素に働きかけて，環境の変動を
減少させようとする方策である。緩衝，平準化，予測によって，核心技術を
環境変動から密封できないなら，割当を行って，能力や資源を配分する優先
順位をつけることができる（Thompson, 1967）。

　第4に，組織は，課業環境への依存性から生じる不確実性を，以上の3つ

の方策（競争などの単独の行為，他組織との協調，核心技術を保護して組織合理性を確保する方策）によって回避できるなら，既存の組織構造によって技術的合理性を確保しようとする。しかし，それができないなら，技術と課業環境を適合させるような新しい組織デザインへと，組織を変革する。

　まず，課業環境が安定的なために，スケジューリングによって調整できるなら，職能部門制組織が採用される。課業環境の不確実性が増大しても，緩衝，平準化，予測によって核心技術を課業環境の変動から隔離できるなら，この組織形態は有効である。

　次に，環境が動態的で，核心技術と対境部門が交互的相互依存の状態にあるなら，両者をまとめて独自の活動領域をもつ自己充足的な単位に分割することが効果的である。これは，一般的に事業部制組織と呼ばれるものである。

　最後に，技術変化が早く環境が複雑で動態的なら，一方で職能別の専門化（職能部門制組織）に基礎を置いて効率的に通常業務を遂行しながら，他方でこの専門化された職能部門から，特定の製品やプロジェクトのために人員を選抜して，たとえばタスク・フォースへと展開することができる。

　Thompson の主張は，組織に影響を与える状況要因として，技術と課業環境の2つを同時に考え，その相互作用から組織を動態的にデザインしようとする試みである。技術が組織構造に与える影響と，課業環境が組織過程に与える影響は異なる。この2つの状況要因を同時に考慮したことは，Thompson（1967）の第1の功績であり，その意義は，いくら強調しても強調し過ぎることはない。

　第2は，組織デザインの枠組みを提示したことである。職能部門制組織，事業部制組織，職能部門制組織＋タスク・フォース がそれである。これは，複雑で動態的な課業環境に対処するための組織デザインであり，Perrow（1967）の，ノン・ルーティン技術における集権的かつ分権的（polycentralized）組織，および Lawrence & Lorsch（1967）における不確実性の高いプラスチック企業の，職能部門制組織の上に多くの公式の統合メカニズム（統合者や統合部門）を付加した，分化も統合もレベルの高い組織，と類似した組織である。

　第3に，課業環境要素への依存性を処理して不確実性を回避する方策は，

組織デザインが何らかのメカニズムを作って不確実性を吸収する方策（環境→組織）とは異なる。これらは，組織が環境に働きかける方策（組織→環境）であり，環境操作戦略と称することができる。組織デザインが情報の不確実性を問題にするのに対し，資源をもつ他の組織への依存性を処理する方策であり，Pfeffer & Salancik（1978）で，一応の確立をみた資源依存モデルの嚆矢であった。

　ただし，Thompson（1967）には，次の２つの問題がある。第１は，組織デザインの枠組みが示され，技術の複雑性が高い状況（Perrow, 1967）での組織，課業環境の不確実性の高い状況での組織（Lawrence & Lorsch, 1967）と同じ組織像（職能部門制組織＋タスク・フォース）が提示されている。すなわち，集権と分権が同時に存在する組織，したがって多様な分化と，階層および公式の統合メカニズム（水平的関係）による統合が同時に存在する組織像が，問題にされている。しかしこの組織が，最終的にどのような組織（形態）と呼ばれるのかは，不明である。

　第２に，課業環境の影響は，競争，評判，契約，役員の導入，連合という，他組織への依存性を処理する組織間関係の構築によって，対処される。ここには，Lawrence & Lorsch（1967）におけるような，課業環境の不確実性が組織過程（分化と統合）に与える影響は，論じられていない。これは１つには，合理的モデルと Closed System Approach が，自然体系モデルと Open Systems Approach がそれぞれ同一視され，技術と組織構造（部門間関係）および環境への対処としての環境操作戦略が問題にされても，課業環境に適合した組織過程のあり方が問題にされていないせいであろう。組織デザインと環境操作戦略を区別して，これを体系的に整理することが必要である。

(2)　課業の不確実性と組織デザイン――Galbraith の研究

　Galbraith（1972, 1973）は，Thompson の影響を受けて，技術と課業環境は，課業の不確実性（課業の遂行に必要な情報量から組織が既にもっている情報量を引いたもの）をもたらすと考え，このための情報処理という視点から，組織デザイン論を体系的に展開した。

　第１に，課業の不確実性が低い場合には，組織は，階層，ルール，目標設定[20]によって対処する。階層は，対立する単位に対して，より包括的・全体

的な立場から，共通の利害・目標を達成する普遍的な方法である。ルールは，インプット（手段）を前もって定めることによって，繰り返し発生する問題に対応する方法である。目標設定は，手段がはっきりしないような不確実性がある場合に，アウトプット（必要な業績水準）を設定し，それを達成する手段を，個々人の，状況に応じた裁量に任せる方法である。以上の3つが，課業の不確実性に対処する，特に不確実性が低い場合に採用される，基本的な方法である。

　第2に，さらに不確実性が高くなると，組織は，大きく2つの方法でこれに対処する。1つは，情報処理の必要性を削減する方法である。ここにはスラックと自立的な課業の統括（典型的な方法は事業部制組織）の2つがある。情報処理の必要性を削減する方法は，単位間の相互依存性をなくする，言い換えれば，共同的相互依存性を作る方法であり，組織をLCS（Loosely Coupled System）にする方法である。

　もう1つは，情報処理能力を増大させる方法である。これは相互依存性を処理する新しい単位を作る方法であり，いわばTCS（Tightly Coupled System）を作る方法である。ここには，コンピュータなどを使って，情報処理を集中的・大量に行う垂直的情報システムの充実と，水平的関係（＝公式の統合メカニズム）の確立がある。後者には，①個人的に統合を図る直接の接触と専門的な連絡役，②異なる専門の人々が集まってグループを形成することにより問題を解決する，タスク・フォースとチーム，③階層によって，すなわち新しい管理者によって統合する，統合者と統合部門（複数の統合者を管理する階層・部門）がある。さらに，統合が進めば，二重の権限関係が公式化されて，マトリックス組織になる。

　以上の組織デザインを図示すれば，図4-10のようになる。

　Galbraith（1971）は，Thompson（1967）を受け継いで，技術と課業環境がもたらす不確実性は，課業の遂行に際して直接の影響をもたらすと考え，組織デザインを体系化した。[21]

　第1に，組織を情報処理システムと考え，不確実性の増大に連れて情報処理が困難になるので，複雑な情報処理メカニズムが必要になり，こうして組織は複雑になってゆく。この段階を順次示したものが，彼の言う組織デザイ

182　　第Ⅱ部　Organized（構造化・構造統制）の理論

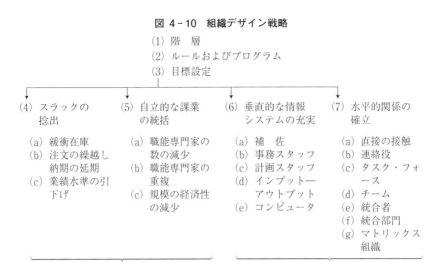

ンである。

　第2に，技術が複雑になり，課業環境の不確実性が高くなるにつれて，複雑な組織が必要になる。Perrow (1967) では，ノンルーティン技術に対して，集権的かつ分権的な (polycentralized) 組織が，Lawrence & Lorsch (1967) では，課業環境の不確実性の高いプラスチック企業では，職能部門制組織に，ここで言う「水平的関係」＝公式の統合メカニズム（役割＝連絡役，チーム，統合部門）が付け加えられた複雑な組織が必要とされた。Fayolの「渡り板の原理」では，ラインの階層的コミュニケーションを補完する「非公式の水平的関係」の必要性が提示されたが，状況適合理論では，公式の水平的関係が体系的に論じられた。Galbraith は，この公式の水平的関係を，順次，直接の接触，連絡役，タスク・フォース，チーム，統合者，統合部門と体系化し，その最終形態として，マトリックス組織という新しい組織像を提示したのである。したがって，職能部門制組織―マトリック組織（公式の水平的関係を伴う，二重の権限関係をもつ組織）―事業部制組織 の関係が，図4-11のように示されることになる。

　第3に，職能部門制組織からマトリックス組織への移行のプロセスが，具

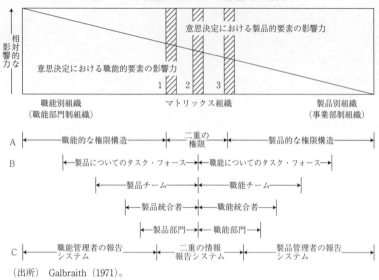

（出所） Galbraith (1971).

体的に分析された。これはまた，一般に静態的であると言われる状況適合理論が，組織変化のプロセスを動態的に分析する可能性を示したものである。[22]

　まず，毎年の生産ラインに変化がなく，一定の業績をあげている職能部門制組織が前提される。ここに，新しい原材料・新しいデザインの新製品をもった競争者が現れる。これに対して，職能部門間の調整（＝水平的関係）を行って，下部での，製品に関する意思決定量を増大させながら，全社的な視野をもつ全般管理者を採用することによって対応する，という対策がとられる。

　この企業では，新しい原料についての経験が不足していたため，これまでの方法（階層，目標設定，直接の接触，連絡役）では，スケジュールの遅れが目立ち始めた。こうして，主要職能部門の代表者が共同決定に参加できるようなグループが形成された。これがタスク・フォースである。次に，競争者がさらなるデザイン開発を行ったため，継続的な対応が必要になり，一時的なタスク・フォースでは，計画的な製品デザインの開発・再開発が困難になり，主要な製品ラインの周りに，全ての職能の代表者からなるチームが形成され，継続的な調整が可能となった（チーム）。

新製品導入への圧力がさらに増大すると，継続的に革新・競争を行ってい
くために，高度な専門技術者が必要になる。しかし，チームを構成する専門
技術者のパーソナリティの差が大きいと，コンフリクトの解決は困難になる。
こうして，全般管理者の視野をもった技術的に優秀な人物が，製品管理者と
して，職能部門間の共同決定プロセスを調整する。これが統合者である。さ
らに，新製品導入数が増大し，多くのスタッフが必要となった場合，製品管
理者は，製品別組織（＝事業部制組織）への変更を提案することがある。し
かし，この改編によって，技術的専門化と規模の経済性の損失が深刻なら，
技術グループによる革新プロセスの遂行と，製品および職能の両方に基づく
情報システムを維持するために，製品管理部門（＝統合部門）が形成される。
　さらに高度な技術水準と，絶え間ない新製品革新が要求されると，補助製
品管理者が，一方では担当職能の代表者として製品チームの会合に参加しな
がら，他方で職能部門内部における担当の製品ラインを代表することにより，
技術者のモラールと専門技術への専念を確保しながら，下部レベルでの製品
志向を増大させることができる。ここに，補助製品管理者は，職能管理者と
製品管理者の双方に報告するという，二重の権限構造が確立される。これが
マトリックス組織である。

　ただし，Galbraith には，次の問題がある。第 1 に，Thompson（1967）で
は，技術と課業環境という 2 つの状況要因が組織に与える影響が，区別して
論じられていた。Galbraith では，この 2 つの状況要因の影響が区別される
ことなく，課業に影響を与える時点でのみ，問題とされた。

　Woodward（1965）と Perrow（1968）では技術と組織構造の関係が，
Lawrence & Lorsch（1967）では課業環境と組織過程（分化と統合）の関係が，
Thompson（1967）では技術と組織構造（部門間の相互依存性）および課業環
境と環境操作戦略の関係が，論じられた。課業の不確実性に影響を与えるの
は，技術と課業環境である。この両者が，組織構造，組織過程，環境操作戦
略に与える影響を，明らかにすることが必要である。Thompson は，課業環
境が 4 つのタイプ（同質―安定，異質―安定，不安定―同質，不安的―異質）
に分類され，① 安定的な課業環境で環境操作戦略によって核心技術を隔離
できるなら職能部門制組織が，② 不安定な課業環境では部分的な課業環境

第 4 章　状況適合理論の生成と展開　　**185**

とそれに対応する部分的な技術とを交互的な相互依存性で自立的な課業群に統括できる場合には事業部制組織が，③課業環境が複雑で変動的でかつ技術変化が早い場合にはタスク・フォースやプロジェクト管理が，それぞれ必要であると述べている。

①は，1つの事業の下で，職能部門（研究開発部門，生産部門，販売部門）を統合する垂直統合戦略の問題であり，ここでは技術への対処が優先される。②は，1つ1つの事業を職能部門制組織に編成し，事業の全体を本社が調整することが必要な多角化戦略の問題であり，ここでは課業環境への対応が優先される。③では，技術と課業環境の両方の要因が同時に重視される。したがって，環境のマクロな性質の分類と，そこでの戦略に則して，技術と課業環境の両方の要求に効果的に応えうる組織のあり方を体系的に説明する必要がある。これが組織の編成原理に基づく組織デザインの問題である。

第2は，組織デザインのあり方が体系化されており，それぞれが代替的な組織デザインの方策とされている（図4-10参照）。しかし，在庫を典型とするスラックとコンピュータによる垂直情報システムは，どんな組織形態においても採用できる。その意味で真に代替的な組織デザインの方策は，情報処理の必要性を削減して相互依存性をなくす（共同的相互依存性）自立的課業の統括と，水平的関係（交互的相互依存性）の確立である。すなわち自立的に課業を統括して事業部制組織を作るか，部門間に公式の水平的関係を付加してマトリックス組織を作るか，である。職能部門制組織を前提として，その上で，事業部制組織を採用（情報処理の必要性を削減して相互依存性を切断）するか，マトリックス組織を導入（情報処理の必要性に対して情報処理能力を増大）するか，この2つが，Galbraith にとって，組織デザインの代替的選択と言うべきである。

第3は，新しい組織像としてマトリックス組織が提唱されているが，その位置づけは不明確である。①職能部門制組織から事業部制組織への移行は，不連続である必要はなく，漸進的な進化であってよい。図4-11に示されているように，マトリックス組織は統合メカニズムを付加して連続的にマトリックス組織に移行できるとしている（Galbraith & Nathanson, 1978）。逆に，他方で，戦略，課業，組織構造，情報および意思決定プロセス，報酬システ

186　　第Ⅱ部　Organized（構造化・構造統制）の理論

ム，人間という諸要因の多元的な適合が高業績の原因であるとされ，1つの組織形態は，それぞれの要因が適合的に組み合わさったものであるので，ある組織形態には，特有の「生活様式」があり，したがってある組織形態から別の組織形態への移行は不連続であり，この発展は段階的になると主張されている。彼らの発展段階モデルには，国際化という新たな段階に応じた組織変化の様態は記されているが，ここにマトリックス組織は位置づけられていない。それにもかかわらず，② 新しい発展段階は，組織に多様性をもたらす新しい要因が増えることであり，その多様性をもたらすそれぞれの要因ごとに，新しい階層が付け加えられること，③ マトリック組織は，多様性の複数の次元に同時に同じレベルで答えるための新しい組織タイプであること，が述べられている。

組織デザインおよび組織の発展段階モデルにおける，マトリック組織の位置付けを明確にすべきである。

以上，3つのタイプの状況適合理論を紹介して，技術（＝内部環境）と課業環境（＝外部環境）の組織への影響を体系的に論じた。① 技術—組織構造 の適合が高業績，② 課業環境と組織過程の適合が高業績であること，③ 両方の要因を考えて組織デザインを行うことが高業績をもたらすことがわかった。これらをまとめると，環境と組織の適合が高業績もたらすということになる。これが状況適合理論の基本的主張である。この意味で，状況適合理論は，環境（内部環境と外部環境）—組織（組織構造と組織過程）—業績（E—O—P）パラダイムであると言うことができる。

1-5 文化と組織——日本的経営

環境には3つのレベルがあった。内部環境（技術，規模），特定環境（課業環境，組織セット，活動領域）と全体環境（文化，社会構造）がそれである。状況適合理論では，もっぱら環境（内部環境および課業環境）から組織への影響が論じられたので，環境決定論であるという批判を受けることになった。特定環境のうち，課業環境から組織への影響を扱ったものが組織デザイン（Open & 合理的モデル）であり，逆に組織から特定環境への影響を問題にす

るのが，環境操作戦略（Open & 自然体系モデル）である。

　ここでは，全体環境と組織の環境に焦点を当てた研究を紹介する。その際特に，文化の，組織への影響を取り上げ，日本的経営との関連を明らかにする。すなわち，文化という環境への適応という形で，文化と組織の関連を論じる。ただし，これまでの状況適合理論では，この全体環境については，議論が進んでいない。

(1) 普遍性と特殊性

　Ruedi & Lawrence (1970) は，同じような技術と市場をもつドイツとアメリカのプラスチック企業を比較して，両者の組織上の差異は，文化の差異を反映したものであると主張した。すなわち，ドイツ企業は，次のような組織特性をもっていた。

　第1に，各職能部門の時間志向，目標志向は類似しており，したがって分化の程度は低く，画一化の傾向があった。第2に，一般的には上からの統制が主で，水平的な調整は，最上位の階層でのみ行われていた。これに対してアメリカ企業では，いくつかの階層レベルで，職能間のチームによる水平的コミュニケーションが確立されていた。第3に，上級経営者の強制によるコンフリクト解決が，一般的であった。

　以上の特性は，上下の人間関係を重視し，公式の場での安定的な人間関係を好み，グループ活動より個人活動に意を注ぎ，仕事における達成動機より権力への欲求を重視するドイツ人の文化的特性を反映している。こうして，伝統的な文化に根ざして，トップが究極の権限をもつため，下位における職能部門間の統合が欠如しており，課業環境の不確実性が高いプラスチック企業に必要とされる高度な統合が十分に達成されていなかった。

　これに対して，Aston 研究は，アメリカ，カナダ，日本，スウェーデン，西ドイツ，ポーランド，ヨルダン，エジプト，インドの諸企業を調査して比較を行い，文化は組織に直接の影響を与えず，国別の文化差異よりも，規模と依存性というコンテクスト変数のほうが，組織構造の説明変数として重要であると主張した。すなわち，国別の差異にもかかわらず，規模と公式化および専門化との正の相関，規模と集権化との負の相関，親会社の規模と公式化および専門化との正の相関，依存性と公式化および集権化との正の相関は，

188　　第Ⅱ部　Organized（構造化・構造統制）の理論

どこの国にも共通に見られた。したがって、コンテクストは選択可能であり、この選択には文化の影響があるとしても、いったんコンテクストが選択されると、組織構造を制約する要因となると主張された（Hickson & McMillan, 1981）。

これを享けて安積（1979）は、技術、規模、組織の地位（親会社—子会社関係が単独の独立の会社かの程度）という3つの主要な状況要因をコントロールして、イギリス、スウェーデン、日本の3国における組織構造を比較した。その結果、集権化、全体の公式化、役割定義の公式化、専門化、階層数、最高経営者の統制範囲、という組織構造変数の平均値には、3国間で有意な差はみられなかった。さらに集権化の程度について、組織全体に関する決定事項は最上位で、個人に関する決定事項は下位で、組織の一部に関する事項は中間で決定されており、3国とも共通のパターンであった。また組織構造変数間の関係についても、集権度と階層数の間には負の相関、集権化および専門化と最高経営者の統制範囲との間には正の相関が、共通にみられた。

ただし、集権化と公式化の間の相関は弱かったが、イギリスでは負、スウェーデンおよび日本では正、の相関があった。

Tayeb（1987）は、Aston 研究が、僅かな組織構造変数（集権化、専門化、公式化）と状況変数（規模、技術、依存性）しか考慮しておらず、これらの組織構造変数は、文化の影響を敏感に反映する変数ではないと述べて、イギリスとインドの、電子機器、化学製品、医薬品、製菓、醸造業、スウィーツ、コンピュータの7産業からそれぞれ2社ずつ計14社を対象に、状況変数（技術変化、規模、組織の地位、所有、統制、設立年数、市場占有率）と組織構造変数（集権化、権限委譲、共同決定、公式化、専門化、トップの統制範囲、上司とのコミュニケーション、部下とのコミュニケーション、同僚とのコミュニケーション、他部門の人々とのコミュニケーション、会社外の人々とのコミュニケーション）との関係を調べた。

第1に、一般に状況変数は組織構造を決める重要な要因であったが、状況適合理論および文化に関連のない普遍的な議論は、ある程度の支持しか得られず、両国の差異は、完全には説明できなかった。

第2に、状況が同じなら、結果的には組織構造も同じであると言えるが、

どのような手段で状況変数に対処するかは異なっていた。たとえば，両国の集権化の程度は同じであったが，次の点で異なっていた。イギリスでは，上位レベルで最終的な決定が行われる前に，話し合いと権限委譲があった。こうした水平的なコミュニケーションへの信頼は，民主主義的な価値観や参加への関心によるものであった。これに対してインドでは，上級経営者は部下と話し合いをすることはほとんどなかったが，こうした垂直的なコミュニケーションの重視は，上司から命令が与えられ，部下はそれに服従するという権威主義的なインドの文化によるものであった。これらの結果は，社会—文化的な差異を反映したものと考えられる。

　ただし第3に，文化ではなく，当該国の政治的・経済的事情を反映した差異もあった。たとえば，イギリスの企業では，財務上の決定は集権的で，業務上の決定は分権的であったが，これはイギリスの厳しい財政状態とより競争的な市場環境によるものである。逆にインド企業では，業務上の決定はより集権的であったが，これは，階級構造に基づく労使関係や読み書き能力の低さによるものである。

　環境レベル（内部環境，特定環境，全体環境）を識別して，そこにおける組織の環境適応という視点から考えると，Aston 研究では，コンテクスト（内部環境）の影響が大であり，文化の影響はほとんどみられないこと，Tayeb (1987) では，コンテクスト，課業環境，全体環境の影響がみられ，全体環境のレベルでも，文化の影響だけでなく，その国の制度的環境（＝社会構造に該当）の影響もみられること，Ruedi & Lawrence (1970) では，同じく高業績のプラスチック企業でも，ドイツでは，アメリカの企業に比べて，よりトップダウンであり，上下の権限関係の影響が強かったことなど，ドイツの文化的特徴があったこと，が指摘された。

　以上のように整理するなら，内部環境，特定環境，その国の制度的環境（＝全体環境）を区別して，文化の環境を論じることが必要である。言い換えれば，文化以外の環境の影響は同じでも，なお組織の対応が異なれば，それは文化という環境の影響であると考えることができる。言い換えれば，日本的経営とは，文化以外の環境への対応は，どの国も同じで普遍的であっても，文化という環境が，他の国と違って特殊であるため，それへの対応が異なる，

という意味である。

　以下，第1に，アメリカにおける経営組織との比較で日本のそれとの異同を論じ，その普遍性と特殊性あるいは類似性と差異を明らかにする。第2に，日本企業が海外で，いわゆる日本的経営を基礎にしながら，現地（の文化）に，どのように適応しているかを検討する。

(2)　経営組織と日本的経営

　序章での経営組織の発展段階モデルに基づいて，日本におけるライン＆スタッフ組織，職能部門制組織，事業部制組織の展開を，小野（1979）に即して整理すると次のことが言える。

　第1に，1950年頃までは，稟議制度と直接統制システムの時代である。ここでは，管理職能は未分化で，各職位の権限規定もあいまいであった。本社―工場 という分化のみがあり，本社は包括的な権限をもち，非公式な重役会がトップ・マネジメントを構成し，工場は，社長の集権的統制の下で，工場長によって統制された。この意味で，本社―工場 関係は，一種の機能的ライン関係であった。これは基本的には，戦前からの稟議制度の拡張であり，① 社長が直接決裁を行う集権的統制であり，（稟議による）参加はあっても，業務の分割であり，分権ではない。② ラインとスタッフの区別はあいまいで，部門長は社長への助言を行うと共に，工場長に対して，直接の職能的権限をもっていた。

　稟議制度についての，日本生産性本部（1971），関西生産性本部（1965, 1970, 1975, 1980），経済同友会（1964, 1980）の調査を見ると，以下のことがわかる。

　まず，稟議制度の採用は1950年以前であり，会社創立当初から採用されている。次に，その機能は手続き・報告システム，権限の明確化・委譲と考えられている。さらに，ボトムアップであると同時に，事前にトップの了解ないしガイドラインがあるとされている。

　以上のような特徴を体現しているのが，総務部である。総務部の職務は，次の3つである。1つ目は，総合調整の役割であり，職務権限の不明確な仕事，例外事項などに対して，経営者に代わって事に当たる。2つ目は，母体部門としての役割であり，どの部・課にも属しない仕事，新しい仕事で，独

立させるほどの規模・内容をもたないものを総務部所属として，後に分離・独立させる。3つ目は，対境的役割であり，外部の利害関係者としての交渉などを行う。総務部長は，重役とライン部門の長の中間に位置して，統括的機能をもったスタッフとして，部門間のコンフリクトを調整する（山城，1976；小野，1979）。

以上，本社—工場 がライン関係であったこと，部門中心の管理ではあったが職能分化は不充分であったこと，稟議制度は一定の権限関係を前提にしていること，を考えると，ここでの組織形態は，ライン＆スタッフ組織であると言うことができよう（岸田，1985）。

第2に，次の15年間（1950〜1965年）は，管理サイクルによる経営近代化の時代である（小野，1979）。

この時代には，急激な企業規模の拡大と設備の拡大による設備の増強を通じて，企業が成長・発展した。

こうして，① 1952年の新商法により，取締役会の設置が法制化され，トップ・マネジメントが再編成された。これに伴って，社長の集権的な直接統制である稟議制度に代わって，最高意思決定機関としての常務会が，全般経営層の中枢機関として設置された。② 長期計画や予算統制によって，間接統制システムが確立された。コントローラー制が導入され，予算統制，原価統制，内部鑑査を通じて，計数に基づく間接的統制が可能になった。こうして，計画スタッフと統制スタッフ，ラインとスタッフ，ゼネラル・スタッフと専門スタッフの分離が促進された。③ 職能（専門）化が浸透し，業務的意思決定が部門の責任者に委譲され，トップ・マネジメント（常務会）は，企業の成長につれて増大してきた計画的業務についての意思決定（管理的意思決定）に専念することになり，ライン＆スタッフ型の職能部門制組織が発達した。

以上の結果，常務会は全般管理（＝経営）のための協議会であると共に，社長への助言機関として，ゼネラル・スタッフ（＝ライン・アシスタント）を提供することとなった。しかし同時に，常務は部門担当重役として部門にも責任をもち，常務会において，部門の利害を反映することとなった。すなわち，社長—副社長—専務—常務—取締役 は，常務会の構成員であり，常

務会は部門担当常務が部門の現状とその利害関心を報告する場でもあった。

　取締役会についての，経済同友会（1956, 1964），関西生産性本部（1965, 1970）の調査をみると，次のことがわかる。1つ目に，取締役会の設置の制定は，1951年が多いが，これは前述の商法改正（1952年）の影響であろう。2つ目に，取締役会の機能は，法定事項，重要経営事項の決議，業務報告である。トップ・マネジメントの構成は，社長―専務―常務―常勤取締役，あるいは社長―専務（または常務）―常勤取締役 という形が多く，トップの職位階層が長いのが特徴である。

　常務会についての，経済同友会（1958, 1964），関西生産性本部（1965, 1970, 1975, 1980）の調査をみると，次のことが言える。まず，常務会の設定は1951年以降であり，1958年には資本金3億円以上の企業の70%が採用，1965年頃までには，大部分の会社が導入している。次に，常務会機能は，最初は協議・討論の場であったが，次第に決定および実質上の決定へと移っている（岸田，1985）。

　第3は，トータル・システムとしての経営管理体制の時代（1965〜1980年）である（小野，1979）。国際化などに伴って，生産中心から市場中心へ，国内志向から世界志向への転換の時代であり，企業内外の変化に対して，総合的で多面的な全体管理システムの確立が要求された。具体的には，トップ・マネジメントの戦略的意思決定のための組織，それを補佐するスタッフ部門の多様化，働く人々の意欲向上に資する組織化（仕事の人間化，組織開発，目標管理），組織の動態化（課制廃止，プロジェクト組織），自主開発による新製品・新分野への進出，企業提携，合同，系列化による関係会社管理などであった。

　事業部制組織については，経済同友会（1964），日本生産性本部（1971），関西生産性本部（1965, 1970, 1975, 1980）の調査がある。事業部制組織の採用は，年を追うごとに増えているが，一般に職能部門制組織の採用率のほうが高いし，石油危機以後は，むしろ職能部門制組織に復帰した企業もある。したがって，この時期に事業部制組織が全体として普及したとは言えない。ただし，一般的には，1961〜1965年の時期に，事業部制組織が採用されることが多かったと言える。事業部制組織のメリットとしては，「利益管理体制

の確立」がもっとも多く，次いで責任・権限の明確化が多い。デメリットとしては，人事の硬直化，事業部間のセクショナリズムが目立つ。

第1に，日本では国内市場が狭いため，同じ1つの市場に複数の事業部が対応するのが普通であり，事業部間のコンフリクトは，本部制あるいは工販分離によって調整された。したがって日本では，事業部制組織によって分権化が進むのではなく，本社が主要な決定権限（基本的な価格変化，重要な人事異動）を保留していた（岡本，1976；小野，1979）。

第2に，この時代には，企業の機動力と総合力を維持するために，職能部門制組織の限界を克服することが課題とされた。その対応策として，本部制と事業部制組織があった。

本部制とは，諸部門を統括する上位の部門を付加して，管理の幅を拡大して総合力の発揮を狙ったものである。すなわち，組織の拡大につれて，部門担当の役員が増加し，これを統括する社長の統制範囲が広がり過ぎたために，職能部門のいくつかを大括りして本部と呼び，副社長，専務，常務という上位の役員をその長としたのである。これは，部門担当常務の延長上にある。本部制では管理階層を1つ加えることによって，本部内の複数の部門間で，仕事の配分，人員の交流がスムーズになり，本部長同士の会合によって，企業全体の総合調整はより容易になる。

他方，事業部制組織も，成長するにつれて事業部間の調整が困難になってくる。日本では，同じ1つの市場に複数の事業部が対応するので，資源の重複や設備の無駄を省くために，関連する事業部をまとめて事業本部を編成し，これによって，事業本部内の仕事の調整および人材の育成と活用を図る企業が現れた。また，システム的に関連した製品群をもつ場合には，これら一連の事業部をまとめて事業本部を編成し，一括した受注，設計，生産・販売を事業本部長に委ねることもあった。

しかし，こうした事業本部の拡大につれて，本部スタッフが増加すると，個々の事業部の自主性が制約されることになる。そのために，事業本部制を事業グループ制に変更し，事業グループ長の役割を，事業グループ間の調整と指導に限定し，執行上の統制を，それぞれの事業部長に任せる例もあった（岸田，1985）。

194　　第Ⅱ部　Organized（構造化・構造統制）の理論

以上，ライン＆スタッフ組織，職能部門制組織，事業部制組織という，普遍的な経営組織の発展段階において，日本の場合には，それぞれ稟議システムと総務部，常務会および担当常務，本部制・事業本部制・事業グループ制という統合・調整のためのメカニズムが付加されている。すなわち，スタッフや水平的関係ではなく，ラインの管理層を付加して統合・調整を図るという特徴がみられる。これは，経営の文化差を否定しながらも，日本企業の階層数の多さを認めている Aston グループの研究（安積，1979）とも符合する。これを，階層（の付加）を通じて，上下のコミュニケーションを確保することによって，統合・調整を行うという意味で，本書では「階層的統合」と呼ぶ。

　この点について，経営組織だけでなく，作業組織および組織間関係のレベルにも，同様のことが言えることを確認しておきたい。

　第1に，作業組織については，タビストック研究所の研究によれば，Taylor 流の，効率中心の技術システム，および人間関係論の動機づけと満足を中心とした社会システム，さらには両者を考慮した 社会―技術システム への発展がみられる。

　社会―技術システム を体現した作業組織は，「自律的作業集団」である。これは，特定の課業全体の遂行に必要な全ての技能を備えた多能工からなる作業集団であり，一定の意味をもつ全体課業を構成する部分作業の全てを集団内の成員が経験することにより，仕事自体に内在する動機づけを強調する。

　この「自律的作業集団」を導入したのが，ボルボの作業組織である。特にウデバラ工場では，アセンブリー・ラインの廃止を意識した並行組立方式，熟練労働者のスキルの高度化，コンピュータによる中央統制と課業の標準化の廃止，グループ・リーダーのローテーション化，などによって，作業組織の「自律性」を強化した結果，組立時間の短縮化，品質の改善，不良品率の低下，が見られたと言う（趙，2000）。

　トヨタ生産方式を基にしながら，自律的作業集団を導入したのが，「セル生産方式」である。セル生産方式の定義はさまざまであるが，共通しているのは，「関連する作業を1つの完結したまとまりとして扱う」という部分である。この「完結」の程度によって，一人方式，分割方式，巡回方式に分け

られる。

セル生産方式は，設備やレイアウトの変更がより頻繁で，自己完結性が高いという違いはあるが，概ねトヨタ生産方式の延長上に捉えることができる。セル生産方式とボルボ方式との差は，以下の通りである。セル生産方式は，現場の管理者やリーダーが，JITを導入して同期化を進め，セル内の交互的相互依存性およびセル間の逐次的相互依存性を管理するとともに，市場の変動に合わせて，セルの形態・編成，人数や人員配置を行う。これは自律性が管理されることを意味する。これに対してボルボ方式には，現場の管理者はおらず，メンバー間でチーム・リーダーが選ばれ，作業の仕方・分担の決定，品質・経済性・人事も，このチームが自律的に対処する（杉浦，2005）。

まず，セル生産における作業組織もボルボの作業組織も，技術システムと社会システムの両方を考慮しているという意味で，作業組織を 社会―技術システム とみている。ただし，自律性に関してはボルボの方が高く，その点で社会システムをより重視しているので，社会→技術システム，セル生産方式による作業組織は，技術的効率性をより優先させているので，技術→社会システム と区別することができる。最後に，自律性の低さに関連して，セル生産方式に基づく作業組織には，管理者による上からの統合・調整がある。すなわち，「階層的統合」がある。

第2に，組織間関係をみてみると，次のことが言える。麻生（1984）は，役員の導入・派遣という点から，日本企業の関係会社管理の特徴を論じている。以下の2点を指摘しておきたい。1つ目に，日本では買収・吸収による関係会社の設立は少なく，新規設立および既存部門の分離・独立による関係会社の設立が多い。2つ目に，関係会社の意思決定においては，広範な事前協議項目が存在し，持株比率が多いほど，この事前協議項目は増える。また，取引の依存度が高いほど，監査役・非常勤の役員ではなく常勤役員や社長が多い。さらに，関係会社への役員の派遣は同格ないし格上げがほとんどである。

関西生産性本部（1975, 1980）の調査は，次のような結果であった。まず，ほとんどが関係会社をもち，基本的に出向や移籍という形で社員を派遣しており，その理由は関係会社の強化が圧倒的である。次に，問題点は，自主的

な経営力の育成と管理体制の調整の困難なことであり，そのために，専管組織を通じて，関係会社の自主的な経営力の強化および連帯性の強化を図っている。

　系列そのものが日本的な日本にしかない特徴であるとは言えないが，日本の関係会社管理は，「階層的な統合」を旨としている様子が伺える。こうした組織間関係は，中間組織やネットワークと呼ばれるが，水平的な戦略提携と階層的な系列とを区別して論じる枠組みが必要である。

　近年，社会ネットワーク論では，こうした組織間関係からなるネットワークを論じるための2つの次元が，提示されている。第1は，組織間関係の構造特性にかかわる「構造的次元（structural dimension）」である。これは，諸組織の間のコミュニケーション網の密度を表わす次元であり，疎なネットワークと密なネットワークが区別される。第2は，組織をつなぐ，このコミュニケーション網の紐帯の強弱に関わる「関係的次元（relational dimension）」である。構造的次元が，組織間の結びつきの有無を表わすのに対し，関係的次元は，この結びつき（＝紐帯）の強弱に関わる。

　以上の2つの次元から4つの類型が得られる（図4‐12）。

　ここに，ネットワークが密であれば，多様な情報への接近が可能であるが，自律性が弱められる。逆にネットワークが疎であれば，中核組織にはコントロール上の利点が生じる。また，紐帯が強ければ，多様な情報への接近は制限されるが，相互の信頼関係が強くなる。反対に，紐帯が弱ければ，中核組織にはコントロール上の利点はないが，メンバー組織の自律性は高くなる。

　第1のタイプは，密なネットワークと弱い紐帯の組み合わせであり，焦点組織と他の組織が密に連結されている（構造的空隙がない）が，それぞれの協力関係は薄く，むしろ競争関係にある場合である。これを「市場型ネットワーク」と呼ぶ。

　第2のタイプは，疎なネットワークと弱い紐帯の組み合わせであり，焦点組織は，構造的空隙によってコミュニケーションの中心になるので，情報上の利点が得られるが，協力関係は弱く一時的である。これを「戦略提携型ネットワーク」と呼ぶことができる。

　第3は，疎なネットワークと強い紐帯の組み合わせであり，焦点組織は構

第4章　状況適合理論の生成と展開　　**197**

図 4-12 組織間関係の類型

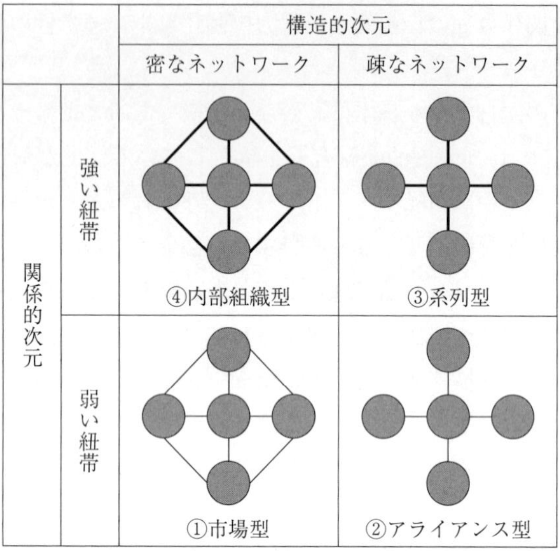

	構造的次元	
	密なネットワーク	疎なネットワーク
関係的次元 強い紐帯	④内部組織型	③系列型
関係的次元 弱い紐帯	①市場型	②アライアンス型

（出所）　宮崎（2012）。

造的空隙のために，情報上の利点を得ることができると共に，強い持続的な協力関係を得ることができる。ただし，メンバー組織には自律性があり，中核組織の計画や指令に完全に従う訳ではない。したがってこれは，「系列型ネットワーク」と呼ぶことができる。

　第4は，密なネットワークと強い紐帯の組み合わせであり，これは，ネットワーク内の諸組織が，あたかも一体化された1つの組織のように行動するネットワークであり，「内部組織型ネットワーク」と呼ばれる。

　以上より，日本の系列は第3のタイプのネットワークであり，そこには，中核組織を中心として階層的に統合された組織間関係システムの特徴がみられる。ただし，同じ系列でも，現在，トヨタグループは系列を強化する方向（③→④）へ，日産グループは，系列化を緩める方向（③→②）へと向かっていると言われている（鐘，2009；宮崎，2012）。

　これに関連して，次の2つの点を指摘することができる。まず，ここでは「中間組織」が2つに分けられている。取引費用経済学は，最初，取引は市場か（内部）組織か（make or buy）のどちらかで行われると主張した。しか

198　　第Ⅱ部　Organized（構造化・構造統制）の理論

図 4-13 戦略提携型と系列型

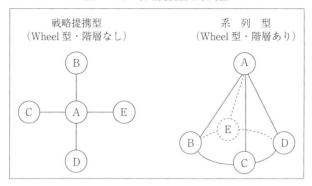

し，1970年代の2度の石油危機を乗り越えた日本企業の系列取引の優秀さをみて，市場と組織以外に，中間組織による取引があることが注目された。「戦略提携型」は，コミュニケーションという点からみれば，(完全競争)市場型が All channel 型のコミュニケーションであるのに対して，Wheel 型のコミュニケーションである。焦点組織からみれば，自分を中心に情報を集めるので，どの組織と提携するかの選択がある。ただし，自由な取引であるため，紐帯は弱い。これに対して，「系列型」は，同じ wheel 型のコミュニケーションであっても，この紐帯が強く，取引相手との間に濃密な情報交換があるので，構造的空隙(疎なネットワーク)を利用した，焦点組織へのパワーの集中がみられる。すなわち階層の生成がみられる。したがって，「戦略提携型」と，「系列型」は，図 4-13 のような違いが見られる。「系列型」を上から(3次元として)みれば，「戦略提携型」と同じ Wheel 型である。すなわち，2次元でみれば，戦略提携型も系列型も，同じ Wheel 型のコミュニケーションであり，peer group とみなされるが，3次元でみれば系列型には，階層の出現がみられる。[23]

以上のように考えるなら，中間組織を，階層のないネットワークと同一視する主張が一般的であるが，中間組織を，階層のない「戦略提携型」と，階層が生じている「系列型」に分けることが重要である。

さらに，組織間関係の4つの類型を識別する枠組み(図4-12)によって，取引の内部化への動きを説明することができる。市場化か(内部)組織化か

第4章 状況適合理論の生成と展開　199

を決定する指標の1つが，取引費用経済学（Williamson, 1975）が言うように，不確実性であるなら，市場型→戦略提携型→系列型→内部組織型への移行は，環境の不確実性の増大に対応する，内部組織化への諸段階を表わしていると言えよう。言い換えれば，静態的な4つの類型の識別によって，不確実性の増大に対応した組織間関係の組織化の動態を捉えることができる。[24]

(3) 海外の日系企業と日本的経営

前項では，組織（経営組織，作業組織，組織間関係システム＝ネットワーク組織）について，「階層的統合」という日本的な「文化」の影響がみられることを指摘した。ここでは，日本的な労務管理システムという点から，アジア（ASEAN と NIEs）に進出した日系企業，アメリカの日系企業，イギリスの日系企業について，日本的な特徴がみられるか否かを検討する。

〈ASEAN の日系企業〉

第1は，ASEAN における日系企業の分析である。岸田（1990, 2001b）は，タイ，マレーシア，シンガポールの日系企業6社の調査結果を，表4-13のようにまとめている。

タイの日系企業2社（およびその後の追跡調査を含む5社）の調査において，経営の基本方式は，1社を除いて「日本的」であった。年功序列制，年功賃金，レイ・オフの回避，QCサークルの使用，がそれである。しかし，第1に，QCサークルはあってもその水準は低く，現地従業員には改善提案によって会社の利益に貢献するという意識はない。第2に，専門職志向であり，ジョブ・ローテーションを通じて社内でキャリアを積むという発想はない。第3に，採用は現地式であり，日本のような学卒の一括採用はない。第4に，最大の問題は技術水準である。新製品の立ち上がり時および問題発生時には，日本人管理者・技術者が必要であり，しかも精密部品は日本から輸入されている。

マレーシアの日系企業2社（およびその後の調査を含む5社）の調査でも，経営の基本は日本的であった。ただし，第1に，賃金は年功的であるが，政府のガイドラインによって決まるのであり，その意味でむしろ現地的であると言ったほうがよい。第2に，一括採用はなく，必要に応じて随時募集される。第3に，ジョブ・ローテーションが導入されている会社が1社あったが，

200　第Ⅱ部　Organized（構造化・構造統制）の理論

表 4-13　東南アジアの日系企業 6 社の調査結果

国　名	タ　イ		マレーシア		シンガポール	
一般的特徴	一般労働者と経営者は日本的経営を受容		多民族・文化の併存，job hopping（学歴・イギリスの階級社会），カンポンにおける相互扶助		work permit, job hopping, 労働協約で賃金水準，昇給は年齢，産別組合，華僑	
日系企業	A　社	B　社	C　社	D　社	E　社	F　社
基本的な経営スタイル	日本型	欧米型（日本型で補完）	日本型	日本型	日本型	日本型
意思決定	方針設定，チェックは日本人，実施はタイ人	トップ・ダウン	トップ・ダウン	トップ・ダウン～権限委譲	日本的現場管理組織	長年勤続の評価
賃金	年功賃金	給料は欧米型	年功（協調性）	現地型	年功（協調性）	現地型年功・勤続
レイオフ	あり	なし	容易｛希望退職 指名回顧	なし	容易	なし
組合	あり	なし	なし	なし	なし	なし
現地での問題点	技術力	技術防衛	事務部門＝権限委譲技術部門は困難	job rotationカンバン従業員への利益還元	特有技術	下からの改良提案なし

（出所）　岸田（1990）。

　そこでは，従業員への利益還元，トップのリーダーシップ，現地人中国系の管理者の役割，がその導入を容易にしていた。特に，現地人中国系の管理者が，日本人経営者と現地従業員（マレー系）との調整役として機能しているところでは，日本的な経営が効果を発揮していた。第 4 に，レイ・オフの制度はあるが，景気のいい業種，日本的な経営がうまく機能しているところでは，回避される傾向にあった。

　この国では，人種・宗教上の問題は，依然として解決困難であり，企業経営に微妙な影響を与えていた。さらに，資格・学歴があれば，自動的に役付になれるという，旧宗主国から受け継いだ階級制度が色濃く残っている。最後に，ここでも精密な部品・材料は日本から輸入されていた。

　シンガポールの日系企業 2 社（およびその後の調査を含む 6 社）でも，経営

の基本方式は，日本的であった。ただし，第1に，賃金は年功的であると言われるが，政府の勧告に沿って決まるのであり，日本的というより現地的と言ったほうがよい。第2に，ここでも一括採用はなく，必要なときに，新聞広告，人材派遣会社，職業安定所などを通じて，採用が行われていた。第3に，レイ・オフは行わないというものの，3カ月以内の試用期間なら解雇は自由である。ジョブ・ホッピング（転職）は盛んだが，管理者以上になると定着する。第4に，スペシャリスト志向が強く，ジョブ・ローテーションは困難である。第5に，QCサークルはあるが，一般従業員の意識は低い。したがって，文書化できないような技術の移転は困難である。第6に，日系企業は，対人関係処理能力を評価する傾向にある。第7に，階級社会と言えるほど管理者クラスと一般従業員の格差は大きい。ただし，それぞれのクラス内での横並び意識は強い。最後に，ここでも精密部品・材料は日本から輸入している。

〈NIEs（韓国・台湾）の日系企業〉

1987年1月14日から1月23日にかけて，韓国の日系企業4社，台湾の日系企業3社の，面接調査を行った（岸田，1990, 2001）。

韓国の日系企業の調査では，次のことがわかった。第1に，社長は全て韓国人であったが，日本人管理者が，技術水準の向上および経営面でのノウハウの導入のために参加している。日本人管理者を梃子にして技術移転がどんどん進んでいる。第2に，日本と同じで，パーソナルな人間関係に頼って仕事が進められる。むしろ，おそらくは儒教の影響で，日本の場合よりその程度は高く，年功序列，年功賃金，企業別組合などの考え方は定着している。第3に，レイ・オフもなく，ジョブ・ローテーションにも抵抗がない。ただし，業種と景気によっては離職率は高く，QCサークル活動も，人海戦術によってしのげる場合にはあまり採用されない。第3に，日本と韓国の差異は，基本的に技術水準の差異にあり，精密部品を日本から輸入している。たとえば，自動車エンジンの吸気バルブは韓国内で生産しているが，高温が発生する排気バルブは日本から輸入している。そのため，円高により，コストが上昇している。第4に，韓国では，所有と経営が分離しておらず，在日韓国人の投資も多い。

台湾の日系企業4社の調査では，次のことがわかった。第1に，所有と経営の分離はなく，日本人管理者の経営のノウハウの導入が一番の問題である。第2に，韓国と違って，供給側ではなく需要側のパワーが強く，多品種少量生産が基本である。第3に，採用は随時行われるが，技術者については，兵役後一括採用される。第4に，賃金は，職務給（年功＋職能）で，業種によっては離職率は高いが，終身雇用的考え方はある。第4に，ジョブ・ローテーションに抵抗はないが，QCサークル活動の水準は低い。日本からの技術移転は可能であり進んでいるが，商業的発想が根強く残っており，現地人経営者が，事業を拡大するという発想は希薄である。第5に，ここでもやはり，技術水準の差を反映して，精密な部品・材料は，日本から輸入している。

〈アメリカ・イギリスの日系企業〉

アメリカにおける日系企業の経営について，宍戸（1980）は，次のような調査結果を報告している。日系企業の経営の基本は米国式であるが，大多数は日米方式の混合である。賃金制度は米国式であるが，レイ・オフの回避，従業員参加的な会合やボトム・アップ的意思決定，チーム・ワークの形成，そのための配置転換という点では，日本的な特色がみられる，と。

安保編（1994）のアンケート調査では，次の点が指摘された。第1に，一般的にアメリカの作業組織では職務区分が多く，日本のそれは少ない。アメリカの職務区分数が50～100であるのに対し，日系工場では3～5がもっとも多かった。第2に，全ての産業で，日系企業は職務給を採用しているが，これは米国人経営者が主導権をもち，米国方式に従うという判断が強く働いた結果である。第3に，アメリカでは一般に，職務を固定し細分化するが，日系工場では7割がジョブ・ローテーションを採用していた。ただし，その程度は日本に比べて劣っていた。第4に，品質管理について，労働者による品質の作りこみを強調する日本式と，検査員を配置するという米国式の混合がとられていた。第5に，レイ・オフについて，日系企業では，「しない」あるいは「回避する」が圧倒的に多かった。第6に，日系工場では小集団活動を半数が行っていたが，日本のような全員参加方式をとっているところは少なかった。

Adler（1993）は，NUMMI（トヨタとGMの合弁会社）の成功の要因を，

第4章　状況適合理論の生成と展開　　203

次の3点にまとめている。第1は，科学的作業デザインというテイラー主義の原則を，労働者との共同による仕事の標準化を通じて導入した（民主的テイラー主義）。第2に，生産性と品質の目標の共有を通じて労働者の学習を促進し，標準化と公式化を高めた（学習する官僚制）。第3に，組織文化，労使の信頼関係，労働者と管理者の間のパワー・バランスを通じて，例外的な業績と動機づけが得られた（協働的な組織文化）。

　イギリスの日系企業5社について，Gleave & Oliver（1990）は，その調査結果を表4-14のようにまとめている。

　第1に，基本的には長期雇用の考え方が支配的であったが，契約で終身雇用を明記している会社はない。第2に，選抜・補充・勧誘について，1社を除いて公式の勧誘プログラムがあり，従業員が品質と生産量にインパクトをもつほど，より洗練された人的管理システムが採用されていた。第3に，管理者と労働者の区別なく一律扱いされる項目（制服，食堂，駐車場，体育館，朝の体操）がある点では，5社は共通であった。第4に，賃金については，3社が個人業績に応じた支払いであり，1社が一律賃金であった。また，1社だけが，会社の収益に応じてボーナスを支払うという日本的スタイルであった。第5に，業績評価システムについて，5社全てで，何らかの評価システムが採用されており，6～12カ月毎に評価が行われ，結果は，報酬と昇進に影響を与えるとされた。第6に，企業別組合を採用している企業はなく，2社には組合がなかった。残り3社では，単一組合協定が結ばれていた。

　トレヴァー（1990）は，東芝コンシューマー・プロダクツ（TCP）を，日本の親会社と地元（英国プリマス）の経営環境条件がうまく適合して成功した例であるとして，次のような点を特徴としてあげている。

　第1に，職階が4つに単純化され，労働者がある作業から別の作業に柔軟に移れるようになっている。第2に，制服が制定され，着用が一律に義務付けられるとともに，食堂のランク付けが廃止されて，一律に利用できる単一の食堂になった。第3に，職場外訓練コースの他に，導入訓練とOJTが導入された。第4に，各種のミーティングが行われ，従業員間のコミュニケーションが図られた。

204　　第Ⅱ部　Organized（構造化・構造統制）の理論

表 4-14　イギリスにおける日系企業 5 社の経営

	ホ　ヤ	コマツ	マツシタ	マザック	タキロン
製　品	コンタクト・レンズ	大型建設機械	テレビ，オーブン	工作機械	屋根葺き材料
採用・選抜・勧誘	学卒者，失業者，年配者，3 カ月の訓練プログラム	現地の専門家，職務登録者，学卒半日，10 週間コース	学卒，資格を持った年配者，基本マニュアルによるテスト，1 日の勧誘プログラム	2 段階の面接，1 日の勧誘プログラム	若い既婚者，2 週間の勧誘プログラム
雇用・一律扱い	長期雇用制服	長期的能力開発制服，食堂体育館，朝会	長期雇用食堂，制服	長期雇用食堂，駐車場，制服，帽子着用，一律給与	長期雇用制服，食堂
訓　練	OJT	OJT，外部のコンサルタント	部門毎にOJT，監督者を日本に派遣	OJT，会社の訓練センター	OJT，監督者以上は日本に派遣
給料，昇進	週給・月給の選択，課長の評価に基づいてボーナス	月給振込み，基本レートは業績次第	月給，出勤によりボーナス	一律給与，ボーナスなし	基本給とボーナス，勤続年数と生産性に応じたボーナス
業績評価	半年毎の課長の査定	包括的業績評価	部門管理者が監督者の報告に基づいて評価	包括業績評価	評価システムは使用されていない
組　合	なし	単一組合協定	単一組合協定	なし	単一組合協定
転職率	高い	低い	高い	低い	スタッフは低い

（出所）　Gleave & Oliver（1990）より作成。

　以上，日本的経営の移転という点から，ASEAN, NIEs, アメリカ，イギリスにおける日系企業の経営のあり方を見た。要約すると，以下のことが言えるであろう。

　第 1 に，何が日本的経営かはさまざまであるが，経営のスタイルは原則日本的であり，現地国の文化，法律，政府の政策等を考慮して，それに抵触しない限り，日本的な経営が基本となっていた。

　第 2 に，大抵の日系企業は，QC サークル活動とジョブ・ローテーション

第 4 章　状況適合理論の生成と展開　　205

を導入しようとする。これは，製品の品質向上と，従業員のモラールの上昇を通じて，生産性を上げようとするからである。しかし，従業員の技術水準が低い場合，また外部労働市場の影響などでスペシャリスト志向が強い場合には，QCサークル活動やジョブ・ローテーションを導入することは容易ではない。

第3に，日系企業は，おしなべてレイ・オフを回避する傾向があり，概して終身雇用的である。しかし，当然それは企業にとって良い人材に対してであり，景気やその他の制度や条件次第では，いつでも解雇は行われる。たとえば，3カ月以内の試用期間内では解雇できるという現地の制度は，積極的に活用されているし，ジョブ・ホッピングも，40歳を過ぎれば，また昇進の機会が見えると，減少する。

第4に，採用と賃金に関しては，ほとんどの場合，現地主義的である。新規学卒採用は，どの国のどの日系企業にもみられなかった。採用は必要に応じて随時なされるというのが実情であった。賃金については，年功的であるように見えても，実際には，政府の勧告やガイドラインにしたがっていた。ただし，賃上げの査定について，日系企業には，共通して対人関係処理能力（上司―部下関係，および同僚との関係）を重視するという傾向があった。

第5に，海外の日系企業にとって，大きな問題は，技術水準の格差であった。現地従業員は，与えられた枠の中で日常の反復作業をこなす能力はあるが，異常や例外の発生，さらには戦略的な問題に対処する能力に欠けている。たとえば，日本人管理者を欠く場合は，不良品率が高くなる。これは，少し修理すればその製品を使用できるのか，あるいは全くの不良品なのかについての「グレー・ゾーン」の判断が，現地従業員にはできず，なんでも不良品にしてしまうからである。また，アメリカやイギリスでは，外部労働市場の影響もあって，自分の狭い職務以外にはいっさい手を出さず，職務間の調整ができない場合が多かった。これに関連して，日系企業は，精密な加工を要する部品・材料を，日本からの輸入に頼っており，当時，円高はコスト高をもたらしていた。

最後に，日系企業，欧米系企業，華人企業の間には，時間志向に差異があった。日系企業は，事業を長期で考え，収益を会社のために再投資しようと

する。欧米系企業は，その経営者の任期中に業績を上げることが最大の関心事であり，短期志向である。華人企業は，会社の成長のために再投資することはなく，いったん事業で成功すると資本を引き上げ，新たに別の事業を始めることが多かった。その意味で，やはり短期志向である（岸田，2001）。

　鈴木（2000）の，アジアにおける日系企業のアンケート調査でも，同じような結果が出ている。第1に，タイの日系企業では，年功賃金，配置転換，年功昇進が嫌われてはいるものの，日本的経営が有効であり，受容されていると考えている比率は高かった。マレーシアでも，日本的経営の有効性と受容性は高いが，企業内教育，内部昇進，5S（QC活動）の有効性は高いが，多能工，配置転換などは受け入れられない。第2に，韓国の日系企業では，年功昇進，企業内教育，労使協調，年功賃金，経営理念の強調が，日本的経営の有効性の象徴と考えられていた。しかし，多能工，配置転換，JIT生産方式，格差縮小（平等主義）が，受け入れがたいとされていた。また，日本的経営がかなり受容されているという意見が多かった。台湾の日系企業では，日本的経営の中で重視される特徴は，経営理念の強さ，雇用の安定，TQC，情報の共有，企業内教育であった。日本的経営の重要度は，韓国の場合より高かった。
　日本的経営とは何かについて，一致した意見は依然としてない。本節では，「日本的経営」とは，「経営」という普遍性と「日本的」という文化的特殊性の統合された全体，と考える立場から，その特殊性として，パーソナルな人間関係に基づく「階層的統合」を指摘した。すなわち，経営における文化の影響を分析するためには，経営（＝変化する環境の下でヒト，モノ，カネという資源と情報を，効果的に組み合わせて，問題解決を行う活動）を，環境適応の問題として捉え，内部環境（技術）と特定環境（課業環境）に対しては，どの組織もそれぞれ普遍的に対応するが，それでもなお対応に差があるなら，それは全体環境（文化と社会構造）の一部である「文化的環境」の影響であると主張した。経営組織におけるライン＆スタッフ組織，職能部門制組織，事業部制組織へと至る発展の順序は，アメリカのそれと同じであるが，日本ではそれぞれ，稟議システムと総務部，常務会および部門担当常務，本部

第4章　状況適合理論の生成と展開　　**207**

制・事業本部制・事業グループ制，という「階層的統合」のためのメカニズムが付加されていた。作業組織においても，社会システムと技術システムの2つの軸からなる 社会―技術システム である点では同じであるが，たとえばトヨタ生産システムでは，自律的作業集団に比べて，技術優先の 技術→社会システム の特徴をもち，QC サークルやセル生産方式にも，管理者による上からの統合・調整，すなわちここで言う「階層的統合」があった。組織間関係，特に系列ではこの影響は顕著である。専管組織を通して，関係会社の調整を図っている。トヨタの JIT は，あくまでもトヨタの生産計画であり，系列企業の独自の JIT ではない。系列企業はそれぞれの JIT をもち，トヨタの要請に対応している。海外の日系企業について，調査企業の日本的経営に対するイメージはさまざまであったが，それでも経営の基本的なスタイルは日本的である，という回答が殆どであった[25]。いわゆる日本的経営の三種の神器も次のように考えることができる。日本的経営では，内部環境と特定環境への対応は普遍的で各国共通でも，パーソナルな階層的統合を重視するため，内部での訓練と年齢に沿った長期的なキャリアの積み重ね（終身雇用），勤続とキャリアの並行を念頭においた職位と賃金（年功制・年功賃金），組織の存続を中心とした経営者と労働者の人間関係の重視（内部労働市場，企業別組合）という特徴がみられる，と。

　以上，環境把握，内部環境（＝技術）と組織構造，特定環境＝課業環境（の不確実性）と組織過程，課業（の不確実性）と組織デザイン，全体環境（の中の文化環境）と組織，という5つの視点から，状況適合理論の主張をまとめた。いずれも，環境から組織への影響（環境→組織）を前提にした議論であった。

2　状況適合理論への批判

　状況適合理論に対しては，さまざまな批判がある。①作業現場にしか適用できない特殊性理論である。②一定の技術や環境と特定の組織形態の適合を問題にするクロス・セクショナルな静態的分析である。③安定的な大

量生産組織において機械的組織が有効であるとするのは保守的・現状固定的なイデオロギーの産物である。環境決定論であり経営者の戦略選択を考慮していない。④ 多様な状況要因が互いに異なる要求を組織に与える場合には整合的な組織デザインを行えない，等々である（占部，1971；一寸木，1974；Child, 1973, 1977）。

これらについて，見ていこう。

第1に，状況適合理論は，現場の作業組織にのみ焦点を当ててはいない。Lawrence & Lorsch (1967) は，1つの製品ラインを生産する経営組織全体に，Lorsch & Allen (1973) は，多角化された事業部制組織あるいはコングロマリットに，焦点を当てている。また，Lorsch & Morse (1973) は，生産部門や研究開発部門という現場に焦点を当てているが，そこでは，部門環境の不確実性に応じた作業組織の違いが，考慮に入れられている。

第2に，状況適合理論の「効果的な組織のあり方は，環境の要求に左右される」という命題は，環境の要求が変われば，効果的な組織のあり方も変わるということを含意している。Lawrence & Lorsch (1967) は，差し当たって，現状における環境状況と組織の関係の類型的把握に関心をもっていることを認めながら，不確実性が増大すれば，コンテナ産業においても高業績のプラスチック企業のような組織構造への圧力が強まると述べている。Galbraith (1971, 1972, 1973, 1977) のように，一定時点での課業の不確実性と組織の適合状態を経時的に追跡することによって，公式の階層の上に統合メカニズム（直接の接触，連絡役，タスク・フォース，チーム，統合者，統合部門）が付加され，最終的にマトリックス組織に至ることを分析できる。その意味で，組織変化の動態を，比較静学的に明らかにすることができる。経営組織の発展段階モデルは，組織形態の経時的な発展の筋道を示し，組織デザインを動態的に捉える枠組みを提示しようとするものである。

ただし，状況適合理論は，1つの適合から次の適合への移行が合理的になされることを前提にしており，具体的な移行のプロセスには触れていない。現実には，たとえ最終的には同じ一定の適合状態に達したとしても，そのプロセスでは，経営者の価値観や政治的プロセスなどを反映して，さまざまな道筋を辿る。状況適合理論は，どのような状況下で，どのような組織が適合

するかを示し得ても，その移行のプロセスは論じていない。ある適合から次の適合へのプロセスの一般的な叙述は，第I部で述べた，組織化の過程（実現―淘汰―保持）に関わる。

　第3に，大量生産組織においては，機械的な組織が適合的であるとされ，参加的組織あるいは有機的組織の可能性が拒否されている。しかし，次の3点は検討に値する。

　まず，状況適合理論では，技術と組織構造の適合という点からは，参加的組織は否定される。Perrow（1974）は，企業が採用する技術の性質によって組織構造が固定され，パワーをもった大企業は，管理価格，カルテル，広告，政治献金などを通じて環境の不確実性を回避し，環境の進化を固定化させる，と述べている。しかし，前述したように，Lawrence & Lorsch（1967）では，将来のコンテナ企業は，課業環境の不確実性の増大によって，プラスチック企業のような参加的組織が要請されるかもしれない。

　次に，機械的な経営組織の下でも，現場の作業組織においては，職務拡大・職務充実は可能であろうし，参加的な作業組織の編成も可能であろう。実際，Lorsch & Morse（1973）では，研究開発部門は生産部門と比べて不確実性が高く，したがって前者では機械的な部門編成が行われるが，後者では，参加的な部門編成が行われることが示されている。

　最後に，Reimann（1977）は，大量生産志向ではない技術を採用している企業では，技術の変化率と集権化の間に負の有意な相関があるが，大量生産志向の技術をもつ企業は，両者の間に微かな正の相関しかないことを発見した。これは，技術類型が柔軟なら，環境変化に見合った組織構造へと容易に変化できるが，大量生産型の技術を採用している企業では，環境状況の如何にかかわらず，同じ組織構造をとり続ける傾向があることを示している。前述のPerrow（1974）の指摘を肯定するものである。こうして，Reimann & Inzerelli（1981）は，スウェーデンの自動車産業における技術タイプは大量生産志向ではないので，自律的作業集団のような，有機的参加的な作業組織が採用されうるのであると主張する。

　第4に，多様な状況要因が同時に存在する場合には，それぞれの状況要因が組織構造に対してもつ意味は同じとは限らず，相互に対立する意味合いを

210　　第II部　Organized（構造化・構造統制）の理論

もつこともあるので，組織デザインに重大なジレンマをきたす可能性がある。たとえば"it all depends"という言葉に示されるように，状況適合理論では，さまざま状況要因のあることが指摘され，各組織が直面する状況の差異が注目される。しかし，これが，個々の組織の直面する状況は組織ごとに異なる，ということだけを意味するなら，個別の事例研究と何ら変わるところはなく，全ての状況が同じであることを前提にする普遍理論と同じく，非論理的である（Miles & Snow, 1978）。こうして，状況適合理論を，特殊理論と一般理論の中間にあって，適度な実践性を備えた中間理論，あるいは，具体性と操作可能性を保つ範囲で一般性を追求しようとする中範囲理論として，措定しようという主張がなされる（北野，1979；森本，1979）。

　こうした議論では，多様な状況要因に合致した組織デザインは極めて困難であり，むしろ組織デザインの諸要素の整合性・一貫性を図ることの方が，組織の業績向上にとって重要であるとされる。Child（1977）は，1972年～1974年における北米の4つの航空会社の実証研究を行った。その結果，これらの企業は，同じような規模（2万2000人～2万5000人），同じような環境で操業し，同じような技術を採用し，同じような業務決定に直面していた。したがって，状況適合理論では，高業績をもたらす組織は，同じであるはずであった。しかし，A社とB社は，C社とD社に比して，収益性，成長性などほとんどの基準において高業績を上げていたが，A社とB社の組織構造は，むしろ対照的であった。

　A社は，部門化されておらず，利益センターもコスト・センターもなかった。集権的であり，管理者の時間志向も計画期間も短かった。しかも，トップは毎月会合を開き，計画からの乖離には迅速に対応していた。コンフリクトの発生は少なく，あっても非公式な人間関係によって処理されていた。これに対して，B社は，分権的で，地域および資源領域別に部門化されており，コスト・センターが利益責任を負っていた。事業部に人事・支出についての権限が委譲されていた。また，財務および資源の統制のために精緻な技法を採用していた。しかも，強力な企画グループを利用して調整と監査を行い，長期的な視野で計画を実施していた。コンフリクトは公にされ，徹底討議（confrontation）によって解決されていた。これに対して，低業績のC社

第4章　状況適合理論の生成と展開　　**211**

とD社は，分権的な組織構造をもち，コスト・センターや地域別事業部を
もっていたが，それをほとんど利用せず，意思決定を集中させていた。した
がって，いたずらに，統合手段を採用して高い管理費用を招くより，経営者
の戦略的選択に合わせて組織デザインの整合性を図ることが重要である。

　この議論は，状況適合理論における多元的な適合概念に基づく組織デザイ
ンを否定しているわけではない。Chandler（1962）に始まり，Rumelt
（1974）によって定式化された戦略と組織構造の適合が高業績を導くという，
戦略─組織構造─業績（SSP）パラダイムに沿った主張である。すなわち，
環境─組織─業績 という環境決定論的な状況適合理論を，戦略という経営
者の主体的な選択を含む理論へと拡大する中で生じた議論であると考えるこ
とができる。実際，Galbraith ＆ Nathanson（1978）も，Miles ＆ Snow
（1978）も，戦略変数を導入することによって，状況適合理論は環境決定論
であるという批判に応えようとしたのである。Thompson（1967）は，技術
と課業環境という対立する状況要因から生じる不確実性に対処することこそ
が，管理の基本的課題であると言っている。

　環境決定論という批判に応えるために，Chandler（1962）に基づき，戦略
変数を導入して，状況適合理論を拡大しようとする動きについては，次節で
詳しく述べる。

　第5に，Child（1977）は，状況適合理論では，状況変数を「神から与え
られた（God-given）」制約として扱っていると言う。現実の組織は，完全に
は環境に依存していないし，目標や業績水準の達成・維持に関して，他の組
織より有利な位置にいる場合もある。たとえば，非営利企業は，資源配分の
非効率や競争の不完全が存在していても存続している。競争市場にいる営利
企業でも，その隙間市場や特殊な技術あるいは特別の顧客がいるために，非
効率組織が直ちに死滅するわけではなく，生き延びることもある。したがっ
て，最適な組織デザインを達成するよりも，特にそれが高い管理費用を伴う
場合には，状況変数そのものを操作する戦略を，経営者が選択することによ
り，より容易に高い業績を得られることがある。すなわち，組織デザインと
業績の間に相関が発見されたからといって，高業績の原因が組織変数である
とは限らない。組織は環境に不適合であっても，組織以外の何らかの管理努

力によって，一定の業績をあげることは可能である。言い換えれば，組織以外の変数，特に経営者や管理者の戦略的選択（strategic choice）が，業績に大きな影響を与えることがある（Child, 1972）。

状況要因としてあげられるのは，環境，技術，規模である。まず，環境と言っても，組織の意思決定者は，どの環境で操業するかを選択できるし，パワーをもった大企業は，既に操業している環境内の条件に影響を与えることができる。次に，技術と組織構造の関連は，技術が有効な組織構造のタイプを指示するというより，組織をコントロールする人々が，自分の利用できる資源との関連で，遂行される課業を決定すると言う方が正確であろう。さらに，規模についても，大規模単位を小規模な自立的単位に分割することができるし，同じ職能でも，異なった手法や技術を使って，それに応じた管理システムを採用することができる。組織と環境の境界は可変的であり，組織における意思決定者は，Weick（1969）が言うように，どの環境部分が重要かを実現（enact）することができる。また，業績変数は，通常従属変数・アウトプットとして扱われるが，達成すべき業績水準は，満足水準として，意思決定者自身がその目標を決めるものであり，現実には種々の組織構造があって，それぞれがかなりの期間，成功や失敗に影響を与えることなく存続する。したがって，パワーをもった支配的な連合体が，戦略選択に伴う意思決定を行うプロセスの解明が重要であり，そのプロセスは，図4-14のように示される。

Child（1972）の議論は，古くから（環境）決定論か自由意志（選択）論か，という形で，争われてきた。次の2つの点を指摘しておきたい。

まず，決定論と自由意志論が両立するかしないかという点について，van Inwagen（1975）は，「両立しない」という立場から次のように主張する。決定論とは，ある瞬間において，そのときの世界の状態を表わす1つの命題が存在し，2つの命題AとBの間に，AならばBという物理法則が存在することである。言い換えれば，（別の）行為をなすかどうかを考え，その（別の）行為をすることができなかったということである。これに対して，自由意志とは，実際にするのとは別の仕方で行為するという，行為者の力や能力のことである。

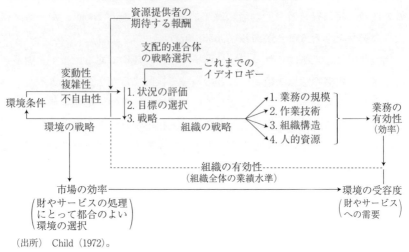

図 4-14 組織論における戦略選択の役割

（出所） Child (1972)。

 ただし，van Inwagen (1975) はまた，合理的行為者の自発的行動を基とする決定論なら，自由意志論と両立する，すなわち，自由意志が整合的（＝合理的）なテーゼなら，彼の性格や欲求や信念が，その行為を引き起こしたという意味で，自由意志論は決定論を含み，したがって，両者は両立する，と述べる。

 以上のように考えるなら，経営者が，パワーを行使して戦略的選択を行うということは，そのときどきに，経営者が場当たり的に，自分勝手に，でたらめに選択をするということではなく，何を基準として，意思決定を行うかが問題である。状況適合理論が環境決定論であると言うのは，経営者が，技術や規模，課業環境という状況要因を制約と考え，それにしたがって，意思決定を行い，戦略を選択するということである。ただし，Thompson (1967) が言うように，状況要因 (contingencies) とは，組織がコントロールできない，受け入れざるを得ない「制約 (constraints)」でも，組織がコントロールできる「変数 (variables)」でもなく，変化することもあれば変化しないこともあって，組織の恣意的なコントロールには従わないが，その要求を一定程度満たさなければならない要因である。さらに，経営者の性格や欲求や信念を基準にして選択を行うなら，これは何を基準として意思決定するかにつ

いては，自由意志論であり，経営者自身の性格や信念を基準として意思決定を行うと考えるなら，「合理的な」意志に基づく決定論である。

　環境決定論か選択論かという二者択一ではなく，経営者が何を基準として意思決定を行うか，その基準をどのように感じているか，制約と考えているのか，変数と考えているのか，（Thompson, 1967 のいう意味で）状況要因と考えているのかを論じることが必要であり，まして，経営者の意思決定を扱うから自由意志論（主体的決定論）であるとか，戦略を扱うから，環境決定論を免れているというものではない。

　Child（1972）に対して，次の2つの反証がある。第1は，Donaldson（1987, 1996）の反論である。彼は，5つの国（フランス，日本，イギリス，アメリカ，西ドイツ）の企業140社について，20年間（1949～59年，1959～69年）の戦略と組織構造の適合関係を調べ，特に，組織構造の適合が業績に影響を与えるのは，時間的なズレがあるとして，1969年～1971年の2年間における業績の推移（売上高成長率，利益の成長率，売上に対する利益の成長率，投資資本に対する利益の成長率，株価成長率）を測定した（Donaldson, 1987）。[26]

　1つ目に，組織構造（専門化）の差異の67%は，状況要因（＝規模）によって説明される。戦略選択によって説明される組織構造上の差異は，ほぼ30%である。2つ目に，市場支配（産業の集中度）が収益の28%を説明し，組織構造の不適合は収益のロスの16%を説明するので，市場支配によって得られる組織スラックは，組織構造の不適合による損失を相殺してしまう。すなわち，戦略選択によって収益を得たとしても，組織構造の不適合による損失で，その利益はなくなってしまう。3つ目に，不適合から適合へと移行した企業の95%は，組織構造の変化を通じて移行している。5%だけが，状況要因を変えて不適合から適合へと移行した。こうして，Donaldson（1996）は，組織構造の変化による環境適応こそが，適合と業績を回復させると主張し，SARFIT（Structural Adaptation to Regain Fit）モデルを提示した。

　第2に，経営史上におけるGMとフォードの例（Chandler, 1962）から明らかなように，GMは，需要の多様化という環境変化に対して，多角化戦略を採用し，それに応じて事業部制組織を採用することによって，高い業績を

あげた。これに対してフォードは，モデル T の大量生産に適したフォード・システムによっていったんは成功した。しかも，その後，高炉を作るなどして，垂直統合戦略に相応しい集権的な組織を維持し，Child（1977）の言うように，組織デザインの諸要素間の整合（戦略に適した組織）を図ったが，業績は低下し，GM に首位の座を明け渡した。業績が回復されたのは，経営者の交代によって，組織の再編成がなされた後であった。これは，需要の多様化という大きな環境変化に適応できなかったからである（岸田，1985）。Child（1972, 1977）の批判にもかかわらず，実証的にも歴史的にも，反証は存在する。

　最後に，Schoonhoven（1981）は，状況適合理論の理論的および実証的な5つの問題点を指摘している。まず，① 理論としての明確性が欠如しており，環境と組織との適合が何かは厳密には規定されておらず，たとえば，環境概念と技術概念は明確に区別されていない。② 次に，状況要因と組織の相互作用には触れられておらず，③ しかも相互作用が具体的にどのような形をとるかは，明らかにされていない。こうして，④ 状況適合理論では，相関分析に基づく線形関係が主として仮定されている。しかし，不確実性が低くても高くても，組織構造の複雑性に適合していれば，すなわち，⑤ 不確実性が低ければ単純な組織構造が高業績で，不確実性が高ければ複雑な組織構造が高業績であるということは，非線形性を意味している。

　この批判に対して，次の3点を指摘したい。1つ目は，Schoonhoven の言うように，確かに，状況適合理論の命題は，環境に適した組織が高業績を導くというものであり，これは，パラダイムあるいはアプローチであり，具体的な理論的言明とは言い難い。しかし，本章では既に状況適合理論を，技術と組織構造，課業環境と組織過程，技術および課業環境と組織デザインの3つの領域に分けて，そこでの理論的特徴を明らかにした。ほとんどの研究者は，Schoonhoven の言うように，環境と技術を区別していないが，Thompson（1967）は，ひとり環境と技術を分けて論じている。ただし，技術が（職能）部門編成に影響を与えることを論じているが，環境の影響は，中核技術を保護するために，環境の不確実性を回避する方法（緩衝，平準化，予測，割当などの環境操作戦略）が論じられているものの，Lawrence & Lorsch

（1967）のように，課業環境の不確実性が分化と統合を通じて，組織過程に
与える影響を論じてはいない。また，Lawrence & Lorsch（1967）では，実
証研究の成果がまとめられているが，Lorsch & Lawrence（1972）では，
Thompson（1967）の相互依存性の議論に基づいて，不確実性の低いコンテ
ナ企業（高業績）では，販売部門から製造部門への逐次的相互依存性と工場
間に共同的相互依存性しか存在しないが，不確実性の高いプラスチック企業
（高業績）には，研究開発部門と製造部門，研究開発部門と販売部門の間に
交互的相互依存性があった，したがって，後者では階層による統合だけなく，
公式の統合メカニズム（役割，チーム，統合部門）がある，と説明されている。
さらに，Lorsch（1970）では，環境に関連して適切なコンフリクト解決の方
法が変わる場合（部門内コンフリクトと部門間コンフリクト）と，環境に関連
なく普遍的なコンフリクト解決の方法がある場合（徹底討議，統合者の中立志
向，専門的知識・技術に基づく影響力，製品グループ全体の業績に対する評価）
とが，区別されて論じられている。

　2つ目に，Schoonhoven は，状況適合理論は，変数間の相互作用に言及し
ていないと言う。環境変数と技術変数の間の相互作用については，やはり
Thompson（1967）が論じている。技術的合理性に基づく部門編成がまず優
先され（職能部門制組織），そこでの中核技術が環境操作戦略によって保護さ
れないなら，ある技術とそれに対応する課業環境の交互的相互依存性を1つ
の事業部として編成し，他の事業部との相互依存性を切断する組織編成（事
業部制組織）を行う。さらに，組織全体で，技術と課業環境の交互的相互依
存性を処理するためには，職能部門制組織の上にタスク・フォースを重ねる
ことが必要であると述べている。こうした二重の組織編成の最終形態がマト
リックス組織である。

　さらに，状況要因と組織との相互作用について，状況適合理論では状況要
因が組織に影響を与える（環境→組織）という一方的な因果関係が前提され
る。逆の因果関係を考えることも必要とされる。たとえば，状況適合理論と
逆の因果関係，すなわち組織が環境にどのような影響を与えるかを分析する
必要がある。したがって，環境に適合した組織デザインと（環境→組織），
組織に合わせて環境に働きかける環境操作戦略を，統合的に扱うことが必要

第4章　状況適合理論の生成と展開　　**217**

である。さらに敷衍すれば，Organizing の理論と Organized の理論を統合することが必要である。

　3つ目に，Schoonhoven は，状況適合理論では相関分析に基づく線形性が基本的に仮定されていると言う。本章では，技術，規模，課業環境の3つの状況要因と組織の関係について検討したが，技術と課業環境の影響は，必ずしも単純な線形関係ではなかった。たとえば，Woodward（1965）では，技術の複雑性に連れて，比例的に変化する組織構造変数（e.g. 階層数）と，U字型（単純な単品・小バッチ技術と複雑な装置生産技術の組織構造が類似している）の関係をもつ組織構造変数（有機的組織 vs. 機械的組織），という2つの関係があった。これに対して，Aston グループの規模と組織構造に関する研究では，基本的に，規模が増大するとともに，活動の構造化（専門化，公式化，標準化）が増大すると主張された。このように考えるなら，状況適合理論には，因果関係を説明するにあたって，2つの立場がある。1つは，Schoonhoven（1981）の言うように，線形的な関係を前提にする立場である。Burns & Stalker（1961）では，機械的組織と有機的組織が，公式化・階層化と非公式化・水平的コミュニケーションの連続体（一次元）で捉えられる。Aston グループの研究は，この立場である。

　もう1つは，Woodward, Perrow, Lawrence & Lorsch, Thompson, Galbraith の立場であり，2つの次元（例外の多少と分析の難易，階層による統合と公式の水平的関係による統合，技術と課業環境，相互依存性の切断と相互依存性の処理能力の増大）による，タイプの識別に関心をもつ。

　前者では線形性が前提され，後者では非線形性が前提される。言い換えれば，前者では1つの次元について低いか高いかが問題にされるので，2つのタイプが区別される。たとえば，機械的組織と有機的組織がそれであり，それぞれ集権的組織，分権的組織である。後者では，2つの次元についてそれぞれ高いか低いかが問題にされるので4つの類型（高い―高い，高い―低い，低い―高い，低い―低い）が生じる。たとえば，Perrow（1967）では，例外は多いが分析が容易である工学的技術では，集権的組織が有効であり，例外は少ないが分析が困難である熟練技術では，分権的組織が有効であるが，例外も多く分析も困難なノン・ルーティン技術では，集権的かつ分権的（polycentralized) な組織が効果的である。さらに，L & L（1967）では，課業環境の不確実性の増大につれて職能部門制組織の上に水平的な統合メカニズムが付加され，Thompson（1967）では，技術の複雑性と課業環境の不確実性の両方の要求に応える組織としてタスク・フォースが想定され，その最終的な形態として，Galbraith（1973）では，こうした二重の要求に応える複雑な組織形態として，マトリックス組織が措定されている。

　以上，状況適合理論への批判について吟味してきた。これは，状況適合理論を擁護するためではなく，その学説史上の位置を明らかにするためである。既に序章で述べたごとく，状況適合理論は，古典的管理論（科学的管理論，経営管理過程論），官僚制理論，その対極としての，人間関係論，Barnard 理論，制度理論に続く，1つのパラダイム（＝Open & 合理的モデル）をもった主張である，というのが本書の立場である。

3　状況適合理論の意義

3-1　Open & 合理的モデル＝Organized の理論

　Closed & 合理的 とは，組織を取り巻く環境が安定的で変化がなく，したがって価値合理性が所与で，その下での目的合理的な唯一の組織がある，ということである。これに対して，Open & 合理的 とは，環境変化によって何が価値合理的かが変わることを前提にして，そこでの目的合理的な組織が何であるかを問題にすることである。すなわち，環境が変わって，何が価値合理的であるかが変われば，そこでの目的合理的な組織も変わるということである。

　Taylor や Fayol の古典的管理論は，環境との関係をとりあえず考慮に入れない，合理的な組織（＝技術システムとしての組織）のあり方を追求しているという意味で，Closed & 合理的モデルである。人間関係論や Barnard は，人間の動機づけを中心として，組織を社会システムと考え，interpersonal な人間関係の均衡あるいは societal な組織と環境（社会）との均衡を考えて

第 4 章　状況適合理論の生成と展開　**219**

いるという意味で，Closed & 自然体系モデルである。これに対して，状況
適合理論は，まず，人間行動が組織を形成するという視点はなく，組織構造
が人間行動を合理的に規制するという立場をとり（合理的モデル），次に，組
織と環境との関係を問題にする Open Systems Approach をとるが，もっぱ
ら環境から組織への影響を重視する。その意味で環境決定論という批判を受
けた。したがって，環境→組織→人間 という因果関係をもつ。詳しく言え
ば，環境→組織［組織構造→人間行動・組織行動］→業績，という因果関
係をもつ。したがって，状況適合理論は，Open & 合理的モデルということ
ができる。上で紹介した Child（1972）の戦略的選択論は，謂わば「人間→
組織→環境」という因果関係を示しており，おなじ Open System でも，自
然体系モデルに属する Open & 自然体系モデルであると言える。典型は，
Weick（1979）の「組織化の進化論」であり，March らの「ゴミ箱モデル」
もここに含まれる。

改めて，合理的モデル vs. 自然体系モデル，Closed System Approach vs.
Open Systems Approach の 2 つの次元に沿って経営学説を分類すると，表
4–15 のようになる。

本書では，Open & 自然体系モデルを Organizing の理論として，第 I 部
で紹介し，Open & 合理的モデルを Organized の理論として，第 II 部（本章
と次章）で紹介する。次章では，環境決定論という批判を受けた状況適合理
論が，Chandler（1962）の戦略論とそれを享けた Rumelt（1974）によって確
立された 戦略―組織構造―業績（S―S―P）パラダイムを導入して，1980
年代以降に展開した，新しい動向を検討する。本章での議論と併せて，これ
を，Organized の理論として，環境→戦略→［組織構造→人間行動］→業績
（E―S―O―P）パラダイムとして，環境適応の 1 つの理論として評価する。

3-2 多元的適合

状況適合理論の鍵概念は「適合」である。ここには，3 つの適合概念が含
まれる（Van de Ven & Drazin, 1985）。選択的適合，相互作用的適合，システ
ム的適合，がそれである。

第 1 の選択的適合は，その環境に適応しているから組織は存続し得るとい

220　　第 II 部　Organized（構造化・構造統制）の理論

表 4-15　経営学説の分類

	Closed System Approach	Open Systems Approach
合理的モデル	【因果関係】 　環境 --→ 組織 → 人間 【分析レベル】 　人間：科学的管理論 　　　　（Taylor） 　組織：経営管理過程論 　　　　（Fayol） 　環境：官僚制理論 　　　　（Weber）	【因果関係】 　環境 → 組織 → 人間 【分析レベル】 　人間：技術―組織構造論 　　　　（Woodward, Perrow） 　組織：組織デザイン論 　　　　（Thompson, Galbraith） 　環境：課業環境―組織過程論 　　　　（Lawrence, Lorsch）
自然体系モデル	【因果関係】 　人間 → 組織 ← 環境 【分析レベル】 　人間：人間関係論 　　　　（Mayo, Roethlisberger） 　組織：Barnard 理論 　　　　（Barnard） 　環境：制度理論 　　　　（Selznick）	【因果関係】 　人間 → 組織 → 環境 【分析レベル】 　人間：ゴミ箱モデル 　　　　（March） 　組織：組織化の進化モデル 　　　　（Weick） 　環境：資源依存モデル 　　　　（Pfeffer）

　う前提に立って，環境が組織を生じさせると考える。ここでの適合は，自然
選択（淘汰）の結果とみなされる。典型的な例は Aston グループの研究であ
る。ここでは，サンプル組織の業績の良し悪しは問題にされず，環境（規模
や技術などの状況要因）と現存する組織（活動の構造化や権限の集中）との相
関関係が問題にされた。これは，サンプル組織が現時点で生存しているとい
う意味で，適合は自然選択（淘汰）の結果であると考える立場である。Han-
nan や Freeman の組織群生態学（Population Ecology）も同じ立場である。
この意味では，選択的適合は，自然体系モデルの延長であり，本章で論じて
きた Open & 合理的モデルとしての状況適合理論ではない。

　第2の相互作用的適合は，1つの状況要因と組織構造の相互作用が，業績
に与える影響を問題にする。すなわち，高業績組織は低業績組織に比べて，
状況要因と組織との適合度が高い。言い換えれば，状況要因と組織デザイン
の全体を，1つの状況要因と組織特性の2変数関係に変換し，次に，この
個々の組合せ変数がどのように相互作用して，業績を説明するかを検討する

第4章　状況適合理論の生成と展開　**221**

研究である。適合とは，1つの状況要因と組織の関係の維持を意味し，適合の欠如は，この関係からの乖離であり，この乖離が低業績をもたらすのである。たとえば，Woodward や Perrow では，技術と組織構造の適合が高業績をもたらすと主張され，Lawrence & Lorsch では，課業環境（の不確実性）と組織過程の適合が高業績をもたらすとされた。

しかし，これらの研究では，個々の状況要因と組織の組み合わせと業績の関係は分かっても，全体としての相互作用のパターンは明らかにならない。全体は，一定の関係にある個々の状況要因と組織の単純な組み合わせではないからである。状況適合理論への批判の1つに，複数の状況要因（e.g. 技術と課業環境）が，それぞれ相反する影響を組織に与えるなら，一貫した整合的な組織デザインを行うことは困難である，というものがある。

Child（1977）はこの立場であり，（経営者の戦略選択に沿って）組織デザインの諸要素の整合性・一貫性を保持することの方が，組織の業績向上にとって重要である，と述べている。言い換えれば，Child の立場は，経営者の戦略的選択に合わせて，組織デザインの整合性（＝内的適合性）を維持することが，高業績につながるという主張である。この批判に応えようとしたのが，第3のシステム的適合である。ここでは，複数の状況要因と組織（構造および過程）の全体的な適合パターンが問題にされ，全体が1つの体系的形態（configuration, Gestalt）を生み出すようなパターンが，業績に影響を与えると主張される。たとえば，Thompson では，技術と課業環境の相反する複数の状況要因と，基本的な組織形態である職能部門制組織や事業部制組織，さらには職能部門制組織の上に重ねあわされたタスク・フォースが識別され，文字通り，コントロールできない制約要因でも，コントロールできる変数でもない，状況要因としての技術と課業環境の両方の影響を考慮した組織デザイン論が提唱されている。Galbraith & Nathanson（1978）では，戦略と多様な組織変数（課業，組織構造，情報および意思決定プロセス，報酬システム，人間）の間の整合性が，高業績をもたらすとされ，戦略―単位間および市場の関連性―組織構造―研究開発の性格―業績測定基準―報酬の基盤―キャリア形成―リーダーシップ・スタイル―戦略選択 という多様な要因間の多元的な適合関係をもつ6つの組織形態（＝諸要因の組み合わせが，統一的な

222　　第Ⅱ部　Organized（構造化・構造統制）の理論

全体のパターンを構成するもの）として，単純組織，職能部門制組織，持株会社，事業部制組織，世界的事業部制組織，マトリックス組織，が識別されている[28]。

この第3のタイプの適合，すなわちシステム的適合（多元的適合）に基づいて，環境（技術と課業環境）と組織（組織構造と組織過程）の間の多元的な適合関係を形成することが高業績の要件である，というのが，本章で分析した状況適合理論の一般的命題である。これを本書では，環境（Environment）―組織（Organization）―業績（Performance）パラダイム，略してEOPパラダイムと呼ぶ。

3-3　経営組織の発展段階モデル

システム的適合すなわち多元的適合の考え方に従うなら，1つの適合状態から次の適合状態への移行は，漸進的・連続的な進化ではなく，不連続で段階的なものになる。

(1)　組織の編成原理

本書では既に，序章において，経営学説史的観点から，組織を編成する原理は，水平的分業と垂直的分業の2つであることを述べた。ここでは，Simon（1969）の議論からそれを再確認し，Simonとの異同を指摘して，本書の立場を明確にしたい。

Simon（1969）は，時計職人の簡潔な例で，2つの基本的な組織形態を区別している。すなわち，逐次的な作業の連鎖によって1つの製品を組み立てるテンパスと，いくつかの半自律的な（準分解可能な）作業に分割した後でこれを再度まとめ上げるホラである。Simonは，たとえば途中で電話の注文のような形で作業の中断があった場合，テンパスは最初から組み直さなければならないのに対し，ホラにはその必要がなく，したがってホラの方が生産的・効率的であると言う。しかし，この説明は，「事実」の半分しか語っていない。

今，簡単化のために，1個1秒で100個の部品を組み立てて1つの製品を作る場合を考える（図4-15）。

まず，テンパスは，100秒で1個の製品を作るのに対し，ホラでは，10秒

第4章　状況適合理論の生成と展開　**223**

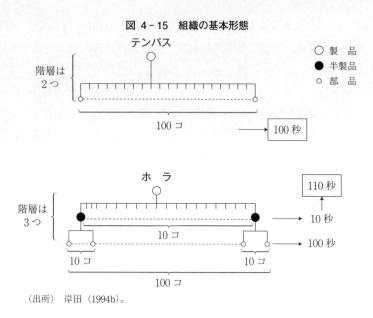

図 4-15　組織の基本形態

（出所）　岸田（1994b）。

で組み立てた半自律的な部品集合を，もう一度組み上げなければならず，したがって1つの製品の完成に110秒かかる。そのため単純に言って，もし外部からの何らの干渉もなければ（あるいは電話番を新規に雇って電話での注文に応じるなら），テンパスの方が効率的・生産的である。これが200年以上前にA. Smith（1776）が示した，（工場内）分業による生産性上昇の効果である。[29]

次に，電話による注文のように，外からの干渉が頻繁にあるなら（そして電話番を雇わずに職人本人が対応するなら），明らかにホラの方が，Simon（1969）の言うように効果的である。ただし，図4-15から分かるように，ホラはテンパスより階層が1つ多く，より階層的である。すなわち，ホラは外からの干渉（環境からの影響）に対して，階層を1つ付加することによって，組織的に対応しているのである。

一般化すると，次のようになる。テンパスの原型は，技術的合理性の要求に従って専門化を軸とした水平分業によって編成されたファンクショナル組織である。これに対してホラは，外部環境の要求に従って階層化を軸とした垂直分業によって編成されたライン組織である。

以上の岸田（1994b）の主張に対して，内藤（2011）は，次のように批判す

る。Simon（1969）の主張は，外部の複雑性に対処して，準分解可能な階層が必要であるということであり，第1に，階層性のあるなしに応じた効率比較ではなく，第2に岸田（1994b, 2005a）には，準分解可能性と権限階層の混同がみられる，と。

　しかし，第1の問題に対しては，まず，Simon（1969）は，（作業の中断の生じる割合を100回に1回として）テンパスが時計を組み立てるのに必要な時間は，平均して，ホラの約2000倍になる，としている。これは，明らかに「準分解可能な階層」のあるなしに応じた「効率比較」である。次に，テンパスには，「準分解可能な階層」はないが，図4-15に見られるように，全体の階層は2つである。これに対して，ホラは，これに準分解可能な階層が加わって，全体は3階層である。まず，ここには確かに権限の問題はなく，問題への対処の仕方に関連して，階層が多いか否かの問題があるだけである。準分解可能というグルーピングによって，中間の階層が1つ増えただけである。しかし，テンパスには階層がないのではない。準分解可能性がないために，トップと作業者の間には階層がないのであり，ホラには，トップと作業者の間に，準分解可能な，さらに1つの階層がある。図4-15をみれば，一目瞭然である。内藤（2011）は，製造部門と販売部門が存在する場合，これはヨコの分業であるが，本社と製造部門および販売部門には，権限階層としてのタテの垂直分業があると言う。ここにも誤解がある。繰り返すが，テンパスはファンクショナル組織であり，ヨコの分業（専門化）を組織編成の原理としているが，階層をもたないのではない[30]。また，ファンクショナル組織は，製造部門や販売部門のような部門（化）をもたない。製造部門や販売部門のような職能部門をもつのは，職能部門制組織であって，ファンクショナル組織ではない。

　第2の問題は，階層と権限の関係である。ここに，タテの分業に伴う階層によって生じる権限とは，上位（ライン）権限であり，ヨコの分業に伴って生じる権限は，職能（ファンクショナル）権限である。ここで直接問題にするのは前者であるが，Thompson（1967）が言うように，階層の基本的な意味は，相互依存関係にあるグループを包括するということであり，（上位権限に連なる）上下関係だけではない。

第4章　状況適合理論の生成と展開　　225

高木 (2013) は，階層の3つの意味を識別している。1つ目は，全体性・包括性であり，1つのシステムとしてのまとまりを示す。一般システム論では，現実にはこうしたシステムの階層が普遍的に存在すると主張される。たとえば，Bowlding (1968) は，システムの階層として，静態的構造，単純な動態的システム，サイバネティックス・システム，オープン・システム，植物，動物，人間，社会組織，超越的システムを区別している。ここでは，上位システムが下位システムを支配するという関係ではなく，上位システムが下位システムを包括するという関係であり，上位システムには，下位システムにない特性（＝創発性）があると言われる。2つ目は，本書にいう Organizing に関する特徴であり，部分部分が，主観的・間主観的に，自分たちが属しているより大きなシステム（＝全体）を意識しているという，謂わば下から上への階層意識である。部分の自律性を強調する今日の組織像，すなわち本書第2章でいうところの Loosely Coupled System（ネットワークやリゾームもここに含まれる）がこれにあたる。3つ目は，Organized に関する特徴であり，上位による命令決定権限（ライン権限）のもつ 支配―従属関係 である。これまで，階層のもつこの意味だけが強調されてきた。Thompson (1967) は，階層が，高い低い（従属―支配）を示すだけではなく，より包括的なまとまり（システム）を意味し，構成要素（下位システム）の範囲を越える調整の諸側面を扱うためのものであると述べていることを，再度強調しておきたい。

図4-16（再掲，図序-2）に基づいて，これらの階層のもつ3つの意味の関連を，次のように説明できる。まず，人間→組織→環境（実現環境）という Organizing のプロセスでは，二重の相互作用を通じて，主観的あるいは間主観的に，それぞれが全体性・包括性を意識する。これが Hierarchizing（階層の生成）であり，ここでは，下から上への階層意識が生じ，部分の自律性が強調される。さらに，環境→組織→人間 という Organized のプロセスでは，タテの分業を通じて生成した階層によって人間行動が規制され，支配―従属関係 に組み込まれる（Hierarchized）。ここでの組織像は，謂わば Tightly Coupled System である。これが，準分解可能性から，結果として生じる権限（＝ライン権限）である。最後に，1つのレベルでの Orga-

226　第Ⅱ部　Organized（構造化・構造統制）の理論

図 4-16　組織の生成・発展のプロセス（図序-2を再掲）

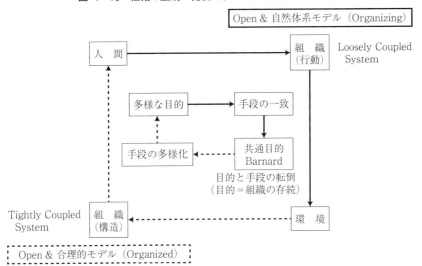

(出所)　岸田 (1994b)。

nizing と Organized から Organization という全体が生じる。

　最後に，Simon 自身の拠って立つ，論理実証主義的基盤に触れておきたい。Simon (1945) は，古典的な経営管理論（経営管理過程論）の言う管理原則の致命的欠陥は，格言と同じく，どの管理原則についても，同じように容認できる相矛盾した対になった言明をもつことであると批判する。典型は，専門化の原則と命令一元化の原則である。前者はヨコの職能別の分業に関する原則であり，専門化を通じて効率を上昇させるファンクショナル組織の利点を述べたものである。しかし，多様な専門化は命令の多元化に通じる。後者は，階層化による秩序化に資する原則であり，命令の一元化は，後者の命令の多元化と矛盾する。また，サイモンは，Koontz ed. (1964) が，当時の経営学の状況を「管理論のジャングル」と評して，諸学派の乱立ではなく「経営の統一理論」を求めたのに対して，これまでの経営学の発展は，組織における人間行動の解明のための分業であって，最終的にニュートンの力学が勝利し

たように，分業は必要であっても，統合されるべきものではない，と批判した。

　まず，本書の科学哲学的立場は，論理実証主義ではなく，パラダイム主義のそれである。村上（1980）は，検証主義（論理実証主義），反証主義，革命主義の3つに，科学哲学の立場を分類している。論理実証主義は R. Carnap を代表とするものであり，Simon はこの立場を受け継いでいる。反証主義は，K. Popper がその始祖であり，その後継者が I. Lakatos である。革命主義（ここではパラダイム主義と呼ぶ）は，T. Kuhn の立場であり，P. K. Feyerabend がこれを引き継いでいる。

　一般的に科学哲学の分野では，論理実証主義は破綻していると言われるが，現実のそれぞれの学問分野（e.g. 経営学）では，統計学を基礎とした実証主義的立場はむしろ強固である[31]。ただし，ここではどの立場が良いかは問題としない。問題なのは，Simon が，古典的経営学を批判して，組織原則としての専門化の原則と命令一元化の原則が矛盾しているため，格言と同じであり，その意味で科学的ではないとする態度である。現実にファンクショナル組織とライン組織の原則が矛盾するため，両者の利点を活かすべく，片方をライン権限（命令・決定），他方をスタッフ権限（助言・助力）とするライン＆スタッフ組織が出現したのであり，単純にライン組織とファンクショナル組織を共にライン権限としたオッターソン組織は，命令の多元化に耐えられず失敗したのである。これは，格言や諺だと言って切り捨てられる問題ではなく，理論的に研究する必要のある問題である。

　次に，Simon（1964）は，かつて力学には，アリストテレス的アプローチ，デカルト的アプローチ，ライプニッツ的アプローチ，ニュートン的アプローチが存在したが，これらのアプローチが統合されることはなく，ニュートン学派が勝利したと言っている。しかし，今や力学の分野では，ニュートンの絶対時間・絶対空間のアイデアに対して，ライプニッツ的な相対空間・相対時間の考え方が見直されており，しかも弱い力，強い力，電磁力，重力の4つの力を統一する理論が求められている（e.g. 余剰次元の理論）。本書の冒頭にも述べたごとく，組織には，Organizing と Organized の，ある意味で矛盾する側面があり，Organization という現象を全体として統一的に理解す

228　　第Ⅱ部　Organized（構造化・構造統制）の理論

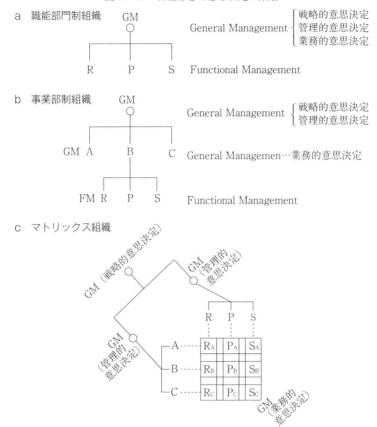

図 4-17 組織形態と意思決定の階層

(注) GM：General Management（全般管理），FM：Functional Management（職能管理）。

るためには，両者を統合する理論が必要である。本書の第Ⅲ部第 6 章は，統合のための枠組みを提示する試みである。

(2) 発展段階モデル

ライン組織とファンクショナル組織を 2 つの組織編成原理とする発展段階モデルについては，図 4-17 で示した。システム的適合あるいは多元的適合の考え方に従うなら，1 つの適合状態から次の適合状態への移行は，不連続で段階的なものになる。

技術的合理性の要求にしたがって，専門化に基づく水平的分業によって編

第 4 章　状況適合理論の生成と展開　229

成された組織形態がファンクショナル組織である。テーラーの職能的職長制を起源とする組織形態である。これに対して，課業環境の要求にしたがって，階層化に基づく垂直分業によって編成された組織形態がライン組織である。ファヨールが提唱した組織形態であり，原則的に，トップから末端に至るまで，単一の指揮命令系統でつながっている組織形態である。この２つが組織編成原理であり，組織の原型である。

ファンクショナル組織の専門化の利点（＝生産性）とライン組織の命令の一元化の利点（＝秩序化）をともに活かし，前者の命令の多元化と後者の専門化の欠如を補おうとしたのが，ライン＆スタッフ組織である。ここでは，包括的な命令・決定権限をもつライン組織に対して，専門的な知識・技術をもって助言・助力を行い，ライン活動を援助・促進するスタッフ組織が付置されている。

専門化と秩序化（命令の一元化）を両立させるもう１つの方法として，オッターソン組織（＝ライン＆ファンクショナル組織）があった。これは，専門職能に基づく職能権限と，包括的な命令・決定権限であるライン権限を一致させようとした組織であった（森本，1967）。しかし，諸職能（e.g. 研究開発，生産，販売）を統合・調整する全般管理と，個別の専門職能を統括する職能管理とは，利害は一致せず，専門職能が分化するとともに，全般管理権限と職能管理権限とは対立する。これを，全般管理の包括的・命令・権限（ライン権限）を，個別の職能管理の専門性による助言・助力（スタッフ権限）で支えようとしたのが，ライン＆スタッフ組織である。こうして，初めて大規模組織を効果的に管理する組織が誕生した。

規模の経済性（供給の集中）を確保するために，専門化の利点をより活かすべく職能部門化されたライン＆スタッフ組織が，職能部門制組織である。ここでは，基本的に単一の事業（a business）を推進するトップが，諸職能部門間の調整を行うので，この組織は，一般に集権的職能部門制組織と呼ばれる（図 4-17a）。これに対して，複数の関連事業（businesses）を行って範囲の経済性を利用しながら需要の多様化に応えようとするライン＆スタッフ組織が，事業部制組織である。ここでは，トップは，複数の事業の組合わせを選択し（戦略的意思決定），各事業部に資源を配分して調整するが，各事

業部の運営を一定程度事業部の責任者に委譲するため，この組織は，通常分権的事業部制組織と呼ばれる（図4-17b）。

　この，職能部門制組織の専門化―規模の経済性―効率化 と，事業部制組織の秩序化―範囲の経済性―命令の一元化 の問題に，同じレベルで同時に対処しようとしたのが，マトリックス組織である。これは，その構造の中に，供給（インプット）と需要（アウトプット）という市場メカニズムを導入しようとする試みであると言うこともできる。

　職能部門制組織では供給の集中という技術的要求が，事業部制組織では需要の多様化という市場（＝環境）の要求が，それぞれ階層の上位で処理され，階層の下部ではそれぞれ他の要求が処理されている。言い換えれば，技術と環境という2つの問題のうち，優先すべき問題が，階層の上位で処理される。これに対してマトリックス組織では，これを，共有されるべきライン権限の問題として，同じレベルで処理しようとしている（図4-17c）。

　マトリックス組織とは，通常の垂直的階層の上に水平的な影響力・コミュニケーションを重ね合わせた組織であり，メンバーは，単一のグループではなく，二重（多重）の作業グループに属するので，二重の影響力に従う役割が含まれ，部門間にまたがる水平的な関係を通じての調整が強調される。しかもこの水平的なコミュニケーション・チャネルが公式的なものとして認められている。この公式の水平的関係（＝統合メカニズム）とは，Galbraith & Nathanson（1978）に言う「直接の接触，連絡役，タスク・フォース，チーム，統合者，統合メカニズム」である。

　このマトリックス組織を別の形で表わすと，図4-18のようになる。2人のマトリックス・マネジャーのうち，片方は職能を代表する資源管理者であり，もう一方は事業（business）の業績を代表する業績管理者である。前者はインプット（技術）をコントロールし，後者はアウトプット（市場）をコントロールする。この2人のマトリックス・マネジャーは，ライン権限を共有する。これをDotted Line と言う。これは，図4-18の，2人のマトリックス・マネジャー（資源管理者と業績管理者）の間の点線で示される（岸田, 2001）。

　第I部第3章で，新しい組織形態が生じるときには，フラクタル（入れ子

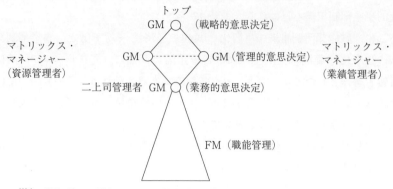

図 4-18 マトリックス組織とライン権限の共有

（注） GM：General Management, FM：Functional Management

構造）が生じると述べた。また，組織革新とは，弁証法的に（正—反—合），ある組織に対して「反」になる組織および，この「正」と「反」を統合する「合」となる組織であるとも述べた。以上の発展段階モデルに，この説明が適用できるであろうか。

　ライン組織とファンクショナル組織は，正反対の組織編成原理，すなわちタテの分業とヨコの分業からなる組織である（正⇔反）。これを統合したのがライン＆スタッフ組織である（正⇔反→合）。ヨコの分業たるファンクショナル組織の原則に基づいて，ライン＆スタッフ組織を拡大したのが，職能部門制組織である。また，ライン＆スタッフ組織を，タテの分業たるライン組織の延長上に拡大したのが，事業部制組織である。職能部門制組織も事業部制組織もライン＆スタッフ組織を含む（入れ子構造）と共に，前者と後者は，「正⇔反」の関係にある。さらに，事業部制組織を職能部門制組織の発展形態とみる場合，図4-17bにみられるように，事業部の1つ1つは職能部門制組織で構成されており，この意味で，事業部制組織は職能部門制組織を含む包括的な組織形態（入れ子構造）となっている。最後に，マトリックス組織は，職能部門制組織と事業部制組織を含むより包括的な組織形態（入れ子構造）である。

　Galbraith & Nathanson（1978）は，一方で，職能別の組織から製品別組織への移行は，統合メカニズムの積み重ねによって，不連続な変化である必要

はなく，漸進的な進化であってよい，としている（図4-11参照）。すなわち，マトリックス組織は，1つの発展段階を画するのではなく，統合メカニズムを重ねていく漸進的な移行の途中で生じた組織であると言っている。ただし他方で，発展段階モデルでは，それぞれの階層レベルが，多様性をもたらす1つの源泉に対処する機構を備えているとも述べている。敷衍すれば，職能部門制組織では，技術からの要求が優先されて階層の上位で処理されている。事業部制組織では，環境からの要求が優先されて階層の上位で処理されると共に，技術からの要求は，階層の下位，すなわち事業部の内部で処理されている。マトリックス組織では，職能部門制組織を代表するマトリックス・マネジャー（資源管理者）と事業部制組織を代表するマトリックス・マネジャー（業績管理者）の利害を調整するためにもう1の階層が付加されている。組織の発展段階モデルとは，既存の階層の下で，たとえば統合メカニズムという組織過程の付加ではなく，新しい階層が付加されて，新たな組織形態（組織構造）が生じることである，というのが本書の立場である。

(3) 集権と分権

以上のように考えるなら，組織の段階的発展とは，ヨコの分業＝専門化とタテの分業＝命令の一元化（階層化）という正反対の組織編成原理を軸としながら，入れ子構造のように，次第により包括的な組織となっていくものであるということがわかる。ここに「包括的」とは，段階的に組織が発展するに連れ，階層が増え，より階層的になっていくことである。

たとえば，図4-17a, b, cから分かるように，職能部門制組織は，職能管理に対する全般管理（戦略的意思決定，管理的意思決定，業務的意思決定）というライン権限が分化せず，トップがこれを集権的に保有する。その意味で，「集権的」職能部門制組織と呼ばれる。次に，事業部制組織は，職能部門制組織からなる各事業部に，業務的意決定が委譲され，総合本社が，① 事業（businesses）の組み合わせを選択する（戦略的意思決定）と共に，② 事業部間の資源配分を調整する（管理的意思決定）。ここでは，トップと事業部の間に，階層に基づくライン権限が分化され，事業部に業務的意思決定権限が委譲されている。この意味で，事業部制組織は，一般的に「分権的」事業部制組織と呼ばれる。

図 4-19　ファンクショナル組織とライン組織

(a)　ファンクショナル組織　　　　　　(b)　ライン組織

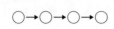
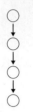

専門化（ヨコの分業）　　　　　階層化＝命令の一元化（タテの分業）
構造上分権―管理上集権　　　　構造上集権―管理上分権

　通常，全ての決定権限がトップに集中している管理形態を集権的管理と言い，決定権が下部に委譲されているものを分権的管理という。それでは，どのような権限が下部に委譲されるのか。
　第1に，ファンクショナル組織は，専門化の原則に従って編成される（ヨコの分業）ので，構造はバラバラになる。したがって，トップはこれをまとめなければならない。謂わば，ファンクショナル組織は，構造上分権的なので，管理上の集権が必要である。逆に，ライン組織は，命令の一元化に則って組織されているので，構造上集権的であり，管理を下部に委譲しても，組織の秩序は保たれる。したがって，ファンクショナル組織は構造上は分権的で管理上は集権的であり，ライン組織は，構造上は集権的で管理上は分権的である。図4-19に，2つの組織形態の原理上の形のみを示す。
　第2に，職能部門制組織は，階層の上位で「職能」部門化（Functionally Departmentalized）されているので，基本的にファンクショナル組織の延長上にあり，構造上分権的で管理上集権的である。この意味で，集権的職能部門制組織と呼ばれる。ここでは，戦略的意思決定（製品―市場分野の選択），管理的意思決定（資源配分の組織化），業務的意思決定（日常活動の効率化）は分化されておらず，その全てをトップが担っている。すなわち，全般管理活動（General Management）を行っているのは，トップだけである。この意味で集権的組織と言われる。職能管理（Functional Management）は，専門化に基づいているので，命令が多元化するため，唯一の全般管理者としてのトップが，これをまとめている（図4-17a参照）。

これに対して，事業部制組織は，事業（business）ごとに自立的に部門化（divisionalized）されているので，総合本社と事業部の関係は，階層的なライン関係である。したがって，事業部制組織はライン組織の延長上にあり，構造上集権的かつ管理上分権的である。すなわち，全般管理が分化されて，業務的意思決定が事業部に委譲されている（図4-17b参照）。

　以上のように考えるなら，集権的組織・分権的組織とは，管理上，集権的あるいは分権的な組織であり，全般管理活動（の一部）が下部に移譲されているかどうかの問題であり，ライン権限（上位権限）の下部への委譲に関する問題であり，そもそも職能権限は，専門化された知識や技術に関するものであり，委譲はできない。「分権的」とは，上から下に権限を委譲すること（タテの分業）であって，ヨコに委譲（ヨコの分業）することではない。

　要約すると，以下の2点を指摘することができる。1つ目に，集権的・分権的とは，少なくとも経営学においては，構造上ではなく管理上の問題であり，全般管理活動の上から下へのライン権限の委譲である，ということである。したがってこれは，意思決定階層の分化であり，階層数の増加を意味する。2つ目に，構造上の 集権—分権 と管理上の 集権—分権 とは補完関係にあり，それが組織に，まとまり（Gestalt, configuration）を与えている。

　第3に，ライン＆スタッフ組織およびマトリックス組織は，さらに一段高いレベルで，集権—分権 のバランスをとろうとする試みである。

　ライン＆スタッフ組織は，ファンクショナル組織に比べて，ライン職能だけでなくスタッフ職能を加えることによって，さらに専門化を増大させることになるので，より構造上分権的，かつ管理上集権的になる。また，ライン組織に比して，トップは直属のスタッフを抱えることになるので，階層の付加に準じた効果をもち，より構造上集権的かつ管理上分権的になる。ただし，スタッフは下位部門に対して助言・助力を行うが，命令・決定権限はもたないとされるので，スタッフを通じての，下位部門に対するトップの管理は間接的である。スタッフの助言・助力が，トップの意向を受けて命令の性格を帯びると，ラインとスタッフの間に対立が生じ，命令の一元化が阻害されかねない。

　マトリックス組織では，一方ではトップが戦略的意思決定を，マトリック

第4章　状況適合理論の生成と展開　　235

ス・マネジャー（資源管理者と業績管理者）が管理的意思決定を，二上司管理者が業務的意思決定を，それぞれ担当するので，この意思決定階層の分化は，構造上の集権と管理上の分権を意味する。しかし他方で，資源管理者（インプット・コントロール）と業績管理者（アウトプット・コントロール）への専門的分化に伴う相互依存性をトップが調整することになるので，構造上の分権と管理上の集権がより高められることになる。マトリックス組織が集権的かつ分権的組織であると言われるのは，このためである。

ただし，以上の 分権―集権 は，分権化された（Decentralized）あるいは集権化された（Centralized）組織に関するものである。たとえば，集権的職能部門制組織＝Centralized Functionally Departmentalized Organization，分権的事業部制組織 Decentralized Divisionalized Organization における集権や分権の問題である。すなわち，Organized の側面である。組織形態の移行に際しては，同じ組織形態に移行するにしても，既存の組織形態が集権的（Centralized）であるか，分権的（Decentralized）であるかによって，集権的に移行したり（Centralizing），分権的に移行したり（Decentralized）することがある。かつての，トヨタ自工とトヨタ自販への分離は，管理上の分権化（Decentralizing）であり，工販合併は管理上の集権化（Centralizing）である。これは，職能部門制組織内部の管理の 集権―分権（Centralizing‒Decentralizing）の問題である。

Chandler（1962）における，GM社とデュポン社の事業部制組織への移行は，次のように区別して説明することができる。前者は，より分権的な（Decentralized）な持株会社から，集権化（centralizing＝総合本社の設立）を行って分権的な事業部制組織（Decentralized Multi-divisional Organization）へ移行したのに対し，後者は，集権的職能部門制組織（Centralized Functionally Departmentalized Organization）から分権化（decentralizing＝自立的な事業部の設立）を行って分権的事業部制組織へ移行したのである（岸田，2001）。この事情は，次章でさらに詳しく分析する。

236　　第Ⅱ部　Organized（構造化・構造統制）の理論

4 結語——組織と環境適応

状況適合理論が明らかにしたのは，組織の環境適応という視点である。しかし，その環境理解および環境適応の方法には，一定の特徴と限界がある。

Open System の特徴は，序章で述べたように，等結果性（equifinality），自己組織性（self-organizing），能動的人格システム（active personality system）の３つであり，それぞれ，環境（上位システム）レベル，組織（システム）レベル，人間（下位システム）レベルの特徴である（岸田，2001）。

4-1　状況適合理論と因果関係

Open & 合理的モデルの因果関係は，環境 → 組織 → 人間 であり，これは Organized の理論と呼ぶことができる。ここでの環境は，組織へのインプット（環境 → 組織）であり，組織に影響を与える状況要因（技術と課業環境）から生じる課業の不確実性である。この不確実性と組織（組織構造と組織過程）との多元的適合（一貫性，整合性）を図ることによって，この不確実性を吸収するのが，組織デザインである。したがって，ここでの等結果性（Equifinality）とは，環境の不確実性への適応の結果としての一義性を指す。すなわち，環境の不確実性が同じであれば，それに適合する組織形態は１つである。こうして環境決定論（環境 → 組織）と言われる状況適合理論の特徴が生じる。

この環境の不確実性の程度に沿って，そこに適合的な組織形態を並べたものが，発展段階モデルである。ただし，ここでの不確実性は，リスクや部分的無知を含む広い意味での不確実性であり，しかも，連続的・量的な不確実性の増加というより，それの質的な増大を意味する。その意味で，不連続な段階的発展なのであり，不確実性の質的な差異と質的に異なった組織形態の組み合わせ，すなわち，一定レベルの不確実性と一定の組織形態の適合を，順番に並べたものである。この意味で，状況適合理論は，比較静学としての特徴をもつ。言い換えれば，時間の経過と共に不確実性が増大することを前提にした，（組織適応の）動態的な理論である。ただし，段階的移行のプロセ

第4章　状況適合理論の生成と展開　　237

ス（動学）は論じられていない。

　ここでの人間観は，組織を個人的な目的達成の手段と見る Instrumental Man，あるいは個人差や発達（成熟）段階の差異を認める複雑人である。動物実験の場合のように，与えられた刺激に受動的に反応する人間像ではなく，刺激の意味に反応するという意味での能動性が前提される（組織→人間）。

　これに対して，Open & 自然体系モデルの因果関係は，人間→組織→環境 であり，ここでの環境はインプットではなくアウトプットである。これを本書では Organizing の理論と呼ぶ（本書第Ⅰ部）。この環境は，過去の行為を回顧的に意味づけすべく，多義性の把持と除去を通じて一義的な意味を付与された「実現環境（Enacted Environment）」であり，環境適応の結果ではなく，その結果に至る多様な経路から，1つが（実現環境として）選ばれるプロセスが焦点である（組織→環境）。

　組織は，したがって画定された環境の不確実性に多元的に適合した組織（Tightly Coupled System, TCS）ではなく，実現環境の生成に向けてつながってゆく人間行動の相互連結（二重の相互作用）であり，Loosely Coupled System（LCS）である。

　ここでの人間像は，同じく能動的人格システムという特徴をもっているが，Open & 合理的モデルの場合と違って，刺激の意味を自ら創造するという意味での，能動性をもつ。たとえば，さまざまな組織に多様なかかわりをもつ「部分的包含（partial inclusion）」という人間像がここに含まれる。組織は，こうした人間によって自然発生的に徐々に構築されていく進化プロセスとみなされる（人間→組織）。

　今日，Open & 合理的モデルにおける人間観と Open & 自然体系モデルの人間観が，共に，組織の中での自分の意味を探求する側面をもち，組織との関わりを重視するという意味で，自己実現人と区別して，「意味充実人」と呼ばれる（寺澤，2008）。

4-2　環境の種類とその特性

Open & 自然体系モデル（人間→組織→環境）に基づく Organizing の理論における環境と，Open & 合理的モデル（状況適合理論）に言う環境では，

238　　第Ⅱ部　Organized（構造化・構造統制）の理論

性質が異なる。前者では，「実現環境の多義性（の把持と除去）」が問題とされた。後者では，基本的に「課業環境の不確実性」が問題にされ，この不確実性に適合した組織が高業績をもたらすと主張され，不確実性を処理するための組織のあり方が，組織デザインとして論じられた。

Weick（1979）は，あいまい性を意味のないこと，多義性を複数の意味があること，不確実性を意味が混乱していること，と区別している。あいまい性は，ゴミ箱モデルにおいては，「組織化された無秩序（Organized Anarchy)」の状態とされ，選好も技術も不明確で，参加も流動的な状態を指す。多義性とは，複数のインプットが1つのアウトプットをもたらす状態であり（Weick, 1995)，1つの結果をもたらす複数の原因が考えられる。この複数の原因の中から1つを選んで，1つの結果に対応させることが多義性の把持と除去である。こうして，画定された1つの因果関係が「実現環境」であり，この1つの因果関係が成立する確からしさが不確実性である，というのが本書の主張である。

本書第Ⅰ部第2章の図2-1では，人間→組織→環境 という因果関係に沿って，それぞれ，実現→行為→保持，行為→認知→信念，あいまい性→多義性→不確実性，が対応することが示されている。

あいまい性は，「行為」という区切りのない純粋持続時間に関わる性質であり，この行為が行われることが「実現」である。ここには未だ意味（多義性）は派生していない。この（過去の）行為の中から一定部分を切り取って，区切られた離散的時間に基づいて意味づけを行うのが「淘汰」であり，ここで意味が認知され（一義化)，秩序（実現環境）が生成される。最後にこの秩序が因果関係の信念（e.g.確実性，リスク，不確実性）として保持過程に蓄えられる。

こうして，環境は，あいまい性→多義性→不確実性 という順序で内部化される。人間行動の相互連結（二重の相互作用）を通じて多義性を把持し除去することが組織であるというのが，Weick の言う組織化の進化モデル（Organizing の理論）である。これに対して，組織は，環境の不確実性への対処システムであり，組織デザインを通じてこの不確実性を吸収すると主張するのが，状況適合理論（Organized の理論）の立場である。

第4章　状況適合理論の生成と展開　　239

4-3　環境操作戦略

状況適合理論は，組織と環境の関係を問題にしたが，もっぱら環境から組織への影響を論じた。すなわち，環境に合わせて組織を変える（環境→組織）ことにより，環境に適応する組織デザインに焦点があてられた。そのために，環境決定論という批判を受けることとなった。これに対して，同じく組織と環境の適合といっても，組織に合わせて環境を変える（組織→環境）ことも可能である。これが環境操作戦略である（岸田，1985）。

Thompson（1967）にとって，技術と課業環境が状況要因であり，課業環境は，当該組織が取引を行う他の組織群からなる。この課業環境に対応するために，当該組織は，他組織への依存性を処理して，不確実性を回避することが必要になる。そのために，組織はできるだけ自律性を維持しながら，他組織に対するパワーを確保するために，さまざまな環境操作戦略を駆使する。この環境操作戦略には，(1) 緩衝戦略，(2) 自律的戦略，(3) 協調的戦略，の3種類がある。

(1)　緩　衝　戦　略

緩衝戦略とは，当該組織が中核技術を環境の影響から緩衝することである。言い換えれば，何らかの緩衝装置を設けて，課業環境からの直接の影響を回避することである。

第1の緩衝戦略は標準化である。これによって中核技術に入る前に，インプットを分類し選別することができる。精製（材料の均質化）や互換性部品の使用がここに含まれる。

第2は，スラック（余剰資源）の使用であり，原材料の貯蔵，在庫，納期の延長，業績水準の引き下げなどがこれにあたる。当該組織は，供給側や需要側の事情に関わらず，スケジュールを実行することができる。

第3は，取引の平準化であり，当該組織が，環境（取引を行う他組織）の変動を減少させようとする試みである。販売促進，需要の少ない時期（e.g.深夜）の料金割引，ピーク時の割増料金などがこれにあたる。

第4は予測であり，スラックや平準化によって環境の変動を処理できないなら，これを予測することによって対応することができる。たとえばデパー

240　　第Ⅱ部　Organized（構造化・構造統制）の理論

トは，バレンタインデーのためにだけチョコレートの売場を臨時に増やすことができる。

第5は割当（rationing）であり，スラック，平準化，予測によって環境の変動から中核技術を保護できないときには，組織は割当に訴えて，生産・供給能力の分配に，優先順位をつけたり，比例的に割り振ったりすることになる。たとえば，災害時に病院は一定数の看護婦を割り当てたり，郵便局は緊急を要する郵便物を優先したりする。

逆に，生産能力，労働力，業務の拡大が可能なら，第6の成長戦略が生じる。成長は，当該組織の生存能力を高め，失敗へのクッションとなることがある。大規模組織は，市場からの影響を回避して，価格設定，生産量の統制を行うことができる（Thompson, 1967；Galbraith, 1977；Scott, 1981）。

以上の緩衝戦略は，環境に直接働きかけるというより，組織内に緩衝装置を設けて，環境の変動を和らげる効果をもつ。

(2) 自律的戦略

自律的戦略は，組織自身の資源や手腕に頼って，当該組織の意思決定プロセスに環境要素（他組織）を取り入れずに，自律性を維持して，不確実性・依存性を減少させる方策である。ここには，以下の4つの戦略が含まれる。

第1は競争であり，第三者（e.g. 顧客，供給業者，労働者）の支持を求めて，2つ以上の組織の間で行われる対抗の形態である。支持された組織は生存の可能生を増大させ，支持されなかった組織は市場から淘汰される可能性が生じる。これは，完全競争市場のような，どの単一の組織も市場に顕著な影響を及ぼすことができない，謂わば環境の支持能力が分散している場合に，適切な反応である。環境は，自然選択のプロセスを通じて間接的な統制を行使し，非効率な企業を淘汰する（Thompson & McEwen, 1958；Galbraith, 1977）。

第2はPR（Public Relations）活動であり，組織は環境を構成する人々に対して，マスコミや広告を通じて，自組織に対する好ましいイメージを確立して，従業員，顧客，資源等を引き付けようとする。

第3は自発的対応であり，社会的責任を自ら果たすことによって，さまざまな利害集団に影響を与えようとする戦略である。組織が自発的に社会的責任を果たそうとするのは，効率的な目標を追求する過程で，環境の構成者の

第4章　状況適合理論の生成と展開　**241**

不満足を招来する惧れが生じた場合に，① 外部者のより厳しい規制を避けたり，② 外部者の介入が当該組織の将来の活動能力を減じると感じたりしたときである（Galbraith, 1977）。

玉田（2010, 名古屋大学修士論文）は，企業の影響力とステークホルダーの影響力の2つの次元を設定して，ステークホルダーの4つのタイプを識別し，それぞれのタイプに適合的な企業戦略を明らかにしている。① 企業の影響力もステークホルダーの影響力も低い場合，ここでのステークホルダーは，「限界的ステークホルダー」と呼ばれる。企業は，ステークホルダーへの依存度が低く，両者の相互依存性も低いので，ステークホルダーの利害や要求が顕在するかどうかを監視し，企業の意思決定に関連したときにのみ，その抵抗を逸らすという「監視戦略」をとる。② ステークホルダーの影響力（脅威）が低く，企業の影響力が高い場合，ここでのステークホルダーのタイプは「協力的ステークホルダー」である。企業は，意思決定にステークホルダーを参加させる機会を増やす「巻き込み戦略」をとることができる。たとえば，従業員に対する権限委譲や参加的管理の採用が，これにあたる。③ 反対にステークホルダーの影響力が高く，企業の影響力が低い場合，ここでのステークホルダーは「非協力的ステークホルダー」と呼ぶことができる。企業は，他のステークホルダーの協力や支持を得て，当該のステークホルダーへの依存度を減らし，そのパワーを削減しようとする「防御戦略」をとることになる。④ 企業の影響力もステークホルダーの影響力も強い場合，ここでのステークホルダーは，脅威の可能性も協力の可能性も共に高い「混合的ステークホルダー」である。企業は，協力を最大限に引き出すために，ステークホルダーとの友好的な関係を確立するという「協力的戦略」をとることが必要である。日本における系列関係がこれにあたるであろう。

第4の，環境操作のための自律的戦略は制度化である。組織は効率的であるだけでなく社会的正当性を強く求められることもある。組織は，技術的効率（effficiency）および対人的な社会的満足（interpersonal effectiveness）だけでなく，制度的な正当性につながる社会的有効性（societal effectiveness）をも求められる。すなわち，組織は制度化された側面をもち，社会という上位システムからの価値を体現することによって，生存しうる場合もある。

(3) 協調的戦略

外部性の発生や環境からの支持能力が集中して，自律的な戦略が採用できない，あるいはそのコストが高くなると，それに代わる協調的戦略が選ばれる。協調的戦略とは，2つあるいはそれ以上の組織の活動を調整し，環境を構成する諸要素と明示的・暗示的に協調する方法である。以下の5つの協調戦略をあげることができる。

第1は暗黙の協調である。これは，環境を構成する要素が少ない，あるいは少数の組織にパワーが集中している場合，日常の相互作用を通じて組織間協調のための十分な情報やコミュニケーションが与えられるので，明示的に協調する必要がないときに採用される戦略である。

第2は契約・交渉であり，支持を与える能力が少数の環境要素（組織）に集中しており，これと釣り合った需要があるときに採用される（Thompson, 1967）。契約とは，将来の不確実性を回避するために，財，用役，情報，特許などの交換を通じて一定期間相互依存する当事者の間で，明示的な形で同意を取り決めることである。契約は相手方の支持を必要とするので，この相手方は，当該組織の意思決定プロセスにより大きな影響を与えることになり，その意味で当該組織は自律性を失う。契約は，これまで述べてきた戦略より包括的で費用のかかるものであり，依存性や不確実性が高いために，自律的戦略や暗黙の協調では，環境からの支持が十分に得られないときに採用される。

第3は役員の導入（cooptation）であり，当該組織のリーダーシップや政策形成に，環境から新しい要素を導入して，それと引き換えに支持を得る方法である。これは，契約より高いレベルの問題（取締役会の決議事項，次期社長の選定，新工場の立地など）について採用される戦略である。環境要素の支持能力は集中しているが，需要は分散しているときに，依存度のより大きな組織が採用する戦略である。たとえば，「天下り」を受け入れる側の戦略である。

第4は連合であり，これは，2つ以上の組織が一定期間ある問題に関して合体して行動することである。各組織の最終的な主体性は維持され，脱退する最後の自由は残されるが，その活動は一定の制限を受ける。カルテル，合

弁，協会がこれにあたる。協会は，諸組織が競争を制限するための一般的な規範を確立し，相互にとって望ましい目的を追求するために一致して活動し，共通の利益を改善・防衛しようとして形成される（Scott, 1981）。新しい組織を階層的に付加して，利害を共にする諸組織を調整する場合である。

　第5は戦略的工作である。連合をさらに進めて，参加諸組織がそれぞれの主体性をなくして一体化すると，課業環境の不確実性を回避するのではなく，吸収することになる。これは，課業環境を管理するプロセスの最終段階であり，課業環境そのものを変えようとする試みである。（水平的）合併，垂直統合，多角化がこれにあたる（Galbraith, 1977；Scott, 1981）。戦略的工作は，もっとも高い不確実性に直面して，環境要素を吸収して，課業環境自体を変化させようとする方策であり，各構成組織の主体性が保持される連合では，環境の支持を十分に得られないとき，あるいはコストが非常に高いときに採用される。

　以上の環境操作戦略は，不確実性の程度とその対処コストに応じて，順次採用される。緩衝戦略→自律的戦略→協調的戦略 がその順序である。また，連合までの協調的戦略は，2つ以上の組織が，課業環境の不確実性に直面して，その不確実性を回避するために，双方の主体性を維持しながら協調して行動するのに対し，戦略的工作は，2つの組織が一体化して課業環境の不確実性を吸収しようとする試みである。

　Chandler（1962）は，ここで言う戦略的工作の1つである多角化戦略の採用によって，新しい成長機会に向けて資源の流れの修正が生じ，それに伴う管理上の問題に対処するために，事業部制組織への構造上の再編成が生じると述べている。戦略的工作を通じて課業環境の不確実性が吸収されることによって新たな環境が生じる。この新たな環境に適応するために，事業部制組織が採用される。したがって，戦略的工作は，課業環境の質的変化をもたらすものであり，それ以外の戦略は，所与の課業環境の不確実性を回避するものであり，謂わば，課業環境の量的な変化に対処するものであり，組織構造上の変化を伴わない（岸田，1985）。

　以上のように Chandler（1962）を解釈するなら，組織デザインと環境操作戦略の関係を次のように考えることができる。多元的な適合を達成した後，

244　　第Ⅱ部　Organized（構造化・構造統制）の理論

技術や課業環境に何らかの変化が生じると，組織構造はそのままで，環境操作戦略に訴える。それに応じて，新たな組織過程上の工夫が付け加えられる。たとえば，統合メカニズムという組織過程上の種々の方策が採用される。すなわち，直接の接触→連絡役→タスク・フォース→チーム→統合者→統合部門 がそれである（Galbraith & Nathanson, 1978）。ここまでは，組織構造は職能部門制組織のままであり，マトリックス組織という新しい組織構造にはなっていない。最終的に，対処すべき状況要因の優先順位を変更して，戦略の転換によってこれを方向づけしようとするとき，言い換えれば，環境操作戦略の最終段階である戦略的工作（合併，垂直統合，多角化）によって課業環境の不確実性を吸収するとき，新しい組織構造への再編成が促される（岸田，1989，2000）。この新しい組織構造では，既存の組織構造に比べて階層が1つ増えている。

状況適合理論は，環境適応の1つの側面，環境に合わせて組織を形成するという組織デザインの視点を提示し，それが発展段階モデルの形をとることを明らかにし，その最終形態がマトリックス組織であると主張した。

環境操作戦略→組織過程（e.g. 統合メカニズム）の適合→戦略的工作→組織デザイン（発展段階モデル）の繰り返しが環境適応のプロセス，すなわちある適合状態から次の適合状態へと移行するプロセスである。

したがって第1に，環境操作戦略（組織→環境）と組織デザイン（環境→戦略）は，環境的適応のための補完的な手段である。第2に，組織構造の変化による環境適応（組織デザイン）は，環境操作戦略の最終段階である。第3に，環境操作戦略が漸進的連続的な適応であるのに対し，組織デザインは段階的で不連続な適応である。

組織には，Organizing と Organized という2つの対立する力が働いているが，これは，組織の生成・発展のプロセス（前掲，図4-16）として，次のように統合できる。第1に，Organizing の過程として，それぞれの目的をもった個人が，自分の目的達成の手段として，特定の相手との相互作用を行うとき，手段が一致すれば，両者の行動は連結される（Loosely Coupled System）。第2に，この連結行動が繰り返されると，目的と手段が転倒されて，相手との間に組織があれば自分の目的が達成されると考える。これは，

第4章　状況適合理論の生成と展開　　245

組織の存続自体が自己目的化された状態である。すなわち，個人目的を達成するために，相互の行動を連結する（組織を形成する）のではなく，組織があれば，自分の個人的目的を達成できると考える，という状態である。こうして組織（の境界）が画定され，対処すべき環境が特定化される（実現環境）。こうして組織の存続という共通目的が生じると，第3に，実現環境が因果関係として保持過程に蓄えられ，課業の不確実性に変換されると，それに伴って分業（水平的分業と垂直的分業）が行われる（Tightly Coupled System）。水平分業の基本はファンクショナル組織であり，垂直分業の基本はライン組織である。第4に，この分業に沿って人々の利害が形成されてゆく。こうして，共通目的が分解され，それぞれの単位に固有の下位目的が追求されるようになる（岸田，2001）。

　こうして組織は，Organizing→Organized のサイクルを繰り返しながら，水平分業と垂直分業という組織の編成原理に基づいて，段階的に新しい組織形態へと発展してゆく。これが発展段階モデルである。

　状況適合理論は，組織の環境適応の一側面，すなわち環境に合わせて組織を変えるという組織デザインの側面を明らかにした。このために，環境決定論という批判を受けた。しかし，組織（Organization）は，Organizing と Organized からなる。状況適合理論は，環境→組織→人間 という因果関係をもつ Open & 合理的モデルに立脚して，Organized の側面を分析した理論である。

　したがって，この Organizing の理論と Organized の理論を統合することが重要であり，本書ではこうして統合された理論を「組織学」と呼ぶ。この統合のための枠組みを取り上げる（第Ⅲ部第6章）前に，環境決定論と批判された状況適合理論が，1970年代の末から19870年代にかけて，この批判に応えるために，主に Chandler（1962）の命題「組織構造は戦略に従う」を取り入れて，戦略変数を導入して種々の理論を展開した。本章での状況適合理論が，「環境と組織の適合が高業績をもたらす」という 環境→組織→業績（EOP）パラダイムであるのに対し，次章では戦略と組織の適合が高業績をもたらすという 戦略—組織構造—業績（SSP）パラダイムを紹介する。この EOP パラダイムと SSP パラダイムを統合した 環境—戦略—組織—業

績（ESOP）パラダイムが，状況適合理論の生成と展開の帰結である。

注————————————

1）　環境内の諸組織が，競争および協調関係で，水平的・垂直的につながるあり方を，「組織マトリックス」という用語で表現している。こうしたタテとヨコにつながった諸組織から環境に対応するためには，当該組織の内部もそれに対応した，タテとヨコからなる「マトリックス組織」に編成される可能性がある。こうして，「環境」と「組織」の同型性が仮定される。これは，環境の進化に応じた組織の進化であり，その意味で，「環境と組織の共進化」に相当する。

2）　環境の進化，すなわち環境を構成する諸組織の相互依存性の増大に応じて，当該組織は階層を付加して，これに対応することになる。また，これは業務的意思決定，管理的意思決定，戦略的意思決定という意思決定階層の分化につながる。この相互依存性の増大は，不確実性の増大と対応している。

3）　Emery & Trist（1965）は，Tolman & Brunswik（1935）を引用しているが，有機体が，自分の環境を認識するのに，全体環境の代表となる近傍の（部分）環境に働きかける「投げ縄原理（Lasso Principle）について触れていない。これは，「実現環境」を作って，一義的な因果関係をとりあえず画定するというプロセスについての分析を省略していることを示す。本書は，これを Organizing の淘汰過程から生じた多義性の除去であり，これが保持過程に，不確実性（確実性，リスク，不確実性など因果関係の確率）という形で保持され，Organized のインプットとしての課業環境になると考えている。第2章および本章の「結語」を参照。

4）　確実性は手段と結果が1対1に対応していることであり，確率100％を指す。リスクは，サイコロを振ったときのように，客観的な確率が分かっている場合である。不確実性は，個人的な経験や知識に基づいて，主観的な確率を付与する場合である。部分的無知は，手段に対して，どんな結果が生じるかが分からない場合である。ただし，「環境の不確実性」という場合，大まかに確実性以外の状態を指す。

5）　ヨコの分業によって生じる専門化された個人は，1つの機能あるいは職能に特化するため，全人格としての人間性が疎外され，その専門あるいは機能からしか，世界を見ることができなくなる。また，一定の状況に合理的な人間は，環境が変化すると，何が目的合理的なのかが変わり，その新しい状況に適応できなくなる。また，階層の生成（タテの分業）は，目的と手段の分

離を通じて，手段自体の自己目的化をもたらし，全体目的の遂行を阻害することがある。

6) Woodward の調査では，実際には，92 社について，次のように 11 の技術に分類された。Ⅰ. 顧客の求めに応じて生産される単品生産（5 社），Ⅱ. プロトタイプの生産（10 社），Ⅲ. 段階ごとに分けて作られる巨大設備の組立（2 社），Ⅳ. 顧客の注文に応じて生産される小規模なバッチ生産（7 社），Ⅴ. 大規模なバッチ生産（14 社），Ⅵ. 流れ作業による大規模な生産（11 社），Ⅶ. 大量生産（6 社），Ⅷ. 多目的プラントによる化学製品の断続的生産（13 社），Ⅸ. 液化装置による液体，気体，結晶体の連続生産（12 社），Ⅹ. 大規模なバッチで標準化された部品を生産した後，色々に組み立てるもの（3 社），Ⅺ. 結晶体を装置で生産した後，標準化生産方法によって販売準備をするもの（9 社），であった。しかし，この 11 分類された技術と組織構造の間には，何ら相関はなかった。しかし，これらの分類を，単品・小バッチ生産（Ⅰ，Ⅱ，Ⅲ，Ⅳ），大バッチ・大量生産（Ⅴ，Ⅵ，Ⅶ），装置生産（Ⅶ，Ⅸ）に大分類したとき，技術と組織構造の間に，一貫した関係がみられたと言う。理由は不明である。統計的手法による分析も，定義や分類の仕方が異なれば，結果は異なる。

7) Perrow（1993）によれば，Likert の「システム 4」の概念を生み出したミシガン大学では，現在でも「唯一最善の方法」を追求にこだわっており，「システム 5」と呼ばれていると言う。状況適合理論でも仔細にみると，環境と無関連に，いつでも効果的なコンフリクト処理の仕方がある。Lorsch（1970）は，このような要因として，徹底討議（confrontation）によるコンフリクト解決，専門知識・技術に基づく影響力，統合者の中立志向，統合者の業績評価の基盤がチーム業績であること，の 4 つをあげている。

8) 今日，状況適合理論の嚆矢となった Woodward の研究に改めて光を当てようとする動きがある。Phillips, Sewell & Griffiths eds.（2010）を参照。また，日本において，初めて体系的に Woodward を紹介したものとして，経営学史学会監修・岸田民樹編著（2012）がある。

9) こうした適合概念は，「選択的適合」と呼ばれる。すなわち，自然淘汰（自然選択）によって，環境と組織の間に適合関係があるとする見方である。

10) Aston グループの適合は，「選択的適合」であり，状況適合理論が拠って立つ Open & 合理的モデルではないので，状況適合理論とは言い難いが，Donaldson（1987）以降は，経時的な組織と業績の関係を調べるために，売上高成長率，利益成長率，売上高に対する利益の成長率，投資資本に対する

248　　第Ⅱ部　Organized（構造化・構造統制）の理論

利益の成長率，株価成長率の 5 つの業績指標を取り上げている。これを，Structural Contingency Theory（構造条件適合理論）と言う。高業績をもたらす直接の要因が組織構造であることを強調するので，環境決定論や戦略的選択論ではなく，構造決定論であると言える。

11）　ここでの集権は，直接の対面的な人格的統制であり，分権とは，公式化や標準化などの文書による間接的な非人格的統制である。しかし，規模の増大が非人格的統制を通じて分権をもたらすなら，官僚制組織は分権的であるということになる。すなわち，官僚制という機械的組織は分権的であるということになる。こうした主張は，多くの Aston 研究および Donaldson に見られるが，Burns & Stalker（1961）の，機械的組織＝集権的，有機的組織＝分権的という主張と矛盾する。集権，分権の正確な定義が必要である。本章 3-3 の(3)集権と分権，を参照。また，岸田民樹・田中政光（2009），の Column ①（pp. 51-55）を参照。

12）　Thompson（1967）の 3 つの相互依存性のタイプを使った説明は，Lawrence & Lorsch（1967）にはない。Lorsch（1970）以降である。競争上もっとも重要な問題（Dominant Competitive Issue），今で言えば競争戦略の遂行に必要な，職能部門間の相互依存性を処理するのが，統合メカニズムである。状況適合理論の想定している組織において重要なのは，Fayol の「渡り板」のような非公式のヨコのコミュニケーションでも，人間関係論に言う非公式組織でもない。公式の統合メカニズムという組織過程である。これはまた，Follett の統合によるコンフリクト解決（confrontation）でもない。公式の，empowered された，統合のための専門の組織過程である。これは，職能部門制組織や事業部制組織のような一元的な命令系統をもつ組織形態ではなく，両者を含む多元的な，あるいは二重の組織形態を前提にした，統合のための組織過程である。後に述べるように，統合メカニズムとは，直接の接触，連絡役，タスク・フォース，チーム，統合者，統合部門の 6 つである（Galbraith & Nathanson, 1978）。別の言い方をするなら，職能部門制組織や事業部制組織は，共同的相互依存性を前提とした階層による統合であるのに対し，統合メカニズムは，二重の権限関係・組織形態を前提とした，交互的相互依存性による統合である。

13）　階層（＝共同的相互依存性）は，もっとも基本的な「統合」のための手段であるが，「統合」というより，実際は「統制」というべきであり，階層は組織過程ではなく組織構造である。したがって，組織構造の変化は階層（数）の変化を意味する。統合メカニズム自体は，組織構造ではなく組織過

程である。その意味で，段階的発展とは，組織過程の変化ではなく，組織構造（階層）の変化である。階層数が増えることが，「発展」段階である。

14) Lawrence & Lorsch では，課業環境の不確実性・多様性が，分化と統合という組織過程に影響を与えると主張される。言い換えれば，組織に分化を要請するのも統合を要請するのも，同じ課業環境であるということになる。第1に，課業環境は，市場環境，科学環境，技術—経済環境 という3つの下位環境に自動的に分けられる。それぞれの下位環境の不確実性は，科学環境が一番高く，市場環境が次で，技術—経済環境 が一番低い。第2に，これらの下位環境は，それぞれ販売部門，研究開発部門，生産部門によって担当される。したがって，研究開発部門の直面する下位環境の不確実性が一番高く，次が販売部門，そして生産部門の直面する下位環境の不確実性が一番低い。第3に，これらの職能部門の分化の程度は，目標志向，対人関係志向，時間志向，構造の各4つの指標で測定されるが，それぞれの組織全体の分化の程度が高いか低いかは，この不確実性の程度では分からない。他の食品企業やコンテナ企業と比べて，プラスチック企業の不確実性が高いか低いか，したがって，この企業の分化の程度が，全体として高いか低いかは，当該企業のそれぞれの職能部門（研究開発部門，販売部門，生産部門）の不確実性の差異が大きい（多様性が高い）か，小さい（多様性が低い）かで決まる。すなわち，この多様性が高ければ，企業全体の分化の程度が高くなる。

Lawrence & Lorsch の説明の論理は以上のごとくであるが，各職能部門の直面する下位環境の不確実性とは，常に研究開発部門が高く，生産部門が低い。これは，企業全体の環境とは関連のない要因である。すなわち，プラスチック産業であろうと，食品産業であろうと，コンテナ産業であろうと，研究開発部門の直面する下位環境の不確実性がもっとも高く，生産部門の直面する下位環境の不確実性がもっとも低い。したがって，むしろ下位環境の不確実性というより，各職能部門の行う固有の仕事の困難度を表わしていると考えられる。言い換えれば，各職能部門への分化の程度を決めるのは，課業環境ではなく，その下位環境に対処する各職能部門に固有の課業（＝技術）の性質に起因すると考えられる。

これに対し，統合の程度を決めるのは，競争上もっとも重要な問題に対処するのに必要な職能部門間の相互作用であり，これは，企業が全体として直面する課業環境の不確実性に対応している。すなわち，課業環境の不確実性の高いプラスチック企業にとって，もっとも重要な問題は製品および製造方法の革新であり，そのために必要な部門間の相互依存性は，研究開発部門と

生産部門および研究開発部門と販売部門の間の交互的相互依存性であるという主張は，課業環境の不確実性—競争上もっとも重要な問題—必要な部門間の相互依存性 の間に，一貫した関係がみてとれる。すなわち，統合のあり方に影響を与えるのは，課業環境の不確実性の程度である。

15) Carey（1967）を参照。参加的管理→高業績 なのか，高業績→参加的管理 なのか，の両方の因果関係を想定して，時間的経過に則して分析を行うことが必要である。

16) 工場見学のルートに指定された職場で働く作業者は，多分動機づけが高いであろう。その意味で，動機づけと認知の関係を考えることが今後必要であろう。Weick（1969）の主張は，認知が変われば，動機づけのあり方も変わる可能性があることを示している。たとえば，上司の高い期待を認知して，高い動機づけがあたえられ，高い生産性に導く「自己達成予言（ピグマリオン現象）」がこれにあたるであろう。反対に，動機づけが変われば認知のあり方も変わるであろうし，動機づけ→生産性，生産性→動機づけ の議論も含めて，認知—動機づけ—生産性 の3者の関係を分析することが今後必要であろう。

17) コンフリクト解決は，環境に関連なく，常にconfrontation（徹底討議）が良いとされる。しかし，定義上「関係する諸個人が自由に意見の対立を表明し，組織全体の目標にもっともよく適う解決に達するまで十分に議論する」ことなので，confrontation が望ましいと考える人が多いであろう。また，smoothing は，表面を取り繕うことであり，日本語では「なあなあ（で済ます）」ことを意味するが，多くの日本人には，なじみが深いであろう。もちろん，アメリカ人から見れば，それでは組織の目的を十分に達成できないであろうが，日本人から見れば，「なあなあ」で済ませた方が，角が立たず，組織の存続には良いと考える人もいるであろう。その意味で，コンフリクト解決は，文化に関わりがあるかもしれない。

18) Perrow（1974）を参照。また，Perrow は，Three Mile Island の原発事故を契機として，Normal Accidents 理論を唱えて，そこでの技術の複雑な相互依存性のために，通常の作業の遂行が，結果として事故につながることを分析した。これに対して，Weick は，注意深い作業遂行によって，事故を防ぐ手段があることを提唱した。これを High Reliability Organizaton あるいは Mindful Organization と言う。藤川なつこ（2013）を参照。

19) 環境操作戦略のうちの協調的戦略は，中核技術を保護するために行われる戦略であり，ここでは，中核技術と組織構造は適合している。次に，協調

的戦略は，当該組織の意思決定プロセスの中に，他の環境要素を導入して，課業環境の不確実性を回避する手段であり，したがって課業環境の不確実性は変化する。Lawrence & Lorsch (1967) によれば，課業環境の不確実性（の変化）は，組織過程（分化と統合）に影響を与える。こうして，環境操作戦略は，環境要素の当該組織への導入を通じて，課業環境の不確実性に影響を与え，結果として組織過程に影響を与える。ただし，環境操作戦略の最終的な手段である戦略的工作によって，課業環境の不確実性を吸収して，1つの組織になったとき，組織過程ではなく，組織構造の変化が生じる。これが，環境操作戦略から組織デザインへと至るプロセスである。環境操作戦略→組織過程 は，連続的・進化的な性質をもつが，戦略的工作が組織構造の変化を要請するときには，不連続で段階的な組織構造の変化，すなわち段階的発展を意味することになる。

20) Galbraith & Nathanson (1978) 以前では，ルール，階層，目標という順序で書かれていた（Galbtairh, 1972, 1973, 1977)。しかし，階層は共同的相互依存性であり，ルールは逐次的相互依存性（インプット・コントロール)，目標は交互的相互依存性（アウトプット・コントロール）なので，相互依存性少ないタイプから順に並べる方が論理的であり，階層→ルール→目標 の順序に書くのが妥当であると考える。

21) Galbraith (1973) にとって組織デザイン（Organization Design）とは，組織開発（Organization Development）が，ある組織が時間の経過とともに変化する過程に介入して，ある望ましい状態に移行させる手法であるのに対し，ある組織が，結果として採りうるいくつかの組織構造を提示して，それぞれの代替案の特徴を明示するものである。しかし，組織デザインは，組織（構造）が人間行動を規定することを前提にして，環境に適合した組織構造が何かを示すこと（環境→組織→人間）であり，組織開発は，人間（行動）を変化させることを通じて組織（行動）を変化させ，環境にとって有効（effective）な組織にしようとする手法（人間→組織→環境）である。一言で言えば，組織を変えるのが組織デザイン，人間を変えるのが組織開発である。

22) 状況適合理論は一般に，共時的な環境と組織の適合を問題にするものであり，その意味で当然「静態的な」分析である。時間の経過と共に不確実性が増大すると考えるなら，現状の共時的分析において，不確実性の高い状況で効果的な組織（たとえば，不確実性の高い課業環境下で高業績を上げているプラスチック企業の，高い分化と複雑な統合メカニズムをもつ組織）は，

将来の組織にとっての望ましい組織である。ここでは共時性と経時性の「同型性」が仮定されているが，これは，比較静学による動態の分析である。状況適合理論は，いわばこの意味で，時間の経過に沿って，不確実性の低い状態から高い状態へと，高業績組織をプロットすれば，一定の組織変化の動態が，分析できるという論理である。静態・動態は，分析しようとする対象そのものの区別を指す用語であり，静学・動学とは違う。静学・動学は，分析方法を指す用語であり，前者は，与件を一定とし，一時点に成立する均衡を説明するのに対し，後者は，変数の時間的変化の過程を与件の変化ではなく，変数相互間の異時点的依存関係から説明しようとするものである。ただし，以前の均衡値群と新たな均衡値群がどう異なるかを，比較静学の手法で分析することによって，対象の動態を分析することができる（大阪市立大学経済研究所編，1965；経済学辞典編集委員会編，1979；宮沢健一，1981）。したがって，Galbraith のモデルおよび本書における発展段階モデルは，比較静学による，組織変化の動態分析と言うことができる。

23)　合従連衡とは，中国の戦国時代末期に，秦を巡って展開された 6 国（楚，韓，魏，趙，燕，斉）の外交政策である。合従は，蘇秦によって提出された政策で，6 国が互いに手をつないで，秦に対抗しようとした政策である。これに対して，連衡は張儀によって提案された政策で，6 国のそれぞれが，秦と手を結んで，秦の力を背景に他の国々からの侵略に備えようとした。しかしこの連衡という政策は，結果として，秦を中心とする wheel 型のネットワークが形成されて階層が生じ，秦が天下を統一することとなった。

24)　詳しくは，本書第 6 章ならびに岸田民樹編著（2014）を参照。

25)　本章での調査は，1980 年代あるいはせいぜい 1990 年代初期のものであり，現在から見れば，相当古いという感を免れ得ない。ただし，1970 年代に 2 度の石油ショックがあり，その後，日本企業の経営の在り方が話題になっていたので，日本的経営への当時の雰囲気は伝わると思う。1980 年代の Reagan 大統領の時代に，規制緩和を進めたアメリカは，1990 年代に New Economy の時代を迎え，グローバリゼーションと情報化の下，リーマンショックまで，繁栄を謳歌した。日本はこの間，「失われた 10 年」どころか，20 年以上にも及ぶデフレーションの時代を迎えた。

　　1980 年代の著者自身の調査と，2000 年に発表された鈴木（2000）の調査結果とは，類似点が多く見られると思う。1990 年代以降も，日本的経営というより，進出先の国々における日系企業の経営のあり方について，調査は行われている。たとえば，岡本康雄編著（1998），岡本康雄編著（2000），安

保哲夫ほか（1991），安保哲夫編著（1994），板垣博編著（1997），公文溥・安保哲夫編著（2005）。

　日本型経営のハイブリッド化は，日本企業の海外進出の実態をみれば，ある意味で当然のことであるが，本書の立場は少し違う。たとえば，日系企業のアメリカ進出に対して，日本型の経営・生産システムが残るとともに，アメリカ的な経営・生産システムの良いところも取り入れられるのは，日本企業のアメリカ的文化への適応の証拠であるということは認めるが，それで，日本的でもアメリカ的でもない，新しい第3のハイブリッドな経営・生産システムができたか，あるいはより普遍的な経営・生産システムができたかというと，必ずしも肯定できない。アメリカ的経営を取り入れた，日本的経営の進化形態であり，あくまでもそれは，日本的経営という根幹の下に，より適応的になったと考えている。本文で述べたことであるが，日本企業におけるQCサークル活動は，アメリカ企業と違って，技術者や専門家がQC活動を行うのではなくて，現場の従業員が，管理者の指導下に，日常の作業の中で，自ら行う活動であって，だからこそ，生産性と品質管理の両方が共に上昇するという，アメリカ企業には見られないことが起こったし，生産性上昇を伴う活動であったからこそ，日本的経営が称揚されたのである。各国企業はこぞってQC活動を取り入れたが，「5S」はともかく，トヨタのような進んだQC活動は結局見られなかった。Adler（1993）にあるNUMMIに勤めた主婦の例は，家庭において，調理器具や食器を料理のために整然と並べる類のレベルのQC活動である。それが基本であるとしても，労働組合の組織化のあり方が違うところで，すなわち日本のような企業別労働組合の下で行われるQC活動になる術はない。QCサークル活動の熱も冷めて，「トヨタのDNA」ということが言われるようになったことは，その証左である。筆者は，トヨタ系のある企業に関連して，アメリカやメキシコの日系企業の監査に同行したが，アメリカでは日本のような「モノづくり」はできないと感じ，むしろメキシコの日系企業のほうが，QCサークル活動のような，小さな競争と全体としての協調は，導入しやすいのではないかと感じた。あくまでも個人的感想である。

　本書の立場は，日本的経営とは，日本の文化の長い伝統の下で，確かに近代経営の歴史は短いが，練り上げられてきた経営方法であって，「日本的」な特殊性と経営という普遍的な部分とが統合された全体であるということである。すなわち，ジェノタイプとしての普遍的経営はあるが，具体的に現れる普遍的経営はない。それぞれ，フェノタイプとして現れる経営でしかない。

それぞれの特殊性の中に普遍性を取り入れて，フェノタイプとしての適応性を高めていくしかない。現実の経営のフェノタイプとしては，アメリカ的経営，日本的経営，中国的経営しかない。

　また，ハイブリッドとは，$A+B=C$ というように，A と B を混合して，A でもない，B でもない，新しい C ができるということであると考える。少なくとも現在，たとえばアメリカ的でもない日本的でもない，新しいタイプの経営スタイルが出現しているとは思えないし，今後もそんなに簡単に出現するとは思えない。

26)　Donaldson（1987）以前の Aston グループの研究には，業績指標はなく，サンプル企業の生存を前提とする「選択的適合」である。これは，業績が高いか低いかを問題とする合理的モデルというより，むしろ自然体系モデルに属すると考えた方がよい。その意味で，Aston 研究は状況適合理論ではなかった。しかし，Donaldson（1987）以降は，業績指標が取り入れられ，単なる生存ではなく，業績の高低が問題にされている。この意味で，Donaldson も，Structural Contingency Theory（SCT）という言葉を使っている。ただし，これは，従来の状況適合理論に見られる，状況要因が組織を決めるという「環境決定論」的主張でも，Child のような，戦略を変化させる戦略的選択論という「戦略決定論」でもなく，組織構造が業績を決定するという「構造決定論」である。Donaldson は，これを SARFIT（Structural Adaptation to Regain Fit）と言っている。すなわち，業績を向上させるには，最終的に組織構造を適合させなければならないのであり，業績の良し悪しの決め手は，「組織構造」を変化させて，適合を維持することであると言う。SCT については，次章で詳しく論じる。

27)　組織デザインは，環境に合わせて組織を変える（環境→組織）方法であり，環境操作戦略は，組織に合わせて環境を変える（組織→環境）方法である。組織デザインは，環境と組織の適合的な組合わせを問題にするので，組織の変化は，発展段階となる。たとえば，環境を E，組織を O とすると，$E_1 \rightarrow O_1$，$E_2 \rightarrow O_2$，$E_3 \rightarrow O_3$ となる。同じ下付き文字であることが，環境と組織の適合を表わす。これに対して，ある適合から次の適合に移るときに，環境操作戦略がとられる。最終的な戦略的工作によって課業環境が変化するということは，新しい環境を意味する。これは，$O_1 \rightarrow E_2$ を示す。E_2 は，戦略的工作という最終的な環境操作戦略によって生じた新しい課業環境である。こうして，新しい環境に相応しい新しい組織（O_2）が要請される。岸田民樹（1985）の終章，ガルブレイス＆ネサンソン，岸田民樹訳（1989）の

「訳者あとがき」参照。

28) Galbraith & Nathanson（1978）では，多元的適合あるいはシステム的適合とは，戦略と組織構造だけでなく組織過程（情報および意思決定プロセス，報酬システム，人間）も含む全体的な適合が，高業績をもたらすと主張されている。環境決定論という批判に対して，Chandler を導入して，（環境ではなく）戦略と組織構造の適合が，さらに組織構造だけでなく組織過程をも含む組織全体との適合へと拡張されている。こうして，本書で言う多元的適合あるいはシステム的適合の１つのあり方を，具体的に示している。しかし，① 逆に環境との外的適合が省略され，戦略との適合という内的適合に偏しており，② 組織を構成する要因として，組織構造と組織過程（情報および意思決定プロセス，報酬システム，人間）ともう１つ，課業が含まれている。課業という要因は，基本的に技術に関連する要因であり，Perrow のような技術論者は，課業（技術）と組織構造との関連を指摘した。Galbraith & Nathanson（1978）では，状況適合理論と言いながら，技術および規模の議論は，紹介されていない。Thompson（1967）では，技術と課業環境の組織に与える影響の違いが，重要な問題として正面から扱われているが，Galbraith & Nathanson（1978）では，技術と課業環境の影響が，「課業」に与える場面での不確実性に還元されているためであると考えられる。

また，同書の第８章に，この多元的適合に基づく彼らの発展段階モデルが示されているが，海外への進出が１つの発展段階とされており，確かに他の多国籍企業の発展に関する文献（国際事業部，世界的地域別事業部制組織，世界的製品別事業部制組織，世界的マトリックス組織）には見られない，（国内の）職能部門制組織と海外進出した場合の世界的職能部門制組織（いわゆる Mother-Daughter 組織，たとえばヨーロッパのブランド会社）とが，そこには記されている。しかし，本書の中心的なテーマの１つである，複数の戦略を同時に追求する組織としての，国内におけるマトリックス組織，世界的なマトリックス組織の位置付けがない。したがって，国内でマトリックス組織へ至る経路を明示する必要があるし，海外進出は，１つの段階ではあろうが，国内だけの事業部制組織と世界的な事業部制組織の，組織形態の違いが何かを説明する必要がある。両者は，組織形態としては，異ならない。違いは，文化の差異をどう取り入れるかである。次章でこの問題に触れる。

これに関連して，多国籍企業の戦略と組織に関する議論では，グローバルな効率性の高低とローカルな柔軟性の高低に則して４つの類型が抽出されるのが通説であるが，ここには，２つのタイプの事業部制組織が出てきても，

256　　第Ⅱ部　Organized（構造化・構造統制）の理論

本書で述べた発展段階モデルのうちの職能部門制組織が出てこない（図序 -
3参照）。国内だけの職能部門制組織から世界的な職能部門制組織（mother-
daughter 組織）への展開や，世界的なサプライ・チェーンの展開も含めて，
「プロセス組織」の可能性も追求すべきであろう。

　また，職能部門制組織は1種類であるが，事業部制組織には色々な種類が
ある。特に，地域別の事業部制組織（製品ラインは1種類であるが，生産地
や販売地が多様化している事業部制組織）と，製品別の事業部制組織（いく
つかの製品ラインをもつ事業部制組織）との違いは何なのか。Chandler
(1962) に出てくる2つの地域別事業部制組織の会社，スタンダード・オイ
ル・ニュージャージ社とシアーズ・ローバック社の違いは何なのか。前者は，
石油という1種類の製品を多様な地域で扱うが，後者は，多くの製品を多様
な地域に販売する組織である。これはなぜ，同じ地域別の事業部制組織に
なるのであろうか。さらに，GM社は，よく製品別の事業部制組織であると
言われるが，自動車という1つの製品ラインを製造・販売する会社であり，
現実には，製品別というよりは，顧客の所得水準に合わせた市場の細分化で
あった。事実，トヨタ自動車のある幹部は，私に向かって，「うちは職能別
組織です」と言ったことがある。確かに，トヨタ自動車は，車種はさまざま
でも，自動車という1種類の製品を生産・販売している会社であり，かつて
のトヨタ自工とトヨタ自販は，職能別の構成であり，職能部門制組織である
ことは，紛れもない事実である。

29)　A. Smith (1776) は，分業によって生産力（国民所得）が増すことを，
ピンの製造における工場内分業にたとえて，説明している。しかし，工場内
分業と社会的分業とは，同じではない。高島善哉は，前者が，1人の資本家
に資本が集中されていることを前提としているのに対し，後者は，多くの資
本家の手に資本が分散していることを前提にしているので，これらの2種の
分業は性質が違い，時には対立し合う関係にあると言う（高島善哉，1964）。
組織論的には，前者は逐次的な相互依存関係をなし，専門化に基づくファン
クショナル組織に当たると言えるが，後者では，こうした逐次的相互依存関
係はみられない。たとえば，経営者，弁護士，医者といった専門家の間に，
何らかの直接的な逐次的相互依存性を想定することは困難である。ただし，
スミスは，平等な個人から構成される市民社会におけるヨコの分業に基づく
水平的な上下関係のない社会を，封建社会の後に来る産業社会として構想し
ていたと考えられる。しかし，その産業社会は，「もてる者」と「もたざる
者」に，すなわち資本家階級と労働者階級に，階層的に，タテに分解される

第4章　状況適合理論の生成と展開　　257

ことを論じたのが，Marx である。

30) ファンクショナル組織は，基本的に「職能管理」というヨコの分業（専門化）を中心とする原理であり，このままでは，「船頭多くして船山に登る」のたとえどおり，組織全体の行き先を失ってしまう。ここでは，したがって，唯一の全般管理者が，多くの職能管理者を導いて，組織全体をまとめていかなければならない。ここに，ファンクショナル組織が，構造上の分権でかつ管理上の集権である所以がある。

31) アメリカの経営学会には，こうした傾向が顕著に見られる。たとえば，*Academy of Management Journal* 誌には，この種の論文が溢れている。若い研究者も，職を得るために，まず統計分析を身につけて，組織論関係の募集があれば，組織に関するデータを集めて論文を書き，マーケティング関係の募集があれば，市場調査を行ってそれに統計分析を施すという具合である。菊澤研宗は，経営学史学会第22回全国大会（於：関東学院大学，2014年5月17・18日）において，自らの体験を踏まえて，次のようにこの傾向を批判している。現在のアメリカでは，多くの経営学者は統計学を使って仮説を検証するという研究を行っており，ほとんどの報告者が統計学を使った計量的な報告を行っているという共通の特徴があり，コンピュータを使って統計的に有意であればいいという発想である，と（菊澤研宗（予稿集）「新制度学派研究の停滞とその脱却——経営学説史研究の危機」）。私自身もアメリカ経営学の方法論的（科学哲学的）貧困を憂うものであるが，K. E. Weick が，*Academy of Management Review* を作った理由も，その辺にあるのかしれない。

第5章

環境—戦略—組織—業績パラダイムの展開

状況適合理論は，Open Systems Approach の影響を受けて，環境と組織の適合が高業績をもたらすと主張した。しかし，環境が組織のあり方を決めるという印象を与えたため，環境決定論であるという批判を受けた。[1]

状況適合理論の側では，この批判に対して，経営者の選択に関わる「戦略」という変数を導入して応えようとした。こうして，Chandler（1962）の「組織構造は戦略に従う」という命題をキー・ワードとして，さらにこの命題を，1950 年代および 1960 年代のアメリカ大企業を対象にして検証しようとした Rumelt（1974）の 戦略—組織構造—業績（SSP）パラダイムを引き継ぐ形で，（環境ではなく）戦略と組織構造の適合が高業績をもたらすという研究が，1980 年代および 1990 年代に展開された。

本章では，この環境決定論批判に対する状況適合理論の側からの反批判を紹介し，さらに，従来の環境決定論的な状況適合理論と戦略という経営者の主体的な選択活動を考慮に入れた新しい状況適合理論とを統合する枠組みとして，環境—戦略—組織（構造＋過程)—業績（ESOP）パラダイムを提示する。

本章では，以下の 4 つの課題に挑む。まず，戦略を状況変数とする新しい[2]状況適合理論（SSP パラダイム）を，Chandler の 3 つの命題を基にして，それの新たな展開として整理する。次に，もう 1 つの状況適合理論である Structural Contingency Theory（SCT）を紹介する。さらに，環境決定論と戦略的選択論（主体的決定論）が併存するという議論，すなわち環境決定論的であり，しかも主体的決定論的でもあるという枠組みについての議論を取

259

り上げる。最後に，戦略論と組織モデルについての新しい議論を紹介する。こうして最後に，環境決定論であるという批判に対して，戦略を状況変数として，戦略と組織との適合が，高業績を生むとするSSPパラダイムを展開した状況適合理論が，広くESOPパラダイムとして展開できることを明らかにする。ただし，ここでの因果関係は，環境→戦略→組織（構造→過程）→業績 であり，戦略変数を導入してもなお，環境決定論的性格が残る。これは，Organizedの議論であると同時に，業績変数を入れることによって，Managedの理論を体系的に示す枠組みでもある。逆に，業績→組織（過程→構造）→戦略→環境 は，Organizingの理論であるとともに，Managingの理論の枠組みでもあると言うことができる。

1 戦略と組織構造——Chandler 命題

　状況適合理論への批判はさまざまであったが，状況適合理論を，環境→組織→人間 という因果関係をもったOpen & 合理的モデルと位置づけることにより，ある程度これらの批判に応えることが可能であると，前章で主張した。ただし，状況適合理論は，環境という上位システムが組織のあり方を決めるというマクロなアプローチであり，反対の因果関係をもち，人間という下位システムが組織を決めるというミクロなアプローチではない，という意味で，環境決定論という批判がなお残る。このことは，第1に，環境を考慮に入れることによって，これまでの Closed & 合理的モデル（科学的管理論，経営管理過程論）と Closed & 自然体系モデル（社会システム論，すなわち人間関係論や Barnard 理論）を完全に統合したわけではなく，自然体系モデルからの，環境への別のアプローチがあること，たとえば，状況適合理論の課業環境の不確実性ではなく，Weick の実現環境の生成にみられるような，環境の生成に関わる議論が必要であることを示している。第2に，それと同時に，Open & 合理的モデル（環境→組織→人間）と Open & 自然体系モデル（人間→組織→環境）を統合する方法が，さらに必要であることを示している。これはまた，ミクロ‐マクロ・リンクの問題でもある。

　第1の問題に対しては，第Ⅰ部第2章で，実現環境（Enacted Environment）は，組織化の進化モデルにおける「淘汰過程」で，多義性が把持されてこれが除去されることによって1つの因果関係を成立させるような環境（＝実現環境）であり，この淘汰過程のアウトプットとして生じた実現環境における1つの因果関係（一義性）の中の，原因と結果の結びつきの確からしさが，課業環境の不確実性であることを明らかにした[3]。

第2の問題，Open & 合理的モデルと Open & 自然体系モデルという正反対の因果関係をもつパラダイムを統合するための枠組みについては，第Ⅲ部で明らかにする。一言述べるならば，正反対の因果関係は，原因と結果に関する時間の循環（原因→結果→原因……）として経時的に統合できるし，正反対の性質をもつシステムは，たとえば「男と女」や「実数と虚数」のように，1階層上あるいは1次元上で，共時的に統合できる。すなわち，「男と女」は人間として，「実数と虚数」は数として，共時的に統合できる。一般化して言えば，正反対の機能をもつ「下位システム」は，1つの「システム」として共時的に統合できる。

1970年代末からの状況適合理論の展開は，この「環境決定論」という批判への対応であり，それは一言で言えば，「戦略」変数の導入であり，とりもなおさず Chandler 命題への注目であった。

Chandler（1962）は，1920年代アメリカの大企業（デュポン，GM，スタンダード・オイル NJ，シアーズ・ローバック）の成功を，「多角化戦略と事業部制組織の採用」に求め，それを経営史の視点から分析した。

Chandler は，それまでの社史研究にみられる Business History と企業者の活動の歴史（Entrepreneurial History）を統合して，新たな Business History を確立した（米川，1973）。前者では，従来の経済学のような，質点としての企業ではなく，経営者も従業員もいる「組織のマネジメント」としての個別企業の歴史が問題にされた。これは，N. S. B. Grass 以来の Harvard Business School の事例研究の伝統である。後者は，J. A. Schumpeter の創始になる企業者史学であり，新たな機会を求めて果敢に事業に乗り出す（enterprise）企業者の「戦略」の歴史である。この2つの「歴史」を統合した Chandler の Business History は，したがって，組織（のマネジメント）と戦略との関係を統合する研究であった，ということができる。ここに，Chan-

dler（1962）の第 1 命題が「組織構造は戦略に従う」であったことは，単な
る偶然ではない。これは，戦略と組織構造の適合が高業績につながるという
Rumelt（1974）の，「戦略―組織構造―業績パラダイム（以下，SSP パラダ
イムと略す）」に至ることになる。

Chandler（1962）の第 2 命題は，「戦略と組織構造」に関する発展段階モ
デルである。第 1 命題に従えば，ある戦略はそれに適合する 1 つの組織構造
をもっており，戦略が変われば，それに適する組織構造も変わることになる。
ここに「戦略と組織構造」の適合的な組み合わせのいくつかが識別される。
こうして，この組み合わせが歴史的にみて「発展」しているなら，言い換え
れば，歴史的にみて，単純な 戦略―組織構造 の組み合わせから，より複雑 [4]
な 戦略―組織構造 の組み合わせへと移行しているなら，これを「発展」と
言うことができる。また，前章で述べたように，状況適合理論の鍵概念が
「適合」であり，単純な適合からシステム的適合あるいは多元的適合へと展
開されてきたのなら，多元的適合の経時的発展は，ある組み合わせ（パター
ン）から別の組み合わせ（パターン）への，「段階的な発展」にならざるを得
ない。これが，発展段階モデルの謂いである。

Chandler（1962）で識別されている典型的な 戦略―組織構造 の組み合わ
せは，垂直統合戦略―職能部門制組織 と 多角化戦略―事業部制組織 であ
る。一般に，前者は基本的に単一事業の経営であり，後者は複数事業の経営
である，という意味で，前者から後者へと発展したとみなすことができる。
規模の拡大に伴う資源の蓄積（垂直統合戦略）と資源利用の合理化（職能部門
制組織），資源の完全利用を維持するための新市場・新製品ラインへの進出
（多角化戦略）と変化する短期の市場需要と長期の市場動向を睨んで，継続的
な資源の効果的運用を可能にする新しい組織構造（事業部制組織）の開発，
が，一連の 戦略―組織構造 の段階的発展である。

Chandler（1962）の第 3 命題は，新しい戦略の採用と，それに適合する新
しい組織構造の革新との間には，時間的なズレがある，というものである。
この時間的なズレは，新しい戦略と既存の古い組織構造との間に「不適合」
を生じさせ，したがって業績の低下をもたらす。このように，新しい戦略を
採用しても，直ちに新しい組織構造の革新に至らない 1 つの原因は，戦略に

262 第 II 部　Organized（構造化・構造統制）の理論

焦点を当てる経営者のパーソナリティと，組織構造に注意を向ける経営者の
パーソナリティとが異なるからである（Galbraith & Nathanson, 1978）。GM
社の拡大戦略（帝国の建設）を行った創設者の W. C. Durant と事業部制組織
への構造革新を行った A. P. Sloan, Jr. とのパーソナリティの違いは，きわめ
て顕著である。Durant は高卒で営業畑の出身であり，Billy という愛称で慕
われている暖かい人柄であった。これに対して，Sloan は MIT 卒の技術畑
の人間であり，社内でも Mr. Sloan と呼ばれ，冷静な人柄であった。

　以上の 3 つの命題が，以降の研究でどのように拡張されていったかを，み
てみよう。

2　Chandler の 3 命題の拡張

2-1　組織構造は戦略に従う

　状況適合理論は環境決定論であるとして批判した Child（1972）の戦略的
選択論は，環境が同じでも，経営者の自由意志に基づいて選択される戦略に
よって，組織のあり方や業績が異なるというものであった。状況適合理論の
側からの反批判は，次の 2 つであった。第 1 は Donaldson（1996）の批判で
あり，彼は，業績を決めるのは適切な組織構造の選択（組織デザイン）であ
り，戦略が単独で業績に与える影響は弱く，状況要因（＝規模）が，組織構
造（専門化）の差異の 67％ を説明し，不適合から適合へと変化した企業の
95％ は，構造上の変化を通じて移行したものであり，5％ の企業のみが，状
況要因を変えて不適合から適合へと移行した，と述べ，構造変化による環境
適応こそが，適合と業績を回復すると主張した。[5]

　また，経営史上における GM とフォードの例から明らかなように，GM
は多角化戦略を採用し，それに適合した事業部制組織をとることによって高
い業績を上げた。これに対して，フォードはモデル T と低価格戦略にこだ
わり，いったんは成功したが，垂直統合戦略にこだわるあまり，高炉を作っ
てまでも後方への統合を行い，垂直統合戦略―職能部門制組織 に固執して，
Child（1977）の言う，戦略と組織デザインの諸要素間の整合性を維持しよ

うとしたが，業績は低下した。フォードの業績が回復されたのは，経営者の交代によって，戦略と組織構造の再編成がなされた後であった（岸田，2000）。

以上のように考えるなら，経営者が恣意的に戦略を選択したり，個人的な利害やパワーに基づいて戦略を選択したり，個人的なパーソナリティに沿って戦略を選択することが現実にはあっても，それが直ちに高業績をもたらすわけではない。少なくとも戦略の選択とそれに伴う組織構造の採用との間に一定の適合関係が必要である，というのがここでの趣旨である。

（1）　Chandler の第 1 命題

Chandler（1962）は，「組織構造は戦略に従う」という第 1 命題を次のように述べる。

企業が，技術，人口，所得の変化に直面して，もっと有効に資源を利用するために成長戦略を変化させる。この新しい戦略は，組織内の資源配分という管理上の新しい問題をもたらす。この資源配分を保障するためには，新しい組織構造が必要になる。新しい戦略に相応しい新しい組織構造の採用が伴わなければ，戦略は十全に実施されないし，経済的な非効率が生じる。

こうして Chandler（1962）は，環境の変化→新しい戦略の採用→新しい管理上の問題の発生→業績の低下→新しい組織構造の採用→業績の回復，という一連の順序を主張した。これが Chandler の第 1 命題「組織構造は戦略に従う」である。

Chandler（1962）は，細かく言うと 4 つの戦略を識別している。量的拡大，地理的な拡散，垂直統合，多角化，である。

最初の企業は，単一の施設，単一の産業，単一の立地，単一の職能に特化した小さな組織であった。第 1 に，こうした小さな企業の拡大は，販売量の拡大に始まった。ここに管理部局の必要性が生じた。

第 2 の成長は，地理的拡散の戦略によって推進された。相変わらず単一の産業，単一の職能ではあったが，いくつかの地域に立地する現業単位群が作られ，これらの調整のための管理部局が編成された。1800 年代のアメリカ鉄道業が，最初にこの問題に直面し，新しい組織構造の先駆者となった。[6]

第 3 の戦略は垂直統合戦略であり，企業は，単一の産業にとどまっていたものの，生産から販売に至る一連の職能を吸収した。ここに相互依存する複

数の職能部門間を流れる資源を調整するために，職能部門制組織が作られた。最初の革新者は，鉱山業への後方統合を行った鉄鋼会社であり，A. カーネギーが有名である。デュポン（化学産業）やフォード（自動車産業）がこれに続いた。

第4の戦略は多角化戦略である。企業は，主力市場の衰退につれて，既存の資源を効率的に利用するために新しい産業に進出し，複数の事業（ビジネス）を経営するようになった。ここでの問題は，本社にとっては，新しくどのような分野の事業に参加するか，それによって，企業全体としてどのような複数の事業の組み合わせを選択するかという戦略的意思決定と，各事業部にどのように資源を配分するかという管理的意思決定をどうするか，であった。これに対して，事業部にとっては，本社から配分された資源を効率的に利用して，そこからできるだけ利益を生み出す業務的意思決定が問題であった。こうして，本社は長期的な戦略的および管理的意思決定に，各事業部は短期的な業務的意思決定に，責任をもつこととなった。これが事業部制組織である。デュポン（化学産業）とGM（自動車産業）が，組織の革新者であった。

(2) Chandler の第1命題の9つの問題点

以上の Chandler の第1命題に対して，以下の9点を指摘することができる。第1に，厳密にいうと Chandler (1962) では，戦略の前に「環境」がある。戦略という資源配分の転換の前提条件として，技術，人口，所得の変化がある。すなわち，環境が変化したときに，新しい戦略を採用して資源を再配分するのである。すなわち，Chandler の第1命題は，実際には，環境→戦略→組織構造 という因果関係の順序である。

第2に，前章で指摘したように，組織に合わせて環境を変えるという意味での環境操作戦略の最終段階が戦略的工作（環境の不確実性の吸収）であり，これが Chandler にとっての戦略（垂直統合や多角化）である。言い換えれば，戦略的工作に至るまでの環境操作戦略は，緩衝戦略，自律的戦略，協調的戦略（暗黙の協調→契約・交渉→役員の導入→連合）であるが，以上の戦略は，当該組織にとって，他の組織との間での環境の不確実性を回避するためのものである。これに対して，協調的戦略の最終段階の戦略的工作は，複数の組

織が 1 つとなって不確実性を吸収し，新たな環境の不確実性に直面する場合であり，これに相応しい新しい組織構造を採用することが必要になる。したがってここでは，新しい戦略（＝戦略的工作）とそれに続く新しい組織構造の組み合わせが，問題となる。この意味で，組織構造は戦略（戦略的工作）に従う。

第 3 に，Chandler（1990）は，その序文において，Chandler（1962）を振り返って，戦略が組織構造に影響を及ぼす（戦略→組織構造）のと同じように，組織構造も戦略に影響を与える（組織構造→戦略）と述べている。[7]

この説明として，いったん事業部を作って新しい事業に対応した企業は，以後多角化を行って新しい事業を加えるにあたって，事業部を作って経営すれば対応できることを学んだので，これによってさらなる多角化や海外進出が推進されたと言う（Chandler, 1990）。しかしこの説明は，いったん多角化戦略に従って事業部が作られた後は，多角化がさらに進展するという議論であって，古い組織構造（＝職能部門制組織）が新しい多角化戦略を生み出したという説明ではない。環境変化→垂直統合戦略→職能部門制組織 の後で，環境操作戦略が採用され，その最終段階である戦略的工作（Chandler の言う戦略。ここでは多角化戦略）によって課業環境の不確実性が吸収され，新しい課業環境が生じる。[8] このプロセスは，組織構造（職能部門制組織）→（環境操作）戦略→新しい課業環境の（不確実性の）出現 である。一般化すれば，この因果関係は，組織→戦略→環境 である。これに対して Chandler（1962）の言う「組織構造は戦略に従う」の因果関係は，環境→戦略→組織構造 である。したがって，環境→戦略 と 戦略→環境 という正反対の因果関係を，組織デザインと環境操作戦略の統合として説明することが必要であり，古い組織構造が新しい戦略を導くプロセスを，環境操作戦略との関連で，明らかにすることが必要である。

Chandler（1962）におけるデュポン社の事例分析において，多角化戦略→事業部制組織 というプロセスだけでなく，第 1 次大戦時の火薬需要への，垂直統合戦略→職能部門制組織（→高業績）による対応に続いて，戦後の需要激減を予想して，（垂直統合戦略と職能部門制組織の適合によって得られた高業績の結果生じた）余剰資源を，新しい事業に振り向ける多角化戦略と

の関係（職能部門制組織の下での多角化戦略の採用という 古い組織構造→新しい戦略 という因果関係）の解明が必要である。すなわち，デュポン社の場合には，多角化戦略を採用した後の事業部制組織への再編成過程（戦略→組織構造）だけでなく，余剰資源を利用した多角化戦略の採用（組織構造→戦略）のプロセスを明らかにすることが必要であり，今日の資源ベース・アプローチによる説明が求められる。その意味では，近時の戦略論の展開を視野に入れた議論が不可欠である。

　第4に，Chandler（1962）では，初期の戦略と組織構造の関係について，まず初めに，販売量の拡大という戦略が管理部局を生じさせ，次に，地理的拡散の戦略によって，現業単位群の調整のための職能部門としての管理部局，が生まれた，とされている。しかし，管理部局という階層の出現と，職能部門としての管理部局という職能専門化と階層化は，具体的にどんな組織を想定すればいいのかは書かれていない。これらの問題に，「鉄道業が初めて直面し，この組織構造の先駆者となった」（Galbraith & Nathanson, 1978）のなら，アメリカ国内市場の成立による地理的拡大と鉄道利用者数の増大という問題と，列車の運行と輸送に関わる維持・保全の活動を調整したライン＆スタッフ組織が，第1段階の戦略に適合する組織構造であったと言うことができる。したがって，国内市場の確立という環境，地理的拡大に伴う量的拡大の戦略，管理階層の発生と職能別の専門化（列車の運行と保全・維持）を管理したライン＆スタッフ組織の生成が，第1段階の 環境―戦略―組織構造 の適合関係であったと言える。第2段階が，大量生産―垂直統合戦略―職能部門制組織，第3段階が，需要の多様化―多角化戦略―事業部制組織，である。

　第5に，多角化戦略とは，新しい事業（ビジネス）の追加であるが，Chandler（1962）が分析した4社（デュポン，GM，スタンダード・オイル，シアーズ・ローバック）は，果たして新しいビジネスの追加であったのか。確かにデュポンでは，火薬以外の製品が新しく付け加えられている。しかし，GMでは自動車の車種が，主に合併や買収（＝戦略的工作）によって，新しく付け加えられただけである。GMは，「どんな財布（every purse）にも応えられる」戦略を構築したのであり，厳密に言えば，顧客の所得層別（市場

の細分化）の事業部制組織である。Rumelt（1974）では，主力事業戦略を採る企業として，IBMと並んでGMが挙げられている。これは，「単一の製品」の売り上げが70〜95%を占める企業を指し，ここでの組織構造は，「副次的事業部をもった職能部門制組織」ということになる。実際，トヨタは，社内では「職能別の組織（職能部門制組織)」と言われている。[9] トヨタがトヨタ自工（生産会社）とトヨタ自販（販売会社）からなる組織構造であると考えれば，納得がいく。

　第6に，職能部門制組織は，職能部門の数や種類は色々であっても，1つの形態しかない。これに対して事業部制組織は，製品別，地域別，顧客別，市場別など色々である。通常はどれか1つの次元に沿って，事業部制組織が作られる。たとえば，製品別事業部制組織や地域別事業部制組織がそれである。しかし今日，環境や戦略の複雑化とともに，2つ以上の次元に焦点を当てた事業部制組織も出現している。これが，フロント／バック（F/B）組織である。

　第7に，典型的な事業部制組織の形態は，製品別と地域別である。デュポンは製品別事業部制組織であるが，スタンダード・オイル・NJとシアーズ・ローバックは，地域別事業部制組織である。地理的な拡散に対しては，すでに鉄道業におけるライン＆スタッフ組織によって，全国的な鉄道網が管理された。両社は，なぜライン＆スタッフ組織では管理され得なかったのか。あるいは職能別の専門化が進んで職能部門制組織が採られていたなら，なぜ地域別の事業部制へと移行しなければならなかったのか。後者について，たとえば，シアーズ・ローバックでは，1924年には，カタログ販売に関して，集権的職能部門制組織を設置して，商品の仕入れ，販売促進，配送など，シカゴに一元化されていた。ウッドは，都市人口の増大と自動車の普及を目の当たりにして，農村人口を対象にしたカタログ販売と並行して，郊外型の，巨大な駐車場を備えた直営店販売戦略を展開した。こうして，カタログ販売と直営店販売に対応できる購買部門の編成，通販の拠点から直営店に至る商品フローの改善，通販拠点と直営店の人材を活用できる組織を築くために，従来の職能別組織に加えて，地域別の組織を設けた。ここに，上級副社長―地域支社長―地区マネジャー というラインができ，地域支社長は，管

268　　第Ⅱ部　Organized（構造化・構造統制）の理論

轄地域内の事業活動に責任をもつこととなった。職能部門長が，地区マネジャーに指示を出した際には，同時にそれを地域支社長にも伝える必要があるとされ，（地域支社長と職能部門長の権限関係がライン関係になると）以下のような地域別の事業部制組織への方向が生じた（Chandler, 1962）。

上級副社長—地域支社長—地区マネジャー

職能部門長

　第8に，多国籍企業の経営組織においては，海外での売上げが50％を超えたときには，国際事業部ではなく，世界的な地域別事業部制組織が生じ，海外での製品多角化率が10％を超えたときには，同じく世界的な製品別事業部制組織が生じるとされる（Stopford & Wells, 1972）。

　前者は，ローカルな柔軟性に適応する組織であり，後者は，グローバルな効率性に資する組織である。同じ事業部制組織でも，前者は，単一あるいは少数の製品を軸に，地域別の差異に焦点を当てた組織であり，後者は，国内と海外を区別せず，同一の製品群を世界に提供することによって効率性を図る組織である。ここでも，それぞれの戦略（ローカルな柔軟性，グローバルな効率性）と組織構造（世界的な地域別事業部制組織，世界的な製品別事業部制組織）の間には，適合関係がある（組織構造は戦略に従う）。しかし，両者の間には，同じ事業部制組織でも，柔軟性を志向するか，効率性を志向するかの差異がある。海外の売上が50％を超え，しかも海外での製品多角化率も10％を超える場合，グローバルな効率性とローカルな柔軟性との2つを同時に実現する組織構造が必要になる。これが，世界的マトリックス組織である（Leontiades, 1985）。

　以上のように考えるなら，第9に，組織構造は，職能部門制組織から事業部制組織へと発展したと言える。両者の違いは，基本的には，職能部門が事業部より階層の上に位置するか，その逆かである。しかし，単一のビジネスから複数のビジネスへの発展，また，1つの事業部内にワン・セットの職能部門があり，1つの事業部自体は，1つの職能部門制組織によって編成されており，したがって事業部制組織は，複数の職能部門制組織の集合として見ることができる，と考えるなら，ライン＆スタッフ組織→職能部門制組

第5章　環境—戦略—組織—業績パラダイム の展開　　**269**

織→事業部制組織 という発展の順序を措定することができる。

(3)　Chandler の第 1 命題の拡張の 4 方向

以上，Chandler の第 1 命題「組織構造は戦略に従う」の拡張の方向について，現時点での研究の状況を踏まえて，9 つの点を指摘した。状況適合理論の展開，すなわち，環境─戦略─組織─業績（ESOP）パラダイムの展開という課題に即して要約すると，以下のごとくである。

第 1 に，状況適合理論は，環境決定論という批判に応えるために戦略変数を導入した。しかし，Chandler（1962）にもあるように，戦略の前に環境（人口，技術，所得）の変化があり，戦略→組織構造 ではなく，正確には，環境→戦略→組織構造 が，その因果関係の順序である。したがって，多くの状況適合論者が意図したように，Chandler（1962）に基づいて戦略変数を導入すれば，環境決定論的性格を免れるのではなく，やはり環境決定論的性格は残る。逆の因果関係の可能性を探るべきである。また，この意味で戦略は状況変数ではない。戦略は，環境と組織をつなぐ媒介変数（環境─戦略─組織）なのである。

第 2 に，状況適合理論は環境（E）→組織（O）→業績（P）という環境決定論的な因果関係をもつ（第 4 章）。Chandler の「組織構造は戦略に従う」をうけた Rumelt（1974）のパラダイムは，戦略（S）→組織構造（S）→業績（P）パラダイム，すなわち SSP パラダイムである。

したがって，この EOP パラダイムと SSP パラダイムを統合した，環境→戦略→組織→業績 という ESOP パラダイムが，環境決定論という批判を受けて拡張された状況適合理論の帰結である，というのが本章の主張である。この，状況適合理論の拡張の方向は，これを構成する諸概念の拡張と，この概念間の因果関係の拡張，および分析範囲の拡張（国際化の進展）である。

第 1 の，概念の拡張については，次のことが言える。Chandler（1962）の言う戦略とは，環境決定論（環境→組織）とは反対の因果関係（組織→環境）をもつ環境操作戦略の最終段階である戦略的工作（具体的には，垂直統合や多角化）である。ここで不確実性が（回避されるのではなく）吸収されて新しい環境（の不確実性）が生じ，それに相応しい組織構造が必要とされる。

第 4 章で指摘したように，環境には，内部環境（技術と規模）と外部環境

270　　第 II 部　Organized（構造化・構造統制）の理論

（課業環境と全体環境）がある。Chandler（1962）のいう環境は，漠然としたマクロの環境である。

　また，Stopford（1968）以来，国際化に伴う戦略と組織構造が問題にされ，ここでも Chandler の第1命題が妥当することが検証されてきた。国際化（海外進出）は，企業にとって新たな段階であり，進出先の文化や制度という「環境」を考慮に入れることが必要になってくる。

　Chandler（1962）は，戦略を，「企業の基本的な長期目的を決定し，この目的を遂行するために必要な行動方式を選択し，諸資源を割り当てること」と定義している。これは，Ansoff（1965）の言う戦略的意思決定（製品―市場分野の選択）と管理的意思決定（企業内への資源配分）の両方を含む。Hofer & Schendel（1978）は，戦略は目的を示す場合もあれば，目的達成のための手段を言うときもあり，全社戦略，事業戦略，職能戦略という3つのレベルを含むと述べている。また，Chandler（1962）の言う戦略は，環境操作戦略の一部である戦略的工作（垂直統合や多角化）であり，不確実性を吸収して，新しい環境（の不確実性）を生み出す。その他の環境操作戦略，すなわち緩衝戦略，自律的戦略，協調的戦略（暗黙の協調，交渉・契約，役員の導入，連合）は，既存の環境の不確実性を回避しようとするものである。こうした広い意味での戦略を論じるには，近時の戦略論の多様な展開を視野に入れた議論が必要である。

　組織概念についても，Chandler（1962）以後の研究は，「組織構造」を問題にしているが，組織には，組織構造と組織過程あるいは組織行動がある。また，職能部門制組織や事業部制組織という概念は，組織構造の中でも，「活動の構造化（専門化，公式化，標準化）」や「権限の集中（集権―分権）」ではなく，直接的には「形態」に関わる概念である。さらに，Chandler（1962）では，垂直統合戦略→職能部門制組織，多角化戦略→事業部制組織 が焦点であり，その前の販売量の拡大や地理的拡散の戦略に対応する組織構造（ライン＆スタッフ組織）が特定されていない。さらに多角化戦略以後の，現代の戦略の特徴である二重の次元に焦点をあてた戦略に対応する組織構造（e.g. フロント／バック組織）が論じられていない。このような視点が，次の「発展段階モデル」につながる。

第5章　環境―戦略―組織―業績パラダイム の展開　　271

業績については，Chandler（1962）は，具体的に何を指すかを特定していないが，Rumelt（1974）以後の実証研究では，売上高，利益，市場占有率，自己資本収益，投下資本収益，株価収益率，売上高成長率，収益成長率，1株当たり利益の年成長率などが取り上げられ，主に，収益性・安定性の次元と成長性の次元の乖離が強調された。1960年代頃までの事業部制組織は，ROI（投資収益率）が唯一の業績指標であり，その指標が十分機能していた。しかし，プロダクト・ポートフォリオ・マトリックス（PPM）概念が登場して，市場占有率に基づく収益性への考慮だけでなく，市場自体の成長率を考慮しなければ，ROI指標は，成長性の見込めない成熟事業（「金のなる木」）に今後も投資することを意味することが明らかになった[10]。

　第2の，概念間の因果関係の拡張については，次のことが言える。まず先に述べたように，状況適合理論の因果関係は，環境→組織→業績（EOP）である。Chandler，Rumelt以降のSSPパラダイムの因果関係は，戦略→組織構造→業績 である。本章では，この両者の統合が，状況適合理論の拡張とその帰結であるESOP（環境―戦略―組織―業績）パラダイムであると主張する。ただし，状況適合理論もSSPパラダイムも，環境→戦略→組織→業績 という一方的な因果関係を想定している。その意味で，戦略変数を導入しても，環境決定論という性格は変わらない。

　状況適合理論に言う組織デザインは，環境に合わせて組織を変える方策であり，ここでの因果関係は，環境→（戦略）→組織 である。ここでは一般に，適合的な組織の採用が高業績をもたらすことが想定されている。すなわち，業績は結果（従属変数）である。これに対して，環境操作戦略は，組織に合わせて環境を変えようとする方策であり，この因果関係は，組織→（戦略）→環境 である。業績は，原因（独立変数）として，組織や戦略に影響を与えることがある。その意味で，業績→組織→戦略→環境 という逆の因果関係が成立する可能性がある。低業績が組織に集権化をもたらす（業績→組織）ことはよく知られている。Chandler（1962）におけるデュポンの事例は，高業績の結果として多角化戦略を採用した（業績→戦略）と考えることもできる。前者の因果関係における戦略は，環境操作戦略という広い意味での戦略の一部（戦略的工作）であり，ChandlerやAnsoffの計画的アプローチで

272　　第Ⅱ部　Organized（構造化・構造統制）の理論

問題にされる戦略であり，それに導かれるのは事業部制組織という組織構造である（戦略→組織構造）。後者の因果関係は広い意味での環境操作戦略であり，それに影響を与えるのは，広い意味での組織行動である（組織→戦略）。[11] 前者の戦略論は外部アプローチ，後者の戦略論は内部アプローチと呼ぶことができる。

　第3の拡張の方向は，国際化の進展である。既に指摘した環境概念の拡張に関係する。Chandler（1962）の命題を多国籍企業に適用した Stopford（1968）を嚆矢とする。多国籍企業においても，Chandler（1962）の第一命題は成立する。しかしこのことは，2つの問題を提示する。1つ目は，国際化は，段階を画するほどの大きな環境の変化でありながら，戦略と組織構造は，基本的に変わらないことになる。したがって，文化や制度というマクロな環境の変化を考慮に入れることが必要である。2つ目は，国際化に伴う組織構造の発展である。通常は，国際化の進展につれて，国際事業部から世界的な地域別の事業部制組織あるいは世界的な製品別の事業部制組織へと発展し，さらに世界的なマトリックス組織へと至ると言う（Leontiades, 1985）。ここには，職能部門制組織のままで国際化されるケースが抜けている。ブランド品を生産するヨーロッパの老舗企業は，職能部門制組織のままで，海外に進出すると言う。これを母系制（Mother-Daughter）組織と言う（Galbraith & Nathanson, 1978）。また，海外でのサプライ・チェーンを構成する組織は，プロセス組織と呼ばれることがある。

2-2　Rumelt の研究——SSP パラダイム

　Chandler（1962）が，1909 年から 50 年間にわたる大企業 70 社の発展形態を叙述的に跡付けたのに対し，Rumelt（1974）は，1949 年から 1969 年に至る，『フォーチュン』誌の 500 社リストから抽出した 200 社以上のデータに基づいて，統計分析を行った。戦略—組織構造—業績 の変数間の関係を定式化しようとしたので，彼のアプローチは，戦略—組織構造—業績パラダイム（SSP パラダイム）と呼ばれる。

　第1に，多角化戦略は，広く4つに分類される。① 専業型，② 本業型，③ 関連事業型，④ 無関連事業型，である。②の本業型はさらに垂直統合型，

第5章　環境—戦略—組織—業績パラダイム の展開　　273

集約型，拡散型，無関連型に細分される。③は同じく集約型と拡散型に，④は取得型コングロマリットと受動型コングロマリットに細分される。したがって，全体で，7つに戦略が分類される。1949年～1969年の20年間にも，アメリカでは多角化が進み，前半では関連事業への多角化が，後半では無関連事業への多角化が進んだ。

第2に，組織形態は，職能部門制組織から製品別事業部制組織へと変化した。1949年の大企業は専業型の戦略を採用し，そこでは職能部門制組織に編成されていた。これに対して，1969年では，関連事業―拡散型 の戦略が中心であった。しかも，4分の3以上の企業が製品別事業部制組織であった。

第3は，業績に関して，本業―集約型 と 関連事業―集約型 の戦略をとった企業はほとんどの業績指標が高く，無関連―受動型 のコングロマリットは，もっとも業績指標が低かった。これは本業での強みを活かせる製品，技術，市場への多角化が高業績につながることを示している。こうして，本業―集約型 の戦略をとる企業の74% と，関連事業―集約型 の戦略をとる企業の86% が，1969年までに製品別事業部制組織を採用していた。これらの企業は同時に成長率も高かった。

以上より，Chandler（1962）の「組織構造は戦略に従う」という第1命題と，「組織構造の発展段階」という第2命題（多角化戦略―事業部制組織 は高業績）は，確認されたと言える。

以上のように，状況適合理論は，環境決定論であるという批判が生じた。Child（1972）は，戦略的選択論（strategic choice）を唱えて，これを批判したのに対し，状況適合理論の側では，戦略を状況変数として，これに応えようとして，ここにSSP（戦略―組織構造―業績）パラダイムが生じた。

しかし，Thompson（1967）は，組織が直面する変数を制約（must constrain），変数（can control），状況要因（contingency = must meet）の3つに分類し，経営者は，この状況要因に主体的に対応しなければならないとした。この意味で，戦略は状況要因ではない。[12]

3 環境─戦略─組織─業績（ESOP）パラダイム

状況適合理論は，EOP（環境─組織─業績）パラダイムであり，戦略と組織構造の適合を主張するSSP（戦略─組織構造─業績）パラダイムとは，若干のズレがある。今，この両者を単純に結びつけるなら，ESOP（環境─戦略─組織─業績）パラダイムが考えられる。事実，Chandler（1962）は，戦略変更の前に，環境（人口，技術，所得）の変化があると言う。したがって，第1に，状況適合理論のEOPパラダイムと 戦略─組織構造─業績（SSP）パラダイムを統合することが必要である。ここでは，環境→戦略→組織→業績（ESOP）パラダイムを提示する。

経営者は「環境」に直面して，変数をコントロールし，制約には従わざるを得ない。状況要因に対しては，技術を戦略的要因と考えるなら，技術─垂直統合戦略─職能部門制組織 という対応を，環境を戦略的に選択する要因とするなら，環境─多角化戦略─事業部制組織 という対応を考えて，高業績をもたらすようにしなければならない。したがって，戦略は状況要因ではなく，技術あるいは環境を戦略的要因として，どちらかを優先的に満たさなければならない。

こうしたことを考慮に入れて，本書では，統合的な枠組みとして 環境─戦略─組織─業績（ESOP）パラダイムを提示する。

ここでは，以下の6つの問題を取り上げる。① 統合的なパラダイムとその例証。② Chandler（1962）の第3命題とも関連して，新しい戦略の採用とそれに相応しい新しい組織構造の採用との時間的ずれと，そこでの経営者のPersonality の影響。③ Chandler や Rumelt の 多角化戦略─事業部制組織（$S_3 \rightarrow O_3$）の次の段階。④ 国際化戦略と国際的組織の関係。⑤ 戦略→組織構造 ではなく，組織構造→戦略 の可能性，⑥ 戦略論の新展開と統合的枠組み，である。

3-1 多元的適合と統合的パラダイム──ESOP パラダイム

状況適合理論のEOP パラダイムと 戦略─組織構造論 のSSP パラダイム

第5章　環境─戦略─組織─業績パラダイム の展開　　**275**

を単純に統合すれば ESOP（環境—戦略—組織—業績）パラダイムとなる。

　Lenz（1980）は，1産業（貯蓄貸付業）について，環境，戦略，組織構造のどれか1つではなく，環境—戦略—組織構造 の組み合わせが高業績につながることを明らかにした。1973年，1974年，1975年の3年間において，小都市周辺の，社会—経済的発展 の低いところ（環境）では，単一家族への高価格での貸付（戦略），社長および事業部長の統制範囲の広さ，階層の低さ（組織構造）が，高業績（資産に対する平均的な収益）が，大都市周辺の社会—経済的発展 の高いところでは，より多くの広告媒体・低価格での財務サービス，階層的な組織構造が低業績であった。

　こうした 多元的適合—高業績 を強調しているのが，Jennings & Seaman（1994）である。ここでは，上と同じく産業（環境）は1つ（貯蓄貸付産業）に限られているが，1980年～1983年の規制緩和で環境が大きく変化した際の，企業の反応の違いに焦点を当てている。この環境変化に対して，その戦略（製品—サービス領域）を大きく変化させた場合を「高適応」企業，従来と同じ戦略をとった場合を「低適応企業」と呼ぶ。ここでの戦略タイプは探索型，防衛型，分析型，受動型に分類される（Miles & Snow, 1978）。組織構造は，有機的組織構造，機械的組織構造に分けられる（Burns & Stalker, 1961）。業績は，資産価値（自己資産／総資産），収益性（純収入／総資産），リスク（再処理資産／自己資本）である。サンプルは，テキサスの貯蓄貸付企業270社のうち，回答のあった高適応企業37社（うち28社が探索型戦略），低適応企業62社（うち52社が防衛型戦略）であった。

　第1に，高適応企業は 探索型戦略—有機的組織構造 を，低適応企業は 防衛型戦略—機械的組織構造 を採用していた。

　第2に，高適応企業，低適応企業ともそれぞれ3つのグループに分かれた。高適応グループ（A，B，C）と低適応グループ（D，E，F）のうち，A社とF社が他社より業績が高かった。Aは，資産価値がB，Cより高かった。ただし，リスクはこの高適応3グループの間に差がなかった。Fは資産価値，収益性，リスクとも同じ低適応のD，Eより高かった。

　第3に，高適応—高業績 のAグループと，低適応—高業績 のBグループとの間に，資産価値，収益性については差がなかったが，リスクには差が

276　　第Ⅱ部　Organized（構造化・構造統制）の理論

あった。

　以上より，環境―戦略―組織構造 の多元的適合が高業績をもたらすことがわかる。

　複数の変数（環境，戦略，組織構造，業績）の適合が問題になるという意味での多元的適合だけでなく，さまざまなレベルでの「多元的適合」を問題にすることができる。

　現代の事業部制組織には，事業部レベル，戦略的事業単位（SBU）レベル，本社レベルで，戦略と組織構造が，「多元的に適合する」かどうかという問題がある。

　Galunic ＆ Eizenhardt（1994）は，それぞれの分析レベルでの結果をまとめている。

　第1は，本社（全社）レベルの研究であり，通常は多角化戦略と事業部制組織の関係が問題にされる。ここには，① 戦略と組織構造の間には一貫した関係があり，両者の適合は高業績をもたらす。② 多角化戦略は事業部制組織と関連が深い。③ 無関連事業多角化は戦略を追求する企業より，よりルースな組織構造と分権的管理を必要とする。

　第2は，事業部レベルあるいは戦略的事業単位（SBU）レベルの研究であり，事業部の戦略と事業部内の組織構造の関連が問題とされる。ここにも，① 事業部やSBU内部で，事業戦略（競争戦略）と組織構造の間には一貫した関係があり，環境を媒介変数として，事業戦略と組織構造の適合は，高業績をもたらす。② 防衛的で効率志向の戦略は，公式的，官僚的，集権的な組織構造と統制を必要とする。③ 高い不確実性の下で，革新を追求する戦略はルースで有機的な組織構造，水平的なコミュニケーション（連絡役），および技術専門家を必要とする。すなわち，革新的な 製品―市場戦略 は分権的で柔軟な有機的組織と整合性があり，コスト・リーダーシップ戦略は機械的組織と整合性がある。

　第3は，本社―事業部，および事業部間の関係についての分析である。① 事業部（SBU）の戦略と 本社―事業部間 および事業部間には一貫した関連があり，事業戦略とこの中間レベルの組織構造との適合は，高業績をもたらす。② 革新的戦略と企業にとっての中核となる事業部（SBU）と本社の間

第5章　環境―戦略―組織―業績パラダイム の展開　　**277**

の組織構造は，分権的かつオープンで社会化されており（人的相互作用が高い）公式化の程度は低い。③事業部間の適切な関係については，未だ明確になっていないが，革新的な事業部間での資源の共有，業績を低くする傾向がある。

　以上より，この3つの分析レベルの全てで，戦略と組織構造の適合が，高い業績をもたらすことがわかる。したがって，「多元的適合」と統合的パラダイムへの志向が読み取れる。

3-2　戦略―組織構造のズレと 経営者のパーソナリティ（Chandler 第3命題）

Galbraith & Nathanson（1978）によれば，Chandler（1962）の第3命題は，「ある段階から次の段階への変化が生じるのは，経営者が経済的危機を感じた後であり，それは，戦略の形成者と新しい組織の革新者とは，パーソナリティが異なるからである」とされる。本書での 環境―戦略―組織構造―業績（ESOP）パラダイムに則して言えば，革新に対してどの要因を操作するかは，経営者のパーソナリティによるということである。

　第1節でも簡単に触れたが，1920年代のGM社を例にとると，適合達成の多様な経路を明らかにすることができる。P. S. Du Pont は，資金援助，人材注入，経営委員会の創設などによる全社的事業計画を通じて，「環境」変数を操作し，GM社の改革のための環境を整えた。W. C. Durant は，事業帝国拡大のための戦略を推進したが，合理的経営のためのマネジメントや組織への関心はなく，在庫への積極的投資を続けて財政危機を招いた。彼は高卒で，営業畑出身の温かい人柄であり，Billy という愛称で慕われていた。A. P. Sloan, Jr. は，事業部制への組織革新を行い，社長室を政策立案と事業部間の調整を行う総合本社へと変身させた。彼は MIT 卒の技術畑の人間であり，冷静な人柄で，尊敬と敬遠を込めて，Mr. Sloan と呼ばれた。銀行家の J. J. Stowrrow は，目先の利益を優先させるため，財政危機に対する典型的な反応である集権化を進め，元々持株会社からなるばらばらな GM 社に本社組織の必要性を訴えた。

　Miner（1997）は，こうした経営者のパーソナリティを4つに分類した。

278　第Ⅱ部　Organized（構造化・構造統制）の理論

第1は「アイデア創造者」であり，企業の能力を発揮できる環境の整備を行い，事業の創造と継続（創業と守成）に注意を払うタイプである。第2は，「温情主義的営業マン」であり，であり，活力に満ちた温かい人物で，内部の調整よりも外部の機会に注目するタイプである。第3は，「組織目的実現者」であり，効率に関心をもって冷静に計画を立て，合理的に組織を運営するタイプである。第4は，「現実主義的経営者」であり，既存資源の拡大より維持に拡大に関心をもち，未来より現在の利益を重視して，ひたすらリスクの回避に意を用いるタイプである。業績悪化に対する組織の集権化は，このタイプの経営者の典型的な反応である。

1920年代のGM社の経営者のパーソナリティとの対応を考えるなら，第1の「アイデア創造者」はP. S. Du Pontに，第2の温情主義的営業者はDurantに，組織目的実現者はSloanに，「現実主義的経営者」はStowrrowに，それぞれ擬することができる。

また，Lorsch ＆ Morse（1974）は，管理者のパーソナリティを，統合の複雑度，あいまいさへの許容度，個人主義的態度，権威への従属度，という4つの次元で分析している。前2者は不確実性への態度（リスク志向かリスク回避志向か），後2者は権力への態度（集権化志向か分権化志向か）である。これに沿ってMiner（1997）の4つのパーソナリティを分類するなら，アイデア創造者は低い不確実性志向と分権的志向（P. S. Du Pont），温情主義的営業マンは高い不確実性志向と集権的志向（Durant），組織目的実現者は高い不確実性志向と分権的志向（Sloan），現実主義的経営者は低い不確実性志向と集権的志向（Stowrrow）である（岸田，2009）。

経営者の戦略的選択を含むパーソナリティの分類により，結果的に，環境―戦略―組織造―業績 の多元的適合が図られたこと，各経営者のパーソナリティにしたがって，満たすべき状況要因（Thompson, 1967）の要求を戦略的に選択して，環境を整えたり，戦略を策定したり，組織構造の革新を行ったり，業績水準を操作したりしたことがわかる。

3-3　新しい戦略と組織構造

Chandler（1962）の発展段階モデルのうち，第2段階は，垂直統合戦略―

職能部門制組織，第3段階は，多角化戦略―事業部制組織 であることは明確である。しかし，第1段階は不明瞭であり，第4段階は，時代的制約もあって触れられていない。

最初の大きな問題は，アメリカ鉄道業において生じた。すなわち，1841年，旅客列車同士が正面衝突をするという事故が起こった。これは列車をスケジュール通りに動かす運行という仕事と，そのための列車の維持・保全の仕事とが矛盾したためであった。この事故に対応してボルティモア・オハイオ鉄道では，維持・保全活動を社長の指揮下にある専門技師の直接の監督に従わせた。これに対してペンシルヴァニア鉄道では，列車の運行について，社長―総管区長―管区長 という権限ラインを確立すると同時に，維持・保全活動を担当する機械部長や主任技師はスタッフであり，管区長の援助を受けなければばらないとした。ここに1857年，ライン・スタッフ活動が明確化され，ここにライン・スタッフ組織が登場した（岸田，1985）。

アメリカ鉄道業における第1段階の戦略は，地理的拡大による全国的市場の確立であり，その組織構造はライン・スタッフ組織であった。これは「満たさなければならない」状況要因である地理的拡大の問題を処理するために，ライン・スタッフ組織が確立されたのである。

第2段階の戦略と組織構造は，垂直統合―職能部門制組織 であり，これは「技術」という状況要因を満たして，大量の顧客・荷物を運んだのである。

第3段階の戦略は，多角化戦略であり，満たすべき状況要因は「環境」であり，そのための組織構造が事業部制組織であった。

このように考えるなら，次の第4段階では，満たすべき状況要因は技術と環境という2つの要因に同時に対処することであり，その典型は，マトリックス組織である。すなわち，

    第1段階：地理的拡大戦略―ライン・スタッフ組織
    第2段階：垂直統合戦略―職能部門制組織
    第3段階：多角化戦略―事業部制組織
    第4段階：二重性戦略―マトリックス組織

が，発展段階モデルである。

ここに組織の段階的発展を画するのは，「組織過程」ではなく，「組織構

造」であり，しかも「活動の構造化」や「権限の集中・分散（分権や集権）」ではなく，「形態」である。

GM 社は，持株会社から事業部へと本社を作って集権化したのに対し，デュポン社は製品別事業部を作って，職能部門制組織から事業部制組織へと移行した。前者は集権化，後者は分権化であり，集権—分権 の軸は，連続的な程度の問題である（岸田・田中，2009）。

3-4 国際化戦略と国際的組織構造

Stopford（1968）は，国際化した戦略と組織構造について，Chandler（1962）の命題「組織構造は戦略に従う」を追試したが，そこでは「国際化」に伴う事業部制組織の成立を追試しただけで，国際化に伴って事業部制組織を越える新しい組織構造を発見したわけではない。

国際化の際の１つ目の軸は，国外での製品多角化率の大小と国外での売上比率の大小である（Stopford，1968）。前者はグローバルな効率性の追求，後者はローカルな柔軟性の追求である。国外での製品多角化率と売上比率が低い場合には，国際事業部の設立で対処できる。国外での売上比率は低いが，製品多角化率の高い戦略が採用される場合には，グローバルな製品別事業部制が導入される。国外の製品多角化率は低いが，売上比率の高い戦略では，グローバルな地域別事業部制組織が採用される。国外での製品多角化率も売上比率も同時に高い場合には，グローバルなマトリックス組織が効果的である（Leontiades，1985）。

国際化戦略の２つ目の軸は，グローバルな効率性とローカルな柔軟性である。前者は，文化の差異を考慮に入れず，世界中同じ組織構造で製品多角化に効率的に対応しようとするものであり，後者は，地域別の事業部によって，地域の要求に柔軟に対処しようというものである。また，国際化には文化の問題が伴うが，どの文化に対してどのように組織構造を対応させるかではなく，Child（2005）は，企業全体が直面する諸文化に，企業として，差を設けず同じように対応するか（グローバルな効率性大・小），ローカルな柔軟性（大・小）のように「文化」に対処する戦略のグループ分けをするかによって，分類している。① グローバルな効率性が小でローカルな柔軟性が低い

場合を「インターナショナル戦略」、② グローバルな効率性が小で、ローカルな柔軟性が大の場合を「マルチドメスティック戦略」、③ グローバルな効率性が大でローカルな柔軟性が低い場合を「グローバル戦略」、グローバルな効率性が大でローカルな柔軟性も大の場合を「グローバル戦略」、④ グローバルな効率もローカルな柔軟性も大の場合を「トランスナショナル戦略」と呼んでいる。

①は文化的細分化、②は文化的多元性、③は文化の一元的支配、④は文化的統合を目指している。ここでの組織構造は、①では国際事業部、②では世界適合的地域別事業部制組織、③では世界的製品別事業部制組織、④ではマトリックス組織でそれぞれ対応する。

この図式は、これまでの 国際化戦略—国際的組織構造 の図式の延長上で、一国の文化を特定するのではなく、一企業全体として文化戦略を分化・統合して、対応しており、事業部制組織を越える「マトリックス組織」の位置づけを示している。

3-5 戦略→組織構造 か，組織構造→戦略 か

経営者のパーソナリティで述べたように、「戦略と組織構造」の適合が高業績をもたらす。しかし、Galbraith & Nathanson (1978) が指摘するように、企業が環境に対してパワーをもつなら、その独占的地位により、価格をコントロールして、政府に対する密接なつながりを持ちながら、この不適合の下で、ある程度有効な業績をもつことができる。組織構造が戦略に従わないなら、長期的には非効率が生じるであろうが、戦略的認識は、その時の組織構造によって、条件づけられる。

Hall & Saias (1980) は、戦略と組織構造の関係のどちらの方向にもなり得るとして、7つの条件をあげている。

① トップの経営者の役割——経営者の関心が計画の継続にとって死活問題であり、組織のメンバーが喜んで協力する姿勢が必要である。

② 組織構造の性質と計画の成長——分権的組織では、トップ経営者がそこに信を置かなければならないし、事業部の主導権が発揮されるとしても、満足のいく結論に達する可能性は小さい。過度の集権化も先行するし、往々

282　第Ⅱ部　Organized（構造化・構造統制）の理論

にして抑圧される。官僚制構造も，戦略計画の誕生と発展に不利な文化をもたらす。

③　組織構造と戦略的ビジネス領域——組織内のパワーセンターは，ビジネス領域の選択を承認・防衛することが基本である。革新を含む場合には，この領域は正当ではない。

④　組織構造と成長ベクトル——新しいビジネスの取得や新しい技術の取得あるいは新しい市場の探索に至るどんな戦略も，組織内に既に内在するシステムである。特に，硬直的な集権的組織構造は，コスト削減や生産性の維持に完全に適合しているなら，経済的・技術的変化への調整を阻害する。

⑤　組織構造と make or buy ——内部多角化は，事業部間の資源共有を伴うものであり，外部成長は，各ビジネスが文化的に自律的になれるかどうかに依存しており，自身の文化を放棄したり，新しい価値を採用することは困難である。

⑥　組織構造と事業ポートフォリオ——BCG マトリックスは，事業を市場成長率と市場シェアに沿って分類しているが，各セルの責任者は，企業者として活動することを要求されており，彼らの関心は市場シェアの維持・増大に向けられており，もし事業に失敗したら，キャッシュ・フローの回収不能に陥るかもしれない。

⑦　組織構造とシナジー——戦略的な成功と業績のレベルは，組織の異なったビジネス間に存在するシナジーの関数である。正のシナジーを，組織構造によって統合できないなら，失敗する。

実際，組織構造は，文化，価値，過去および現在の組織の機能，思考と失敗の歴史，技術発展の心理的・社会的な結果などの複雑な絡み合いの結果である。

今，Chandler（1962）の環境操作戦略の最終段階が，課業環境の不確実性の吸収（垂直統合，多角化，合併）であるなら，発展段階モデルに言う組織デザインと環境操作戦略の関係（戦略Ｓと組織構造Ｏ）を次のように考えることができる。

第１段階：地理的拡大戦略→ライン＆スタッフ組織（$S_1 \rightarrow O_1$）→垂直統合戦略

第2段階：垂直統合戦略→職能部門制組織（$S_2 \to O_2$）→多角化戦略

第3段階：多角化戦略→事業部制組織（$S_3 \to O_3$）→二元性戦略

第4段階：二元性戦略→マトリックス組織（$S_4 \to O_4$）

3-6　戦略論の新展開と統合的枠組み

これまでの組織行動論は，組織における人間行動の議論であった。組織そのものの，市場あるいは環境における，いわば企業の行動が「戦略」である。したがって，近時の戦略論は，戦略計画だけでなく，その実施と統制を含む「戦略経営」にまで拡張されている。Porter（1980）の競争戦略は，産業組織論における，市場構造—市場行動—市場成果 という SCP モデルを，個別企業の経営政策に応用したものであるが，ここでの戦略（コスト・リーダーシップ，差別化，焦点化）は，文字通り市場における企業の行動である。この意味で，組織と環境（市場）をつなぐのが戦略の役割である。

Chandler（1962）のように，「組織構造は戦略に従う」だけでなく，逆の「組織→戦略」の関係も考えられる。すなわち，環境—戦略—組織 の間には相互作用があり，環境→戦略→組織 という因果関係と，組織→戦略→環境 という正反対の因果関係とが生じる。

前者は，戦略が外部から生じるという意味で，外部アプローチあるいは，Strategized の議論，後者は，戦略が組織内部から生じるという意味で，内部アプローチあるいは Strategizing の議論ということができる。このように考えるなら，戦略論は，次の4つに分類できる。内部アプローチには，① 組織→戦略 と，② 戦略→環境 との2つがある。同じく外部アプローチには，③ 環境→戦略 と，④ 戦略→組織，の2つがある。①は創発的アプローチ，②は資源ベース・アプローチ，③はポジショニング・アプローチ，④は計画的アプローチである（岸田，2014）。

（1）　計画的アプローチ

計画的アプローチとは，Chandler（1962）や Ansoff（1965）以来の，伝統的・正統的な戦略論である。外部環境と戦略策定のプロセスに注目して，戦略の本質を「計画」とみて，行動指針，ガイド・ライン，事前に策定されるべき意図的・熟慮的プロセスと考える。

1960年代から1970年代にかけて，アメリカ経済の成長が鈍化した時代に，既存事業に代わる有力な新事業の創出による多角化が焦点となった時，このアプローチが出現し，戦略計画という公式の計画立案の発展に寄与した。その後，戦略概念の定着と拡大を経て，戦略策定から戦略実施を含むより広い領域へと研究が拡大した。すなわち，戦略計画から，戦略の実施と統制を含む戦略経営へと発展した。

　1980年代の，アメリカ企業の競争力の減退と計画的アプローチへの批判を背景に，Mintzberg（1998）は，このアプローチの3つの誤りを指摘した。

　第1は，「事前策定の誤り」である。事前の予想と策定が有効なのは，安定的で連続的にしか変化しない安定した環境においてである。ここでは，Plan→Do→See（計画→実施→統制）という順序によるマネジメントが前提である。不安定で不連続に変化する現今の環境では，予測が不可能であり，事前の戦略策定は意味をなさない。

　第2は，「計画の実施と分離の誤り」である。トップの戦略策定と事業部によるその実施，という形では，事業部に関する情報がトップに集まりにくく，トップの戦略を迅速に実施するための組織の役割が欠如している。

　第3は，「公式化の誤り」である。戦略策定における論理や分析を強調して，公式的にそれを進めることを前提にしているので，正当化された決定が保障されるが，現場の直接の情報に基づく下からの活動を無視するので，非公式で迅速な対応は困難である。

（2）　創発的アプローチ

　計画的アプローチの対極が創発的アプローチであり，ここでの戦略は，組織の自発的な行動の積み重ねの結果，自然発生的に生じる，事後的なパターンである。

　このアプローチでは，戦略が，日常業務からボトムアップ的に生成し，行動が結果として集積されて，一貫性やパターンが結果として形成されることが，共通の認識となっている。ここでは，戦略の本質は計画ではなく実施であり，事前的な計画ではなく，事後的な，行動の結果としてのパターンである。したがって，どのような方向にどう行動すればいいのかを示す規範性はない。また危機的な状況では，企業は試行錯誤的にあれこれ行動を試してい

る時間はない。さらに，組織は一貫して安定的な行動を行うよりも，その時々のアド・ホックな行動を示す柔軟な組織が前提される。

(3) ポジショニング・アプローチ

1950 年代，完全競争論を否定して，各産業ごとの実効的な競争（Workable Competition）を明らかにしようとした産業組織論が提唱された。これは，市場構造─市場行動─市場業績 という枠組みをもち，その頭文字をとってSCP モデルと呼ばれた。

Porter（1980）は，業界の超過利潤の最小化を目的とする公共政策ではなく，利潤最大化を目的とする企業の経営政策に焦点をおいて，競争戦略を分析した。

Porter（1980）の基本的主張は，次の2つである。第1は，競争の決め手は，外部の要因（既存の競争業者の脅威，売り手の脅威，買い手の脅威，新規参入の脅威，代替品の脅威という5つの産業構造要因）に対する企業の対処能力であり，他企業より有利な地位を占めるための，戦略（コスト・リーダーシップ，差別化，焦点化）の選択が焦点である。第2は，事業の下の職能部門レベルで，持続的な競争優位を維持するための手段としての価値連鎖である。

ポジショニング・アプローチは，計画的アプローチと同じく外部アプローチであり，Plan→Do→See が大前提であり，規範的なアプローチである。ただし，全社戦略（経営戦略）ではなく，事業の競争戦略である。

事業戦略を全社レベルで展開したのがPPM（Product Portfolio Management）である。第1は経験曲線であり，累積生産量が2倍になれば，コストは20～30% 下がる。第2は，市場占有率と市場成長率の2つの軸に沿って，4つのタイプの事業領域を識別した。1つ目は，「金のなる木」（低市場成長率と高市場占有率）である。2つ目は「花形」（高市場成長率と高市場占有率），3つ目は「問題児」（高市場成長率と低市場占有率），4つ目は，「負け犬」（低市場占有率と低市場成長率）である。

「金のなる木」は，資金の流入は大きいが将来の投資は不要である。「花形」に資金を回して高い成長率の市場のシェアを高めた方がよい。これまではROI（投資収益率）が，事業評価の唯一の基準であったが，これも将来も「金のなる木」に投資し続けることになる。事業部間の資金配分の最適化を

286　第Ⅱ部　Organized（構造化・構造統制）の理論

考慮して，全社的な最適化の基準を提示したのが PPM である。

(4) 資源ベース・アプローチ

資源ベース・アプローチ（RBV：Resource Based View）は，競争優位の源泉を内部資源の保有やその活用能力に求める。このアプローチの淵源は，Penrose（1959）である。彼女は，企業を「資源の束」と考え，市場の不完全性ゆえに，企業は独自の資源の蓄積を行い，それによって競争優位を導き出す，と主張した。

RBV の代表者は Rumelt，Wernerfelt，Barney であり，ここでの基本的主張は，企業内部の資源が競争優位の源泉であるということである。

第1に，資源とは，組織の有効性を向上させる戦略の策定と実施に寄与した資産，能力，組織プロセス，組織構造，知識等である。第2に，希少資源の保有が競争優位の源泉であり，資源の模倣，代替，移転の可能性が持続的競争優位のもとである。第3に，模倣困難な要因は次の4つ，すなわち，独自の歴史的条件，因果関係の複雑性，社会的複雑性，制度的条件である。先行者利益や資源の蓄積過程は経路依存的であり，後発企業にとって，模倣は困難である。また，個々の資源と競争優位の関係があいまいなら，模倣すべき資源が何かを特定できない。組織内の特定の人間関係や組織文化によって支えられた経営資源は，模倣困難である。第4に，特定資源の模倣は，特許などの制度によって，制限されていることが多い。

以上，戦略を組織と環境を媒介する要因と考えて，その結びつきから，近時の組織論の展開を，4つのアプローチにまとめた。組織→戦略→環境 を Strategizing，環境→戦略→組織 を Strategized と捉えて，説明を行った。これによって，これらの戦略論を共時的，および経時的に統合することができる。

4　SCT——もう1つの状況適合理論

Pennings（1975）は，近年の新しい組織研究パラダイムの1つである構造条件適合理論（Structural Contingency Theory）は，環境および技術が複雑な

組織構造と関連をもつと主張する研究であると述べている。1960年代に*ASQ*誌上で展開された，Aston研究を中心とした組織構造の実質研究に触発された研究である。Pennings（1975）では，北米の大規模金融仲介企業の40の支店から集めた，質問票（主観的データ）と記録（客観的データ）の両方を使って，環境と組織構造の間に関連があるかどうかが調べられた。

(1) 環境と組織構造の関係

環境変数（不安定性，複雑性，不確実性，資源の豊富さ）と組織構造変数（非公式のコミュニケーション，参加の程度，会議の頻度，専門家，パワー分布）の相関は，ほとんど負であり，しかも有意ではない。つまりSCTの主張は検証されない。全体としては，環境変数は，組織構造の差異を説明しない。

(2) 環境適応と組織構造変化

環境変数が組織構造変数に与える影響，環境変数が有効性に与える影響，組織構造が有効性に与える影響，環境変数と組織構造変数の相互作用が有効性に与える影響を調べてみると，環境と組織の適合が有効性をもたらすのではなく，組織構造の差異が有効性の差異を説明していることが分かった。これは，適合―高業績ではなく，組織構造が有効性の条件となっているという意味で，構造条件が業績を決めるという主張である。これはDonaldson（1996）のSARFIT（Structural Adaptation to Regain Fit）と軌を一にしている。不適合から適合へと移行した企業の95%は，組織構造の変化を通じてなされたものである。したがって，組織構造の変化による環境適応こそが適合と業績を回復させる。

(3) CT と SCT

CTとSCTの違いについて，等結果性という観点から，Pennings（1987）では，どんな組織構造をとっても，業績の良い状態へと至ることを意味している。言い換えれば，職能部門制組織でも事業部制組織でも，経営者の価値観に沿った選択によって，一定の高業績を達成することができると主張されている。しかし，一般にCTでは，たとえば，不確実性の高い変動的な環境では事業部制組織が高業績をもたらし，不確実性の低い安定的な環境では職能部門制組織が高業績をもたらす，と述べられるのが普通である。どんな組織構造をとっても高業績であればよいとするSCTとは，この点で大きな差

異がある[13]。これは等結果性の解釈の差異に帰着する。

SCT の組織像は，Burns & Stalker（1961）による機械的組織・有機的組織の分類であり，前者が集権的組織，後者が分権的組織である。既に述べたように，CT では集権的かつ分権的組織（e.g. マトリックス組織）が主張されている。今日，これらは F/B 組織，二元的組織（Ambidextrous Organization）として，改めて論じられている。

SCT では，組織構造（独立変数）と業績（従属変数）の関係をモデレーターとしての状況要因が媒介する（沼上，2010）。これに対して CT では，独立変数としての状況要因と従属変数としての組織構造の適合が，業績水準を決定する（岸田，2009）。

5 結　語

状況適合理論は環境決定論であるという批判を受けて，Chandler（1962）の命題を取り入れながら，戦略と組織構造の関係を論じた。

本章では，第1に，戦略は状況変数ではなく，技術要因と環境要因のどちらを優先させるかという，経営者の戦略的選択によって決まると考えた。こうして，環境―戦略―組織構造―業績 という，より一般的なモデルを考えた。このモデルにおいて，環境→戦略→組織構造→業績 という因果方向を考えるなら，これは，CT と同じく環境決定論的傾向をもった Organized の議論である。逆に，業績→組織構造→戦略→環境 という因果関係を考えるなら，Organizing の議論に関係する（図5-1参照）。

図 5-1　ESOP パラダイム

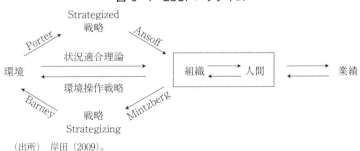

（出所）　岸田（2009）。

第 2 に，このように広く ESOP パラダイムを考えるなら，Thompson (1967) が言う，「組織が満たさなければならない（must meet）状況要因 (contingencies)」を，経営者が戦略的に選択するという意味で，「環境決定論」と戦略的選択論，あるいは組織デザイン（環境に合わせて組織を変える）と組織操作戦略（組織に合わせて環境を変える）を 1 つの図式に収めることができる。

注────────────

1) 課業環境（の不確実性）は，認知概念であり，元々狭い意味での不確実性は，主観的確率に関係する。

2) 後に触れるように，戦略は経営者が選択すべき変数であって，状況要因ではない。

3) こうして，Organizing（人間→組織→環境）における実現環境と，Organized（環境→組織→人間）の課業環境とがつながる。

4) 「複雑」になるのは，組織構造のうちの「組織形態」である。

5) SARFIT（Structural Adaptation to Regain Fit）と呼ばれる。

6) 地理的市場の拡大とは，全国市場の成立を意味するものであることがわかる。

7) 環境操作戦略とは，組織デザイン（環境に合わせて組織を変える）のではなく，組織に合わせ環境を変えるものである。

8) したがって，Chandler の戦略とは，環境操作戦略の最終段階である「戦略工作」のことであり，これによって課業環境の不確実性を回避するのではなく，吸収するものであることがわかる。

9) 当時のトヨタ自動車会長の張富士夫氏の言葉である。

10) したがって，市場の成長率を考慮しない場合には，ROI の大きい事業にいつまでも投資することになる。

11) 通常組織行動とは，組織内の人間行動を指すが，ここでは組織そのものの，市場における行動であり，その意味で戦略とは，組織そのものの行動を意味する。

12) 経営者は，満たすべき（must meet）要因を戦略的に選択しなければならない。

13) Donaldson (1996) は，彼のモデルを Structural Contingency Theory と呼んでいる。Mohr (1971) に見られる如く，環境（状況）変数に依存して

業績が決まるというより，どんな状況でも普遍的に適切な組織構造があり，それが業績を決めるというニュアンスである。

第III部

Organizing, Organized の統合と
革新のプロセス

第Ⅲ部では，第Ⅰ部 Organizing の理論と第Ⅱ部 Organized の理論を統合する枠組みを示し，最後に革新のプロセスについて説明する。

　第6章では，Organizing と Organized という同じ組織のプロセスながら，正反対の因果関係と機能をもった2つのプロセスを，共時的，経時的に統合する。前者は，男と女は人間として統合できるという意味であり，後者は，原因と結果が繰り返されるという意味である。これら両者は，さらに3次元で革新のプロセスとして統合できる（図終 - 1）。

　したがって，本書で組織論ではなく組織学というのは，組織（Organization）の理論が，正反対の因果関係をもつ Organizing の理論と Organized の理論として統合できること，しかも，Organizing と Organized の繰り返しを通じて，新しい段階へと発展し，組織が革新を遂げることを，表すという謂いである。

　以下，第6章「組織学と統合的解釈モデル」では，上述の共時的統合と経時的統合のモデルを提示する。第7章では，「Organizing→Organized のプロセス」を，ゴミ箱モデル―組織化の進化論―状況適合理論 を使って，あいまい性のプロセス―多義性の把持 と 除去のプロセス―不確実性の削減のプロセス として描く。

第6章

組織学と統合的解釈モデル

　組織とは，一般に「秩序」であり，その要諦は「分けること」と「集めること」すなわち「分化」と「統合」である。この分化と統合が組織の基本概念である。

　科学が対象や現象を一定の秩序のもとに捉える営みであるなら，同じくそれを分化と統合という面から論じることができる。分析とは基本的な単位に分けること（分化）であり，構成要素に還元することである。総合とは，それらを一体の秩序のもとに括ること（統合）である。近代科学の成功と行き詰まりは，分析の成功と統合の方法の貧弱さにある。基本的な要素に還元された対象や事象が，単純な総和で線形的に集計しうるなら問題はないが，複雑な因果関係をもった非線形性が問題にされるなら，近代科学は有効性を失う。あくまでも全体がどうなっているかが問題なのであり，部分と全体がどうつながっているかが焦点なのである。

　現代の自然科学の成功の原因が分析にある限りにおいて，自然科学は「科学」であり，人文・社会科学は，分析のない全体を根拠なしに主張している限り，その「科学性」は，疑問を呈される。しかし，自然科学が科学であるのは，その分析性・還元性にあるのではなく，部分と全体の単純なつながりを前提したうえで，それらを単純に合計すれば全体が得られるという，分析に基づく全体把握の単純性と合理性にある。

　分析は，次元を下げて対象の構成要素を明らかにすることであり，統合は，元の次元へとその構成要素を組み立てて，全体を把握することである。この意味で，分析も統合も共に科学の重要な手続きである。

　本章では，上のような問題意識のもとに，組織論の1つの傾向，すなわち

295

多元主義的アプローチあるいは多元主義的パラダイム[1]を取りあげて，組織現象を統合的に解釈するモデルの可能性を探る。さまざまなアプローチは，分析次元を下げて事象の一面性を明らかにするものであり，こうした複数のアプローチを統合して元の次元へと組み上げて，全体性を明らかにする方法を提示するのが，本章の狙いである。

1　多元主義的アプローチ

　1961年にKoontzが「管理論のジャングル」という言葉で，さまざまな管理論の乱立を指摘して（Koontz, 1964）以来，いったんは，状況適合理論の出現によって，環境適合のための一般理論が提示されたかに見えたが，その環境決定論的な傾向への批判（Child, 1972）を契機として，組織の非合理性を強調する（e.g. ゴミ箱論，組織化の進化論）種々の理論が提示されている。

　こうした動向は，とりもなおさず，組織が合理的とは限らない多様な側面をもっていることからであり，どのようなモデルで接近するかによって，組織が見せる「貌」が変わるからである。

　これを最初に取り上げたのは，Allison（1971）である。彼は，1962年当時のケネディ政権のもとで生じたキューバ・ミサイル危機に注目し，前提の異なる3つの「事実」を明らかにした。ここでは，唯一の正しい「事実（the reality）」ではなく，複数の相対的な「事実（realities）」が存在する。

1-1　キューバ・ミサイル危機と複数の「事実」

　Allison（1971）は，パラダイムが異なれば何が事実かも異なる，と主張して，1962年のキューバ・ミサイル危機を次のように説明している。

　第1は，合理的行為者モデルによる「事実」である。ここでの国家の選択は，統一された合目的的行為と考えられる。目的の合理性とは，一定の目的に対する手段の合理性であり，与えられた目的と手段の間の一貫性を意味する。このモデルでは，アメリカの海上封鎖は，ソ連の核ミサイル持ち込みに対する合理的反応である。海上封鎖は，何もしない，あるいは外交的圧力をかけるという消極的な反応と，侵攻あるいは空爆という積極的な反応との中

296　　第Ⅲ部　Organizing, Organized の統合と革新のプロセス

間であり，次の手をソ連側に委ねることができる。また，カリブ海での海戦になった場合，アメリカは軍事的有利を保持できるし，通常兵器の弾力的使用が可能なので，その各段階において，優位を確保できる。

第2は，組織過程モデルによる「事実」である。ここでは，政府は組織の標準業務手続にしたがって行動すると仮定される。このモデルによれば，空爆ではなく，海上封鎖が選ばれたのは，指導者と軍との確執のためであった。統合参謀本部は，マニュアルに沿ってミサイルを移動可能と定義して，過剰な空爆を提案したのに対し，指導者は外科手術的空爆は不可能と判断したからである。

第3は，政府内政治モデルによる「事実」である。ここでは，政府の選択は，さまざまな駆け引きから生じた結果であると考える。ケネディ大統領は，当初空爆を支持していたが，非軍事派が封鎖支持に回り，指導者の介入を嫌う軍の体質と，第1次キューバ事件（ピッグズ湾事件）におけるケネディの判断力への疑問とがあいまって，海上封鎖が選ばれた。

こうした3つのモデルによる「事実」の説明は，現実の多面性と，決定に至るプロセスの複雑さを豊かに示してくれる。しかし，モデル間の関係およびそこでの「事実」間の関係は明らかにされないままである。

1-2　組織変化と4つのモデル

Van de Ven & Poole（1995）は，組織変化を説明するためには，それぞれ別個に展開されてきたどの1つのモデルも，複雑な組織現象の一部しか説明できないので，それらのモデルの相互作用を考慮に入れて統合することが必要であると指摘した。

彼らは，変化の単位が単一の組織か複数の組織か，変化の様式が規定的か構成的かによって，次の4つのモデルを区別している。

第1はライフサイクル・モデル（単一組織／規定的）であり，組織の発展は，一定の初期状態から予定されている次の状態へと漸進的に進むと考えられる。さらに，組織変化は累積的・連続的であり，各発展段階は次の発展段階の必要不可欠な前提であり，決められた順序で進行する活動を必要とする制度的ルールやプログラムという点から説明される。

第6章　組織学と統合的解釈モデル　　**297**

第2は進化モデル（組織群／規定的）であり，変化は個別の組織ではなく，組織群の変異（新しい組織形態の発生），淘汰（希少資源をめぐる競争と環境適応の選択），保持（一定の形態と行為の維持）という反復的，累積的，確率的前進として説明される。

　第3は目的論（単一組織／構成的）であり，目的や目標が単一組織の行動を導く最終的な原因であると考えている。ここでは，組織の発展は，目的の形成，実施，評価の繰り返しであり，学習あるいは意図に基づく目標の修正である。

　第4は弁証法的モデル（組織群／構成的）であり，組織が支配を求めて互いに競い合う対立的な事象，力，背反的な価値の多元的な世界の中に存在するという主張を前提とする。対立物の現状を維持する力は安定性をうみだす（正）。変化は対立する力の発達によって生じる（反）。両者の対立が止揚されて新しい段階の構成物が生まれる（合）。こうして，組織群は 正—反—合 のプロセスを経て発展する。

　規範的変化と個性的変化の間の相対的バランスが，組織の安定性と変化のパターンに影響を与える。両者の間に正のフィードバックがあるなら変化の効果は相殺され，組織の発展は均衡へと導かれる。このフィードバックのバランスによって，次の4つの変化パターンが生じる。

　第1に，負のフィードバックがあるとき，組織は安定し，均衡点へと移動する。第2に，正のフィードバックと負のフィードバックが周期的に交替するとき，組織は安定的な状態から外れて，循環や振動を繰り返す。第3に，規定的変化と構成的変化の間に強いアンバランスが生じ，カタストロフィを通じてカオス的な状態が生まれると，構造が転換する。第4は，変化の様式が複雑で非決定的なので，組織がランダムに行動を繰り返す場合である。

　ここでは，変化の単位（あるいは分析レベル）と変化の様式の2つの軸に沿って，4つの組織変化モデルが識別され，多様な組織変化を複数のパラダイムによって捉えようとする意図がみられる。しかし，ライフサイクルは個別の組織だけでなく，たとえば産業や製品にもみられるし，弁証法は，個別の組織だけでなく，1つの社会にもみられる。また，モデル間の関係は明確ではなく，どのようにこの4つのモデルを使って，変化のプロセスを説明す

るのかは論じられていない。

1-3 パラダイム間の相互作用——機能主義モデル vs. 解釈主義モデル

Schultz & Hatch（1996）は，組織論における多元主義的パラダイム研究には，次の3つの立場があると言う。

第1は，パラダイムの共益不可能性（incommensurability）の立場であり，異なったパラダイムの概念や分析枠組みを組み合わせることはできないと主張する。

第2は，パラダイム間の差異は解消可能であり，さまざまな分析を統合することは可能であるとする立場である。

第3は，パラダイム間の相互作用を認めるパラダイム交差の立場である。ここにはさらに，① パラダイムの相互補完性を認める逐次的研究戦略，② 多様なパラダイムの対立とその比較を強調する並行的研究戦略，③ パラダイム間の類似性を強調して，パラダイムをつなぐ2次的概念を通じて中間領域と境界の相互浸透を主張する連結的研究領域，④ パラダイム間の対称性（平行的研究戦略）と類似性（連続的研究戦略）を同時に意識する相互作用的研究戦略，がある。

Schulz & Hatch（1966）は，④の相互作業的研究戦略の立場に立って，共益不可能性のもたらすパラダイム戦争と，統合主義のもたらす覇権主義を避け，立場の多様性と対照的な知識を共に認める道を探る。彼らは，機能主義と解釈主義という対立した軸を基に，次の3つの相互作用を明らかにしている。

第1の相互作用は，一般性—状況性 である。機能主義は共有された価値や前提の記述に基づいて，一般性の追求を志向する。解釈主義では，特定の状況下での進行中の意味づけに焦点が与えられる。状況性は，一般性の立場からのみ認識可能であり，逆に状況をパターン化することによって一般化が認識される。たとえば管理者は，一般原則との関連でそれぞれの状況に応じて，その行動を変化させる。

第2の相互作用は，明確性—あいまい性 である。機能主義では，一貫した，明確なパターンに焦点があてられる。解釈主義では，個々人の世界観に

第6章　組織学と統合的解釈モデル　　**299**

結びつく意味の多様性（あいまい性）が強調される。機能主義によって明らかにされた部分の明確性あるいは短期的な明確性と解釈主義のもつ全体のあいまい性あるいは長期的なあいまい性とは共存する。たとえば，経営理念は，長期の指針としてあいまいで一般的な言葉で語られるが，現場での指示は具体的で明確である。

　第3の相互作用は，安定性―不安定性 である。機能主義では，収斂的な分析による安定性が協調され，解釈主義では見解の多様性が協調され，拡散性，不安定性に焦点が当てられる。たとえば，トップは状況に応じてさまざまな手段を駆使して，安定的なコントロールを得ようとする。

　こうして，対立するパラダイム間の差異（対称性）と類似性（関係性）を同時に強調することによって，①パラドックスとして共約不可能性を主張するのではなく，②1つのパラダイムへの統合によって，多様な見方を放棄するものでもなく，③包括的な新しい知識を生み出すことができる。

　Schultz & Hatch（1996）では，パラダイム交差あるいはパラダイムの相互作用という点から，正反対の主張をもつ機能主義と解釈主義という軸を設定することによって，①パラダイム間の差異と類似性が同時に捉えられており，②多元的な組織現象を包括的に捉える枠組みが提示されている。ただし，3つの相互作用（一般性―状況性，明確性―あいまい性，安定性―不安定性）の関係が不明確であり，これが共時的問題なのか，経時的問題なのかは判然としない。

　たとえば，機能主義と解釈主義が，全体と部分の対立であるなら，部分間の対立はどう表現されるのか。また，機能主義と短期的な明確性に関連し，解釈主義が長期的な不明確性に関連するとしても，逆の理解は不可能なのか。さらに，機能主義が 一般性―明確性―安定性 に結びつけられているが，解釈主義は，一定の状況における明確な（一義的な）解釈を明らかにしているので，その意味で安定性を提示するものではないのか。逆に，機能主義において，均衡論では一定の状況での短期的な不安定と，全体の長期的な安定性が仮定されているのではないか。最後に，機能主義と解釈主義を統合するための方法が示されず，一定の問題解決によって，「合理的な」あるいは一義的な解へと至るプロセスが，明らかにされていない。

300　　第Ⅲ部　Organizing, Organized の統合と革新のプロセス

1-4 実証主義と解釈主義の統合

Lee（1991）は，伝統的な実証主義モデルと解釈主義モデルとの統合の可能性を，次のように説明している。

第1に，実証主義は，科学哲学が唯一の淵源をもつ考え方であり，自然科学が唯一の正統性をもつ方法であると主張する。ここでの理論仮説操作化のルールは，第1に形式論理であり，主観的見解，価値，偏見が排除され，客観的，基本的な前提が重視される。第2に，直接の観測によって仮説と経験的現実との対応付けが重視される 仮説―演繹 ルールが強調される。そのために，次の4つの特徴が必要である。反証可能性（反対の証拠があれば仮説第4は否定される），論理的一貫性（相互に排他的な予想がないかどうか），相対的説明力（広い仮説がより正しい），耐久性（一定期間テストに耐えなければならない）がそれである。

第2に，解釈主義は主観的意味の解釈を中心的課題とする。ここには，現象学（観察者による，対象としての人間行動の主観的意味の解釈が焦点），解釈学（新しい解釈は，新しい枠組みが必要という解釈学的循環が特徴），民俗学（ethnography：特定の状況における特定の行動の意味の理解が中心的課題）の3つのアプローチがある。

第3に，両者は以下のように統合される（図6-1）。第1に，主観的理解は解釈的理解の基礎を提供する（図の①）。第2に，解釈的理解は実証的理解の基礎の基盤を提供する（図の③）。第3に，実証的理解に基づいて，対象の行動を予測する（図の⑤）。第4に，この主観的理解を確証できないなら（図の⑥），解釈的理解の改善が必要であり（図の④），そのためには新しい主観的理解が必要である（図の②），第5にこの新しい主観的理解は解釈的改善の基盤であり，それは実証的理解を改善させる（図の③）。

こうして Lee（1991）は，この解釈学的循環に基づく統合的な枠組みの例を次のように述べている。第1に，伝統的な刑事事件における人間観の解釈的理解は「合法人（legal man）」仮説（弁護人，検事，判事は競争的・敵対的）である。このもとでの実証的理解は，合法人仮説がアングロサクソン的価値から生じた形式ルールであり，過剰な担当件数に対して，訴訟交渉や連合体

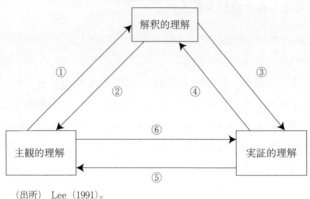

図 6-1 実証主義と解釈主義の統合

(出所) Lee (1991)。

の形式で対応してきた，というものである。しかし，担当件数が減っても協調行動は減らないとうい反証が挙げられた。こうして解釈的理解が修正され，クラブハウス人仮説（弁護人，検事，判事は法的組織の不可欠の構成員）が提唱され，①法廷に持ち出されるものは有罪であり，その有罪な被告をどう扱うかが問題であり，②むしろ被告のためではなく，裁判の迅速な進行と相互の協力が必要である，というように解釈的理解が修正された。こうした理解によって，①担当件数と罪状認否取引における判決の重さ，②担当件数と罪状認否取引の数との間に相関がみられなかったことによって，担当件数とは無関係に協調的行動がとられるということが確認された。

ここでは，実証主義と解釈主義を対立軸として，実証—パラダイム—実証—パラダイム という「解釈学的循環」が措定され，実証主義と解釈主義が交互に使用されて，それによって多様な現実がより統合的に説明される方法が探られている。ただし，統合的な1つのパラダイムが支配的になり，それによって現実がより統合的に説明される可能性は示されても，複数のパラダイムによって，現実の多様性が説明されることはない。

第1に，なぜ最初のパラダイムが否定され，どのような方向でそれが次のパラダイムに移行するのかを説明する論理がない。どのような事実の集積のもとに最初のパラダイムができたのか。それを否定するような事実がなぜ生じてきたのか。パラダイム間の関係が，明確にされなければ，恣意的な事実

の集積によって当初のパラダイムが否定され，恣意的に次の新しいパラダイムが生じる可能性を避けることはできない。

　第2に，ここでは1つの支配的なパラダイムによって，「現実」がいつも一義的に説明されることになり，現時点で現実そのものがもつ多様性を把握できない。いくつかのパラダイムを使って多様な現実を捉え，それを再構成するという共時的な枠組みがここにはない。

　第3に，支配的なパラダイムが経時的に変化するという視点はあっても，現時点での複数のパラダイムの併存を認めて，いくつかのパラダイムを使って，1つの事象を経時的にとらえるという発想はない。したがって，現実のダイナミックな組織変化のプロセスを説明することはできない。

　以上，現今の代表的な多元主義的アプローチを紹介し，それらの特徴と問題点を指摘した。そこで明らかになったのは，環境変化の激しい今日の時代にあって，組織現象という多面的な事象を捉えるには，特に近時の変化の激しい組織を捉えるには，単一のモデルでは不十分であり，複数のパラダイムを適切に組み合わせて，統合的に捉えることの重要性である。

　しかし，どのような統合が可能か。多元的なパラダイムを統合するためには，第1に方法上の統合，第2にパラダイム間の統合が必要である。その基底には，組織をどう見るかという組織観の問題がある。

2　パラダイムの対立と統合的モデルの条件

2-1　Organizing（組織化）と Organized（構造化）

　「組織とは何か」は，組織論の永遠の問題であるが，少なくとも組織が人間から構成されている限り，人間と組織の関係が第1に考慮されなければならない。すなわち，人間が組織を作るのか，組織が人間行動を秩序付けるのかが，問われなければならない。前者は 人間→組織 という因果関係であり，後者は 組織→人間 という因果関係である。第2に，組織が環境と相互作用する Open System であると考えるなら，組織と環境の間にも，同じく環

境→組織，および 組織→環境 という因果関係が想定される[2)]。

　したがって，人間―組織―環境 という因果関係から，次の4つのパラダイムを考えることができる。

　第1は Closed & 合理的モデル（環境‐‐→組織→人間），第2は Closed & 自然体系モデル（人間→組織←環境），第3は Open & 合理的モデル（環境→組織→人間），第4は Open & 自然体系モデル（人間→組織→環境）である。

　第1の Closed & 合理的モデルには，科学的管理論，経営管理過程論，官僚制理論が含まれる。第2の Closed & 自然体系モデルには，人間関係論，Barnard 理論，制度理論がここに含まれる。第3の Open & 合理的モデルには，いわゆる状況適合理論が当てはまる。ここには，技術と組織構造の関係，組織デザイン論，環境と組織過程の関係が当てはまる。第4の Open & 自然体系モデルには，ゴミ箱モデル，組織化の理論，創発的戦略論が当てはまる（岸田・田中，2009）。

　Open & 合理的モデルと Open & 自然体系モデルの因果関係は正反対である。ここから，第1に実証主義とパラダイム主義の方法的対立を，次のように説明することができる。

　前者においては，1つ1つの 仮説―検証 の有効性が，全体の理論体系を前提として決められるという意味で，マクロがミクロを決定する。後者では反対に，ミクロがマクロを決定する，すなわち個々人の世界観（パラダイム）に沿って個々の仮説の妥当性が決められることを意味している。

　第2に，解釈主義的パラダイムと機能主義的パラダイムの対立も，同じく次のように表現することができる。解釈主義はパラダイムに沿って，1つ1つの意味の積み重ねが全体の意味を決定する（ミクロ→マクロ）ことを前提しており，機能主義では1つ1つの事実の検証が全体の意味を確認するときにのみ有効である，言い換えれば個々の機能は，全体の目的に照らして引き出されることを想定している。解釈主義は状況性から一般性への流れ，あいまい性から明確性への流れ，不安定性から安定性への流れ，を意味し，機能主義は一般性から状況性への流れ，明確性からあいまい性への流れ，安定性から不安定性への流れ，を意味している。

　以上のように見るなら，組織観と，対立する諸パラダイムとの間に，一定

304　　第Ⅲ部　Organizing，Organized の統合と革新のプロセス

の対応関係を認めることができる。人間→組織→環境 という Open & 自然体系モデルとパラダイム主義，解釈主義，との間に，また 環境→組織→人間 という Open & 合理的モデルの間と実証主義，機能主義との間に，それぞれ対応関係がある。また前者は，漸進的変化を問題にするライフサイクル・モデルおよび進化論と，後者は全体性を優先させる目的論および弁証法と，親和関係があると言えよう。

　人間→組織→環境 という因果関係は，ミクロがマクロを決定するという前提をもっており，組織が形成されてゆくプロセス（Organizing）を示している。これに対して，環境→組織→人間 は，マクロがミクロを決定し，組織が人間行動を規制してゆくプロセス（Organized）である。この意味で，組織（Organization）は，Organizing（組織化）と Organized（構造化）という 2 つの対立するプロセスからなる。この 2 つのプロセスを統合することが，組織を維持発展させる必要条件であり，この 2 つのプロセスを統合的に説明することが，組織論（本書で言う組織学）の課題である。

2-2　共時性と経時性

　この Closed & 自然体系モデル（人間→組織→環境）と Open & 合理的モデル（環境→組織→人間）という対立は，どのように統合できるであろうか。

　第 1 は，共時性，すなわち現時点で対立するパラダイムを統合する方法である。これは，メタ・パラダイムを設定してより包括的なモデルを作ることである。言い換えれば，同じレベル，同じ階層で対立するものを，1 次元上，あるいは 1 階層上で統合することである。

　たとえば，男と女は，遺伝子の混合という点からみれば等価であるが，その役割は正反対である。男は遺伝子を相手に与えるまでの独立の存在であり，相手の中へ遺伝子を全部流し込んでしまう。他方，女は遺伝子を受け取ってその中で混合する。したがって，男と女は等価でかつ対立した役割をもった存在である（日高，1976）。すなわち，ミクロ・レベルでみれば，等価だが反対の性質をもった対立の存在であるが，人間というマクロ・レベルで統一されている。あるいは，実数は 2 乗すれば正になるという性質をもっているが，虚数は 2 乗すれば負になるという正反対の性質をもっており，1 次元の数直

線上で，両者を共存させることはできない。しかし，1次元上の2次元では，両者は（それぞれ X 軸，Y 軸の上にあらわされて）共存し，数として統一される（岸田，1999）。ここでは，同じ次元あるいは同じ階層では対立しているものが，1次元あるいは1階層上では統合されている。

　また，統合されるためには，何と何が対立しているかが重要である。たとえば，実数と虚数は対立しているが，正の整数と虚数とは，厳密な意味では対立していない。正の整数と対立しているのは，負の虚数である。正の整数と負の整数が統合されて整数になる。

　第2は，経時性，すなわち時間の経過に沿ってパラダイムの対立を統合する方法である。人間→組織→環境 という因果関係と 環境→組織→人間 という因果関係とは，原因と結果が正反対であるが，これを時間の経過に沿って考えれば，一方の結果が他方の原因となっており，人間→組織→環境→組織→人間 という風に，因果関係を循環させることによって，両者を統合することができる。前者の Organizing（組織化）と後者の Organized（構造化）は，同じ組織の生成・発展のサイクルとして，結びつけることができる。

　人間→組織→環境 において，組織は人間行動の相互連結によって緩やかに連結された組織（Loosely Coupled System: LCS）であり，環境→組織→人間 における組織は画定された環境に沿ってデザインされた組織（Tightly Coupled System: TCS）[3] であり，より構造化された組織である。こうして，正反対の因果関係は，経時的に1つの因果関係のサイクル（循環）として統合できる。

　正反対の因果関係は，1つ上の次元あるいは階層で共時的に統合することができる（共時的統合）。また，時間の経過に沿って，因果関係のサイクル（循環）として統合できる（経時的統合）。

2-3　自己―非自己と自己組織化

　共時的なパラダイムとは，自己とそれに対立する非自己との関係に関するもので，これが1段上あるいは1階層上で統合される。また，経時的な対立とは，因果関係が逆方向であることを指し，これは因果関係をサイクル（循環）にすることによって，統合することができる。

306　　第Ⅲ部　Organizing, Organized の統合と革新のプロセス

両者を統合するなら，自己が非自己を生み，両者が１段上で新しい自己として影向される態様を明らかにすることが必要になる。言い換えれば，自己組織化されて新しい１段上の自己になるプロセスを論じることが必要である。

　自己組織性とは，組織が環境との相互作用を営みつつ，自らの手で自らの構造を作り変えていく性質を総称する概念である（Cillier, 1998）。ここでは，全体の自発性は，ミクロの構成要素の相互作用から導き出される。

　第１に，自己組織化する組織とは，環境と相互作用を行う Open System である。自己組織化とは，遺伝子プログラムに沿って，環境とは無関係に自己決定することであるという議論がある（e.g. オートポイエーシス）。しかし，環境が変化しても適応できるということは，環境と無関係に生物が進化するということではなく，環境を巧みに取り込んで自己の目的を達成するということである。たとえば，動物の卵は，例年より暖かければ早く孵化し，例年より寒ければ遅く孵化する。すなわち，環境は自己決定を誘発する解発因である。遺伝子プログラムが解発されるためには，環境の影響が必要である。したがって，自己組織化とは，自己が非自己を取り込んで新たな適応能力を備えたシステムへと発展することである。ここに「非自己」とは自己を取り巻く一定の環境であり，Weick（1979）の言う「実現的環境（Enacted Environment）」である。

　自己と非自己の相互作用によって新たな（自己組織化された）自己が創出されるということは，自己（＝組織）が他社（環境）との関係において新たな自己（組織）になるということである。しかもここでは，自己の行為が他者に影響を与え，他者の行動に自己が影響されるという意味で，循環的な因果関係が存在している。

　第２に，全体のマクロの創発性は，ミクロの構成要素の相互作用から導き出される。これまでの社会学では，下位システム（ミクロ）の行動からはマクロの創発性を説明できないと主張されてきた。先に，自己組織化は自己と非自己の統合として生じると述べた。逆に言うと，自己組織化された新しい自己は，古い自己（組織）と古い非自己（環境）からなる。すなわち新しい自己（組織）は，（古い）自己と（古い）自己でないもの（環境）からなっている。したがって，古い自己と，それが生み出した（古い）自己でないもの

第６章　組織学と統合的解釈モデル　　307

（環境）との相互作用によって，より複雑な新しい自己（＝自己組織化された新しい自己）が生じる。この新しい自己（＝組織）は，古い自己より1次元あるいは1階層上の自己（組織）である。

　以上，自己組織化という概念を通じて，パラダイムの対立を共時的かつ経時的に統合する可能性を示した。正反対の因果関係をもつモデルは，一方の結果と他方の原因をつなぐことによって，因果関係のサイクル（循環）を形成することができる。これによって，時間の順序に沿って対立する2つのパラダイムを統合することができる。

　自己と正反対の因果関係をもつ非自己を統合することによって，自己組織化された新しい自己が生じると考えるなら，単なる繰り返しではなく，このとき，新しい自己（組織）は，古い自己より1次元上あるいは1階層上で統合された新しい自己である。したがって，Organized によっていったん生じた古い組織は，Organizing を経て新しい自己組織化された組織となる。こうして，人間→組織→環境 という Organizing のプロセスを経て，環境→組織→人間 という Organized のプロセスを通じて，時間軸に沿って因果連鎖を繰り返しながら，古い自己から螺旋的に新しい1次元あるいは1階層上の自己組織化された自己へと展開される。

3　統合的解釈モデル

3-1　ゴミ箱モデル―組織化の進化モデル―状況適合理論

　組織（Organization）は，組織化（Organizing）と構造化（Organized）から構成されているプロセスである。人間→組織→環境 という因果関係をもつ Open & 自然体系モデル（Organizing）と環境→組織→人間 という因果関係をもつ Open & 合理的モデル（Organized）を，共時的かつ経時的につなぐなら，Organizing と Organized のプロセスを統合するモデルを得ることができる。

　Organizing のモデル（Open & 自然体系モデル）には，ゴミ箱モデル（Cohen, March & Olsen, 1972），組織化の進化モデル（Weick, 1979）などが含まれ

308　　第III部　Organizing, Organized の統合と革新のプロセス

る。あいまいな状況が次第に秩序化されてゆく態様を明らかにすることが，このパラダイムの中心的課題である。このプロセスは，しばしば進化プロセスとして描かれる。Open & 合理的モデルは，一般に状況適合理論（Contingency Theory）と総称される。ここでの焦点は，環境—戦略—組織—人間の多元的な適合（一貫性）である。環境と組織の適合が高業績をもたらすというのが，状況適合理論の基本的な命題である。一般に前者の組織論はLoosely Coupled System であり，後者は Tightly Coupled System であると言われる。

第1に，Organizing と Organized からなる組織（Organization）のプロセスを叙述するためには，第1に，次第に秩序が増大していくプロセスを Organizing（組織化）のプロセスと記述することが必要である。たとえば，Weick（1979）の組織化の進化モデルが有用である。ここでは，実現（enactment）—淘汰（selection）—保持（retention）という3つの過程に従って，組織化が進行する。

まず，個人の行為があって（実現），意味づけのための素材が提供される。そこに解釈が施されて意味づけが行われる。すなわち，淘汰過程で多義性が把持される（必要多様性）とともに多義性が除去される（回顧的意味づけ）。こうした意味付け（一義化）によって生じた一定の環境が「実現化された環境（Enacted Environment）である。これが因果関係の形で保持過程に蓄えられる。[4] 実現→淘汰→保持 というプロセスは，人間→組織→環境 という因果関係に相当する。

ただし，第2に組織化のモデルは，淘汰過程における多義性（把持と除去）が中心である。多義性の把持と除去に関わる意味づけの素材を提供する実現過程での特徴（現実の社会的構成，括弧入れ，逸脱—拡大作用，自己達成予言）は示されているが，個人の行為（の相互作用）に関わる範囲の限定が不明確である。言い換えれば，多義性が把持される前の状態が明らかにされることが必要である。今，ゴミ箱モデルのあいまい性がこの状態だと考えるなら，選択機会，問題，解，参加者の比較的独立した組み合わせという形で，意味づけの素材を限定することができる。したがって，Organizing の過程は，あいまい性→多義性の把持→多義性の除去→因果関係の保持 という形で叙

第6章　組織学と統合的解釈モデル　　309

述することができる。すなわち，ゴミ箱モデル→組織化の進化モデル と言う風に，経時的に 2 つのモデルを適用することができる。

第 3 に，環境→組織→人間 という因果関係は，状況適合理論を適用することによって，多元的適合性・一貫性へと収斂するプロセスとして，描くことができる。すなわち，多義性の把持と除去によってその意味が一義化された「実現的環境」の不確実性にどう対処するかが Organized（構造化）のプロセスである。

以上より，Organizing→Organized の対立は，人間→組織→環境→組織→人間 という順序で，ゴミ箱モデル（あいまい性）→組織化の進化モデル（多義性の把持と除去）→状況適合理論（不確実性の除去）という複数のモデルの経時的（逐次的）連結によって，叙述することができる。

3-2　キューバ危機の統合的解釈モデル

上のモデルを援用して，Allison（1971）の 3 つのパラダイムを統合する可能性について考える。Allison（1971）に欠けているのは，パラダイム間の関係あるいはそれぞれのパラダイムで抽出された諸「事実」間の関係，および諸「事実」が事後的に 1 つの「合理的な」解決案へと至るプロセスの分析である。

ここでの問題は，ソ連のキューバへのミサイル持ち込みであり，それをどう解釈するかの解をめぐって，それぞれの立場（侵攻派，空爆派，外交派，無視派，秘密交渉派）が表明される。

指導者たち（最高執行会議のメンバー）は，危機に直面してそれぞれの利害と信念に基づいて，各々の選択肢を提示する。内部のパワー・バランス，第 1 次キューバ事件（ピッグス湾事件）へのケネディ政権の弱腰と対応の失敗，選挙用のキャンペーン，U2 偵察飛行機によるミサイル基地建設の確認とソ連による U2 の撃墜などによって，それ以外の解決案を主張するグループも，次第に空爆派と海上封鎖派に分かれてゆく。すなわち空爆と海上封鎖が，意味をもった解決案として浮上する。これは「実現」過程に相当する。

統合参謀本部は，空爆をアメリカの安全にとって最重要を考え，空爆派は便覧と U2 偵察機の写真に基づいて，必要な出撃回数を算出する。マニュア

ルにある「移動可能なミサイル」という意味を過剰解釈して，また空軍の能力と存在意義を示すため，過剰な出撃回数が提案される。これに対して，海上封鎖派に回った司法長官（R.ケネディ）は，「逆真珠湾」を避けたいという道義上の目的を協調して空爆に反対し，非軍事派は一致してこれに賛同する。大統領（J. F.ケネディ）も，空軍が「移動可能なミサイル」の存在を前提とした空爆では100%のミサイル破壊は困難と考え，侵攻につながるという危惧を表明して，空爆は現実には不可能であると判断する。こうして，多義性が除去され，海上封鎖が選択される。これが「淘汰」過程である。

こうして，海上封鎖が唯一の合理的な解決案として意味づけられ，アメリカのおかれた状況が「実現化された環境」として保持される。こうして保持された「環境」は，それぞれの派の思惑と意図が反映されたものである。たとえば，非軍事派は，自らの提案が破棄されたので，空爆よりは海上封鎖がましだと考えたのであり，大統領は当初空爆を支持していたが，空爆の出撃回数が想像していたより多く，侵攻へとエスカレートする危険を感じたために，海上封鎖を支持することになる。空爆派は，自己の存在意義を誇示するため，「移動可能なミサイル」というマニュアルの言葉を過剰に計算し，ピッグス湾事件へのケネディ政権の弱腰を非難しつつ，主導権を握ろうとする。それぞれの利害と信念が色濃く反映された結果の選択であった。ここには，偏った情報に沿って，記憶と学習がなされる「保持」過程の特徴が現れている。

さらに，アメリカの海上封鎖は，次の理由で合理的反応であり，一貫性があった。すなわち，他の5つの反応（何もしない，外交的圧力をかける，カストロとひそかに接触する，侵攻する，外科手術的空爆を行う）に対して，① 無為と攻撃の中間であり，② 次の選択をフルシチョフに委ねることができる，③ カリブ海での海戦ならアメリカは絶対的な軍事的有利を確保できる，④ 通常兵器の弾力的使用が可能であり，アメリカはその使用の各段階において優位を維持できる。したがって，海上封鎖は，敗北か戦争かの選択を相手国に迫らない，唯一の合理的手段であった。その意味で，限定行為（海上封鎖）に基づく問題解決（ミサイル撤去）によって核危機を回避することができたのは，ケネディ政権の栄光である（岸田，1994）。こうして，J. F.ケ

ネディの「キャメロット神話」が始まったのである。

4 結 語

組織論における近時の多元主義的アプローチ，あるいは多元主義的パラダイム論を紹介し，さらにそれらを統合するモデルの可能性について述べた。組織（Organization）は，組織化（Organizing）と構造化（Organized）からなるという視点の下で，この対立するプロセスを共時的かつ経時的に統合する1つのモデルを提示した。

第1に，組織の基本が分化と統合にあるように，科学の本質も分析と統合である。近代科学が分析を強調するのは，またそれによって成功してきたのは，還元という分析方法がすぐれていたからであると同時に，統合が単純な物理的でClosedな現象に対してであった。人間を含むOpenな対象あるいは現象に対しては，統合の方法が不可欠である。そのためには，さまざまなアプローチによる分析と，それらを統合するメタ視点が必要である。

第2に，多元主義的パラダイム論における対立をまず明らかにする必要がある。実証主義対パラダイム主義，機能主義対解釈主義 の対立が，Open & 合理的モデル—Open & 自然体系モデル の対立であることを論じて，組織化（Organizing）と構造化（Organized）が組織の根本的対立であることを明らかにした。こうして，人間→組織→環境 という因果関係と，環境→組織→人間 という正反対の因果関係を統合することが，課題として提示された。

第3に，この対立する因果関係は，1次元上あるいは1階層上で共時的に，因果関係のサイクル（一方の結果が他方の原因）として，経時的に，統合されることを主張した。こうして，ゴミ箱モデル（あいまい性）→組織の進化モデル（多義性）→状況適合理論（不確実性の除去）という順序で組織化と構造化が明らかにされることを述べ，これに沿って，Allison（1971）のキューバ・ミサイル危機の研究における3つのモデルを統合的に説明する可能性を示唆した。

ただし，なおいくつかの問題が残る。第1に，ここで仮定したように，常

に共時性と経時性が同型性をもつとは限らない。子供は将来大人になるが，必ず現時点での大人と同じになるとは限らない。

第2に，Allison（1971）の再解釈について，最終的に合理的と「解釈される」プロセスを明らかにしたが，これは1回切りの意思決定であり，対立が止揚されて，1次元あるいは1階層上の決定に至った態様については，何ら明らかにされていない。

共約不可能性（incommensurability）の議論では，パラダイム間の前提条件が質的に違うため，どのパラダイムが有効かは決定できない，とされる。しかし，同じ現象を見ていて，それが色々に見えるというとき，なぜ違って見えるのかが明らかにされなければならないし，その上に立って，1つの現象や対象の，統合的な「像」を形成することが必要である。たとえば，正面図や立面図で「長方形」に見え，平面図で「円」に見えるなら，それを円柱として統合的に捉えることができる。このとき初めて，分析と統合が可能になる。

注———————

1) Mingers & Gill ed.（1997）を参照。

2) Burrell & Morgan（1979）では，人間と社会の2つの軸で組織論が分類されているが，人間と社会がそれぞれ組織とどのような関係にあるかについては，触れられていない。また，McKelvey（1982）では，組織論の課題が，人間→組織←環境 の強い関係を明らかにすることだと説明されているが，組織は，人間と社会の間にある実体であり，組織←人間，組織→環境 の関係も明らかにされる必要がある。

3) Orton & Weick（1990）では，相互作用のあるなしと，同質―異質との2つの軸でシステムが分類されている。LCSは同質だが弱い相互依存性，TCSは同質で強い相互作用があるとされている。また，異質で強い相互作用は Decoupled system，同質で弱い相互作用は Noncoupled system であるとされている。

4) 確実性，リスク（客観的確率），不確実性（主観的確率）が課業環境の不確実性を構成する。

第7章

Organizing・Organized と
革新のプロセス

　革新のプロセスとは，新しい条件の下で，合理性が再び回復されるプロセスである。すなわち，これまでの合理性（Organized）の下で新しい条件が出現し，この合理性（状況適合理論にいう適合性）が崩壊し，あいまい性（ゴミ箱モデル）→多義性の把持と除去（組織化の進化モデル）→新しい条件に適合した合理性の回復，に到るプロセスである。

　本章では，4つの革新のプロセスの事例を取りあげる。

　第1は，第6章でもとり上げたキューバ・ミサイル危機である。キューバ革命が起こり，ソ連のキューバへのミサイル持ち込みが行われた。偵察機U2によってそのミサイル基地が発見され，米ソの対立に発展し，核戦争の危機が生じた。これに対して，アメリカは海上封鎖という新しい手段を通じて，第3次世界大戦を回避することができた。

　第2は，ポスト・イットという新しいメモの開発である。3M社は，革新的なプロジェクトの下で，思いもよらない adhesive ではなく cohesive な性能をもつ接着剤を発見し，新しい用途（くっついたり離れたりする）が見出され，ポスト・イットという新製品ができあがった。

　第3は，戦後日本鉄鋼業の2大発見（転炉と連続鋳造）の1つである転炉（BOF＝純酸素吹上転炉）の発明とその普及である。朝鮮戦争による景気回復で必要になった鉄鋼増産は屑鉄不足を招来した。ここで，転炉の発見・開発が行われ，転炉による鉄鋼の品質向上と酸素管などの技術革新を通じて，3つの障害（耐火レンガの完成，従業員の再訓練，転炉工場の設置）が克服された。

　第4は，1920年代におけるデュポン社の事業部制組織への革新である。

315

第1次世界大戦のための火薬の増産に対して，デュポン社は職能部門制組織の創設によって成功した（売上げ，利益，従業員数・管理者数の増大）が，大戦後の需要の激減への対処のための多角化戦略を管理するべく事業部制組織が発見された。すなわち，垂直統合戦略―職能部門制組織 の適合による高業績の後に問題が生じ，これが，多角化戦略―事業部制組織 の適合に至って，業績が回復されるという革新のプロセスである。

1　キューバ・ミサイル危機と海上封鎖

　組織は多様な側面をもっており，どのようなモデルで接近するかによって，組織の見せる貌は異なり，したがって，そこには多様な「事実」が展開される。これを明確にとりあげたのは，Allison（1971）である。アリソンは，1962年のキューバ・ミサイル危機を合理的モデル，組織過程モデル，政治モデルという3つのモデルに基づいて，そこに見られる3つの異なる「事実」を指摘した。アリソンの説明は，現実の多面性と「事実」の豊かさ，決定に至るプロセスの複雑さを示してくれる。しかし，モデル間の関係あるいは複数の「事実」の関係，さらには事後的に1つの最終的な選択へと導かれるプロセスが論じられていない。3つのモデルを経時的に解釈することにより，これを整理することができる。たとえば，Allison（1971）において，① 初期のあいまいな状況では，それぞれの信条と価値観に基づいて多様な主張が提示され，② このような多義的な状況下で，組織過程を通じて，空爆派と封鎖派へと至るプロセスが示され，③ 最後に，米ソ両首脳（フルシチョフとケネディ）の間に核戦争への恐怖が共有されて，核戦争を回避するための合理的な案として，海上封鎖が選択された。

　アメリカの海上封鎖は，合理的な反応であった。他の5つの選択肢（何もしない，外交的圧力をかける，カストロと秘密裏に接触する，キューバに侵攻する，外科手術的空爆を行う）に対して，無為と攻撃の中間であり，次の選択の責任をフルシチョフに委ねることができ，カリブ海での海戦なら，アメリカは絶対的な軍事的有利を確保でき，通常兵器の弾力的使用が可能であり，かつその使用の各段階において優位を保持できる，という意味において，敗北

か核戦争かの選択を相手国に迫らない，合理的な手段であった。

2 3M社のポスト・イット開発のプロセス

　ここでの本質的な対立は，「良い接着剤」とは何かについての考え方に関するものであり，ある用途（ここではくっついたり離れたりする栞）では，従来の他の分子とくっついて離れない adhesive な接着剤ではなく，同じ分子同士でくっつく cohesive な物質がすぐれた接着剤となり得るということであった。

　S. シルバーは，1964 年に設置された，3 M社の中央研究所の「cohesiveなポリマーの開発プログラム」に参加した。彼は，会社の 15% ルール内の自由研究で，ADM 社のモノマーを間違った割合で混合したところ，予期しなかった新しいポリマーができあがった。従来の，他の分子とくっつく adhesive な接着剤ではなく，同じ分子同士でくっつく cohesive な物質であった。しかし，これは会社の当初のプロジェクトの企図とは違う「質の悪い」接着剤という烙印を押され，プロジェクトは打ち切られた。しかし，シルバーはこの新しいポリマーを捨てず，システム・リサーチ・プログラム，システム事業内のベンチャー・チームなどの公式の機会および技術セミナーや掲示板という非公式の機会を利用して，自分のアイデアを売り込んだ（野中・清沢，1987）。

　シルバーの発見したこの接着剤は，従来の考え方からすれば「質の悪い」ものでしかなかった。しかも，オリベイラとチームを組み，さらに，ニコルソンのベンチャー・チーム内で研究を続けたが，「質の悪い」接着剤としか評価されなかった。しかし，フライが讃美歌の栞として利用した時，その評価を一変させたのである。すなわち，いったんくっついた栞をはがして，次の週の讃美歌のところへ貼っておくことができるようなった。こうして，この接着剤はよくくっつくように改良されたのではなく，貼り換えが効く便利な接着剤として評価され，「良い接着剤」の概念が転換されたのである。

　事後的に見れば，cohesive な接着剤の発見とその普及，ならびに商品化のアイデアとの結び付き，そしてそれを支持する会社の政策（15% ルールと

いう革新的風土）の間には，一貫性があった。また，シルバー，オリベイラ，ニコルソン，フライなどの出会いは，偶然ではあっても，事後的には革新に結びつく，合理的・必然的なものであった。[2]

3　日本の鉄鋼業とBOFの導入プロセス

　戦後，日本の鉄鋼業界の二大革新は，BOFと連続鋳造と言われる。BOF（Basic Oxygen Furanace＝純酸素上吹転炉）は，八幡製鉄と日本鋼管の激しい競争の末，1957年に八幡製鉄で，初めて稼働した。

　当時，日本鋼管，八幡は，ともに政府の産業合理化計画による豊富な資金を背景に，製鋼能力拡大の機会をうかがっていた。当時の鉄鋼業界にとっての大きな問題は，屑鉄不足であった。日本鋼管は，木下恒男が最初にBOFに注目したが，経営陣は平炉派で占められており，1953年には，平炉建設が決定された。しかし，これは技術的評価ではなく，八幡がBOFの採用を考えているという社会的評価のゆえに，後になってBOFの採用が決定された。八幡では，若い技術者による紹介とパイロット・プラントの成功によって，トップの支持のもとに，BOFの導入が進められた。

　屑鉄の不足は，トーマス転炉派に有利であったが，その転炉の品質は低かった。八幡では，平炉の導入意見が支配的であったが，トップが転炉派の実験を認めたため，資源をめぐる争いはなかった。日本鋼管は，トーマス転炉による製鋼の品質向上を図っている過程で，BOFを発見した。ただし，BOFが屑鉄問題だけでなく，安価な製鋼能力の増強，土地の有効利用，煤煙量の低下などの問題にも効果的であると判ったのは，BOFが稼働してからであった。

　BOFの導入前には，その便益—費用の分析は不可能であり，導入は「信念」以外の何物でもなかった。日本鋼管では，転炉派が有利な技術データ（「事実」）を蓄積していったにも関わらず，トップは反対した。最終的に導入に至ったのは，八幡が導入するのなら，という信念であった。ただし，いったん導入が決まれば，トーマス転炉の経験があるため，3つの障害（①耐火レンガの作成，②作業員の再訓練，③工場の建設）の克服は容易であった。

318　第Ⅲ部　Organizing, Organizedの統合と革新のプロセス

こうして，BOF が有利な解であるという一義化は急速に進んだ。これに対し，八幡は一貫してトップが転炉派を支持し，横吹転炉が 261 回のテストに失敗した後も，BOF への切換えは承認された。また，業界のリーダーとしての自負から，先に示した 3 つの障害を認識しつつも，BOF の早期導入に固執した。危険を冒してまでも国内メーカーに炉体の建造を依頼し，結局[3] BOF の稼働では日本鋼管に先んじた。日本鋼管も八幡も合理的な計算ではなく，それぞれの信念に基づいて，BOF の導入に向けて，意味づけが行われた。

最初から BOF がもっとも合理的な解であったわけではなく，① 酸素工場や吹込管などに革新が起こり，② 政府に働きかけて工業規格を BOF に有利に導くことによって，不確実性が次々と減少していき，BOF が最も有利な解となっていった。

また，BOF の導入に際しての 3 つの障害については，日本鋼管はトーマス転炉の経験があったため，比較的容易にこれを克服したが，八幡はこれに苦労した。① 平炉の耐火レンガが役に立たなかったため，関係会社との共同プロジェクトを発足させて，開発にあたった。② 若手の作業員を選抜して BOF 班を編成し，オーストリアに派遣して特別訓練を行った。③ 傾注式平炉を取り壊し，その土台を利用して，工場のレイ・アウトを行った。これら 3 つの障害の克服は，BOF の導入にあたって不可欠であり，両社の対応は，合理的，適応的であった。

4 デュポン社の事業部制組織

第 1 次世界大戦における無煙火薬の大量注文によって，デュポン社は拡大した。しかし，この戦時中の拡大により，戦後は過剰能力が発生した。開発部門は，生産工程の基礎が化学にある業種への進出を企図し，パイロキシリン，人造皮革，レーヨンへの参入が決定された。

しかし，1920 年の不況後，新規事業の業績は低迷した。他社（中小企業）は好調であったが，デュポン社でのこれらの事業の収益は低下したのである。

こうして，職能部門内の業務活動は効率的に管理されているのに，これら

第 7 章　Organizing・Organized と革新のプロセス　319

の活動を統括して，製品系列ごとに利益を確保する責任者が不在であり，問題は販売ではなく組織にある，とされた。小委員会はこれに対して，職能ではなく製品を組織の基礎にして，1人の幹部にまかせ，製造部門と販売部門を大口と小口に分け，担当次長を設置し，経営委員会は事業部長を監督すべきであると，提案した。

しかし，デュポン家のピエール，ラモー，イレネーなどの幹部は，新規事業の初期に損失が生じるのは当たり前であり，デュポン社の能率向上は職能部門担当の専門化によるものであって，組織の再編成でなく，効率的な在庫管理を行って，生産高，販売高，需要量を正確に把握すべきであると主張した。

経営委員会の特別委員会は，小委員会の提案に賛成して，1業種に属する関連製品を各自律的組織にまとめ，業務全般の権限と責任をもつ事業部長をおけば，購買，生産，販売の足並みを揃えることができ，運転資本を製品ライン別に把握できると考えた。幹部は，さらにこの案の差し戻しを要求した。

結局，非公式の協議会で妥協的な組織が選択され，販売部長，製造部長，中立委員会からなる事業部別協議会（＝職能横断的な製品別委員会）が作られ，事実上の製品別事業部制組織への歩みが開始された。[4]

1921年の財務報告では，火薬事業以外の大幅赤字に対して，ピカードやドナルドソン・ブラウンは，多角化では事業ごとの1人の責任者が必要であると唱え，現行の集権的組織を切り替えて，経営委員会には現業部門を含めてはならないとした。

これによって，5つの製品事業部と8つのスタッフ的補助部門が設置され，最高委員会は会社全体の利益に責任をもって全社的経営管理に専念し，事業部長は担当業種の事業活動に全面的責任をもち，日常業務を行うことになった。

この結果，1921年9月，総合本社（幹部と専門スタッフ）と複数事業部（事業本部と各職能部門）からなる事業部制組織が創設された。ここに，総合本社は会社全般の多角化に関わる戦略的意思決定と管理的意思決定（事業部間の調整）を行い，事業部は日常の業務的意思決定（単一製品系列の生産と販売に必要な職能活動の統括，経営委員会の決めた枠内での経営資源の効率的運用）

320　　第Ⅲ部　Organizing, Organized の統合と革新のプロセス

を行うことになった。

　以上が多角化戦略に伴う事業部制組織の設立に至る組織革新のプロセスである。

5　結　語

　革新とは，突飛な非合理的な活動ではない。企業が新しい状況（環境）に直面して，経営者が満たすべき条件とは何かを認識し（経営者の戦略的選択），それに合理的，適応的に対応した結果である。

　このプロセスは，あいまい性→多義性の把持と除去→不確実性の削減，である。状況適合理論における経営組織の発展段階モデルに則して言えば，経営者が満たすべき条件として「技術」を戦略的に選択した場合，それに対応する合理的な組織は，職能部門制組織であり，「環境」を選択した場合の合理的な組織は事業部制組織であり，「技術と環境」双方への対応を選択した場合の合理的な組織はマトリックス組織である。[5]

　別の言い方をすれば，Organizing と Organized という反対の因果関係を統合（経時的統合）して，それが自己と非自己（環境）を同時に含むより広い組織へと統合される（共時的統合）ことが，革新（のプロセス）である。

　キューバ・ミサイル危機では，核戦争の恐怖が共有された場合の（アメリカの）合理的対応は海上封鎖であった。

　3M 社の場合では，新しい cohesive な接着剤を活かす合理的な用途の発見（くっついたり離れたりするポスト・イットというメモ用紙）が革新であった。

　日本の鉄鋼業においては，屑鉄不足と製鋼能力の増強に見合う新しい対応（耐火レンガの作成，作業員の再訓練，工場の建設という 3 つの障害の克服）が，革新的な工程技術の発明＝BOF であった。

　デュポン社では，火薬という単一製品系列の生産・販売（垂直統合戦略）のための合理的な組織が職能部門制組織であり，多角化戦略という新しい戦略のための合理的・適応的な組織は，事業部制組織であった。

　繰り返すなら，新しい条件への合理的反応が革新（のプロセス）であった。

第 7 章　Organizing・Organized と革新のプロセス　　321

注

1) J. W. ダグラス（寺地五一・寺池正子訳）『ジョン・F・ケネディはなぜ死んだのか』同時代社　2014年，では，米ソ両国首脳が，核戦争の危険を共有して，「全面的核戦争」の寸前で，相手を攻撃せよと圧力をかけてくる自国内の勢力に抵抗して，突如として手をむすんだ……」と書かれている。また，『朝日新聞』2019年4月7日朝刊には，「相互の冷戦が終わるにあたって，大きな役割を果たしたのは，指導者間の信頼であった」こと，さらにこの冷戦の教訓として，「相互の恐怖心が対立を激化させ，一時は戦争直前まで行ったが，話し合い以外に打開の道はない」ことが教訓として残ったと書かれている。

2) 『決定版　ドストエフスキー全集　7　罪と罰』新潮社，1978年，の月報で，沢木耕太郎は，ラスコーリニコフが，疲れているにも関わらず遠回りをした先で，老婆が1人になることを知ったこと，また自身の経験から，社会党の浅沼稲次郎を刺殺した山口二矢が，たまたま読んだ新聞に「浅沼稲次郎が日比谷や公会堂で演説すること」という記事が載っていたこと，「知り合いの夫婦のうちの夫が勧めた谷口雅春の天皇制論を読んで，精神的な支柱をそこに求めた」ことを，偶然の連鎖として書いている。結果的に偶然であっても，物事が起きる（革新はその典型）ためには，何らかの偶然の一致（あえて言えば事件の連鎖＝組織）が生じることが必要である。

3) 八幡は，デマーグ社への注文では，日本鋼管に後れを取ることを知って，むりやり国内のメーカーに規模の小さな炉体を納めさせることを優先して，BOFの導入を急いだ。

4) 事実上は，「事業部制組織」ではあっても，職能部門制組織に，「委員会」が作られて，一つ上の階層が付け加えられたわけではないこと，したがって，戦略的意思決定が管理的意思決定とは別に分かれて，階層を構成しなかったことを考えると，マトリックス的な組織編成になっていたと思われる。

5) 公式のマトリックス組織では，事業部制組織のように，戦略的意思決定（多角化の範囲）と事業部間の調整（管理的意思決定）が区別されていないのではなく，両者が区別されて，戦略的意思決定，管理的意思決定，業務的意思決定がそれぞれ3つの階層に独立して分けられていることが，必要である。山倉・岸田・田中（2001）第2章参照。

終章

要約と課題

　本書では，「組織学」とは，組織の統合的理論であり，「Organizing の理論」（第Ⅰ部），「Organized の理論」（第Ⅱ部），および，それらの統合的枠組み（経時的統合と共時的統合）に基づく「革新のプロセス」（第Ⅲ部）の3つの領域からなるものとして，議論を展開してきた。これまでの「組織論」をorganization theory と呼ぶなら，本書に言う「組織学」は，Organization Theory と呼ぶことができるであろう。

　まず，序章では，経営学説の分類と変遷を中心に示した。

　分析対象としての「組織」を説明するためには，システム論的には，下位システム―システム―上位システム の相互関係を述べることが必要である。すなわち，人間―組織―環境 の関係の解明が必要である。したがって，人間→組織→環境の関係と，環境→組織→人間 の関係とを明らかにすべきである。

　序章では，合理的モデル―自然体系モデル と Closed―Open の2つの軸を設定した。すると，組織学説は，Closed & 合理的モデル（環境⋯➤組織→人間），Closed & 自然体系モデル（環境→組織←人間），Open & 合理的モデル（環境→組織→人間），Open & 自然体系モデル（環境←組織←人間）の4つのモデルに依拠した学説を区別することができる。

　Barnard の理論を Closed に分類したが，それは，組織は技術システムであると同時に社会システムでもある（社会―技術システム）からであり，環境は単なる制約ではなく実現化された環境（enacted environment）だからである。ただし，自然体系モデルと Closed システムの関係については，さらに検討することが不可欠である。

323

第Ⅰ部ではOrganizing（組織化）の理論について述べた。すなわち，第1章，第2章，第3章で，Organizingの想定する組織のあり方としてLCS（Loosely Coupled System），無秩序から秩序が生じてくるOrganizingのプロセスを示し，組織化の進化のプロセスでのOrganizingの特徴を示す複雑系について，非線形性，創発性，自己組織化を示した。

第Ⅱ部は，Organized（構造化・構造統制）の理論を展開した。第4章は，状況適合理論（環境―組織―業績のEOTモデル）の生成と展開，その意義を示した。第5章はいわゆるSSPパラダイム（環境―組織―業績）が，戦略をいれたOrganizedの理論であることを示した。したがって，状況適合理論（E―O―P）とSSPパラダイム（S―O―P）を含めば，Organizedの理論の全体をESOP（環境―戦略―組織―業績）モデルとすることができるとした。

こうして，Organizingの理論は 業績→組織→戦略→環境 という因果関係をもち，Organizedの理論は 環境→戦略→組織→業績 という因果関係をもつ。そして業績変数をいれて考えようとすれば，その議論は単なる組織から経営への展開を含むことになり，組織と経営の関係を論じることが今後の課題となる（Oraganizing―OrgsnizedとManaging―Managed）。

第Ⅲ部は，Organizing, Organizedの統合と革新のプロセスを見た。

まず第6章は統合の枠組みである。1つは，時間の経過に沿って，因果関係が反対になる「経時的統合」である。ここでは，原因→結果 が，今度はその結果が次の原因を招く。2つ目は，正反対（正―反）のものが，いわば階層の1つ上で統合される（正―反―合）「共時的統合」である。両者は2次元で統合され，連続的・進化的プロセスを示すが，3次元では，段階的な発展を示すことになる。経時的な統合は連続的な進化（Organizing→Organized）を示すが，これは，1次元上の共時的統合をもたらす。この階層的発展を順次つないだものが3次元で，段階的発展（螺旋的発展）を示す（e.g. 経営組織の発展段階モデル。図終-1参照）。ここでの課題は，組織構造の発展は，階層が1つ増えるのか，という問題である。たとえば，職能部門制組織から事業部制組織への発展は，階層が1つ増えている。したがって，階層と構造の関係について，今後さらに論ずべきである。

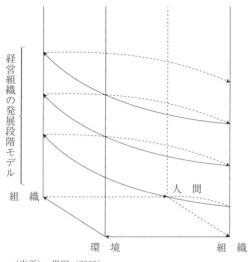

図 終-1 組織革新のプロセス

(出所) 岸田 (2009)。

　第7章は，経時的展開が一段上の共時的統合をもたらすことが「革新」であると捉え，その革新のプロセスを，4つの事例を見ることによって，追ったものである。まずキューバ・ミサイル危機を，外交でも爆撃でもなく，両者の統合スタイルとして「海上封鎖」という革新的意思決定をもたらしたとして，「革新のプロセス」を描いた。さらに，戦後の日本鉄鋼業の革新であるBOFとポスト・イット・ノートパッドという接着剤のアイデアの革新のプロセスを，ゴミ箱モデル（あいまい性）―組織化の進化モデル（多義性の把持と除去）―状況適合理論（不確実性の削減）で捉えた。また，1920年代のGM社の事例を，事業部制組織への組織革新のプロセスとしてとらえた。今後さらに多くの組織革新のプロセスの事例を集めて，これを発展段階モデル（ライン＆スタッフ組織→事業部制組織→マトリックス組織）として説明することが必要である。

　本書は，これまでの諸組織論（organization theories）を統合して，Organizing の理論，Organized の理論，革新のプロセスの理論からなる組織学（Organization Theory）を確立するための第一歩である。

参 考 文 献

安保哲夫編著『日本経営・生産システムとアメリカ——システムの国際移転とハイブリッド化』ミネルヴァ書房，1994 年。

安保哲夫・板垣博・上山邦雄・河村哲二・公文溥『アメリカに生きる日本的生産システム——現地工場の「適用」と「適応」』東洋経済新報社，1991 年。

Adler, P. S., "The Learning Bureaucracy: New United Motor Manufacturing, Inc.," *Research in Organizational Behavior*, Vol. 15, JAI, 1993.

Aldrich, H. E, "Technology and Organizational Structure: Reexamination of the Findings of the Aston Group," *Administrative Science Quarterly*, Vol. 17, No. 1, 1972.

Aldrich, H. E. & S. Mindlin, "Uncertainty and Dependence," in L. Karpik（ed.），*Organization and Environment: Theory, Issues and Reality*, Sage, 1978.

Allison, G. T., *Essence of Decision: Explaining the Cuban Missile Crisis*, Harper Collins, 1971.（宮里政玄訳『決定の本質——キューバミサイル危機の分析』中央公論社，1977 年。）

アリソン，G.＝Z. ゼリコウ『決定の本質——キューバ・ミサイル危機の分析 第 2 版』日経 BP クラシックス，2016 年。

Anderson, C. R. & S. Warkov, "Organizational Size and Functional Complexity: A Study of Administration in Hospitals," *American Sociological Review*, Vol. 26, No. 1, 1961.

Ansoff, H. I., *Corporate Strategy*, McGraw-Hill, 1965.（広田寿亮訳『企業戦略論』産業能率短期大学出版部，1969 年。）

Arthur, W. B., *Increasing Returns and Path Dependence in the Economy*, The University of Michigan, 1994.（有賀裕二訳『収益逓増と経路依存——複雑系の科学』多賀出版，2003 年。）

浅間一・矢野雅文・石黒章夫・大須賀公一『移動知——適応行動生成のメカニズム』オーム社，2010 年。

Ashby, W. R., "Principles of the Self-Organizing System," in W. Buckley（ed.），*Modern Systems Research for the Behavioral Scientist*, Aldine Publishing, 1968.

麻生幸「企業集団管理論」都筑栄編著『現代企業経営論』新評論，1984年。

Axelrod, R. & M. D. Cohen, *Harnessing Complexity: Organizational Implications of a Scientific Frontier*, The Free Press, 1999.（高木晴夫訳『複雑系組織論』ダイヤモンド社，2003年。）

安積仰也「日本の組織構造」『組織科学』第12巻第4号，1979年。

Baets, W. (ed.), *A Collection of Essays on Complexity and Management*, World Scientific, 1999.

Barnard, C. I., *The Functions of the Executive*, Harvard University Press, 1938.（山本安二郎・田杉競・飯野春樹訳『経営者の役割』ダイヤモンド社，1968年。）

Barney, J. B., *Gaining ang Sustaining Competitive Advantage*, Prentice-Hall.（岡田正大訳『企業戦略論』上・中・下，ダイヤモンド社，2003年。）

Bowlding, K. E., *Beyond Economics, Essays on Sociology, Religion, and Ethics*, The University of Michigan, 1968.（公文俊平訳『経済学を越えて』学習研究社，1975年。）

Burns, T. & G. M. Stalker, *The Management of Innovation*, Tavistock, 1961.

Burrell G. & G. Morgan, *Sociological Paradigms and Organizational Analysis*, Heineman, 1979.（鎌田伸一・金井一頼訳『組織理論のパラダイム』千倉書房，1986年。）

Butz, M. R., *Chaos and Complexity*, Taylor & Francis, 1997.

Byrne, D., *Complexity Theory and the Social Sciences*, Routledge, 1998.

Carey, A., "The Hawthorne Studies: A Radical Criticism," *American Sociological Review*, Vol. 32, 1967.

Carnap, R. & M. Gardner, *Philosophical Foundations of Physics*, Basic Books, Inc., 1966.（沢田充茂・中山浩二郎・持丸悦朗訳『物理学の哲学的基礎——科学の哲学への序説』岩波書店，1968年。）

Chandler, Jr., A. D., *Strategy and Structure*, MIT Press, 1962.（三菱経済研究所訳『経営戦略と組織』実業之日本社，1967年。）

Chandler, Jr., A. D., *Strategy and Structure*, 2nd ed., MIT Press, 1990.（有賀裕子訳『組織は戦略に従う』ダイヤモンド社，1994年。）

Child, J., "Organizational Structure, Environment and Performance: The Role of Strategic Choice," *Sociology*, Vol. 6, 1972.

Child, J., "Predicting and Understanding Organization Structure," *Administrative Science Quarterly*, Vol. 18, No. 2, 1973.

Child, J., "Organization and Performance: Contingency Theory and Beyond," *Organization and Administrative Sciences*, Vol. 8, No. 2 & 3, 1977.

Child, J., *Organization*, Blackwell Publishing, 2005.

Child, J. & R. Mansfield, "Technology, Size, and Organization Structure," *Sociology*, Vol. 6, 1972.

一寸木俊昭「コンティンジェンシー・セオリーの検討」『現代経営学の課題──中村常次郎先生還暦記念論文集』有斐閣，1974 年。

Cilliers, P., *Complexity and Postmodernism: Understanding Complex Systems*, Routledge, 1998.

Cohen, M. D., J. D. March & J. P. Olsen, "A Garbage Can Model of Organizational Choice," *Administrative Science Quarterly*, Vol. 17, No. 1, 1972.

Cowan, G., D. Pines & D. Meltzer, *Complexity: Metaphors, Models, and Reality*, Perseus Books, 1994.

Darley, J. M. & R. H. Fazio, "Expectancy Confirmation Process Arising in the Social Interaction Sequence," *American Psychologist*, Vol. 35, No. 10, 1980.

Davis, S. M. & P. R. Lawrence, *Matrix*, Addison-Wesley, 1977.（津田達男・梅津祐良訳『マトリックス経営』ダイヤモンド社，1980 年。）

Dawkins, C. R., *The Selfish Gene*, Oxford University Press, 1991.（日高敏隆・岸由二・羽田節子・垂水雄二訳『利己的な遺伝子』紀伊國屋書店，1992 年。）

出口弘「自己組織化とポリ・エージェント・システム」週刊ダイヤモンド＝ハーバード・ビジネス編集部共編『複雑系のマネジメント』ダイヤモンド社，1998 年。

ドゥルーズ，G. & F. ガタリ『リゾーム』エピステーメー臨時増刊（復刻版），朝日出版社，1987 年。

デネット，D. C.（若島正・河田学訳）『志向姿勢の哲学──人は人の行動を読めるのか？』白揚社，1996 年。

Donaldson, L., "Strategy and Structural Adjustment to Regain Fit and Performance: In Defence of Contingency Theory," *Journal of Management Studies*, Vol. 24, No. 1, 1987.

Donaldson, L., "The Normal Science of Structural Contingency Theory," in S. R. Clegg, C. Hardy & W. R. Nord (eds.), *Handbook of Organization Studies*, Sage, 1996.

Driesh, H., *The History and Theory of Vitalism*, Macmillan and Co., Limited, 1914.（米本昌平訳・解説『生気論の歴史と理論』書籍工房早山，2007 年。）

Duncan, R. B., "Characteristics of Organizational Environments and Perceived Environmental Uncertainty," *Administrative Science Quarterly*, Vol. 17, No. 3, 1972.

Duncan, R. B., "The Ambidextrous Organization: Designing Dual Structures for Innovation," in R. N. Kilman & D. P. Slevin (eds.), *The Management of Organizational Design*, Vol. 1, North-Holland, 1976.

Eden, D., *Pygmalion in Management: Productivity as a Self-Fulfilling Prophecy*, Lexington Books, 1990.

アイゲン，M.「分子進化の中立説は間違っている」『最新大進化論』学研，1992年。

Emery, F. E. & E. L. Trist, "The Causal Texture of Organizational Environments," *Human Relations*, Vol. 18, No. 1, 1965.

Evan, W. M., *Organization Theory: Structure, Systems, and Environments*, John Wiley & Sons, 1976.

Feyerabend, P. K., *Against Method: Outline of an Anarchistic Theory of Knowledge*, NLB, 1975.（村上陽一郎・渡辺博訳『方法への挑戦——科学的創造と知のアナーキズム』新曜社，1981年。）

藤川なつこ「高危険組織の構造統制と組織化——ノーマル・アクシデント理論と高信頼性理論の統合的考察」『経済科学』（名古屋大学）第 60 巻第 3 号，2013年 3 月。

Galbraith, J. R., "Matrix Organization Designs: How to Combine Functional and Project Forms," *Business Horizons*, Vol. 14, 1971.

Galbraith, J. R., "Organization Design: An Information Processing View," in J. W. Lorsch & P. R. Lawrence (eds.), *Organization Planning: Cases and Concepts*, Irwin-Dorsey, 1972.

Galbraith, J. R., *Designing Complex Organizations*, Addison-Wesley, 1973.（梅津祐良訳『横断組織の設計』ダイヤモンド社，1980年。）

Galbraith, J. R., *Organization Design*, Addison-Wesley, 1977.

Galbraith, J. R., *Designing Matrix Organizations That Actually Work*, Jossey-Bass, 2009.

Galbraith, J. R. & D. A. Nathanson, *Strategy Implementation: The Role of Structure and Process*, West Publishing, 1978.（岸田民樹訳『経営戦略と組織デザイン』白桃書房，1989年。）

Galunic, D. C. & K. M. Eisenhardt, "Renewing the Strategy and Structure-Performance Paradigm," *Research in Organizational Behavior*, Vol. 16, 1994.

ゲルマン，M.『クォークとジャガー』草思社，1997年。

Glassman, R. B., "Persistence and Loose Coupling in Living Systems," *Behavioral Science*, Vol. 18, 1973.

Gleave, S. & N. Oliver, "Human Resources Management in Japanese Manufacturing Companies in the UK: 5 Case Studies," *Journal of General Management*, Vol. 16, No. 1, 1990.

Goldthorpe, J., et al., *The Affluent Worker*, Cambridge, 1968.

Gouldner, A., "Organizational Analysis," in R. K. Merton, L. Broom & S. Cotrell, Jr.（eds.）, *Sociology Today*, Basic Books, 1959.

Hall, D. L. & M. A. Saias, "Strategy Follows Structure!" *Strategic Management Journal*, Vol. 1, No. 2, 1980.

Harvey, E., "Technology and the Structure of Organizations," *American Sociological Review*, Vol. 3, No. 2, 1968.

長谷正人『悪循環の現象学』ハーベスト社，1991年。

Hickson, D. J. & C. J. McMillan（eds.）, *Organization and Nation: The Aston Programme IV*, Gower, 1981.

Hickson, D. J., D. S. Pugh & D. Pheysey, "Operations Technology and Organization Structure: An Empirical Appraisal," *Administrative Science Quarterly*, Vol. 14. No. 3, 1969.

日高敏隆『動物はなぜ動物になったか』玉川大学出版部，1976年。

Hinings, C. R. & G. L. Lee, "Dimensions of Organization Structure and Their Context," *Sociology*, Vol. 5, 1971.

Hirschman, A. O., *Exit, Voice, and Loyalty: Responses to Decline in Firms, Organizations, and States*, Harvard University Press, 1970.（三浦隆之訳『組織社会の論理構造──退出・告発・ロイヤルティ』ミネルヴァ書房，1975年。）

Hofer, C. W. & D. Schendel, *Strategy Formulation: Analytical Concepts*, West Publishing, 1978.（奥村昭博・榊原清則・野中郁次郎共訳『戦略策定──その理論と手法』千倉書房，1981年。）

今田高俊『自己組織性──社会理論の復活』創文社，1986年。

今田高俊「ポストモダンの組織原理はありうるか」『組織科学』第25巻第2号，1991年。

今田高俊「自己組織性論」鈴木広監修『理論社会学の現在』ミネルヴァ書房，2000年。

参考文献　331

稲盛和夫『アメーバ経営――ひとりひとりの社員が主役』日本経済新聞社，2006年。

Inkson, J. H., D. S. Pugh & D. J. Hickson, "Organization Context and Structure: An Abbreviated Replication," *Administrative Science Quarterly*, Vol. 15, No. 3, 1970.

板垣博編著『日本的経営・生産システムと東アジア――台湾・韓国・中国におけるハイブリッド工場』ミネルヴァ書房，1997 年。

Jackson. J. H. & C. P. Morgan, *Organization Theory: A Macro Perspective for Management*, Prentice-Hall, 1978.

Jennings, D. F. & S. L. Seaman, "High and Low Levels of Organizational Adaptation," *Strategic Management Journal*, Vol. 15, No. 5, 1994.

Joyce, J., *Finnegans Wake*, 1939.（柳瀬尚紀訳『フィネガンズ・ウェイク』I～IV，河出書房新社，1991-1993 年。）

Joyce, J., *Ulysses*, Shakespeare and Company, 1922.（丸谷才一・永川玲二・高松雄一訳『ユリシーズ』I～III，集英社，1991-1997 年。）

Jurkovich, R., "A Core Typology of Organizational Environments," *Administrative Science Quarterly*, Vol. 19, No. 3, 1974.

Kamps, K. & L. Polos, "Reducing Uncertainty: A Formal Theories of Organizations in Action," *American Journal of Sociology*, Vol. 104, No. 6, 1999.

金井壽宏「ピア・ディスカッションを通じての『気づき』の共有」『組織科学』第 23 巻第 2 号，1989 年。

金子邦彦『生命とは何か――複雑系生命論序説』東京大学出版会，2003 年。（第 2 版，2009 年。）

金子邦彦・池上高志『複雑系の進化的シナリオ――生命の発展様式』朝倉書店，1998 年。

金子邦彦・津田一郎『複雑系のカオス的シナリオ』朝倉書店，1996 年。

関西生産性本部『昭和 45 年経営組織実態調査報告書』1971 年。

関西生産性本部『経営組織の新動向――わが国主要企業の経営組織の実態』第 3 回経営組織実態調査報告書，1976 年。

関西生産性本部『経営戦略と経営組織の新動向』第 4 回経営組織実態調査報告書，1981 年。

関西生産性本部『経営組織実態調査報告』1996 年。

加藤勝康『バーナードとヘンダーソン』文眞堂，1996 年。

Kaufman, S. A., *The Origins of Order: Self Organization and Selection in Evolu-*

tion, Oxford, 1993.

河本英夫『オートポイエーシス——第三世代システム』青土社，1995 年。

河本英夫『オートポイエーシス 2001——日々新たに目覚めるために』新曜社，2000 年。

河本英夫『システムの思想——オートポイエーシス・プラス』東京書籍，2002 年。

河本英夫『臨床するオートポイエーシス——体験的世界の変容と再生』青土社，2010 年。

経営学史学会監修・岸田民樹編著『ウッドワード』経営学史学会叢書 VIII，2012 年。

経済同友会『わが国大企業におけるトップ・マネジメントの構造と機能』1958 年。

経済同友会『経営理念と企業活動——わが国企業における経営意思決定の実態（V）』1964 年。

経済同友会『1980 年代の企業経営——環境，戦略，組織の相互関連について』1980 年。

岸田民樹「革新と組織」『組織科学』第 18 巻第 3 号，1984 年。

岸田民樹『経営組織と環境適応』三嶺書房，1985 年。（復刊，白桃書房，2006 年。）

岸田民樹「一般システム論と組織論」『経済論叢』（京都大学）第 137 巻第 1 号，1986 年。

岸田民樹「組織化とルース・カップリング」『経済科学』（名古屋大学）第 37 巻第 2 号，1989 年。

岸田民樹「国際化と日本的経営」小川英次・牧戸孝郎編著『アジアの日系企業と技術移転』名古屋大学経済構造研究センター叢書 2，名古屋大学出版会，1990 年。

岸田民樹「ルースリー・カップルド・システムと組織の生成」『経済科学』（名古屋大学）第 39 巻第 4 号，1992 年 a。

岸田民樹「革新のプロセスと組織化」『経済科学』（名古屋大学）第 40 巻第 2 号，1992 年 b。

岸田民樹「組織と組織論——組織論の分析枠組」『経済科学』（名古屋大学）第 41 巻第 4 号，1994 年 a。

岸田民樹「革新のプロセスと組織化」『組織科学』第 27 巻第 4 号，1994 年 b。

岸田民樹「持株会社——その組織論的分析」『経済科学』（名古屋大学）第 45 巻

第 3 号，1997 年。

岸田民樹「複雑系と組織論」『経済科学』（名古屋大学）第 46 巻第 3 号，1998 年。

岸田民樹「組織学説史分析序説」『経済科学』（名古屋大学）第 47 巻第 3 号，1999 年。

岸田民樹「複雑系と企業経営」岸田民樹・史世民編著『変革時代の企業経営』名古屋大学国際経済動態研究センター叢書 7，2000 年 a。

岸田民樹「状況適合理論——回顧・現状・展望」『組織科学』第 33 巻第 4 号，2000 年 b。

岸田民樹「組織」山倉健嗣・岸田民樹・田中政光『現代経営キーワード』有斐閣，2001 年 a。

岸田民樹「国際化と日本的経営」山倉健嗣・岸田民樹・田中政光『現代経営キーワード』有斐閣，2001 年 b。

岸田民樹「経営学説」山倉健嗣・岸田民樹・田中政光『現代経営キーワード』有斐閣，2001 年 c。

岸田民樹「組織論と統合的解釈モデル」『経済学』（大阪大学）第 51 巻第 2 号，2001 年 d。

岸田民樹「経営学説と組織」岸田民樹編『現代経営組織論』有斐閣，2005 年 a。

岸田民樹「状況適合理論と経営組織の発展段階モデル」岸田民樹編『現代経営組織論』有斐閣，2005 年 b。

岸田民樹「現代経営組織論」岸田民樹編『現代経営組織論』有斐閣，2005 年 c。

岸田民樹「環境適応・戦略選択と組織デザイン」『経済学』（東北大学）第 68 巻第 4 号，2007 年。

岸田民樹編著『組織論から組織学へ』文眞堂，2009 年。

岸田民樹編著『経営学史叢書 VIII ウッドワード』文眞堂，2012 年。

岸田民樹編著『組織学への道』文眞堂，2014 年。

岸田民樹・田中政光『組織学説史』有斐閣，2009 年。

北野利信「組織研究その軌跡と今後の展望」『ダイヤモンド・ハーバード・ビジネス』1979 年 8 月号。

小橋勉『組織の環境と組織間環境』白桃書房，2018 年。

小林道憲『複雑系の哲学——21 世紀の科学への哲学入門』麗澤大学出版会，2007 年（続編，2009 年）。

ケストラー，A.（田中三彦・吉岡佳子訳）『ホロン革命』工作舎，1983 年。

Koontz, H. (ed.), *Toward a Unified Theory of Managemant*, McGraw-Hill, 1964.（鈴木英寿訳『経営の統一理論』ダイヤモンド社，1968 年。）

高津春繁『ギリシャ・ローマ神話辞典』岩波書店，1960 年。

Kuhn, T. S., *The Structure of Scientific Revolutions*, 1st ed., Chicago University Press, 1962.（中山茂訳『科学革命の構造』みすず書房，1971 年。）

公文溥・安保哲夫編著『日本型経営・生産システムと EU——ハイブリッド工場の比較分析』ミネルヴァ書房，2005 年。

Lakatos, I., *The Methodology of Scientific Research Programme: Philosophical Papers*, Vol. 1, Cambridge University Press, 1978.（村上陽一郎ほか訳『方法の擁護——科学的研究プログラムの方法論』新曜社，1986 年。）

Laszlo, E., *Introduction to Systems Philosophy: Toward a New Paradigm of Contemporary Thought*, Gordon and Breach, 1972.

Lawrence, P. R. & J. W. Lorsch, *Organization and Environment: Managing Differentiation and Integration*, Harvard University Press, 1967.（吉田博訳『組織の条件適応理論』産業能率大学出版部，1977 年。）

Leavitt, H. J., "Applied Organizational Change in Industry: Structural, Technological, and Humanistic Approaches," in J. G. Marclied, *Handbook of Organizations*, Rand McNally, 1965.

Lee, A. S., "Integrating Positivist and Integrative Approaches to Organizational Research," *Organization Science*, Vol. 2, No. 4, 1991.

Lenz, R. T., "Environment, Strategy, Organization Structure and Performance: Patterns in One Industry," *Strategic Management Journal*, Vol. 1, No. 3, 1980.

Leontiades, J. C., *Multinational Corporate Strategy*, Lexington Books, 1985.

Liker, J. K., *The Toyota Way*, McGraw-Hill, 2004.（稲垣公夫訳『ザ・トヨタウェイ』日経 BP 社，2004 年。）

Litterer, J. A. (ed.), *Organizations: Structure and Behavior*, John Wiley, 1963.

Lorsch, J. W., "Introduction to the Structural Design of Organization," in P. R. Lawrence & J. W. Lorsch (eds.), *Organizational Structure and Design*, Irwin-Dowsey, 1970.

Lorsch, J. W. & S. A. Allen III, *Managing Diversity and Interdependence: An Organizational Study of Multidivisional Firms*, Harvard University Press, 1973.

Lorsch, J. W. & P. R. Lawrence (eds.), *Organization Planning: Cases and Concepts*, Irwin-Dorsey, 1972.

Lorsch, J. W. & J. J. Morse, *Organizations and Their Members*, Harper & Row, 1974.（馬場昌雄・服部正中・上村祐一訳『組織・環境・個人』東京教学社，1977 年。）

参考文献　　335

Lynn, L. H., *How Japan Innovates: A Comparison with the U. S. in the Case of Oxygen Steelmaking*, West View Press, 1982.（遠田雄志訳『イノベーションの本質』東洋経済新報社，1986 年。）

Mahner, M. & M. Bunge, *Foundations of Biophilosophy*, Springer, 1997.（小野山敬一訳『生物哲学の基礎』シュプリンガージャパン，2008 年。）

Manuel, F. E., *The Religion of Isaac Newton*, Clarendon Press, 1974.（竹本健訳『ニュートンの宗教』法政大学出版局，2007 年。）

March, J. G., "The Technology of Foolishness," in J. G. March & J. P. Olsen (eds.), *Ambiguity and Choice in Organizations*, Universitetsforlaget, 1976.（遠田雄志＝アリソン・ユング訳『組織におけるあいまいさと決定』有斐閣，1986 年。）

March, J. G. & H. A. Simon, *Organizations*, John Wiley & Sons, 1958.（土屋守章訳『オーガニゼーションズ』ダイヤモンド社，1977 年。）

マトゥラーナ，H. R. ＝ F. J. ヴァレラ（河本英夫訳）『オートポイエーシス——生命システムとはなにか』国文社，1991 年。

McKelvey, B., *Organizational Systematics: Taxonomy, Evolution, Classification*, University of California Pres, 1982.

McMillan, E., *Complexity, Organizations, and Change*, Routledge, 2004.

McWhinney, W. H., "Organizational Form, Decision Modalities and the Environment," *Human Relations*, Vol. 21, No. 3, 1968.

マートン，R. K.（森東吾・森好夫・金沢実・中島竜太郎訳）『社会理論と社会構造』みすず書房，1961 年。

Miles, R. E. & C. C. Snow, *Organizational Strategy, Structure, and Process*, McGrow-Hill, 1978.（土屋守章・内野崇・中野工訳『戦略型経営——戦略選択の実践シナリオ』ダイヤモンド社，1983 年。）

Miles, R. E. & C. C. Snow, "Organizations: New Concepts for New Forms," *California Management Review*, Vol. 28, No. 3, 1986.

Miles, R. E. & C. C. Snow, "Causes of Failure in Network Organizations," *California Management Review*, Vol. 34, No. 4, 1992.

Miliken, F. J., "Three Types of Perceived Uncertainty about the Environment: State, Effect, and Response Uncertainty," *Academy of Management Journal*, Vol. 12, No. 1, 1987.

Miller, J. G., *Living Systems*, McGraw-Hill, 1978.

Milleton-Kelly, E., *Complex Systems and Evolutionary Perspectives on Organiza-*

tion: The Application of Complexity Theory to Organizations, Pergamon, 2003.

Miner, J. B., *A Psychological Typology of Successful Enterprise*, Quorum Books, 1997.

Mingers, J. & A. Gill (eds.), *Multimethodology: The Theory and Practice of Combining Management Science Methodologies*, Wiley, 1997.

Mintzberg, H., "The Strategy Concept I: Five Ps for Strategy," *California Management Review*, Vol. 30, No. 1, 1987.

Mintzberg, H., *The Rise and Fall of Strategic Planning*, Prentice Hall, 1994.

Mintzberg, H., *Strategy Safari: A Guided Tour through the Wilds of Strategic Management*, The Free Press, 1998.（斎藤嘉則監訳『戦略サファリ──戦略マネジメント・ガイドブック』東洋経済新報社，1999 年。）

Mintzberg, H. & J. A. Water, "Of Strategies, Deliberate and Emergent," *Strategic Management Journal*, Vol. 6, 1985.

美宅茂樹『分子生物学入門』岩波新書，2002 年。

三矢裕『アメーバ経営論──ミニ・プロフィットセンターのメカニズムと導入』東洋経済新報社，2003 年。

宮崎智子「環境変化と組織間ネットワーク──焦点組織の環境適応に関する考察」名古屋大学博士論文，2012 年。

宮沢健一『通論経済学』岩波書店，1981 年。

Mohr, L. B., "Organizational Technology and Organizational Structure," *Administrative Science Quarterly*, Vol. 16, 1971.

森健二「ソニーの収穫逓増を生み出すビジネス・モデル」週刊ダイヤモンド編集部＝ハーバード・ビジネス編集部共編『複雑系のマネジメント』ダイヤモンド社，1998 年。

藻利重隆編『経営学辞典』東洋経済新報社，1967 年。

森本三男「管理の組織」藻利重隆責任編集『経営学辞典』東洋経済新報社，1967 年。

森本三男「コンティンジェンシー・セオリーの本質」『ビジネスレビュー』1979 年 6 月号。

村上陽一郎『科学のダイナミックス』サイエンス社，1980 年。

内藤勲「複雑性の科学」田中政光編著『経営学史叢書 VII サイモン』文眞堂，2011 年。

日本生産性本部『人事・組織管理の動向──実態調査報告』1971 年。

西原和久編著『現象学的社会学の展開』青土社，1991 年。

西原和久『自己と社会——現象学の社会理論と〈発生社会学〉』新泉社，2003 年。

西山賢一『企業の適応戦略』中公新書，1985 年。

西山賢一『文化生態学入門』批評社，1992 年。

西山賢一『複雑系の経済学——豊かなモノ離れ社会へ』NHK ブックス，1997 年。

野中郁次郎・清沢達夫『3M の挑戦——創造性を経営する』日本経済新聞社，1987 年。

沼上幹「実証的戦略研究の組織観——日本企業の実証研究を中心として」『経営学の展開と組織概念』経営学史学会年報 第 17 輯，2010 年。

岡本康雄『現代の経営組織』日経文庫，1976 年。

岡本康雄編著『日系企業 in 東アジア』有斐閣，1998 年。

岡本康雄編著『北米日系企業の経営』同文舘出版，2000 年。

小野俊太郎『ピグマリオン効果——プリティ・ウーマンの系譜』ありな書房，1997 年。

小野豊明『日本企業の組織戦略』マネジメント社，1979 年。

O'Reilly, C. A., & M. L. Tushman, "The Ambidextrous Organization," *Harvard Business Review*, Vol. 82, No. 4, 2004.

Orton, J. D. & K. E. Weick, "Loosely Coupled System: A Re-Conceptualization," *Academy of Management Review*, Vol. 15, No. 2, 1990.

大阪市立大学経済研究所編『経済学辞典』岩波書店，1965 年。

Parsons, T., *Structure and Process in Modern Society*, The Free Press, 1960.

パーソンズ，T. = スメルサー，N. J.（富永健一訳）『経済と社会』岩波書店，1958 年。

Pennings, J. M., "The Relevance of the Structural Contingency Model for Organizational Effectiveness," *Administrative Science Quarterly*, Vol. 20, 1975.

Pennings, J. M., "Structural Contingency Theory: A Multivariate Test," *Organization Studies*, Vol. 8, No. 3, 1987.

Pennings, J. M., "Structural Contingency Theory: A Reappraisal," *Research in Organizational Behavior*, Vol. 14, 1992.

Penrose, E., *The Theory of the Growth of the Firm*, Wiley, 1959.（末松玄六訳『会社成長の理論』ダイヤモンド社，1962 年。)

Perrow, C., "A Framework of the Comparative Analysis of Organizations," *American Sociological Review*, Vol. 32, No. 3, 1967.

Perrow, C., "The Effect of Technological Change on the Structures of Business Firms," in B. C. Roberts (ed.), *Industrial Relations, Contemporary Issues*, Macmillan, 1968.

Perrow, C., *Organizational Analysis: A Sociological View*, Wadsworth, 1970.（岡田至雄訳『組織の社会学』ダイヤモンド社，1972年。）

Perrow, C., *Complex Organizations: A Critical Essay*, Scott Foresman & Company, 1972a.（佐藤慶幸監訳『現代組織論批判』早稲田大学出版部，1978年。）

Perrow, C., *The Radical Attack on Business*, Harcourt Brace, 1972b.

Perrow, C., "Is Business Really Changing?" *Organizational Dynamics*, Vol. 3, No. 1, 1974.

Perrow, C., "An Almost Random Career," in A. G. Bedeian（ed.）, *Management Laureates: A Collection of Autobiographical Essays*, Vol. 2, JAI Press, 1993.

Pfeffer. J. & G. R. Salancik, *The External Control of Organizations*, Harper & Row, 1978.

Phillips, N., G. Sewell and D. Griffiths（eds.）, *Research in the Sociology and Organizations, Vol. 29, Technology and Organizations: Essays in Honour of Joan Woodward*, Emerald, 2010.

ポッパー，K. R.,（藤本隆志・石垣壽郎・森博訳）『推測と反駁——科学的知識の発展』法政大学出版局，1980年。

Porter, M. E., *Competitive Strategy*, Free Press, 1980.（土岐坤・中辻萬次・服部照生訳『競争の戦略』ダイヤモンド社，1982年。）

Priesmeyer, H. R., *Organization and Chaos: Defining the Methods of Nonlivear Management*, Quorum Books.

Pugh, D. S. & D. J. Hickson, *Organization Structure in Its Context: The Aston Programme*, I, Saxon House, 1976.

Pugh, D. S., D. J. Hickson, C. R. Hinings & C. R. Turner, "Dimensions of Organization Structure," *Administrative Science Quarterly*, Vol. 13, No. 1, 1968.

Pugh, D. S., D. J. Hickson & C. R. Hinings, "An Empirical Taxonomy of Work Organizations," *Administrative Science Quarterly*, Vol. 14, No. 1, 1969.

Pugh, D. S. & C. R. Hinings, *Organizational Structure: Extensions and Replication, The Aston Programme*, II, Saxon House, 1976.

Rabinowitz, L., H. H. Kelly & R. M. Rosenblatt, "Effect of Different Types of Interdependence and Response Conditions in the Minimal Social Situation," *Journal of Experimental Social Psychology*, No. 2, 1966.

ランドール，L. = 若田光一『リサ・ランドール——異次元は存在する』NHK出版，2007年。

参 考 文 献　339

Reimann, B. C., "Dimensions of Organizational Technology and Structure: An Exploratory Study," *Human Relations*, Vol. 30, No. 6, 1977.

Reimann, B. C. & G. Inzerelli, "Technology and Organization: A Review and Synthesis of Major Research Findings," in G. W. England, A. R. Negandhi & B. Wilpert (eds.) *The Functioning of Complex Organizations*, Oelgeschlager, Gunn & Hain, 1981.

Richardson, K. A., *Thinking about Complexity: Grasping the Continuum through Criticism and Pluralism*, Emergent Publications, 2010.

Rosenthal, R. & L. Jacobson, *Pygmalion in the Classroom: Teacher Expectancy and Pupil's Intellectual Development*, Holt, Rinehart & Winston, 1968.

Ruedi, A. & P. R. Lawrence, "Organizations in Two Cultures," in J. W. Lorsch & P. R. Lawrence (ed.), *Studies in Organization Design*, Irwin-Dorsey, 1970.（清水勤監訳『変化適応の組織』産業能率短大出版部，1973 年。）

Rumelt, R. P., *Strategy Structure, and Economic Performance*, Harvard University Press, 1974.（鳥羽欽一郎・山田正喜子・川辺信雄・熊沢孝訳『多角化戦略と経済成果』東洋経済新報社，1977 年。）

佐高信『失言恐慌』駿々堂出版，1991 年。

佐藤正明「映像メディアの世紀——ビデオ・男たちの産業史」『日経ビジネス』1998 年 10 月〜1999 年 5 月。

佐藤勉「社会システム理論の新展開」鈴木広監修『理論社会学の現在』ミネルヴァ書房，2000 年。

Schein, E. H., *Organizational Psychology*, 3rd ed., Prentice-Hall, 1980.（松井タマ夫訳『組織心理学』岩波書店，1981 年。）

Schoonhoven, C. B., "Problems with Contingency Theory: Testing Assumptions Hidden within the Language of Contingency 'Theory'," *Administrative Science Quarterly*, Vol. 26, No. 3, 1981.

Schultz, M. & M. J. Hatch, "Living with Multiple Paradigms: The Case of Interplay on Organizational Cultural Studies," *Academy of Management Research*, Vol. 21, No. 2, 1996.

Schütz, A., *Der sinnhafte Aufbau der sozialen Welt: Eine Einleitung in die verstehende Soziologie*, Springer, 1974.（佐藤嘉一訳『社会的世界の意味構成』木鐸社，1982 年。）

Scott, W. R., *Organizations: Rational, Natural, and Open Systems*, Prentice-Hall, 1981.（3rd ed., 1992.）

Selznick, P., *TVA and the Grass Roots*, University of California Press, 1959.

進化経済学会編『進化経済学ハンドブック』共立出版, 2006 年。

塩沢由典『市場の秩序学——反均衡から複雑系へ』筑摩書房, 1990 年。

塩沢由典『複雑さの帰結——複雑系経済学』NTT 出版, 1997 年。

塩沢由典「複雑系と進化」進化経済学会編『進化経済学とは何か』有斐閣, 1998 年。

宍戸寿雄・日興リサーチセンター編著『日本企業イン USA』東洋経済新報社, 1980 年。

週刊ダイヤモンド編集部＝ダイヤモンド・ハーバード・ビジネス編集部編『複雑系の経済学』ダイヤモンド社, 1997 年 a。

週刊ダイヤモンド編集部＝ダイヤモンド・ハーバード・ビジネス編集部編『複雑系の経済学——入門と実践』ダイヤモンド社, 1997 年 b。

Simon, H. A., *Administrative Behavior: A Study of Decision-Making Process in Administrative Organization*, Macmillan, 1945.（松田武彦・高柳暁・二村敏子訳『経営行動』ダイヤモンド社, 1965 年。第 3 版訳, 1989 年。第 4 版訳, 2009 年。）

サイモン, H. A.「経営管理へのアプローチ」H. クーンツ編（鈴木英寿訳）『経営の統一理論』（1964）ダイヤモンド社, 1968 年。

Simon, H. A., *The Sciences of the Artificial*, MIT Press, 1969.（高宮晋監修, 稲葉元吉・吉原英樹訳『システムの科学』ダイヤモンド社, 1969 年。新訳, 1977 年。新版訳, 1987 年。第 3 版訳, 1999 年。）

Smith, A., *An Inquiry into the Nature and Causes of the Wealth of Nations*, 1776.（大内兵衛・松川七郎訳『諸国民の富』I・II, 岩波書店, 1969 年。）

総合学術国際研究所編『複雑系——諸学の統合を求めて』晃洋書房, 2005 年。

スプロンデル, W. M. 編（佐藤嘉一訳）『社会的行為の理論論争——A・シュッツ＝T・パーソンズ往復書簡』木鐸社, 2009 年。

Stacy, R. D., D. Griffin & P. Shaw, *Complexity and Management*, Routledge, 2000.

ストイキツァ, V. I.（松原知生訳）『ピュグマリオン効果——シミュラークルの歴史人類学』ありな書房, 2006 年。

Stopford, J., "Growth and Organizational Change in the Multi-National Field," Unpublished Doctoral Dissertation, Harvard Business School, 1968.

Stopford, J. & L. Wells, *Managing the Multinational Enterprise*, Longman, 1972.（山崎清訳『多国籍企業の組織と所有政策——グローバル構造を超えて』ダイヤモンド社, 1972 年。）

杉浦優子「新しい作業組織」岸田民樹編著『現代経営組織論』有斐閣，2005 年。

鈴木増雄「ゆらぎ，フラクタルおよび秩序——物理現象における混沌と秩序」有馬朗人著者代表『混沌』東京大学公開講座 53，東京大学出版会，1991 年。

鈴木滋『アジアにおける日系企業の経営——アンケート・現地調査にもとづいて』税務経理協会，2000 年。

立川武蔵編『マンダラ宇宙論』法蔵館，1996 年。

多田富雄『免疫の意味論』青土社，1993 年。

高木孝紀「組織の原理——組織の自律性と秩序形成」名古屋大学博士論文，2013 年。

高橋陽一郎「混沌の数理」有馬朗人著者代表『混沌』東京大学公開講座 53，東京大学出版会，1991 年。

高島善哉『原典解説 スミス「国富論」』春秋社，1964 年。

玉田明子「企業目的と社会的責任」名古屋大学経済学部修士論文，2010 年。

Tayeb, M., "Contingency Theory and Culture: A Study of Matched English and the Indian Manufacturing Firms," *Organization Studies*, Vol. 8, No. 3, 1987.

寺澤朝子『個人と組織変化——意味充実人の視点から』文眞堂，2008 年。

Terrien, F. W. & D. L. Mills, "The Effect of Changing Size upon the Internal Structure of Organizations," *American Sociological Review*, Vol. 20, No. 1, 1955.

Thompson, J. D., *Organizations in Action*, McGraw-Hill, 1967.（高宮晋監訳『オーガニゼーション イン アクション』同文舘出版，1987 年。大月博司・廣田俊郎訳『行為する組織』同文舘出版，2012 年。）

Thompson, J. D. & W. McEwen, "Organizational Goals and Environment: Goal-Setting as an Interaction Process," *American Sociological Review*, Vol. 23, No. 1, 1958.

Tolman, E. C. & E. Brunswik, "The Organism and the Causal Texture of the Environment," *Psychological Review*, Vol. 42, 1935.

トレヴァー，M.（村松司叙・黒田哲彦訳）『英国東芝の経営革新』東洋経済新報社，1990 年。

Tushman, M. L. & C. A. O'Reilly, "Ambidexterity as a Dynamic Capability: Resolving the Innovator's Dilemma," *Research in Organizational Behavior*, Vol. 28, 2008.

上山信一「ピラミッド型組織から曼荼羅組織へ」『Will』（中央公論社）1991 年 4 月号。

占部都美『現代経営組織論』白桃書房，1971 年。

Van de Ven, A. H. & R. Drazin, "The Concept of Fit in Contingency Theory," in L. L Cummings & B. M. Staw（eds.）, *Research in Organizational Behavior*, Vol. 7, JAI Press, 1985.

Van den Ven, A. H. & M. Poole, "Explaining Development and Change in Organization," *Academy of Management Review*, Vol. 20, No. 3, 1995.

van Inwagen, P., "The Incompatibility of Free Will and Determinism," *Philosophical Studies*, Vol. 27, 1975.（丹治信春訳「自由意志と決定論の両立不可能性」門脇俊介・野矢茂樹監修『自由と行為の哲学』春秋社，2010 年。）

von Bertalanffy, L., *Robots, Men and Minds*, George Braziller, 1967.（長野敬訳『人間とロボット』みすず書房，1971 年。）

von Bertalanffy, L., *General System Theory*, George Braziller, 1968.（長野敬・太田邦昌訳『一般システム理論――その基礎・発展・応用』みすず書房，1973 年。）

Waldrop, M. M., *Complexity: The Emerging Science at the Edge of Order and Chaos*, 1992.（田中三彦・遠山峻征訳『複雑系――生命現象から政治・経済までを統合する知の革命』新潮社，1996 年。）

Watzlawick, P., "Self-Fulfilling Prophecies," in P. Watzlawick（ed.）, *The Invented Reality: How Do We Know What We Believe We Know?* W. W. Norton & Company, 1984.

Weick, K. E., *The Social Psychology of Organizing*, Addison-Wesley, 1969.（金児曉嗣訳『組織化の心理学』誠信書房，1980 年。）

Weick, K. E., "Educational Organizations as Loosely Coupled System," *Administrative Science Quarterly*, Vol. 21, No. 1, 1976.

Weick, K. E., "Enactment Processes in Organizations," in B. M. Staw & G. R. Salancik, *New Directions in Organizational Behavior*, St. Clair Press, 1977.

Weick, K. E., *The Social Psychology of Organizing*, 2nd ed., Addison-Wesley, 1979.（遠田雄志訳『組織化の社会心理学』文眞堂，1997 年。）

Weick, K. E., "Management of Organizational Change among Loosely Coupled Elements," in P. S. Goodman and Associates, *Change in Organizations*, Jossey-Bass, 1982.

Weick, K. E., "Sources of Order in Underorganized Systems," in Y. S. Lincoln （ed.）, *Organizational Theory and Inquiry*, Sage, 1985.（寺本義也・神田良・小林一・岸眞理子訳『組織理論のパラダイム革命』白桃書房，1990 年。）

参 考 文 献　　343

Weick, K. E., "Substitutes for Corporate Strategy," in D. J. Teece (ed.), *The Competitive Challenge*, Ballinger, 1987.（石井淳蔵・奥村昭博・金井壽宏・角田隆太郎・野中郁次郎訳『競争への挑戦――革新と再生の戦略』白桃書房，1988 年。）

Weick, K. E., *Sensemaking in Organizations*, Sage, 1995.（遠田雄志・西本直人訳『センスメーキング イン オーガニゼーションズ』文眞堂，2001 年。）

Weick, K. E., *Making Sense of the Organization*, Blackwell, 2001.

Weick, K. E., "Enacting an Environment: The Infrastructure of Organizing," in R. Westwood & S. Clegg (eds.), *Debating Organization: Point-Counterpoint in Organization Studies*, Blackwell, 2003.

Weick, K. E., *Making Sense of the Organization: The Impermanent Organization*, Wiley, 2009.

Weick, K. E. & R. L. Daft, "The Effectiveness of Interpretation Systems," in K. S. Cameron & D. A. Whetton (eds.), *Organizational Effectiveness*, Academy Press, 1983.

Weick, K. E. & K. M. Sutliffe, *Managing the Unexpected*, Josey-Bass, 2001.（西村行功訳『不確実性のマネジメント』ダイヤモンド社，2002 年。）

Weick, K. E., K. M. Sutcliff & D. Obstfeld, "Organizing and the Process of Sensemaking," *Organization Science*, Vol. 16, No. 4, 2005.（in Weick (2009).）

Williamson, O. E., *Markets and Hierarchies: Analysis and Antitrust Implications*, The Free Press, 1975.（浅沼萬里・岩崎晃訳『市場と企業組織』日本評論社，1980 年。）

Woodward, J., *Management and Technology*, HMSO, 1958.

Woodward, J., *Industrial Organization: Theory and Practice*, Oxford University Press, 1965.（矢島欽次・中村壽雄訳『新しい産業組織』日本能率協会，1970 年。）

Woodward, J., *Industrial Organization: Theory and Practice*, Oxford University Press, 1970.（都築栄・宮城浩祐・風間禎三郎訳『技術と組織構造』日本能率協会，1971 年。）

山倉健嗣・岸田民樹・田中政光『現代経営キーワード』有斐閣，2001 年。

山城章『日本的経営論』丸善，1976 年。

米川伸一『経営史学――生誕・現状・展望』東洋経済新報社，1973 年。

米本昌平『時間と生命――ポスト反生気論の時代における生物的自然について』書籍工房早山，2010 年。

吉田民人『自己組織性の情報科学――エヴォルーショニストのウィーナー的自然観』新曜社，1990 年 a。

吉田民人『情報と自己組織性の理論』東京大学出版会，1990 年 b。

吉田民人「ゲノム科学が意味するもの――一社会科学者の文理横断」『学士会会報』No. 850，2005 年。

吉田善章『非線形とは何か――複雑系への挑戦』岩波書店，2008 年。

吉原正彦『経営学の新紀元を拓いた思想家たち――1930 年代のハーバードを舞台に』文眞堂，2006 年。

吉永良正『「複雑系」とは何か』講談社現代新書，1996 年。

趙偉「作業組織と作業組織の変遷」岸田民樹編『現代経営組織論』有斐閣，2005 年。

鐘瑋「組織間の協力関係と環境操作戦略モデルの模索」岸田民樹編著『組織論から組織学へ』文眞堂，2009 年。

参考文献　　345

索　引

人名索引

A・B

Adler, P. S.　203, 254
Allen III, S. A.　167, 168, 173, 209
Allison, G. T.　105, 296, 310, 312, 316
Anderson, C. R.　158
Ansoff, H. I.　271, 272, 284
Argyris, C.　11
Arthur, W. B.　108
Axelrod, R.　109
Baets, W.　109
Barnard, C. I.　12, 21, 27, 28, 74, 219, 323
Barney, J. B.　287
Bowlding, K. E.　226
Brown, D.　320
Brunswik, E.　247
Burns, T.　218, 249, 289
Butz, M. R.　109
Byrne, D.　109

C・D

Carey, A.　251
Carnap, R.　228
Carnegie, A.　265
Castro, F.　316
Chandler, Jr., A. D.　212, 220, 236, 244,
　　246, 256, 257, 259, 261, 262, 264-67, 270,
　　272, 275, 278, 279, 281, 283, 284, 289
Child, J.　146, 161, 211-13, 215, 216, 220,
　　222, 255, 263, 274, 281

Cilliers, P.　109, 123
Cohen, M. D.　109
Cowan, G.　109
Cyert, R. M.　178
Darley, J. M.　91
Deleuze, G.　57
Donaldson, L.　215, 248, 249, 255, 263,
　　288
Driesch, H.　137
Duncan, R. B.　93, 146, 147
Du Pont, I.　265, 320
Du Pont, L.　320
Du Pont, P. S.　278, 320
Durant, W. C.　263, 278

E・F・G

Eden, D.　116, 117
Eigen, M.　132
Emery, F. E.　145, 148, 151, 247
Fayol, H.　9, 175, 183, 219, 230, 249
Fazio, R. H.　91
Feyerabend, P. K.　228
Follett, M. P.　249
Ford, H.　265
Freeman, J. H.　221
Fry, A.　317
Galbraith, J. R.　15, 47, 181, 182, 185, 186,
　　209, 212, 218, 231, 232, 252, 256, 278,
　　282
Gell-Mann, M.　108, 124, 134
Glassman, R. B.　32
Gleave, S.　204
Gouldner, A.　3, 26
Grass, N. S. B.　261
Griffin, D.　109

347

Guattari, F.   57
Gulick, L.   9

H・J・K

Hall, D. L.   282
Hannan, M. T.   221
Harvey, E.   157
Hatch, M. J.   299, 300
Henderson, L. J.   27
Herzberg, F.   11
Hofer, C. W.   271
Holland, J. H.   108
Jennings, D. F.   276
Kamps, K.   179
Kauffman, S.   109
Kelly, H. H.   73
Kennedy, J. F.   297, 311
Kennedy, R. F.   311
Khrushchov, N. S.   311, 316
Koestler, A.   57, 58, 67
Koontz, H.   227, 296
Kuhn, T. S.   228

L・M

Lakatos, I.   228
Langton, C.   108
Lawrence, P. R.   15, 102, 145, 147, 151,
    162, 163, 167, 168, 170, 172, 173, 176,
    177, 180, 185, 188, 209, 216–19, 249, 250,
    252
Lee, A. S.   301
Lenz, R. T.   276
Likert, R.   11, 248
Litterer, J. K.   27
Lorsch, J. W.   15, 102, 145, 147, 151, 162,
    163, 167, 168, 170, 172, 173, 176, 177,
    180, 185, 209, 216–19, 248–50, 252, 279
March, J. G.   13, 15, 33, 42, 66, 178, 220
Marx, K.   258
Maturana, H. R.   139

Mayo, E.   11
McGregor, D.   11
McKelvey, B.   26
McMillan, E.   109
McWhinney, W. H.   151
Merton, R. K.   113
Miles, R. E.   52, 212
Milleton-Kelly, E.   109
Mills, D. L.   158
Miner, J. B.   278, 279
Mintzberg, H.   83, 285
Morse, J. J.   170, 172, 173, 209, 279

N・O・P

Nathanson, D. A.   212, 231, 232, 252, 256,
    278, 282
Newton, I.   104, 228
Nicholson, G.   317
Oliveira, R.   317
Oliver, N.   204
O'Reilly, C. A.   43
Orton, J. D.   34, 35, 55, 66
Parsons, T.   11, 139
Pennings, J. M.   287, 288
Penrose, E.   287
Perrow, C.   14, 154–57, 176, 180, 183,
    185, 210, 218, 248, 251
Pfeffer, J.   181
Pickard, F. W.   320
Polos, L.   179
Poole, M.   297
Popper, K. R.   228
Porter, M. E.   284, 286

R・S

Rabinowitz, L.   73
Reimann, B. C.   210
Richardson, K. A.   109
Roethlisberger, F. J.   11
Rosenblatt, R. M.   73

Ruedi, A.　188

Rumelt, R. P.　52, 212, 220, 259, 262, 268, 270, 272, 273, 287

Saias, M. A.　282

Salancik, G. R.　181

Schein, E. H.　27

Schendel, D.　271

Schoonhoven, C. B.　216-18

Schultz, M.　299, 300

Schumpeter, J. A.　261

Schütz, A.　100

Scott, W. R.　25-27, 102

Seaman, S. L.　276

Selznick, P.　11, 102

Shaw, P.　109

Silver, S.　317

Simon, H. A.　13, 27, 42, 178, 223-25, 227, 228

Sloan, Jr., A. P.　263, 278

Smith, A.　224, 257

Snow, C. C.　52, 212

Stacy, R. D.　109

Stalker, G. M.　218, 249, 289

Stopford, J.　271, 273, 281

Stowrrow, J. J.　278

T・V・W

Tayeb, M.　189

Taylor, F. W.　8, 11, 156, 173, 219, 230

Terrien, F. W.　158

Thompson, J. D.　5, 7, 15, 26, 33, 162, 178-82, 185, 212, 214, 216-19, 222, 225, 226, 240, 249, 256, 290

Tolman, E. C.　247

Trevor, M.　204

Trist, E. L.　145, 148, 151, 247

Tushman, M. L.　43

Van de Ven, A. H.　297

van Inwagen, P.　213, 214

von Bertalanffy, L.　4, 17, 124, 131

Waldrop, M. M.　108

Warkov, S.　158

Watzlawick, P.　114

Weber, M.　9, 152, 158

Weick, K. E.　2, 15, 18, 21, 31, 32, 34, 35, 39, 41, 43, 46, 48, 49, 55, 62, 66, 69, 74, 75, 78, 80-82, 87, 94-97, 99-102, 105, 124, 131, 162, 172, 173, 213, 220, 239, 251, 258, 260, 307

Wernerfelt, B.　287

Williamson, O. E.　56

Woodward, J.　14, 145, 152, 154, 156, 157, 176, 177, 185, 218, 248

あ・か 行

安積仰也　189

麻生　幸　196

池上高志　109

今田高俊　58, 139

上山信一　59

小野豊明　191

加藤勝康　28

金井壽宏　67

金子邦彦　109

河本英夫　139

菊澤研宗　258

岸田民樹　26, 200, 224

木下恒男　318

小林道憲　110

さ・た 行

佐藤　勉　139

塩沢由典　108

宍戸寿雄　203

鈴木　滋　207

鈴木増雄　60

高木孝紀　226

高島善哉　257

高橋陽一郎　118

多田富雄　122

玉田明子　242
張富士夫　290
津田一郎　109

な・は・ま・や行

内藤　勲　224
西山賢一　57, 108
日高敏隆　133
南方熊楠　132
村上陽一郎　228
吉田善章　110
吉田民人　141
米本昌平　138

事項索引

A〜D

AGIL 図式　139
All Channel 型コミュニケーション　56, 67, 199
Aston グループ　218, 221, 248, 255
Aston 研究　158, 161, 188, 249, 288
Barnard = Simon 理論　27
Barnard 理論　178, 221, 260, 304
BCG マトリックス　283
BOF　318
Business History　261
Closed & 合理的モデル　6, 23, 27, 139, 219, 260, 304
Closed & 自然体系モデル　6, 11, 23, 27, 139, 220, 260, 304, 305
Closed System Approach　2, 4, 14, 178, 181
CT（Contingency Theory, 状況適合理論）　14, 17, 26, 27, 65, 95, 145, 146, 160, 162, 173, 177, 237, 252, 259, 288, 304, 309
──の問題点　216
──批判　208
DCS（De-Coupled System）　34, 36

E〜H

EOP（E―O―P）パラダイム　175, 223, 246, 270, 275
ESOP（E―S―O―P）パラダイム　220, 247, 259, 270, 272, 275, 289
ESOP モデル　324
F/B（フロント／バック）組織　268, 271, 289
GM　51, 215, 236, 257, 261, 263, 265, 267,

281

High Reliability Organization　251

I〜M

IBM　53

Instrumental Man　5, 14, 238

JIT　208

LCS（Loosely Coupled System）　21, 22, 31, 34, 36, 40, 76, 107, 182, 226, 238, 245, 306, 309

　──と TCS の比較　41

　──による環境変化への対応　40

　──による柔軟性と安定性のディレンマの解決　44

　──の業績　52

　──の定義（再定義）　32, 36, 37

　──の変化　62

make or buy　283

Managing の理論　260

Mindful Organization　251

Mother-Daughter（母系制）組織　256, 273

N〜Q

NCS（Non-Coupled System）　34, 35

Normal Accidents 理論　251

NUMMI　203, 254

Off-JT　62, 67

OJT　63, 67, 204

Open & 合理的モデル　6, 14, 16, 23, 28, 140, 175, 220, 237, 260, 304, 305, 308

　──の因果関係　20

Open & 自然体系モデル　6, 15, 16, 23, 28, 140, 220, 238, 260, 304, 308

　──の因果関係　20

Open Systems Approach　2, 4, 15, 146, 178, 181, 220, 259

Open System の特徴　4

Organization　7, 24, 246

Organized　7, 24, 226, 228, 236, 237, 246,

305, 306, 308, 324

　──の理論　218, 260, 323

Organizing　7, 24, 226, 228, 246, 305, 306, 308, 324

　──と Organized の関係　94

　──と Organized の循環過程　93

　──と Organized の統合　245

　──の理論　31, 218, 238, 260, 323

PG（ピア・グループ）　55, 66

plan-do-see　105, 286

POSDCoRB　9

PPM（プロダクト・ポートフォリオ・マトリックス）　272, 286

PR 活動　241

QC サークル　200, 202, 203, 205, 254

R〜W

RBV（資源ベース・アプローチ）　267, 287

RCA　126

ROI（投資収益率）　272

SARFIT　215, 255, 288, 290

SBU（戦略的事業単位）　277

SCP モデル　284, 286

SCT（Structural Contingency Theory）　255, 259, 288

SSP（S─S─P）パラダイム　212, 220, 246, 259, 262, 270, 272, 273, 275

Strategized, Strategizing の議論　284

TCS（Tightly Coupled System）　21, 22, 32, 34, 36, 76, 182, 226, 238, 246, 306, 309

　──の適応可能性・柔軟性　44

Three Mile Island の原発事故　251

TVA　11

U 字型の関係　218

VHS とベータ　125

Wheel 型コミュニケーション　56, 67, 199

索　引　351

あ

アイデア創造者　279
相手を探すコスト　19
アイデンティティ　85, 96, 123
あいまいさへの許容度　170
あいまい性　65, 75, 80, 239, 321
あいまいな行動　116
アセンブリー・ライン　74, 164
後知恵　83
アメーバ経営（アメーバ組織）　57, 67
アメリカ　188, 190
　——企業の競争力の減退　285
　——的経営　255
　——的な経営・生産システム　254
　——と日本との異同　191
　——の経営学会　258
　——の職務区分数　203
　——の鉄道業　264, 280
アリストテレス的アプローチ　228
アンチ・コントロール　58
安定性　91
安定的ネットワーク　53
暗黙の協調　243, 271

い

家元制度　67
閾関数　39
異議申し立て　63
イギリス　189, 190
意思決定
　——の階層　229, 235, 236, 247
　——の機会主義　12
　——の基準　215
　——の前提　83
　——の様式　19, 149, 150
　管理的——　150, 192, 236, 265, 271,
　320
異質性　35
逸脱—拡大　78, 113, 114, 126, 127

一般システム論　25
イデオロギー　83
遺伝子　132
　——の遺伝情報と位置情報　132
　——の混合　133, 305
　——プログラム　121, 141, 307
移動知　75
意味形成のレシピ　96
意味充実人　26, 173, 238
意味生成　87, 92
意味づけ　71, 77, 78, 85
　——の構成要素　87
　——の素材　75
意味付与　87, 92
入れ子構造　60, 130, 231
因果関係の双方向性　112
インターナショナル戦略　282
インド　188-90

う〜お

失われた10年　253
影響力の範囲　184
エジプト　188
エントロピー　4
　——の効果　60
　——の法則　121
欧米系企業　207
オスとメス　133, 134, 141
オッターソン組織　26, 228, 230
男と女　261
オートポイエーシス　121, 139, 307
オペラント条件付け　39
愚かしさの指標　66
温情主義的営業マン　279
オンセット時間　67, 118, 139

か

海外への進出　256
下位環境間の相互依存性　169
下位環境の不確実性　163

会　議　90
階級制度　201
回　顧　83, 96
回顧的意味づけ　49, 82, 83
下位システムの変化の影響　45
解　釈　116
解釈学　301
　──的循環　302
解釈主義　299, 300
　──的パラダイム　304
　──モデル　301
階　層　55, 149, 165, 181, 226, 249, 252
　──と権限の関係　225
　──による調整　49
　──の生成　199, 226, 247
階層化　133
階層数　150, 189
階層性　56
階層的統合　175, 195, 196, 200, 207, 208
階層分化　12, 13, 19, 47, 49, 150
下位単位間の連結　76
下位単位内部の連結　76
開発部門　319
外部アプローチ　284
外部環境　270
　──と部門内部の組織の適合　170
ガウス関数　39
カオス（理論）　109, 112, 118, 119, 130
科学環境　250
科学的管理論　8, 178, 221, 260, 304
科学哲学　103, 228
課　業
　──の多義性の把持と除去　173
　──の不確実性　181, 237
課業環境　71, 146, 163, 167, 177, 240, 250,
　　290
　──の拡大　179
　──の不確実性　93, 146, 147, 170, 251,
　　252
　──の4つのタイプ　185

　──への依存性　179, 180
課業環境─組織過程論　221
課業環境論　177
確実性　65, 93, 247
革　新　95, 97, 123
　──の可能性　134
　──のディレンマ　16, 55
　──のプロセス　94, 315, 321, 323, 324
核心技術の密封　179
確認的行動　116
革命主義　228
過去の意味の認知　83
過去の経験　47
華人企業　207
数の体系　135
カタログ販売　268
括弧入れ　77, 114
合従連衡　28, 253
活動の構造化　159, 161, 162, 271
活動領域　146
カナダ　188
カーネギー　265
金のなる木　272, 286
歌舞伎　103
ガラテア効果　117
環　境　2, 16, 78, 145, 146
　──が組織に与える影響　146
　──と技術の区別　216
　──と組織の共進化　247
　──と組織の適合　151, 176
　──の共時的把握　146
　──の経時的把握　148
　──の固定化　176
　──の次元　147
　──の生成　260
　──の認知　6, 17
　──の不確実性　14, 16, 151, 216
　──の複雑性　151
　──の変化　121, 265, 276
　──の3つのレベル　187

索　引　353

――への受動的適応　7
環境決定論　16, 96, 146, 215, 259, 296
環境進化
　――の特性　150
　――の4段階　148
環境―戦略―組織―業績パラダイム
　→ESOPパラダイム
環境操作　88
　――戦略　82, 105, 179, 181, 217, 240,
　244, 251, 255, 265, 271
環境―組織―業績パラダイム　→EOPパ
　ラダイム
環境適応のプロセス　245
環境適合のための一般理論　296
環境把握　146, 151
環境変数　288
関係的次元　197
間欠強化　39
関西生産性本部　191, 193, 196
間主観性　95
緩衝　179
緩衝戦略　240, 271
間接的統制　192
間接労働者　152
監督レベル　155
カンパニー制　50, 51
管理　12
管理原則の欠陥　227
管理者の転職率　153
管理者の割合　152
管理上の集権化　54
管理的意思決定　150, 192, 236, 265, 271,
　320
管理費用　212
管理部局　267
管理プロセスを構成する職能　9
官僚制　152
　――の逆機能　95
　学習する――　204
官僚制化　158, 161

――過程　47
官僚制構造　283
官僚制組織　155, 249
官僚制理論　9, 178, 221, 304
管理論のジャングル　227, 296
関連事業―拡散型の戦略　274
関連事業―集約型の戦略　274

き

機械的組織　81, 148, 218, 276
機械論　124
企業グループ　53, 55
企業者史学　261
企業者の活動の歴史　261
企業全体の分化　250
企業戦略　242
企業内部の資源　287
企業内ベンチャー　57
企業の業績　153
企業の市場行動　284
企業別労働組合　254
擬似家族共同体　62
技術　152, 154, 157, 176, 177
　――と課業環境の影響　256
　――と組織構造の相関　160
　――の発展　152
　――の複雑性　154, 157
技術―経済環境　250
技術形態の変化　176
技術システム　196, 323
技術→社会システム　196, 208
技術尺度　152
技術水準（の格差）　155, 206
技術―組織構造論　221
技術的合理性　217, 229
技術分類　156
技術変数　157
技術類型と組織構造　155, 156
技術論　177
希少資源　287

354

奇　数　77
規則的試行錯誤　69
期待形成　115
期待としての意味付与　90
拮抗力　58
機能主義　299, 300
　　——的パラダイム　304
規範的変化と個性的変化　298
規　模　158
　　——と管理者比率の研究　158
　　——と組織構造　158
　　——の経済性　158, 230
逆機能　152
旧石器発掘捏造事件　104
キューバ（・ミサイル）危機　105, 296,
　　310, 312, 315, 316, 321
共時性　305
　　——と経時性　253, 313
教室のピグマリオン　91, 115
共時的意味づけ　88, 93, 104
共時的環境把握　146, 151
共時的研究　176
共時的統合　261, 321, 324
業　績　272
　　——の推移　215
　　——への貢献の確認　173
業績管理者　231
業績指標　249, 255, 272
業績測定の手段　56
業績評価　167
　　——基準　168
　　——システム　204
業績変数　213
京セラ　57
競　争　179, 241
　　——と協調　149
競争戦略　129, 284, 286
　　事業の——　286
競争優位の源泉　287
協調的戦略　243, 244, 251, 271

共通目的　19, 21, 73, 74
協働体系　12
共同的相互依存性　33, 35, 49, 51, 62, 74,
　　82, 164, 182, 186, 249, 252
協働的な組織文化　204
業務的意思決定　150, 192, 265, 320
共約不可能性　313
協力的ステークホルダー　242
局地的適応　45
虚　数　123, 261, 305
議論としての意味付与　89
議論の5つの特徴　89
均衡の維持　3
銀行の倒産　113
近代的合理化　9

く

偶　然　149
クオーク　124, 130, 134
　　——理論　108
愚者の知恵　33
屑鉄の不足　318
組合せのパターン　132
組立て規則　81, 82
クラフト技術　155, 157
クラブハウス人仮説　302
グループ発展のモデル　18
グレー・ゾーンの判断　206
クレタ人の嘘　115
グローバル戦略　282
グローバルな効率性　269, 281

け

経営学説史的観点　223
経営学説の分類（と変遷）　221, 323
経営管理過程論　9, 162, 175, 178, 221,
　　227, 260, 304
経営者の戦略的選択　213
経営者のパーソナリティ　275, 278
経営者の役割　282

索　引　355

経営組織の発展段階モデル　22, 23, 209
経営の神様　62
計画的アプローチ　272, 284
　　──への批判　285
計画の実施と分離の誤り　285
経験のカテゴリー　17
経験の実現　74
経済人　13, 173
経済同友会　191, 193
経時性　306
経時的意味づけ　87, 93, 104
経時的環境把握　146, 151
経時的統合　306, 321, 324
経時的な変化　176
経時的利用か共時的利用か　47
形　態　159
契　約　179, 243
系　列　53, 55, 197, 242
系列会社間のつながり　46
系列型ネットワーク　198
経路の多様性　4
激動的環境　149, 150
決定系　110, 130
決定論　213
ケネディ政権　310
ゲノム　141
ゲルマン問題　124, 130
権威受容説　13
権威への従属　170
原因と結果の逆転　114
限界的ステークホルダー　242
研究開発の重要性　149
研究開発部門　163, 170, 177, 250
権限と責任の階層分化　22
権限の集中　159, 271
現実主義的経営者　279
現実の社会的構成　77, 114
現実の多面性　316
現象学　301
現地主義的採用と賃金　206

現地人管理者　201

こ

行　為　115, 239
　　──主導の意味生成　88
　　──の解釈　115
　　──の過程　70
　　──のコミットメント　72, 88, 113
　　──の正当化　73
　　──の中断　76
　　──の流れ　87
　　──の予測可能性　74
　　──の理論　84
　　──の連鎖　76
公開情報システム　53
工学的技術　155, 218
高業績（企業・組織）　151, 170, 221, 249
航空会社　211
交互的相互依存性　33, 82, 164, 177, 186,
　　249, 252
公式化　158, 285
公式構造　171
公式組織　26
公式の統合メカニズム　177, 182, 183,
　　217, 249
好循環の原因　129
交渉・契約　243, 271
工場内分業と社会的分業　257
構造化　306
　　──のプロセス　71
構造─機能分析　12
構造決定論　249, 255
構造条件適合理論　249, 287
構造上の分権と管理上の集権　234
構造的次元　197
構造度　163, 174
構造統制　76
構造変化による環境適応　263
構造変化の必要　44
構造変動　120

高適応企業　276
行動連結の自己目的化　19
工販合併　236
高分化―高統合組織　151
合法人仮説　301
合理性
　　――の回復　315
　　――の分類　42
　　――の問題　65
　　――への制約　41
効率志向の組織　81
合理的経済人　8
合理的行為者モデル　296
合理的対応　321
合理的モデル　2-4, 25, 43, 181
国外での売上比率　281
互酬性　116
個人主義的態度　170
個人主義の社会と組織　19
個人と組織の関係　2
個人の目的　18
コスト・センター　211
コスト・リーダーシップ　129, 284
個体群生態学　98
コッホ曲線　120
古典的管理論　219
古典的経営学批判　228
個別企業の歴史　261
ゴミ箱モデル（ゴミ箱論）　42, 65, 76, 88,
　220, 221, 239, 296, 304, 308
コミュニケーション　33, 56, 67, 166, 189,
　199
　　――網の密度　197
　　従業員間の――　204
　　水平的な――　188, 190
孤立した個人の行動　71
ゴーレム効果　117
コングロマリット（企業）　50-52, 167,
　168, 175
混合的ステークホルダー　242

コンテクスト　146, 190
　　――変数　159, 188
コンテナ企業（産業）　163, 164, 209, 210,
　217, 250
コントローラー制　192
コンフリクト解決（処理）　165, 166, 188,
　217, 248, 251
コンフリクトの発生　211

さ

差異化　4
在　庫　186
最高経営者の統制範囲　189
最小社会状況の実験　73
サイバネティックス　110
サウス・エセックス　152
作業組織　195
　　――分析　11
サプライ・チェーン　257
　　海外での――　273
差別化（戦略）　129, 284
差別的な参加　63
参加的監督スタイル　171, 172
参加的管理　47, 58
参加的組織　210
参加の機会のランダマイズ　63
参加への関心　190
産業組織論　286
サンタフェ研究所　108

し

シアーズ・ローバック　257, 261, 267,
　268
ジェスチャー・ゲーム　138
ジェスチャーの実現　75
ジェノタイプ　254
シカゴ学派　137
時間志向　163
時間的なズレ　262
時間の性質　70

事業グループ制　194
事業戦略　271, 286
事業部　320
　　——間のセクショナリズム　194
　　——レベル　277
事業部制組織　22, 33, 46, 50, 51, 82, 169,
　　175, 180, 186, 193, 194, 215, 222, 223,
　　230, 232, 244, 261, 262, 265, 315, 320,
　　321
　　世界的——　223
　　多角化された——　173
事業ポートフォリオ　283
シグナル性プログラム　141
資源依存モデル　181, 221
資源管理者　231
資源の束　287
資源ベース・アプローチ　　→RBV
自　己　85
　　——と非自己　306
自己安定化作用　3, 4
自己維持する開放系　131
自己言及　85
　　——のパラドックス　115
自己実現　40
自己実現人　11, 13, 26, 173, 238
自己組織化　4, 6, 58, 111, 127, 135, 140
　　——能力　48, 126
自己組織性　111, 121, 237, 307
自己達成予言　62, 78, 89, 91, 113, 116, 117,
　　251
事後的合理性　42
自己破壊予言　114, 117, 126, 129
自己誘導　132
事　実　296
指示的監督スタイル　171
市　場　55
市場型ネットワーク　197
市場環境　250
市場支配　215
市場地位　153

市場メカニズム　52, 58, 231
システム運用コスト　40
システム的適合　220, 222, 256
システム内諸要素の反応性と異質性　34
システムの階層　1, 226
システム論　1
自然科学の成功　295
事前協議項目　196
事前策定の誤り　285
自然選択（自然淘汰）　　→淘汰
自然体系モデル　2-4, 25, 43, 181
事前的合理性　42
実　現　70, 74, 86, 88, 96, 213, 239
実現化された環境（実現環境）　15, 16,
　　18, 71, 78, 86, 92, 113, 122, 238, 239, 246,
　　260, 307, 323
実現過程　75, 79, 86, 87, 101
実効的な競争　286
実証主義　103, 304
　　——と解釈主義の統合　302
　　——モデル　301
実　数　123
　　——と虚数　261, 305
シナジー効果　50, 54
支配—従属関係　226
自発的対応　241
自分の役割と仕事の意味　173
事務管理スタッフ　152
社会化　62
社会学　124, 307
社会—技術システム　195, 196, 208, 323
社会構造　146
社会システム　27, 196, 219, 323
　　——論　260
社会人　13, 26, 173
社会的正当性　242
社会的背景　146
社会的プロセス　74
社会ネットワーク論　197
社会レベルの分析　11

358

ジャズ　105
社長の集権的統制　191
自由意志論　213, 215
収益性　153, 272
収穫逓増　108, 113, 125, 128
従業員数　158
従業員の人格特性　170
集　権　171
集権化　189
　過度の——　282
集権的かつ分権的な組織　183, 218
集権的管理　234
集権的職能部門制組織　230, 233, 236,
　268
集権的組織・分権的組織　148, 218, 235
集権—分権のバランス　156, 235
集合行為の経験　73
集合構造　73
自由裁量　40, 155
終身雇用　68, 204
柔軟性と安定性の同時達成　47
柔軟性の低下　114
柔軟な組織　148, 286
集約技術　178
儒教の影響　202
熟練技術　218
主体的決定論　17, 96
手段人　173
手段と目的の転倒　28
手段の多様化　19
種の進化　98
循環的な因果関係　122
準市場　53
遵守と転化　90
純粋持続　70
準分解可能な階層　225
上位権限　　→ライン権限
状況適合理論　　→CT
状況変数と組織構造変数　189
状況要因　178, 214

——と組織との相互作用　217
焦点化　284
情報源　147
情報公開　64
情報処理能力　48, 81
情報処理メカニズム　182
商法の改正　192
情報の質と量　80
情報のフィードバック　155
常務会　192
初期値鋭敏性　126
職能化　　→専門化
職能権限（ファンクショナル権限）　8,
　166, 225
職能戦略　271
職能的職長制　229
職能に基づく管理　8
職能部門　174
　——間の影響力分布　177
　——間の相互依存性　249
　——間の相互作用　250
　——間の調整　230
　——間の統合　178
　——の画一化　188
職能部門制組織　22, 46, 50, 169, 175, 180,
　193, 217, 222, 223, 230, 232, 321
　世界的な——　256
職能分化　13, 19, 47
職能別組織から製品別組織へ　232
職場外訓練コース　204
食品企業（産業）　163, 164, 250
職務拡大　11, 210
職務給　203
職務充実　11, 210
ジョブ・ホッピング　202, 206
ジョブ・ローテーション　200, 202, 203,
　205
所有と経営の分離　203
自律性の確保　179
自律的作業集団　195, 210

索　引　　359

自律的戦略　241, 271
自立的な課業の統括　182
事例研究　261
進　化　131
　——の総合説　105
　——のプロセス　69, 309
　——の法則　131
　——モデル　96, 298
人格的統制　249
人格特性　172
人事の硬直化　194
人的管理システム　204
人的資源アプローチ　11
信念主導の意味付与　89, 116, 127
信念のコミットメント　113
シンボル性プログラム　141

す

遂行期待　116
垂直的情報システム　182, 186
垂直的なコミュニケーション　190
垂直的分業　223, 230, 246
垂直的分散　52
垂直統合　167
　——企業　169
　——戦略　262, 263, 264
水平的関係　165, 183, 186
水平的分業　223, 229, 246
スウェーデン　188, 189
　——の自動車産業　210
鈴木の時間　118, 119
スタッフ　26, 235
　——権限　228
　——部門の多様化　193
スタンダード・オイル・ニュージャージー
　（NJ）　257, 261, 267, 268
酸っぱい葡萄　75
ステークホルダーの4つのタイプ　242
スーパー・システム　122
スラック　182, 186, 240

——資源　48
3M　317, 321

せ

静学・動学　253
生気論　107, 137
生産技術
　——と組織　152
　——と統制システム　157
　——の複雑性　152
生産性　172
生産部門　163, 177, 250
成熟事業　272
製造サイクル　154
生　存　17
　——のための知　75
生態上の変化　75
静態的・散在的環境　149
静態的・遍在的環境　149, 150
静態・動態　253
成長性　272
成長ベクトル　283
制　度　102, 146
制度化　242
制度理論　11, 221, 304
性の出現　141
製品管理部門　185
製品多角化率　281
製品別事業部制組織　52, 257, 268, 274, 320
　世界的な——　269
制　服　204
政府内政治モデルによる事実　297
制約された合理性　42
制約の実現　74, 77
世界志向への転換　193
接着剤　317
ゼネラル・スタッフ　192
セル生産方式　195
線形性　138

360

全社戦略　271
全社的経営管理　320
前進的分化・集中化　4
全体環境　146, 187
　　――の進化　149
全体管理システム　193
全体性の維持　58
全体の公式化　189
全体の創発性　122
全体把握の単純性と合理性　295
選択的適合　220, 248
全般管理活動　234
全般管理権限と職能管理権限　230
全般管理者　185
　　――の分業　66
専門化（職能化，ヨコの分業）　49, 133,
　　134, 158, 176, 189, 192, 225, 247, 258
　　――と階層化　233
　　――と秩序化の両立　230
　　――による職能分化　49
専門知識　171
専門的な情報源　64
専門的な能力　166
戦　略　83, 96, 259, 261, 284
　　――と組織構造の組み合わせ　262
　　――と組織構造の（不）適合　212, 259,
　　262
　　――と組織変数の整合性　222
　　――の選択　214, 286
戦略経営　284, 285
戦略計画　285
戦略―組織構造―業績パラダイム
　　→SSP パラダイム
戦略提携型ネットワーク　197
戦略的意思決定　43, 150, 193, 235, 265,
　　271, 320
戦略的工作　244, 245, 252, 265, 270
戦略的事業単位　→SBU
戦略的選択論　263, 274
戦略的認識　282

戦略変数　270
戦略論における外部・内部アプローチ
　　96

そ

相互依存性　33, 35, 247
総合本社　320
　　――と事業部の関係　235
相互作用的研究戦略　299
相互作用的適合　221
相互的運命統制　74
相互等値構造　73
相互連結行動　73
操作による意味生成　88
装置生産　152, 177
相転移　60, 112, 120
創発性　71, 73, 118, 120
創発的アプローチ　285
創発的戦略論　304
創発特性　71
総務部　191
組　織　2, 21, 271, 303
　　――が人間行動を規制する　175
　　――間の差異　176
　　――と環境の境界　19, 213
　　――内での中核的機能部門　154
　　――内パワーセンター　283
　　――内部の相互依存状態　145
　　――における根本的ディレンマ　43
　　――の安定性　298
　　――の環境適応　237
　　――の境界　246
　　――の生成・発展　19, 20, 92, 227
　　――の生存　47
　　――の相互依存性　151
　　――の存続の条件　94
　　――の長期的発展　3
　　――の非合理性　296
　　――のプロセス　309
　　――の分化と統合　163

——の変化　3
——のマネジメント　261
——の理論　24
組織化　70, 306
——された無秩序　76, 88
——と構造化　312
——の構成原理　131
——の進化モデル　69, 70, 221, 239, 308
——の進化論　220, 296
——の単位　76
——のプロセス　69, 92, 210
——のモデル　309
——の理論　15, 304
——のルール　131
組織開発　15, 27, 252
組織学　246, 323
——の課題　24
組織革新　22, 232
——のプロセス　23, 325
組織学説
——の分類　23, 220
——の変遷　7
組織過程　2, 13, 21, 28, 163, 271
——モデルによる事実　297
組織間関係　196
——の組織化　200
——の類型　198
組織均衡論　13
組織群生態学　221
組織形態　161
——の生活様式　187
——の定着　47
組織構造　2, 3, 13, 22, 28, 271
——の差異　288
——の変革　61
——の変化による環境適応　215
——は戦略に従う　266
——変数　218
組織行動　3, 271
組織行動論　284

組織進化プロセス　31
組織生成　76
組織成立の3要素　74
組織セット　146
組織選択　167
組織像　98
組織デザイン　3, 6, 47, 82, 180, 217, 222,
　237, 239, 244, 252, 255
——戦略　183
——と環境操作戦略の関係　283
——の困難　211
——の整合性　212, 222
——の体系化　182
——の方策　186
組織デザイン論　181, 221
組織風土　146
組織変化のプロセス　184
組織編成の原理　225
組織マトリックス　247
組織目的実現者　279
組織モデル　6
組織論の体系化　24
即　興　90, 105
ソニー　126
ソフトウェア・プログラム科学　110

た

大学卒監督者の割合　152
第3次コントロール　83
退　出　63
対人関係志向　163
対人関係処理能力　206
態度へのコミットメント　89
ダイナミック・ネットワーク　53
大バッチ・大量生産の企業　153
タイプの識別　218
大量生産志向技術　210
大量生産組織　210
ダーウィン流の進化論　96
多角化戦略　52, 244, 261, 262, 265, 267

――の分類　273
多義性　15, 239
　――の除去　71, 75, 78, 82, 91, 92, 309,
　311, 321
　――の説明　65
　――の把持　71, 75, 78, 81, 82, 92, 309,
　321
多元主義的アプローチ　68, 296, 312
多元主義的パラダイム　296, 299, 312
多元的適合　21, 95, 256, 276, 277
多国籍企業の経営組織　269
多数派と少数派　90
タスク・フォース　180, 184, 217, 219,
　222
達成動機理論　117
タテの分業　12, 49, 134, 247
多能工　195
タビストック研究所　195
単位間の相互依存性　49
探索型戦略　276
単純組織　223
単調作業　173
単品・小バッチ生産　152, 153

ち・て

地域別事業部制組織　257, 268
　世界的な――　269
チェンジ・エージェント　62
知覚しうる環境　76
逐次的研究戦略　299
逐次的相互依存性　33, 35, 164, 252
チーム　184
中核技術　178
中核的機能　154
中核部門の地位　154
中間組織　53, 198
中国的経営　255
中範囲理論　211
長期計画　192
調整コストの節約　44

調整者　52
調整メカニズム　184
直接統制システム　191
貯蓄型貸付業　276
地理的拡散の戦略　264, 267
低適応企業　276
デカルト的アプローチ　228
適　応　21
　――・安定性　43
　――可能性・柔軟性　43
　――的反応　3
　――の結果としての一義性　4
適　合　95, 220, 222
徹底討議　166, 251
鉄道業　267, 268
デュポン家　320
デュポン社　51, 236, 261, 265-67, 272,
　281, 315, 319, 321
伝　統　84
テンパスとホラ　223
転　炉　315

と

ドイツ　188, 190
動機づけ　172
　――と認知の関係　251
東京渡辺銀行の破綻　138
統計学（統計分析）　228, 258
同型性　17
等結果性　4, 140, 237
統　合　305
　――手段の階層　167
　――と統制　249
　――努力　167
　――の程度　176
統合者　185
統合的パラダイム　278
統合メカニズム　48, 82, 103, 209, 232,
　245, 249
東芝コンシューマー・プロダクツ　204

索　引　363

淘汰（自然選択，自然淘汰）　79, 95, 96,
　　221, 239, 248
　　──過程　71, 78, 79, 82, 87, 92, 261, 311
動態的・競争的環境　149, 150
導入訓練　204
特定環境　146, 187
時計職人　223
突然変異　97
トップの支持　318
トップの職位階層　193
トップの統制範囲　152
トップ・マネジメントの再編成　192
トーマスの公理　113
トヨタ（自動車）　257
　　──とダイハツ　103
　　──のQC活動　254
　　──の工販合併　55
トヨタグループ　198
トヨタ自工とトヨタ自販　34, 46, 169,
　　268, 236
トヨタ生産システム（方式）　46, 54, 195,
　　208
トランスナショナル戦略　282
取締役会　192, 193
取引の内部化　199
取引の平準化　240
取引費用経済学　198, 200

な～の

なあなあで済ます　251
内部アプローチ　284
内部環境　145, 187, 270
　　──のコンテクスト　146
内部組織型ネットワーク　198
内部多角化　283
内部的ネットワーク　53
投げ縄原理　101, 247
ナスカピ・インディアン　48
二元的組織　289
二重組織　43, 217

二重の権限構造　185
二重の相互作用　72, 76, 91, 101, 124
日米方式の混合　203
日系企業　206
　　ASEANにおける──　200
　　アジアにおける──　207
　　アメリカにおける──　203
　　韓国の──　202, 207
　　シンガポールの──　201
　　タイの──　200
　　台湾の──　203, 207
　　マレーシアの──　200
　　メキシコの──　254
日産グループ　198
日　本　188, 189
　　──の関係会社管理　197
　　──の鉄鋼業（界）　318, 321
日本企業の階層数　195
日本企業の関係会社管理　196
日本鋼管　318
日本生産性本部　191, 193
日本的（型）経営　190, 207, 255
　　──の移転　205
　　──の三種の神器　208
　　──のハイブリッド化　254
ニュートン的アプローチ　228
人間観　238
人間関係論　11, 162, 175, 178, 219, 221,
　　260, 304
人間行動　2
　　──の相互連結　239
人間像　26
人間と組織の関係　5, 303
人間の行為　69
認識主体と認識対象の関係　112
認　知　70, 147
認知環境　18
ネガティヴ・フィードバック　68
ネットワーク　226
ネットワーク組織　52, 53, 58

——の失敗　54
熱力学第2法則　131
年功序列制　200
年功賃金　200
能動的人格システム　5, 140, 237
ノン・ルーティン技術　155, 157, 218

は・ひ

媒介技術　178
ハイブリッド　255
ハウスドルフ次元　139
パス解析　161
パーソナリティの違い　263
パターン＝秩序の形成　118
発展段階モデル　229, 237, 245, 246, 262
花　形　286
パラダイム　1, 7, 16, 84, 216, 299
——間の関係　302, 310
——間の差異と類似性　300
——交差　299, 300
——主義　103, 228, 304
——の共益不可能性　299
——の統合　308
パラドックス　115
範囲の経済性　50
汎主観性　95
反証主義　103, 228
反　応　116
——のパターン化　123
反応性　35
販売部門　163, 177, 250
ピア・グループ　→PG
非営利企業　212
非階層的な組織集団　56
比較静学　253
非協力的ステークホルダー　242
ビクター　126
ピグマリオン（現象，効果）　91, 115, 117, 139, 251
非決定系　110, 130

非公式組織　11, 27, 249
——による調整　175
非合理の世界　42
ビジネス領域の選択　283
非人格的統制　249
非線形性　111, 112, 122, 138, 216
非対称的反応　112
ピッグズ湾事件　297, 310
必要多様性　80, 82, 103
否認的行動　116
標準化　158, 240
評　判　179

ふ

ファンクショナル権限　→職能権限
ファンクショナル組織　8, 10, 22, 42, 133, 134, 224, 225, 228, 230, 232, 234, 258
不安神経症　114
フィードバック　164, 165, 298
フェノタイプ　254
フォード　215, 263, 265
フォード・システム　216
不確実性　80, 93, 147, 200, 239, 247
——と組織との多元的適合　237
——の回避　180
——の吸収　14
——の削減　42, 321
——の処理　147
——の程度　237
複雑系　107, 124
複雑人　14, 27, 173, 238
複雑適応系の研究　134
複雑な組織　151
複数集権的な特徴　156
複素数　123
物理科学法則　141
部分的包含　5, 238
部分的包含人　173
部分的無知　150
部分と全体　59, 111, 125

索　引　365

部分の自立性　107
普遍的な管理原則　9
部門間コンフリクトの調整　192
部門間の相互依存性　164
部門目的　19
フラクタル　60, 67, 111, 120, 122, 130, 231
　　──構造　118
　　──図形　120
プラスチック企業（産業）　163, 164, 188,
　　209, 210, 217, 250
ブランド　179, 256, 273
ブリコラージュ　91
プロセス組織　257, 273
プロダクト・ポートフォリオ・マトリック
　　ス　→PPM
フロント／バック組織　→F/B 組織
分　化　163
　　──と統合　103, 295, 312
　　──の仕方　49
　　──の指標　174
　　──の程度　176
文　化　146, 251
　　──と組織の関係　146, 188
　　──の影響　188, 200
　　──の差異　188, 256, 281
文化戦略　282
文化的環境　207
分　業　19, 104
　　──による生産性上昇　224
分　権　156, 171
分権的管理　234
分権的事業部制組織　51, 231, 233, 236
分権的組織　218
分子生物学　98, 137
分社制　50, 51
分析性・還元性　295
分析レベル　46
文節化　78, 102

へ・ほ

並行組立方式　195
並行的研究戦略　299
平準化　179
変　異　69, 97
弁証法　298
　　──的モデル　298
ペンシルヴァニア鉄道　280
変数間の可変性　63
変数間の相互作用　217
防衛型戦略　276
母系制組織　→Mother-Daughter 組織
保　持　96
保持過程　85-87, 92, 311
ポジショニング・アプローチ　286
ポジティヴ・フィードバック　68, 110,
　　112
ポスト・イット　315
ポスト・モダン　107
ホーソン実験　11, 172
ホメオスタシス　110
ホメオスタティックな均衡　124
ポーランド　188
ポリ・エージェント・システム　110
ボルティモア・オハイオ鉄道　280
ボルボ・ウデバラ工場の作業組織　195
ホロン　57
本業─集約型の戦略　274
本　社
　　───工場関係　191
　　───事業部門間の意思決定プロセス
　　168
　　──と各事業部門のコミュニケーション
　　51
　　──の権限　191, 194
　　──（全社）レベル　277
本部制　194

ま〜も

マクロの創発性　307
マクロ・レベルの世界　110
負け犬　286
マーケティング　177
松下電器　55, 126
マトリックス組織　22, 50, 58, 60, 182,
　　185-87, 209, 217, 219, 223, 231, 233, 235,
　　245, 256, 280, 289, 321
　　世界的——　269
マトリックス・マネジャー　231, 233
マルチドメスティック戦略　282
曼荼羅　59, 67, 120
ミクロからの創発性　73
ミクロとマクロ　130
　　——の同型性　130
ミクロ−マクロ・リンク　17, 95, 260
ミクロ・レベルの世界　110
未来予測　83
民主主義的な価値観　190
民主的テイラー主義　204
民俗学　301
迷信的学習　42
命令決定権限　226
メタ視点　312
メタ・パラダイムの設定　305
免疫学　122
メンデルの遺伝法則　97
メンバーの組織の自律性　197
目的達成の手段　245
目的の創造　124
目的の多様化　19
目的論　125, 298
目　標　182, 252
目標志向　163
持株会社　50, 51, 223, 236
持株比率　196
物　語　84
模倣困難な要因　287

問題解決過程　155, 156
問題解決志向の組織　81
問題児　286

や〜よ

役員の導入（・派遣）　179, 196, 243, 271
役割期待　2
役割定義の公式化　189
柳に蛙　75
八幡製鉄　318
有機体論　124
有機的組織　81, 218, 276
有能感　170, 171
ゆらぎ　60, 61, 118
要素還元論　112
ヨコの分業　→専門化
予算統制　192
予　測　179, 240
ヨルダン　188

ら〜わ

ライフサイクル・モデル　297
ライフスタイル　298
ライプニッツ的アプローチ　228
ライン＆スタッフ組織　10, 22, 26, 192,
　　228, 230, 232, 235, 267, 268, 271, 280
ライン＆ファンクショナル組織　26, 230
ライン・アシスタント　192
ライン権限（上位権限）　166, 225, 228
　　——の委譲　235
　　——の共有　232
ライン組織　9, 10, 22, 42, 133, 134, 224,
　　228, 230, 232, 234
ラインとスタッフの対立　235
ラインの管理層の付加　195
ランダム化　48
ランダムな行動　118
ランダムな選択　131
ランダムな突然変異　131
利益管理体制　193

索　引　367

力　学　228
利己的遺伝子　98
離散的断片　70
リスク　149, 150, 247, 276
リゾーム　57, 58, 226
旅客列車衝突事故　280
稟議制度　191
輪廻転生　67, 120
累積的相互依存性　165
ルーティン技術　155, 157
ルール　182, 252
レイ・オフ　201-03, 206
　──の回避　200
歴史的後発性の利点　44
連結化　78
連結行動　245
連結サイクル　82

連結的研究領域　299
連　合　179, 243, 271
連続技術　178
連続性　94
連続鋳造　315, 318
連続的な進化　324
連邦経営　53
労働組合　204
労働と職能の分化　22
労務関連費　152
ローカルな柔軟性　269, 281
ロール・プレーイング　64
論理実証主義　228
論理前提　62
渡り板　175, 183, 249
割　当　179, 241

■著者紹介

岸田 民樹（きしだ・たみき）

名古屋大学名誉教授・中部大学名誉教授，経済学博士（京都大学）
1948 年生まれ。

1972 年，京都大学経済学部卒業。74 年，一橋大学大学院商学研究科修士課程修了。77 年，京都大学大学院経済学研究科博士課程単位取得。

1977 年，大阪府立大学経済学部講師。80 年，名古屋大学経済学部講師。84 年に同助教授，93 年に同教授。2013 年，中部大学経営情報学部教授。2019 年より現職。

主な著作：『経営組織と環境適応』（三嶺書房，1985 年；白桃書房，2006 年），『経営労務』（共著，有斐閣，1989 年），『現代経営キーワード』（共著，有斐閣，2001 年），『現代経営組織論』（編著，有斐閣，2005 年），『経営学原理の新展開』（編著，白桃書房，2006 年），『経営学説史』（共著，有斐閣，2009 年），『組織論から組織学へ』（編著，文眞堂，2009 年），『ウッドワード』（編著，文眞堂，2012 年），『組織学への道』（編著，文眞堂，2014 年）ほか。

組織学の生成と展開
Organization Theory:
  Organizing, Organized, and Process of Innovation

2019 年 11 月 30 日　初版第 1 刷発行

著　者	岸　田　民　樹
発行者	江　草　貞　治
発行所	株式会社　有　斐　閣

〒101-0051
東京都千代田区神田神保町 2-17
電話　03-3264-1315〔編集〕
　　　03-3265-6811〔営業〕
http://www.yuhikaku.co.jp/

印刷・株式会社精興社／製本・牧製本印刷株式会社
ⓒ 2019, Tamiki Kishida. Printed in Japan
落丁・乱丁本はお取替えいたします。
★定価はカバーに表示してあります。

ISBN 978-4-641-16551-9

JCOPY　本書の無断複写（コピー）は、著作権法上での例外を除き、禁じられています。複写される場合は、そのつど事前に（一社）出版者著作権管理機構（電話03-5244-5088, FAX03-5244-5089, e-mail:info@jcopy.or.jp）の許諾を得てください。